O Grande Recuo

Paolo Gerbaudo

O Grande Recuo

A política pós-populismo
e pós-pandemia

tradução
Érico Assis

todavia

Agradecimentos 7

Prefácio à edição brasileira 9
Introdução 21
1. O horizonte pós-neoliberalismo 43
2. Ricochete global 73
3. Soberania 103
4. Proteção 135
5. Controle 165
6. As novas coligações sociais 195
7. Inimigos do povo 223
8. O Estado pós-pandemia 253
9. Patriotismo democrático 287
Conclusão 317

Notas 337
Referências bibliográficas 367
Índice remissivo 386

Agradecimentos

Sou grato a todos os colegas, amigos e companheiros que possibilitaram a existência deste livro. Em primeiríssimo lugar, gostaria de agradecer a meus editores na Verso pelas orientações e pelo apoio ao longo dos quatro longos anos que levei para finalizar a obra, aos leitores que deram sugestões valiosas e a meu editor Alex Foti pelas orientações e pela inspiração constantes. Os convites para palestras sobre a ideologia contemporânea — da parte de Yannis Stavrakakis e do grupo de pesquisa Populismus, da Universidade de Tessalônica; de Ege Moritz e Johannes Springer, do Departamento de Antropologia Cultural e Etnologia Europeia da Universidade de Göttingen; de Jan-Werner Müller e do Projeto de História do Pensamento Político, do Centro de Valores Humanos da Universidade de Princeton; de Marcos Nobre e do Centro de Pesquisas Mecila em São Paulo, Brasil; e de Josep Ramoneda e da Escola Europea d'Humanitats em Barcelona — foram ocasiões inestimáveis para discutir algumas das ideias que moldaram o livro.

Tenho uma enorme dívida com as pessoas que revisaram a primeira versão do manuscrito: Mirko Canevaro, Nadia Urbinati, Gaetano Inglese, Anton Jäger, Jacopo Custodi, Carlo Mongini, George Venizelos, Caspar Below, Brenda Vázquez Uribe, Louis Bayman, Darren Loucaides, Cesar Jimenez Martinez, Sabrina Provenzani, Jeffrey Broxmeyer, Patricia Ferreira, Ed Hadfield, Mariana Galvão Lyra, Roy Cobby Avaria, Adam

Bull, Matteo Santarelli, Francesco Marchesi, Angelo Boccato, Natalia Miranda e Giuseppe Nardiello. Também gostaria de agradecer a meus colegas e camaradas por conversas proveitosas que deram ideias para o livro, em específico a Breno Bringel, Geoffrey Pleyers, Mark Coté, James Butler, Aaron Bastani, Jeremy Gilbert, Jennifer Pybus, Benjamin Fogel, Jodi Dean, Emanuele Ferragina, Lucia Rubinelli, Richard Barbrook, Jan Blommaert, Fabio Malini, Joan Subirats, Guendalina Anzolin, Simone Gasperin, Stathis Kouvelakis, Samuele Mazzolini, Tommaso Nencioni, James Meadway, Antonio Calleja e Javier Toret.

Por fim, mas acima de todos, agradeço a minha companheira Lara Pelaez e a minha família e amigos pela inspiração e pelo apoio constante que me dão.

Prefácio à edição brasileira
Enquanto o mundo neoliberal implode, o Estado ressurge

Vivemos em uma época de aceleração histórica e desnorteamento profundo, na qual nos vemos motivados a procurar, ansiosamente, por qualquer orientação que seja. Parece que os mapas e as bússolas do passado não funcionam no presente, e que as categorias políticas antigas lutam para captar uma realidade que parece tanto trágica em seu conteúdo quanto, muitas vezes, farsesca — no formato e em relação aos envolvidos. Contemplamos um mundo de eventos catastróficos, da pandemia ao impacto crescente da mudança climática, da guerra na Ucrânia à beira de tornar-se um conflito global, da crise energética vinculada a essa guerra e de uma crise econômica crescente que pode condenar milhões à pobreza. Neste mundo, além desses perigos econômicos, ambientais e sociais, é como se pairasse um perigo ainda maior — e que é político: os países que descambam para o autoritarismo de direita, sob a liderança de figuras como Trump, Meloni, Orbán e Bolsonaro. As velhas certezas da globalização neoliberal, a ideia do mundo unido sob um mercado comum e de intercâmbios globais cada vez mais descomplicados, via internet e mercados financeiros, entraram em questionamento.

A única maneira de encontrar sentido nesse atoleiro é tentar enxergar, em meio à névoa da guerra e da emergência geral, e tentar entender para onde a história pode nos levar. Qual é a política que domina esta era de crise? Como ela se vincula ao neoliberalismo, a ideologia do livre-mercado que predominou no Ocidente por mais de quarenta anos? E o que devemos entender quanto ao populismo e ao autoritarismo na conjuntura ideológica atual? Por que essas tendências emergem agora e para onde podem nos conduzir?

Tratar dessa questão envolve abordar a relação entre história e ideologia, tendo em vista a evolução da ideologia como sistema de ideias predominante na sociedade e no período histórico: como o período define a ideologia e, por sua vez, como a ideologia define o período.

Parece que história e ideologia foram tópicos que deixaram de interessar nos tempos do consenso neoliberal. Depois da teleologia de Hegel e Marx, nosso destino era um novo tempo circular, de sociedades autorreflexivas nas quais as coisas voltam-se para si, um período de realismo capitalista e de presenteísmo. Como a história havia chegado ao fim, citando a famosa máxima de Francis Fukuyama, seria como se a civilização estivesse destinada a girar em uma espiral ascendente de realizações coletivas e pessoais cada vez maiores. Porém as múltiplas crises que estamos acompanhando demonstram que a máquina da história voltou a funcionar e que a supremacia do capitalismo e da democracia liberal ocidentais, pressuposta na época da hegemonia neoliberal, não é garantida. Estamos tomando distância da sociedade neoliberal e de seus dogmas. É isso que costuma ser expresso por teóricos que falam do presente como transição eterna, impasse, interregno, limbo — termos que foram muito populares nos anos 2010. Ainda assim, isso tudo foge da pergunta mais ardente: o que virá depois da transição, do impasse ou do interregno? Quais são as características que definem o novo mundo a que *chegamos*?

Para imaginar o que virá, talvez seja necessário especular sobre o futuro, tentar antever quais seriam as conjunturas possíveis para nosso desenvolvimento histórico. É um esforço que fica na margem entre a teoria e a estratégia política. Mas especular sobre o futuro, por sua vez, só é possível quando se dá um passo para trás, voltando ao presente, buscando explicações sociológicas dos fenômenos políticos, e voltando ao passado, em busca de referentes históricos a partir dos quais se possa traçar comparativos com o momento que estamos testemunhando, fases da história que foram igualmente marcadas por instabilidade e insegurança.

Nesse sentido, no livro utilizo a ideia de eras ideológicas, períodos de quarenta ou cinquenta anos que são caracterizados por certo consenso em torno de questões fundamentais. O neoliberalismo suplantou o consenso keynesiano que o precedeu nas décadas do pós-guerra; e, depois de quarenta anos de dominação, também está chegando ao fim. Costuma-se comparar o momento atual com os anos 1920 e 1930 e o princípio dos movimentos fascistas, ou com o período anterior à Primeira Guerra Mundial ou, indo mais longe, com a época das guerras napoleônicas. Mas até que ponto esses referentes históricos captam o espírito da nossa época? Para fornecer uma noção de orientação histórica, o livro estabelece um diálogo entre a realidade política contemporânea e debates de longa data na filosofia política, em especial no marxismo e no republicanismo, com atenção particular à questão da natureza do Estado, o propósito e o conteúdo da autoridade política.

De Platão a Aristóteles, de Maquiavel a Hobbes, de Marx a Keynes e Polanyi, ao longo dos capítulos teremos perspectivas producentes de alguns dos maiores pensadores políticos que se interessaram pela natureza do poder do Estado. Aliás, o Estado e seu papel no presente constituem um ponto central, tanto em termos de tema (dado que boa parte do discurso político contemporâneo se dá em torno da pergunta "o que faremos com o Estado?") quanto de substância (dado que a resposta a vários dilemas políticos atuais é que precisamos de *mais* intervenção estatal).

O principal diagnóstico que o livro faz é de que estamos em um momento de recuo ideológico no intervalo entre duas eras ideológicas: uma era neoliberal moribunda — a que enfocou o poder dos mercados financeiros como fonte de prosperidade — e uma era neoestatista — na qual o discurso político centra-se no modo como o Estado pode intervir para proteger a sociedade e controlar a economia, sendo que forças políticas distintas têm respostas distintas a esse dilema central.

O Grande Recuo é uma resposta da sociedade à tensão que a globalização neoliberal produziu, no sentido de desamparo frente a forças econômicas além do seu controle, da agorafobia, o medo da abertura, esse medo de estar em campo aberto sem defesa contra forças aparentemente além do controle político. Muitas das crises sociais e políticas da era contemporânea podem ser entendidas à luz de um recuo da globalização neoliberal e das sociais graves máculas que ela criou, e que levaram à ascensão de orientações neoestatistas diversas. Essas orientações partem de atores variados que querem responder aos dilemas atuais e que dominam a política contemporânea: a direita nacionalista, o centro progressista e a esquerda socialista.

Costuma-se dizer que a era neoliberal teve início nos anos 1980, primeiramente com os governos de Thatcher e Reagan, e nos anos 1990 com a Terceira Via de Clinton e Blair. Durante essa era de domínio dos mercados e da necessidade que o Estado teve de lhes conceder terreno, havia um ponto de consenso aceito entre boa parte da centro-direita e da centro-esquerda. O Estado era visto como um obstáculo à iniciativa privada e, desse modo, como uma força que precisava de contenção e limites, conforme se viu de modo mais espalhafatoso na austeridade dos cortes desatada ao longo dos anos 2010. Ainda assim, essa dominância ideológica entrou em questão por conta de sucessivas crises pelas quais passamos desde a grande crise financeira de 2008. Ao longo dos anos 2010, a análise política tendia a enfatizar que estávamos em fase de transição, de saída da era neoliberal, em formas degeneradas do neoliberalismo — tais como o "neoliberalismo punitivo" das políticas de austeridade ou o "neoliberalismo autoritário" que a nova direita busca, ou ainda o neoliberalismo zumbi tal como visto por Colin Crouch —deslegitimadas ideologicamente, mas ainda atuantes.

No início dos anos 2020, é hora de superar o diagnóstico de doença terminal do neoliberalismo. As promessas feitas pelos ideólogos neoliberais e o efeito material que elas tiveram na população abriram espaço para novos atores e desarranjaram as expectativas ideológicas. O mundo neoliberal morreu e algo novo se aproxima — que não é neoliberal, embora ainda seja, de certo, capitalista. Um novo consenso político e regime de governança está sendo forjado e boa parte dele se dá em torno da influência do neoestatismo. Como veremos ao longo deste livro, muitos dos fenômenos políticos que se apresentam na política contemporânea parecem dizer respeito, de um modo ou de outro, ao Estado, à sua transformação e ao seu retorno ao palco contemporâneo.

Na era de ouro da globalização neoliberal tudo girava em torno do empreendedor, da flexibilidade, da oportunidade e da competitividade. Muito do que se vê nas motivações, nos slogans e no léxico da política contemporânea aponta a aceitação cada vez maior da necessidade de intervenção estatal. São exemplos o slogan "build back better" [reconstruir melhor], adotado por figuras como Joe Biden para justificar investimentos estatais gigantes, ou o Fundo de Recuperação Europeia, promovido do mesmo modo como investimento público no futuro. No mais, ela se vê na afirmação da direita quanto a controles mais rígidos nas fronteiras e contra a influência estrangeira. Ou, ainda, na insistência da esquerda em um Estado mais ativo na economia, para fins de política industrial ou redistribuição.

O imaginário de uma sociedade ideal baseava-se em interações espontâneas e horizontais com o máximo de liberdade possível que o consumidor pudesse ter. Hoje, esse imaginário é cada vez mais solapado por um léxico distinto, que enfatiza ideias como proteção, controle, soberania e garantias, termos que dizem respeito à natureza e ao exercício da autoridade política. A crise da Covid exigiu uma grande mobilização do Estado que foi acompanhada por convocações a "proteger a si e aos outros". Do mesmo modo, a mudança climática e seu efeito cada vez mais evidente engendram forte percepção de insegurança — por exemplo, no que diz respeito a eventos climáticos extremos, secas, fome etc. Para todos esses problemas, o povo enxerga cada vez mais a solução estatal (e não a do mercado) como a única possível. Por fim, a crise energética deflagrada pela guerra na Ucrânia deixa cada vez mais aparente o fracasso da globalização e a necessidade que cada país tem de controlar e proteger seu abastecimento energético. Em todos esses níveis, a necessidade de intervenção estatal, que era vista como perigosa pelo mundo neoliberal, torna-se questão de grande urgência.

No momento, o neoestatismo não é uma doutrina organizada e coerente. Uso o termo, isto sim, mais para captar certo horizonte ideológico, um senso comum compartilhado, que modula forças políticas distintas. Esse horizonte está centrado em diversas demandas sociais fundamentalmente ligadas a proteção, controle, soberania e garantias. Já encontramos essa transformação no pensamento econômico com a volta do keynesianismo e com a crítica crescente aos entendimentos monetaristas da inflação e de outros processos econômicos. Ou no debate sobre sistemas nacionais de inovação, tal como na obra de Mariana Mazzucato, ou no neoinstitucionalismo de economistas como Daron Acemoglu. Encontramos esse horizonte expresso das maneiras mais diversas ao largo da conjuntura política. Figuras como Trump, Orbán, Salvini e muitos outros populistas da direita usaram o poder executivo descaradamente como modo de demonstrar seu compromisso com um Estado forte, apto a rechaçar tudo o que consideram inimigo. Eles invocaram a soberania nacional, o princípio mais fundamental do estadismo, e adotaram políticas protecionistas que rompem com o consenso de mercado aberto da alta globalização. A promessa da nova direita nacionalista, que gozou de muito sucesso em anos recentes, é exatamente o uso do poder do Estado para defender a sociedade da suposta ameaça que representam imigrantes, minorias religiosas, bandidos ou qualquer outro agente que seja suposta fonte de perigo.

Na esquerda, o neoestatismo se manifesta na revitalização das ideias de intervencionismo estatal, economia planificada e déficit público, como se vê nos debates entre economistas progressistas. Além disso, o neoestatismo inspirou as diretrizes de políticos como o francês Jean-Luc Mélenchon, o Podemos na Espanha, o Syriza na Grécia, e a esquerda latino-americana em figuras como Lula no Brasil, Petro na Colômbia e Boric no Chile. O discurso ecossocialista dessa nova esquerda neoestatista insiste na necessidade de o Estado intervir para proteger o habitat humano por meio de uma variedade de medidas de adaptação, dos quebra-mares às bacias hidrográficas e ao reforço de construções e infraestruturas contra catástrofes meteorológicas.

Ao "protecionismo do proprietariado" elitista da direita, voltado para garantir a propriedade privada dentro de esferas locais, a esquerda reage com um "protetivismo social" includente, interessado nas garantias sociais e no meio ambiente. Na centro-esquerda também testemunhamos essa reorganização com algumas figuras moderadas que buscam uma pauta social-democrata, o que envolve a recuperação da intervenção estatal. O direcionamento econômico moderadamente progressista de Biden nos Estados Unidos é a demonstração de uma mudança profunda na maneira como a política aborda a economia, mais voltada para garantir condições sociais básicas que ficaram solapadas nas últimas décadas.

O que interessa é que os limites do discurso político em si mudaram. Enquanto durante a era neoliberal a suposição em comum era de que o mercado agia como condutor da prosperidade econômica e que tudo que o Estado devia fazer era ceder terreno ao mercado ou conquistar novas vias de lucro para si, agora o festejar do mercado — que alguns seguem fazendo — é desafiado por perspectivas econômicas que atribuem papel decisivo ao Estado. Como é entendido hoje, o Estado não está atrelado a um papel secundário, e sim a perfis mais ativos: o Estado como controlador e arquiteto, o Estado como protetor da sociedade e defensor das garantias coletivas. O Estado não como um construto exagerado, como uma protuberância da sociedade civil, como ente paternalista, ou como "tetas" em que os corruptos mamam. Mas sim o Estado como pivô de uma formação social, um alicerce necessário de cuja eficiência a habilitação da economia privada, ao fim e ao cabo, também depende. A pandemia da Covid e a crise em torno do fornecimento de energia, alimento e componentes tecnológicos, como microchips, deixaram às claras a necessidade de os Estados controlarem de modo mais direto o ambiente econômico, de garantirem a cadeia logística.

Isso não quer dizer que estamos passando do neoliberalismo ao socialismo. O neoestatismo também pode ser um capitalismo autoritário ou um novo capitalismo liberal que sempre ficará ligado nos aparelhos do Estado. Boa parte da intervenção contemporânea do governo volta-se para resgatar as empresas privadas e o mercado. Por exemplo: nos Estados Unidos, a proposta de lei de infraestrutura foi aprovada porque era do interesse de grandes empresas, já que significa lucro para construtoras, enquanto as medidas sociais que não tinham utilidade imediata para o capital ficaram travadas no Congresso. O que estamos testemunhando na *Bidenomics* é uma espécie de "Estado empreiteiro", cujo intervencionismo é indireto: financiando obras públicas, mas deixando a execução para empresas privadas. A diferença fica aparente na comparação com o estatismo chinês, em que o Estado detém parcial ou integralmente o "alto-comando" da economia, incluindo muitas das empresas envolvidas em construção civil e transporte. O que importa é que a dependência que o mercado tem do Estado ficou patente. Hoje, nenhuma força política pode negar a necessidade de intervenções, dada a frequência com que a intervenção é voltada para salvar o mercado.

Estamos abandonando o neoliberalismo, mas é certo que não vamos abandonar o capitalismo. Boa parte do neoestatismo, especialmente na direita e no centro, continua firme nas suas posições pró-negócios e pró-mercado, mas reconhece que mercados só vão prosperar e trazer prosperidade se apoiados pela intervenção estatal. Porém, também nesse caso, a antiga fantasia da era neoliberal de mercados que se alimentam e que se regulam sozinhos está chegando ao fim. Parece que até os empreendedores mais ricos, como Musk e Bezos, não conseguem seguir sem o aprovisionamento, sem os auspícios e o suporte do Estado, ao mesmo tempo que interferem cada vez mais na política doméstica e global. Até estandartes do neoliberalismo e da austeridade estão abrindo concessões quanto à necessidade de equilibrar os excessos da economia de mercado.

Parece que o capitalismo contemporâneo é cada vez mais um capitalismo sob os auspícios do Estado, que exige intervenção estatal constante para fazer investimentos e compensar tempos cada vez mais turbulentos. Estamos vivendo o período do Grande Recuo da globalização neoliberal, e a política contemporânea quer superar os efeitos nefastos que ela tem na sociedade. Acabou a era da Grande Moderação, o período de estabilidade relativa nos fatores macroeconômicos entre fins dos anos 1980 e anos 2000, pois as condições nas quais mercados financeiros e inciativas privadas cresceram caíram em desarranjo. Neste período de alta inflação e crises repetitivas, a necessidade de intervenção estatal parece cada vez mais uma obrigatoriedade.

O que importa é que agora o discurso político, *tematicamente*, está organizado em torno da pergunta "o que devemos fazer com o Estado?", e não "o que podemos esperar do mercado?". A crise de energia forçou governos a suspender o funcionamento normal dos mercados, a impor um teto nos preços de combustíveis, a contrabalançar a especulação desenfreada. Além disso, alguns governos estão começando a considerar a necessidade de nacionalizações do setor energético. O governo francês já renacionalizou a Électricité de France, enquanto, na Grã-Bretanha, Keir Starmer, líder do Partido Trabalhista, propôs a criação de uma companhia estatal para a gestão das energias renováveis. Pode-se vislumbrar que, nos tempos por vir, haverá novas formas de intervenção estatal, até hoje consideradas impraticáveis, mas que serão recuperadas para tratar das circunstâncias presentes. Haverá, contudo, um confronto feroz em relação a quem essas políticas estatais precisam apoiar e, em especial, se será aos proprietários ou aos trabalhadores. A questão está em como se poderia dar uma resposta progressista a todas essas perguntas; uma resposta que, embora apta a articular uma perspectiva alternativa, ao mesmo tempo consiga neutralizar o discurso venenoso da nova direita nacionalista.

Minha sugestão é que, para encarar esses desafios, a esquerda precisa livrar-se de algumas incrustações neoliberais que orientaram seu discurso para o individualismo e a desconfiança da autoridade política e do Estado. No mais, a esquerda devia parar de considerar o medo e a sensação de insegurança como posturas que automaticamente alimentam um discurso de direita. Pelo contrário: muitos cidadãos têm motivos diversos para sentirem-se ameaçados e desprotegidos no momento presente, em que nos deparamos com estagnação econômica, ambiental e social, se não o declínio completo. Em vez de adotar a postura daqueles que têm a sorte de não ter motivos para o medo, os socialistas precisam recuperar a linguagem das garantias sociais e da democracia econômica que está na herança dos movimentos trabalhista e socialista. Precisa articular quais são as formas significativas de proteção e controle que pode fornecer ao público: controle do mercado e proteção das pessoas.

Ao longo dos anos 2020, essas tendências estão destinadas a remodelar a economia de maneira significativa, deixando-a mais centrada em torno dos aprovisionamentos e investimentos do Estado e do projeto de uma "transição verde". Em muitas circunstâncias, como parece ser o caso dos Estados Unidos com Joe Biden, pode acabar sendo um "protecionismo público-privado" com poucos ganhos tangíveis para trabalhadores e cidadãos. Mas essa nova conjuntura também abre oportunidades políticas para a esquerda.

Dado que o "escapismo" (citando Zygmunt Bauman) tem sido a tática predileta de corporações multinacionais envolvidas em *offshoring* e mudanças de país, um capitalismo mais enraizado, renacionalizado (no sentido de mais centrado na economia nacional) e "de proveniência local" poderia servir de alvo conveniente para mobilizações que exijam o aumento dos salários e serviços públicos melhores. Para explorar essas oportunidades, a esquerda precisa recuperar a ideia de propósito coletivo e reconhecer a importância da adesão das pessoas às comunidades políticas. Essa abordagem implica articular a insistência marxista nos interesses de classe e o entendimento republicano da importância das identificações nacionais, das instituições políticas e da cidadania; e aceitar que demandas de melhoria econômica só podem ser atendidas quando forem acompanhadas de uma luta pela retomada da soberania popular e da democracia. Faz muito tempo que a esquerda radical adotou a postura antiautoritária sintetizada no slogan antiglobalização de John Holloway: "Mude o mundo sem tomar o poder". Talvez, no rescaldo do populismo dos anos 2010 e da crise da Covid, tenhamos chegado à conclusão coletiva de que, para mudar o mundo, precisamos tomar o poder e fazer avançar um entendimento progressivo da soberania, da proteção e do controle, os mecanismos fundamentais que fazem o poder do Estado funcionar.

O destino do Grande Recuo está tudo, menos garantido. Vai depender de empenho político e discursivo, seja da direita, da esquerda ou do centro, a força que conseguir apresentar-se como aquela que pode "proteger e controlar". A história nos dirá qual ideologia neoestatista conseguirá elevar-se dos muitos neoestatismos que hoje brigam pelo controle histórico. Para a esquerda ter alguma chance, ela terá que abandonar muitos dos seus pressupostos quanto à natureza do Estado e aceitar que boa dose do desafio histórico contemporâneo gira em torno do seu controle e de sua transformação.

Introdução

Uma série de acontecimentos traumáticos, que tiveram início com a recessão econômica de 2008 e culminaram na crise do coronavírus, associados ao desastre ecológico iminente advindo da mudança climática, abalou todas as certezas políticas e lançou o capitalismo ocidental no caos político, deixando sociedades tragadas pelo nervosismo e pelo medo. Isto é o que chamo de Grande Recuo: um período no qual a sensação é de que as coordenadas da história se inverteram. Fatos tidos como pressupostos uma geração atrás — a globalização; a liberdade de circulação; o crescimento econômico; a demarcação clara de amizades, rivalidades e inimigos na geopolítica — parecem estar sendo questionados, o que gera desorientação e desconcerto nas sociedades organizadas mundo afora. O Grande Recuo é o momento em que as sociedades se voltam para trás e para si: quando a globalização recua, a economia se contrai e mal se escora nas substanciosas injeções de capital dos bancos centrais; quando o povo tem que se retrair em casa por conta das quarentenas, dos lockdowns e das medidas de isolamento, e tem que reduzir o próprio contato entre si. É o momento em que a sociedade "volta a si", quando o choque frontal com o pessimismo do mundo leva a um anseio pela interioridade e pela autonomia, e temos que lidar coletivamente com questões fundadoras que dizem respeito às condições básicas de existência e autorreprodução da sociedade.

O Grande Recuo é uma metáfora hegeliana que capta o processo de transformação ideológica profunda em um momento de crise orgânica nas sociedades capitalistas democráticas. O neoliberalismo, a filosofia econômica e política que aposentou o consenso social-democrata do pós-guerra e remodelou o planeta em nome da liberdade, fomentando a iniciativa privada e a desigualdade social nos últimos quarenta anos, não parece apto a dar respostas aos dilemas históricos que surgem. Os velhos dogmas da teoria econômica liberal que seduzem tanto esquerda quanto direita desde os anos 1980 parecem, hoje, restos de uma era ingênua carregados de ferrugem; enquanto isso, a pandemia demonstrou a insensatez que foram os cortes do orçamento público em prol da austeridade fiscal, que deixaram sistemas de saúde e de educação em frangalhos.

Conforme a visão de mundo neoliberal começou a fraquejar na Grande Recessão pós-2008, novos movimentos surgiram na direita e na esquerda, descritos em conjunto e por vários observadores como manifestações de um "momento populista". Dos movimentos de protesto ao referendo do Brexit em 2011, da eleição de Trump à ascensão de uma nova esquerda socialista e de líderes como Corbyn, Iglesias e Sanders, os últimos anos foram testemunha de extrema polarização. Forças nos dois polos do espectro político atraíram o povo a voltar--se contra as elites e promoveram guerras contra as doutrinas centrais do dogma neoliberal, sendo que a esquerda ataca suas premissas socioeconômicas e a direita destrói sua tolerância cultural. O populismo dos anos 2010 foi a negação dialética do neoliberalismo.

Depois da pandemia da Covid-19, é hora de enxergar à frente do momento populista e avaliar o novo panorama da política pós-neoliberalismo. A política contemporânea não é apenas um momento negativo, uma etapa na qual "o velho está morrendo e o novo ainda não pode nascer", citando uma famosa máxima de Gramsci repetida de forma obsessiva nos últimos anos.[1] Da luta brutal entre o neoliberalismo e o populismo, do choque e do pânico provocados pelo coronavírus, emerge algo novo: um neoestatismo que clama pela intervenção estatal mais forte na economia com vistas à proteção da sociedade. O embrião do estatismo já aparecia no discurso populista dos anos 2010 — na direita nacionalista, na defesa de fronteiras rígidas; na esquerda radical, no clamor por um "socialismo do século XXI" e pela restauração do intervencionismo keynesiano.[2] A urgência do coronavírus transformou o "governo forte" em necessidade, derrubando a desconfiança liberal quanto ao Estado interventor. Desde fundos sociais gigantescos para remediar o desemprego galopante e a queda no comércio até propostas de nacionalização da infraestrutura estratégica e programas de investimento para descarbonizar a economia e manejar a crise climática, tais como as colocadas pelo presidente Biden, o Estado intervencionista — o grande bicho-papão do neoliberalismo — está de volta. Com a pandemia, o neoestatismo tornou-se o novo normal político, uma metaideologia que atinge praticamente todos os atores políticos, mas também um novo palco de batalha onde visões radicalmente distintas do nosso futuro político estão às turras.

Este livro analisa o horizonte ideológico pós-neoliberalismo que surge no rastro da crise do coronavírus. É um mapeamento da ascensão do protetivismo governamental como tendência ideológica essencial para entender o rearranjo contemporâneo do discurso e da prática política na Europa e nos Estados Unidos. *O Grande Recuo* desenvolve um "diagnóstico do presente" que tece vínculos entre motivações ideológicas emergentes e as demandas socioeconômicas que as moldam.[3] O novo estatismo dos anos 2020 e sua relação com o populismo dos anos 2010 e com o neoliberalismo enfraquecido são analisados da perspectiva estrutural e de conteúdo, com vistas a superar o formalismo que dominou boa parte das análises recentes. Identifica-se a crise da globalização neoliberal como motivação-chave para a mudança ideológica atual, por conta das imensas tensões sociais que gerou. Para tratar dessa reordenação política, me apoio em uma abundância de perspectivas essenciais da história da filosofia política no cruzamento entre a teoria republicana e a teoria marxista. Mobilizo as reflexões sobre o Estado encontradas em Platão e Aristóteles; o contrato social descrito em Hobbes e Rousseau; a perspectiva socialista do Estado em Marx, Gramsci e Poulantzas; e a crítica do liberalismo na sociologia econômica de Karl Polanyi para tratar das motivações e implicações da revitalização da mão visível do Estado que se dá neste momento — o momento em que a incerteza social encontra a demanda por ordem política.

Meu foco é o novo discurso da política neoestatista e as práticas políticas da era pós-neoliberalismo. De um lado, este livro trata dos novos slogans, palavras-chave, declarações e imaginários da política contemporânea. Assim, ele documenta as transformações tectônicas no discurso político após o abandono dos dogmas puídos do livre mercado. Por outro lado, minha intenção é revelar como essa mudança no discurso político afeta de maneira concreta as diretrizes políticas e a concorrência eleitoral. Abordo o modo pelo qual a orientação para o foco internalizado na política neoestatista de proteção e de controle elucida a natureza das coligações sociais que embasam a esquerda e a direita; o papel que diferentes inimigos, entre as elites e as classes desfavorecidas, têm no cimentar dessas coligações; a maneira como o Estado é concebido por forças nacionalistas e socialistas; e, por fim, as reações distintas que se tem à pergunta recorrente sobre a identidade nacional. Espero que eu possa fornecer alguma orientação política em meio a uma paisagem marcada por incerteza extrema, de modo que possamos localizar as mudanças-chave e a estratégia necessária para lidar com o colapso da ordem neoliberal.

Para trás, para dentro, para a frente

"Recuo" é a reação diante de um choque. Remete a uma retração, motivada por medo ou desgosto — o momento da esquiva, do encolhimento, de tremer ou de dar marcha a ré diante de uma ameaça. Na balística, o recuo corresponde ao coice da arma quando descarregada. No mundo animal, o pangolim, animal sobre o qual recai a suspeita de origem zoonótica da Covid-19, retrai-se diante do ataque de um predador virando uma bola. A ascensão do neoestatismo na política contemporânea deve ser entendida à luz dessa resposta negativa e de como ela redefine a topologia da ação política e a dialética entre dentro e fora que constitui todas as comunidades políticas. O Grande Recuo gira em torno de uma mudança subjetiva, da *exopolítica* centrífuga do neoliberalismo, voltada para o externo, para a *endopolítica* centrípeta da era pós-neoliberal presente, com atenção "para dentro", para a redefinição das noções de interioridade e estabilidade.[4]

"Recuo" é uma tradução possível para o termo hegeliano *Gegenstoß*, utilizado na dialética para expressar a força oposta que provoca o vai e vem entre dois polos, tais como o Ser e o Nada.[5] No monismo dialético de Hegel, a história está em ricochete constante: toda ação produz sua reação, e cada degrau no movimento do Espírito é tragado pelos efeitos colaterais do passo anterior. Essa imagem ajuda a captar a natureza de nossa época. Nos primeiros meses da crise do coronavírus, o Fórum Econômico Mundial lançou a ideia de um "Grande Reset", como se a pandemia fornecesse a oportunidade de o capitalismo começar tudo de novo. Mas a história nunca parte do zero; cada era tem que reagir às contradições que a era anterior lançou. Mais do que um Grande Reset, vivemos num Grande Recuo, uma época em que a sociedade é forçada a tratar das pressões e da agorafobia desatadas pela globalização neoliberal. Atravessamos um novo "contramovimento", como o que, segundo Karl Polanyi, tragou a Europa e os Estados Unidos no rastro da crise de 1929. Contudo, não é apenas um momento de regressão ou retaliação, um retrocesso puramente negativo. Do lado positivo, também é um momento de reinternalização, daquilo que o próprio Hegel descreveu como *Erinnerung*.[6] O termo significa literalmente "recordação", mas Hegel também o utiliza no sentido figurado, como ato de recordar e internalizar, ou "internalização". A *Erinnerung* é o oposto da *Äußerung*, ou externalização, que tanto Hegel quanto Marx associaram à objetificação e à reificação, e que hoje poderia ser equiparada à lógica centrífuga do capitalismo global. *Erinnerung* é o momento em que o Espírito recolhe-se para si e torna-se egocêntrico, depois de recuar da sua existência externa. Mas, como Herbert Marcuse sugeriu, também é um momento de "recapitulação", que sinaliza o fim de uma era histórica e prefigura a abertura da nova era.[7]

Essa mistura de regressão, introversão e reorganização interna expressa na noção de *Erinnerung* aparentemente permeia boa parte da política contemporânea. Nossa época remonta a essas eras históricas do passado em busca de soluções que não se encontram no presente; ela reage ao mercado e aos agentes particulares, cuja incompetência em satisfazer necessidades básicas foi descortinada, de modo brutal, pela pandemia e, por fim, volta-se para dentro para buscar um novo centro gravitacional que promete o mínimo de estabilidade. O dito "momento populista" dos anos 2010 foi fortemente marcado pela orientação de retrocesso e de voltar-se para o íntimo, o que muitos observadores interpretaram como sinal de regressão depois de anos de neoliberalismo triunfante empenhado na modernização acelerada. A direita nacional-populista atraiu com frequência o povo "descamisado", o que o trem da globalização neoliberal deixou para trás. Ela prometeu reaver o que foi tomado pelas "elites globais", conforme é expresso em slogans como "Take Back Control" [Retomar o controle] e "Make America Great Again" [Para a América voltar a ser grande]. No mais, os nacional-populistas são os porta-estandartes de uma reação cultural conservadora, um retrocesso reacionário após décadas marcadas pelo avanço constante em termos de direitos civis e tolerância cultural. Por fim, eles são acusados de isolacionismo, de vender fantasias de uma fuga imaginária da economia internacional num esforço míope de fazer o relógio histórico girar ao contrário. Também foram dirigidas críticas similares às atitudes retrógradas da esquerda socialista-populista emergente, geralmente associadas à nostalgia por um keynesianismo de carteirinha e à afeição pelos inimigos anti-imperialistas do Ocidente. A imprensa britânica tachou Corbyn repetidas vezes de velho marxista que queria fazer o país voltar aos anos 1970. O líder do partido populista de esquerda La France Insoumise, Jean-Luc Mélenchon, foi acusado de querer que as sociedades "recolham-se em si" (*repli sur soi*), por conta de sua oposição à abertura que os ideólogos neoliberais pregam. Movimentos de massa como os Gilets Jaunes [Coletes Amarelos] foram tratados por vários críticos liberais como iniciativas provincianas, vulgares e insensatas.

    O "corona-estatismo" que surge no início dos anos 2020, orientado para questões políticas fundamentais, lembra uma encarnação ainda mais acentuada da *Erinnerung* de Hegel. A urgência obrigou cidadãos do mundo inteiro a se isolar, a usar equipamentos de proteção como máscaras e luvas, a abrigar-se em casa e defender-se da contaminação por intermédio de "bolhas de apoio" na família e nos amigos. Além disso, levou países a darem as costas ao resto do mundo para concentrarem-se na segurança interna, fechando fronteiras e implementando medidas de controle rígido, levando milhões de exilados, turistas e estudantes estrangeiros a voltarem aos países de origem. Em reação à crise, políticos tiveram que vasculhar precedentes históricos para se orientar no presente e adotar diretrizes econômicas que havia muito se tachavam de anacrônicas. Líderes como Boris Johnson e Joe Biden adotaram o slogan "build *back* better" [*reconstruir melhor*] para expressar a necessidade de *reconstrução* de seus países, em certo sentido lembrando o que aconteceu após a Segunda Guerra Mundial. Eles conseguiram, pelo menos em parte, deixar de lado os dogmas neoliberais de meta de inflação, desregulamentação e Estado não interventor que predominaram por mais de trinta anos, ressuscitando ideias keynesianas de intervencionismo, déficit orçamentário, subsídios estatais, política industrial, propriedade estatal e até de economia planificada.

Partindo das discussões sobre a premência de reforços na demanda doméstica e na economia local em vez de nos setores de exportação, passando pela atenção às necessidades básicas da sociedade em termos de serviços de utilidade pública, saúde, educação e de emprego, que há muito padecem na lista de prioridades políticas, e chegando aos apelos por "primeirização" para inverter as práticas da terceirização, essa lógica do reinternalizar recobre a fachada de todo o estatismo pós-neoliberal.[8] Seguindo a famosa descrição de Hegel no prefácio de *Fenomenologia do espírito*, a crise do coronavírus anunciou o momento em que "esse desmorona[r] gradual, que não alterava a fisionomia do todo, é interrompido pelo sol nascente, que revela num clarão a imagem do mundo novo".[9] A pandemia, para as elites neoliberais, é similar ao que a queda do Muro de Berlim foi para os comunistas em 1989: um momento de choque e desnorteamento, que abre um espaço no qual se podem redefinir as pressuposições dominantes. Após a obsessão pela expansão externa e constante, encarnada na *exopolítica* neoliberal — evidente em práticas de terceirização, de *offshoring* e de priorização das exportações —, o pêndulo agora tende para a interiorização da *endopolítica* estatista.

A reorganização da política contemporânea para a interioridade é mais bem entendida como um contraimpulso da crise da globalização neoliberal. O Grande Recuo é o "segundo movimento" da globalização neoliberal, nos termos de Karl Polanyi — uma reação à voracidade do capitalismo em sua busca insana pelo lucro.[10] É o momento em que a globalização neoliberal é forçada a recuar, tendo chegado aos limites de sua sustentabilidade ecológica, social e política. Através da sua expansão imbatível, tragando cada vez mais países, o capital global progressivamente saturou todo o espaço planetário. Depois de integrar cada vez mais países à sua lógica, de China e Índia, a partir dos anos 1980 e 1990, a países do Sul e do Sudeste Asiático, como Bangladesh, Vietnã e Indonésia nos anos 2000, transformando-os em centros fabris de mão de obra intensiva, a globalização capitalista capitaneada pelos Estados Unidos hoje se vê em estado de asfixia, acentuado pela estagnação, pelo excesso de produção, pelo excesso de acúmulo, incapaz de encontrar novas oportunidades de investimento que sejam rentáveis. Não há crescimento duradouro que pareça possível dentro do regime atual da acumulação capitalista.

O impulso neoliberal pela externalização levou muitos cidadãos a perderem as proteções da negociação coletiva e dos direitos trabalhistas, criando um fosso crescente entre quem está fora e quem está dentro.[11] As sociedades ocidentais passaram a ser dominadas pela sensação de agorafobia — o medo dos espaços abertos da globalização neoliberal e os riscos que os fluxos múltiplos apresentam. Com a crise da Covid, as chagas que a globalização abriu ao longo das últimas três décadas ficaram intoleráveis e insustentáveis, enquanto a ineficiência social e a insalubridade que ela fomentou vieram à tona. O impulso pela reinternalização ou "interiorização" que perpassa as sociedades contemporâneas atualmente tem que ser entendido como uma reação contra o desarranjo nas coordenadas sociais e econômicas, e como tentativa de reinserir processos econômicos nas instituições sociais e políticas.

O novo léxico estatista

O Grande Recuo é o momento em que a tese neoliberal e a antítese populista engendram uma síntese estatista, que ofusca muitos dos ditames ideológicos centrais do período da expansão neoliberal. As ideias-chave que emergem no discurso neoestatista — soberania, proteção, controle e segurança — prefiguram uma pauta radicalmente distinta da que foi hegemônica nos anos 1990 e 2000. A linguagem neoliberal das oportunidades, da flexibilidade, da abertura, da aspiração e do empreendedorismo, voltada para o externo, agora dá lugar a uma reafirmação neoestatista da autoridade estatal, da dominância territorial e do poder político, e a uma preocupação com as condições de existência essenciais às comunidades políticas: defesa da autonomia, sobrevivência e reprodução. Enquanto a política neoliberal mirava os desejos do povo, em especial o consumismo possessivo e as liberdades individuais, o estatismo pós-neoliberal preocupa-se em manejar os temores da coletividade e em reduzir os riscos sociais. Ele não trata de aspiração, mas de desespero; não de esperança de mobilidade social ascendente, mas de angústia e precariedade econômica. Ele não promete taxas de crescimento tremendas, mas sim respostas a clamores urgentes por seguridade social, restauração do meio ambiente e consolidação pública.

O termo "soberania", geralmente entendido como a supremacia do Estado, expressa a primazia do poder político e da democracia territorial em relação ao espaço de fluxos da globalização neoliberal. A globalização baseava-se fortemente em subjugar economias nacionais aos interesses do mercado financeiro e do comércio globais para garantir a livre circulação de capital, bens e pessoas. Agora que esse projeto aparentemente fracassou, não surpreende que seu arqui-inimigo — a saber, a "soberania nacional" — tenha ganhado novo sopro de vida. A soberania tornou-se objeto de atenção desmesurada nos últimos anos e foi adotada pelos *soberanistas*: políticos tais como os adeptos do Brexit, que pensam a reafirmação da soberania nacional como fim em si mesmo, independente do custo. Mas é interessante ver que o termo também foi reivindicado por ativistas da esquerda para reafirmar o direito democrático de comunidades locais a controlar recursos primordiais, tais como energia, comida e tecnologia, e para rechaçar a voracidade de corporações internacionais, oligopólios digitais e fundos de investimento.

A proteção é um imperativo que foi bastante mobilizado durante a urgência do coronavírus para convencer o público a usar máscaras no rosto e equipamentos de proteção pessoal, tais como trajes de isolamento. Em termos mais genéricos, a política contemporânea tornou-se a política da proteção, no que às vezes se descreveu como "retorno a Hobbes", dada a famosa descrição do filósofo político inglês quanto ao papel fundamental do Estado como fornecedor de garantias e de proteção, como ele propõe no *Leviatã*.[12] Vemos na nossa sociedade a emergência de demandas por proteção contra todos os tipos de perigos que a interconexão capitalista criou. Enquanto a "sociedade do risco" contemplada por Ulrich Beck nos anos 1980 já sublinhava a emergência de riscos ambientais que até então não eram considerados, agora vivemos em um mundo onde os "riscos" se transformaram em ameaças existenciais e que afetam não apenas o ambiente natural, mas também os fundamentos da existência em sociedade.[13] A motivação que impulsiona o discurso político atual não é a ideia expansiva e aspiracional do individualismo aquisitivo, mas sim o instinto de sobrevivência dos estratos sociais essenciais para a reprodução social, ainda que vulneráveis à incerteza econômica, incapazes de encontrar um arremedo de estabilidade em um mundo hiperconectado e à beira do colapso. Nacionalistas prometem nos proteger dos imigrantes, vistos como precursores da criminalidade e das doenças, e canalizadores de culturas alienígenas, que representam ameaça demográfica à comunidade nacional. A esquerda, por sua vez, defende a proteção social, exigindo medidas contra paraísos fiscais, a regulamentação do comércio internacional para proteger a economia local de ser depredada pelo capitalismo digital ou rentista, e investimento forte em serviços de utilidade pública para restabelecer os sistemas básicos de amparo social. Hoje em dia, até mesmo alguns políticos de centro parecem dispostos a admitir a importância de reafirmar a proteção estatal para lidar com a desigualdade social em expansão e para nos preparar para as conjunturas catastróficas desatadas pela mudança climática, pelo colapso da biodiversidade e pelas inevitáveis pandemias do futuro.

"Controle" é outro termo que aparece com frequência no discurso político contemporâneo. A campanha a favor do Brexit prometeu "retomar o controle" das fronteiras e da economia, e figuras como Trump, Le Pen e Salvini reiteram o mantra de colocar os estadunidenses, os franceses e os italianos em primeiro lugar. Mas "controle" é um termo que também foi adotado na esquerda para expressar o objetivo de restabelecer o "leme" do Estado — a capacidade de mobilizar políticas macroeconômicas, industriais e de planificação para lidar com o desemprego abundante e o aquecimento global. Controle é um tema de grande disputa nos debates políticos contemporâneos. Para alguns, o maior controle estatal da economia, da sociedade e do ambiente é necessário para superar a condição de um mundo fora do prumo, no qual a distorção da soberania priva comunidades políticas de qualquer noção de autonomia. Mas o retorno do controle estatal forte é malquisto por vários, como vimos nos protestos contra o uso de máscaras, na oposição às vacinas contra a Covid-19 e na reprovação aos lockdowns por parte da comunidade empresarial. Enquanto a maior proteção estatal costuma ser bem-vinda, a ampliação dos poderes de controle estatal que ela traz a reboque são malquistos. Por fim, a política do controle também levanta a questão suprema da democracia, de que tipo de influência os cidadãos têm sobre o Estado. Depois de anos em que a tomada de decisão democrática foi apropriada por tecnocratas e empresários, a atual crise orgânica nas democracias capitalistas requer o estabelecimento de novas instituições democráticas através das quais as comunidades políticas possam retomar algum controle do seu destino e superar sua percepção de impotência e desespero.

Uma estratégia para a esquerda pós-pandemia

O Grande Recuo pode ser mais bem entendido como um momento de bifurcação, uma encruzilhada em que as trilhas para o futuro divergem. É um espaço de polarização extrema que põe a esquerda progressista e a direita extremista a brigar entre si, assim como contra o centro neoliberal, sendo que forças mais moderadas também procuram uma reação que se adapte ao colapso do neoliberalismo. A versão do neoestatismo na direita é o que vou descrever como "protecionismo do proprietariado", que combina as diretrizes autoritárias da lei e da ordem, a intervenção estatal mercantil para defender as "campeãs nacionais" no comércio exterior e o individualismo econômico darwiniano.[14] A resposta da esquerda, que chamo de "protetivismo social", se desenvolve numa reação radicalmente distinta, que trata o momento neoestatista como oportunidade para reafirmar princípios de igualdade social e democracia e preparar a sociedade para os efeitos devastadores da mudança climática.

O protetivismo social — uma narrativa progressista que engloba soberania, proteção e controle — dá um rumo a ser seguido frente às dificuldades atuais. Essa perspectiva poderia dissipar temores da população numa era de risco catastrófico, ao mesmo tempo que atende ao desejo popular de inclusão nas decisões políticas. O protetivismo engloba várias funções protetoras que se tornaram particularmente relevantes nessa fase de crise e de cerceamento: da proteção da saúde e da seguridade, assoladas por anos de austeridade e por privatizações, ao restauro do meio ambiente ameaçado pelas emissões de carbono; da defesa de ecossistemas econômicos locais perante as tendências "extrativistas" do capitalismo digital à proteção de todos os cidadãos em relação a doenças, instabilidade econômica, isolamento e exclusão.[15] O protetivismo sugere a necessidade de buscar a expansão e a redistribuição fiscais, mas também de dar novo sopro de vida a ideias socialistas, tais como nacionalização, planejamento indicativo e participação dos trabalhadores na gestão das empresas, todas as quais foram abandonadas após a derrota dos anos 1980. Os progressistas precisam aprender as lições que a pandemia ofereceu a respeito da necessidade de reparar e reforçar estruturas de suporte-chave para garantir proteção e reprodução social. Em particular, a contribuição essencial que os trabalhadores dos setores da saúde, das entregas e de saneamento dão à sociedade exige uma política de aumento da remuneração e de correção da desigualdade salarial. Maior poder aos sindicatos e um esquema de organização econômica estruturado em torno da demanda doméstica, não da exportação, poderia ajudar a esquerda a recuperar setores do eleitorado que se voltaram para a direita nacionalista, e em especial o grosso das classes operárias e média que vivem em áreas rurais e decadentes.

Para se reconectar a esses eleitores preocupados com o desamparo frente à concorrência internacional, os socialistas também precisam questionar o cosmopolitismo vazio que se adotou durante a era da globalização neoliberal e fazer as pazes com a perseverança das identidades locais e nacionais. As forças progressistas precisam sair dos redutos urbanos nos quais a esquerda se confinou. Isso exigirá o investimento organizacional em áreas provincianas e o esforço em priorizar questões prosaicas, do pão na mesa, que estão no alto da pauta dos operários fabris e de baixa qualificação que vivem fora dos centros metropolitanos. Se condenar a contradição do discurso da direita em atrair os operários com falas comunitárias, mas defender interesses capitalistas, e se, ao mesmo tempo, impulsionar projetos de desenvolvimento econômico que possam aplacar as angústias do operariado, a esquerda tem alguma perspectiva para tumultuar a coligação social da direita nacionalista.

A promessa do "socialismo que protege" não implica a esquerda renunciar aos valores de tolerância cultural e da inclusão social em prol de um "socialismo conservador" — o atalho proposto por alguns esquerdistas renegados que se tornaram nacionalistas plenos. Pelo contrário: significa dar primeiro plano aos conflitos econômicos em detrimento dos conflitos culturais, enquanto se unem os eleitores de origens e credos diversos em torno de uma meta comum e contra inimigos comuns — uma missão unificadora, não sectária, que os movimentos socialistas desempenharam tradicionalmente em momentos de força. No mais, reconhecer o poder da posição geográfica e da identidade nacional na política contemporânea não significa abandonar o compromisso tradicional da esquerda com o internacionalismo e o universalismo; em vez disso, reflete a constatação de que só se alcança o universalismo real quando se reconhecem as peculiaridades na identidade de cada povo e se aborda o medo do reassentamento e do desamparo. É só ao andar sobre essa linha tênue — reorientar-se para questões socioeconômicas essenciais para ampliar o apoio eleitoral entre trabalhadores enquanto luta pela soberania popular, a proteção social e o controle democrático — que a esquerda pode ter esperanças de emergir galvanizada do Grande Recuo e começar a olhar não apenas para trás e para dentro, mas também para a frente.

O capítulo 1 discute o panorama ideológico do Grande Recuo, marcado pelo declínio do neoliberalismo, o desafio do populismo e a ascensão do estatismo pós-pandemia. Ele inicia discutindo a onda populista dos anos 2010 e parte dos dilemas teóricos e práticos que ela levantou. A seguir, delineia os diversos atores que definem os conflitos políticos contemporâneos: a direita nacionalista de Trump, Salvini e Bolsonaro; a esquerda socialista de Sanders, Corbyn e do Podemos; e a via que o centrismo liberal está tentando criar para defender os mercados livres e a inovação capitalista do massacre antineoliberal. O capítulo conclui introduzindo a tríade soberania-proteção-controle que jaz no cerne da ideologia neoestatista.

O capítulo 2 pondera a crise da globalização e o modo como ela está provocando o retorno ao estatismo. Ele reconstrói a noção de como a globalização foi associada a um impulso extrínseco — uma ênfase na abertura e na externalização que subjaz práticas de terceirização, de *offshoring* e de ênfase nas exportações. As consequências têm sido uma tendência para o reassentamento, o desengate entre a posição geográfica, de um lado, e a economia e o poder político, do outro, e a criação de fendas entre metrópoles globais e periferias pobres. Após o movimento para fora da globalização capitalista, agora vemos um momento para dentro, em que a reinternalização toma conta — preocupada em tratar da percepção de desamparo e agorafobia que a interconectividade digital e financeira criou.

O capítulo 3 explora a questão da soberania — a ideia central do neoestatismo contemporâneo. Ele sublinha que a retomada da disputa em torno da soberania é um retorno dos reprimidos, já que a soberania se tornou alvo privilegiado de ataque dos teóricos neoliberais que conceberam uma ordem global diferente da que surgiu após a Segunda Guerra Mundial. Economistas neoclássicos como Friedrich Hayek e Ludwig von Mises imaginaram um mundo no qual todas as formas de soberania e poder territorial estariam suspensas, facilitando o fluxo desimpedido de capital e de bens em um mundo unido sob a égide do capitalismo e da iniciativa privada. Eles pregaram a abertura contra o que entendiam como solidariedade tribal das comunidades nacionais. Contudo, em vez de levar a uma ampliação de oportunidades e opções, o projeto neoliberal resultou em desigualdade e insegurança extremas. Os clamores por soberania buscam reequilibrar essa situação, dando novo vigor ao poder estatal, visto como o único mecanismo de contrapeso que pode ficar entre o povo e o caos econômico e geopolítico desatado pelo capital globalizado.

O capítulo 4 trata da gama de preocupações quanto à proteção que tem tomado o centro do discurso político neoestatista — de medidas contra a contaminação epidêmica a demandas de protecionismo comercial, novas formas de amparo social e o interesse incrementado por lei e ordem. "Proteção" é um termo que está no cerne da teoria do Estado, dado que, como a filosofia política deixou claro com Platão, Maquiavel e Hobbes, a função primordial da política é garantir a sobrevivência e a reprodução do demo, defendendo-o de ameaças externas e internas. Hoje, a atenção renovada nas questões de proteção reflete a mudança nas prioridades sociais com referência ao auge do neoliberalismo. Agora, proteger o próprio sustento e condições de trabalho é uma questão de maior urgência do que exigir ascensão social em um mundo de oportunidades econômicas em retração. Ideologias rivais atribuem diferentes significados ao termo "proteção". O foco da direita é a proteção da propriedade e da identidade da comunidade nacional; a esquerda, por sua vez, concentra-se em proteger os direitos trabalhistas e atender às necessidades de saúde e de assistência dos cidadãos.

O capítulo 5 explora a questão do controle como corolário-chave da ideia de soberania estatal. A ideia de controle se origina com o desenvolvimento do estadismo na Idade Média e denota o meio pelo qual o governo assegura de forma concreta sua autoridade sobre população e território. A linguagem do controle passou a ser amplamente adotada tanto na esfera política quanto na econômica, dentro de debates que dizem respeito a testes em massa, medo quanto a vigilância, responsabilização democrática e demandas crescentes de reforço da capacidade do governo de controlar a economia. Para Trump e outros na direita populista, o controle assume sobretudo a forma de controle das fronteiras e de reafirmação do poder das classes proprietárias; o foco da esquerda, por outro lado, está em restabelecer a capacidade do Estado de defrontar grandes empresas e bancos, assim como classes oligárquicas que controlam o fluxo de capital e a inovação em geral — através, por exemplo, da reintegração da planificação como ferramenta para o processo decisório democrático.

O capítulo 6 explora os conflitos de classe e as alianças de classe do Grande Recuo. Ele defende que se faz necessário superar a concepção contemporânea problemática de que classe não importa. Pelo contrário: para entender os interesses em risco no conflito político contemporâneo, precisamos prestar atenção às maneiras como a esquerda socialista e a direita nacionalista lutaram para construir novas coligações sociais, enquanto competem com um centro neoliberal que preserva sua influência sobre setores das classes média e alta. A aliança da direita une a classe dos gestores, a classe média provinciana e grandes contingentes do operariado. A esquerda, por sua vez, alia a classe média urbana dos ditos profissionais socioculturais com profissionais do setor de serviços — ambos concentrados nas metrópoles. Para os socialistas, a meta estratégica devia ser deflagrar as contradições de classe dentro da coligação social da direita, tirando a classe operária das mãos dos nacional-populistas.

O capítulo 7 volta-se para a questão dos inimigos que as diferentes forças políticas miram. Dada a diversidade social das coligações sociais contemporâneas e a presença de interesses divergentes nas coalizões mobilizadas por esquerda e direita, construir quem é o inimigo é especialmente importante na presente conjuntura. Os inimigos que a direita nacionalista escolheu são imigrantes, apresentados como um elemento alienígena que ameaça a coesão e a sobrevivência do corpo político. Para a esquerda socialista, os principais culpados são, isto sim, os ricos, vistos como agentes responsáveis pela pauperização disseminada, cujo poder econômico também lhes confere o poder político oligárquico de fato. Entre outros inimigos que emergiram no momento populista estão as elites culturais e a classe política, acusadas de correrem atrás de interesses afastados do cidadão comum. O capítulo conclui questionando por que, até o momento, a retórica anti-imigração provou-se mais eficiente do que o ataque aos ricos e poderosos.

O capítulo 8 discute o novo intervencionismo estatal como tendência que define o Grande Recuo, dado que a percepção do caos político e econômico alimentada por crises catastróficas levou os cidadãos a clamarem por proteção e controle por parte do Estado. Rompendo com a ortodoxia neoliberal, emerge um imaginário estatista econômico que mais uma vez enxerga o Estado como ferramenta fundamental para canalizar a vontade geral de melhoria da sociedade. Exploram-se diversos campos de intervenção econômica, de políticas comerciais a tributação, da nacionalização de empresas estratégicas ao aprovisionamento de assistências sociais. Enquanto a direita buscou uma pauta na qual o papel do Estado é acima de tudo a proteção da propriedade privada, o protetivismo da esquerda engloba diversas formas de proteção social: de dispositivos assistenciais à política industrial, de formas mais brandas de protecionismo comercial a diretrizes para acelerar a transição ecológica e ampliar a participação democrática.

O capítulo 9 aborda a questão nacional em relação à ascensão e queda da globalização. Desconcertando a previsão de muitos teóricos neoliberais, a identidade nacional ainda tem papel importante para a maioria dos cidadãos; aliás, é um aspecto que ficou mais evidente agora que a promessa de um cosmopolitismo global deu com os burros n'água. Para se contrapor ao nacionalismo da direita, a esquerda deveria adotar o que descrevo como patriotismo democrático: a reafirmação da pertença e o compromisso com as comunidades políticas democráticas das quais cada um de nós faz parte como ponto de partida para uma política autenticamente universalista. É só através da re-regionalização dos compromissos políticos e da construção de um "socialismo provinciano", que atraia a população de áreas não urbanas e periféricas, que a esquerda pode ampliar sua atração para além das classes médias urbanas e dos funcionários públicos.

A conclusão reúne os diversos temas do livro, fazendo um sumário do argumento e propondo algumas recomendações para uma estratégia socialista pós-pandemia. Defende-se que a crise do coronavírus expôs alguns pontos fracos na direita populista — a depreciação nefasta da ciência, o gerenciamento irresponsável dos sistemas de saúde e a priorização de interesses comerciais em detrimento da segurança do cidadão. É uma oportunidade estratégica para o avanço decisivo da esquerda. Para aproveitá-la, contudo, os socialistas terão que superar as lutas intestinas e a obsessão pelas guerras culturais, e focar no desenvolvimento de uma perspectiva de sociedade pós-neoliberal na qual a proteção e o controle estatal sejam reforçados pela participação democrática e pelas garantias de dignidade de cada indivíduo. Em outras palavras, a esquerda precisa buscar um "socialismo que protege", pois a sociedade exige garantias frente aos reassentamentos capitalistas e controle sobre seu destino coletivo.

I.
O horizonte pós-neoliberalismo

Para entender a nova política do Grande Recuo, precisamos voltar à questão da ideologia — a ideologia não nos moldes da falsa consciência de Karl Marx, mas tal como concebida por Antonio Gramsci: uma visão de mundo que molda diversas perspectivas políticas e está profundamente entrelaçada ao senso comum predominante em dada época.[1] A questão da ideologia manteve-se alheia ao radar político durante décadas: disseram-nos que vivíamos em uma era pós-ideológica, em que a política não era mais guiada por grandes narrativas tal como fora nos séculos XIX e XX, quando liberalismo, socialismo e fascismo emergiram, mas, em vez disso, inspirados pelo realismo, pelo pragmatismo e pelo consenso. Porém a impressão de que vivíamos uma era pós-ideológica era falsa. Os conflitos ideológicos pareciam resolvidos não por causa do fim da ideologia, mas por conta do triunfo de uma ideologia só — o neoliberalismo — em relação a todas as outras; sua vitória e subsequente colonização da mente pública deu a falsa impressão de que a ideologia como tal havia desaparecido.

"Neoliberalismo" é um termo guarda-chuva que abrange a doutrina política e econômica que prevalece no planeta desde o fim da Guerra Fria. Moldada pelas ideias e ensinamentos de pensadores conservadores como Friedrich Hayek, Ludwig von Mises e Milton Friedman, ela passou a comandar a arena política quando Margaret Thatcher chegou ao poder no Reino Unido, em 1979, seguida por Ronald Reagan nos

Estados Unidos no ano seguinte. Como sugere o prefixo "neo", o neoliberalismo envolve a revitalização de ideias do século XIX quanto à teoria econômica do *laissez-faire* que haviam perdido prestígio após o crash de 1929 e a Grande Depressão que se seguiu. A novidade do neoliberalismo era o fato de que ele rompia com o consenso keynesiano do período pós-guerra, quando tanto direita como esquerda concordavam quanto à necessidade de intervenção estatal e do Estado de bem-estar para garantir um padrão de vida básico a todos, bem como para guiar a economia a fins socialmente desejáveis. As políticas neoliberais de desregulamentação, privatização, livre-comércio e globalização passaram a ser adotadas amplamente mundo afora sob a égide do dito "consenso de Washington", que reinou soberano entre a queda do Muro de Berlim em 1989 e o crash financeiro de 2008. O neoliberalismo ganhou o status de ideologia-mestra que dobrou líderes e partidos dos dois lados do espectro político. Nos anos 1990, Bill Clinton, Tony Blair, Romano Prodi e Gerhard Schröder passaram a compartilhar do compromisso de Thatcher com livres mercados e direitos patrimoniais, no que ficou conhecido como Terceira Via entre o conservadorismo de mercado e a social-democracia. O senso comum do neoliberalismo afirmava que o mercado era mais eficiente que o Estado na promoção da prosperidade e que os governantes tinham que incentivar oportunidades, empreendedorismo, flexibilidade e abertura.

O horizonte político contemporâneo é definido pelo colapso desse consenso neoliberal. À Grande Recessão de 2008-11 seguiu-se uma estagnação prolongada e, agora, o corona-crash. Esses dois acontecimentos abalaram profundamente as premissas do projeto neoliberal e sua capacidade de explicar o que se passa. Tal como a urgência da estagflação — a coincidência entre estagnação e inflação — nos anos 1970 trouxe um problema insolúvel para os métodos keynesianos, abrindo caminho para o monetarismo e outras políticas simpáticas ao capital, a situação econômica atual apresenta paradoxos de solução impossível dentro do ordenamento neoliberal. Com uma economia marcada pela estagnação e por pressões deflacionárias que até o momento não são aplacadas por injeções de liquidez nem por programas de flexibilização quantitativa, ao mesmo tempo que as taxas de juros estão no mínimo histórico, a cartilha neoliberal da livre concorrência parece inapta para lidar com os dilemas. Enquanto alguns autores tentaram captar essa fase crepuscular como readaptação parcial do neoliberalismo, expressada em ideias como "neoliberalismo autoritário" ou "neoliberalismo punitivo", o que defendo é que entramos na fase de "pós-neoliberalismo", na qual o horizonte neoliberal está desabando à nossa volta e abre caminho para um novo conjunto de coordenadas ideológicas que pode tomar seu lugar.[2]

Figura 1.1. A tese neoliberal, a antítese populista e a síntese neoestatista

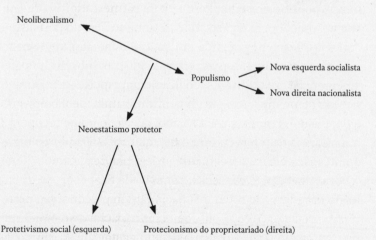

O horizonte ideológico contemporâneo é definido pelo embate entre neoliberalismo e populismo e pela ascensão de um neoestatismo intervencionista que tenta superar esse impasse.

A crise do consenso neoliberal manifestou-se por muitos anos na ascensão de movimentos populistas das vertentes mais diversas. Do Occupy Wall Street aos Gilets Jaunes, dos novos movimentos da direita radical à retomada de uma esquerda socialista, que inclui o Partido Trabalhista com Jeremy Corbyn e o socialismo *millennial* sob influência de Bernie Sanders e Alexandria Ocasio-Cortez, o populismo é visto como tendência que define a política contemporânea. Apesar de suas diferenças ideológicas, esses fenômenos diversos compartilham de um inimigo em comum no neoliberalismo e atraem o povo contra as elites. Como defendo neste capítulo, o dito momento populista não tem sido uma fase de convergência ideológica entre direita e esquerda, como advogam centristas pró-mercado que tentam difamar os socialistas. Pelo contrário: tem sido uma fase de polarização política forte entre uma nova direita nacionalista e uma nova esquerda socialista, ambas tomando distância do centro neoliberal em direções distintas.

O populismo é crucial para entender a gênese do realinhamento político presente. Porém, para captar o espírito da política pós-neoliberal, não se pode parar na análise do populismo como duplicata negativa do elitismo neoliberal. Exige-se um foco no conteúdo, nas perspectivas políticas substantivas que emergem da crise atual. Especificamente, precisa-se explorar o neoestatismo que emergiu do confronto entre neoliberalismo e populismo. É nesse neoestatismo, que já no nome recupera a importância da intervenção estatal, que encontramos os ingredientes-chave para a emergente ordem política pós-neoliberal. A nova batalha pelo consenso, como há de ficar claro, se dá em torno das ideias de soberania nacional sobre economia, proteção da sociedade e controle democrático. O estatismo protetor não é uma ideologia partidária defendida por um só campo da política; está mais para um horizonte metaideológico que, tal como o neoliberalismo no auge, impregna todo o espaço político.

O senso comum ideológico contemporâneo já não é apenas neoliberal, e sim cada vez mais neoestatista. As principais tendências políticas que dominam a paisagem política ocidental têm que lidar com os interesses básicos no cerne do neoestatismo contemporâneo: o abrigo das excentricidades da economia global, a proteção do mercado internacional, o desenvolvimento econômico de regiões desfavorecidas, o controle democrático em todos os níveis do governo, as garantias de assistência e de saúde, e o aprovisionamento de bens essenciais que não podem ficar ao sabor do mercado. Assim, o novo ordenamento que o neoestatismo oferece propõe uma reposta a muitas questões urgentes para as quais o neoliberalismo parece despreparado. Mas enquanto se prefigura um novo consenso pós-neoliberal, o neoestatismo também é um campo de batalha no qual surgem diferentes perspectivas do Estado e da sua missão; e um espaço no qual novos dilemas éticos e políticos urgentes tomam a frente.

Os anos 2010 foram do populismo

A ascensão do populismo em suas formas multifacetadas e contraditórias foi a manifestação política mais importante da hegemonia ideológica decadente do neoliberalismo. Segundo teóricos como Chantal Mouffe e Cas Mudde, os anos 2010 foram um "momento populista" ou um "zeitgeist populista" no qual o populismo pareceu mais forte e mais proeminente do que nunca.[3] Acadêmicos já se digladiaram quanto ao significado exato do termo, sendo que alguns o veem como ideologia, embora rasa,[4] enquanto outros o interpretam como "lógica discursiva",[5] ou questão de estilo ou retórica;[6] alguns vincularam o populismo apenas à direita nacionalista, enquanto outros o entenderam como tendência política generalizada. Essas análises acadêmicas tendem a compartilhar de uma abordagem formalista,[7] identificando características mínimas em comum nos movimentos populistas, tais como o apoio na oposição retórica entre povo e elite, em vez de examinar os alicerces estruturais e classistas desses fenômenos.

Quando a mídia fala de populismo, geralmente se refere à direita populista representada por figuras como Donald Trump nos Estados Unidos, Matteo Salvini na Itália, Jair Bolsonaro no Brasil, Viktor Orbán na Hungria e seus aliados políticos em diversos países. Recorrendo a argumentos chauvinistas e retórica xenofóbica que mira imigrantes, estrangeiros e todas as variedades de minorias, essa nova grife da política de direita alcançou sucesso espetacular na segunda metade dos anos 2010. A vitória da campanha do Brexit no referendo de 2016 e a subsequente ascensão de Boris Johnson ao poder; a eleição de Donald Trump como o 45º presidente dos Estados Unidos em novembro de 2016; a popularidade de Salvini na Itália no rastro das eleições gerais de março de 2018; a eleição de Jair Bolsonaro nas eleições presidenciais brasileiras em novembro de 2018: todos foram momentos populistas elementares da década passada. Eles moldaram a impressão de que vivemos na "era da raiva", nas palavras do analista indiano Pankaj Mishra, na qual o descontentamento popular cai facilmente nas mãos de demagogos de direita que estão a postos para usar as táticas mais baixas para escorar seu poder: circulação de fake news, uso de minorias como bodes expiatórios e a alcovitaria de todo tipo de tensão social.[8]

Mas o populismo não é um fenômeno associado apenas à direita nacionalista. Por exemplo: mesmo que as eleições de 2018 na Itália tenham levado a Lega e Salvini ao governo por curto período, foi o Movimento Cinco Estrelas, centrista mas populista, que tomou a maior parte dos assentos no Parlamento italiano; aliás, o Movimento controlou vários cargos do governo, incluindo o gabinete do primeiro-ministro, que ficou com Giuseppe Conte, o dito "advogado do povo" que governou o país durante a pandemia em uma coalizão de centro-esquerda com o Partido Democrático italiano, até ser substituído por um governo tecnocrata comandado por Mario Draghi, ex-presidente do Banco Central Europeu. No mais, nos últimos anos o populismo tem sido associado a muitas campanhas e partidos políticos da esquerda, geralmente descritos como manifestação de "populismo de esquerda". A versão esquerdista do populismo pode afirmar, no mínimo, um histórico mais comprido do que seu *doppelgänger* nacional-populista. O populismo é arraigado na Argentina e em outros países desde meados do século XX. Hoje, para a maioria da população da América Latina, populismo refere-se à esquerda populista dos anos 2000, de figuras como Hugo Chávez e Luiz Inácio Lula da Silva. Nos Estados Unidos, paralelamente, o populismo tem uma tradição progressista encarnada no Partido Popular, um partido protossocialista de fins do século XIX que uniu trabalhadores rurais e fabris contra as elites endinheiradas e os *robber-barons*, e que durante uma década representou alternativa ao Partido Democrata.

Baseando-se nessa tradição do populismo progressista, há muita discussão nos últimos anos quanto à necessidade de um "populismo de esquerda" como modo de criar uma resposta coesa à direita trumpista. Chantal Mouffe defendeu que "em vez de ver o momento populista apenas como ameaça à democracia, é urgente perceber que ele também oferece a oportunidade para sua radicalização".[9] Do mesmo modo, Grace Blakeley, no Reino Unido, escreveu que a esquerda "precisa criar uma narrativa populista, que mostre que a classe trabalhadora é prejudicada por um modelo capitalista explorador e extrativista que concentra o patrimônio e o poder nas mãos de uma elite minúscula".[10] Nos Estados Unidos, figuras como o jornalista e ensaísta de esquerda Thomas Frank defendem que o

Partido Democrata perdeu terreno porque traiu a classe trabalhadora ao focar no eleitorado dos profissionais urbanos e que precisa aceitar o populismo em vez de repudiá-lo.[11] Dani Rodrik, economista de Harvard, contrapõe o populismo cultural, que atribui à direita, ao populismo econômico, que associa à esquerda.[12]

Movimentos como Podemos, La France Insoumise, Syriza e do Partido Trabalhista com Corbyn eram vistos como encarnações progressistas desse momento populista, sendo que a adoção do discurso populista daria meios para revitalizar as motivações redistributivas tradicionais da esquerda.[13] Desde os anos 2010, movimentos sociais que vão do Occupy Wall Street aos Gilets Jaunes franceses adotaram o populismo igualitário de forma redobrada. Vestindo os coletes de segurança dos operários das rodovias, os manifestantes franceses exigiram enfaticamente que se tirasse o poder de Macron, "*le président des riches*" [o presidente dos ricos], para devolvê-lo ao povo. Assim, a política contemporânea é marcada não apenas pelo conflito entre neoliberalismo e populismo, mas pela competição entre dois filamentos radicalmente alternativos de populismo. Steve Bannon, ex-estrategista de Trump, não errou o alvo quando disse que a luta política que define nossos tempos se dava entre o populismo nacionalista, representado por Trump e seus aliados na Europa, e o populismo socialista, que ele identificava em Jeremy Corbyn e Bernie Sanders.[14]

A dúvida a respeito de a esquerda poder ou não se "populistizar" ocupou muitas discussões entre progressistas durante os anos 2010. Muitos na esquerda resistiram à medida, insistindo que seria como alcovitar o nacionalismo e a xenofobia da direita. A desconfiança ecoou em invectivas de centristas neoliberais como Yascha Mounk, pupilo de Tony Blair que defendeu que populistas de esquerda eram a mesma coisa que populistas de direita — ecoando um tropo neoliberal contumaz no qual extremos políticos dão-se as mãos, reafirmando a importância do centro político. Mas essas discussões deixaram entrever um equívoco fundamental.

Referências ao populismo da esquerda e da direita não significam que os dois lados estavam convergindo ideologicamente numa espécie de transversal populista. O momento populista foi marcado, no mínimo, pela forte polarização política em que as novas "esquerda de verdade" e "direita de verdade" tomaram distância do centro neoliberal. O poder explanativo da ideia de um momento populista estava no fato de que captava, em primeiríssimo lugar, uma semelhança de condições estruturais que traziam consigo a necessidade de estratégias e retóricas similares que se desenvolveram em pontos opostos do espectro político. Refletia a divisão escancarada entre uma oligarquia econômica que havia acumulado os espólios da globalização neoliberal e a massa do povo que havia visto sua condição de vida estagnar ou decair. Foi na classe trabalhadora empobrecida e na classe média espremida que tanto a nova direita quanto a nova esquerda que surgiram no momento populista lutaram para encontrar novas bases de apoio. O discurso populista mobilizado por novos atores políticos, portanto, continha um apelo classista, ou "plebeu", implícito. Sugeria que o centro de gravidade na batalha pelo consenso eleitoral havia se transferido da classe média aspiracional, que era o eleitorado indeciso mas decisor no auge da era neoliberal, para os eleitores afetados pela decadência socioeconômica.

Talvez acontecimentos recentes apontem que esse momento populista pode estar perdendo força e dando lugar a uma fase pós-populista. A pandemia do coronavírus afetou negativamente muitos líderes e grupos que fazem parte da direita populista por conta da percepção de que não souberam gerenciar a pandemia, e por conta da irresponsabilidade de um libertarismo anticientífico que a direita muitas vezes atiçou.

No mais, a saída humilhante de Trump da Casa Branca no rastro do tumulto no Capitólio pode entravar a atração pelos populistas de direta no curto prazo. Ao mesmo tempo, muitas iniciativas políticas centristas e da esquerda populista foram derrotadas, ou entraram em alianças esquerdo-centristas — por exemplo, a aliança do Movimento Cinco Estrelas com o Partido Democrático italiano, e a aliança entre o Podemos e o Partido Socialista espanhol. Não parece que o populismo tenha sido vencido ou normalizado.

Essas tendências não marcam o "fim do populismo" em nenhum sentido absoluto. O populismo é característica perene das democracias de massa, nas quais a ideia de povo constitui tema universal.[15] O caráter do populismo varia sucessivamente conforme circunstâncias históricas. No século XX, era uma tendência política anômala em países da América Latina diante do subdesenvolvimento econômico e do fato de grandes parcelas da população viverem da economia informal. No século XXI, ele aparece nos países centrais do Ocidente capitalista, afetados pelo "hiperdesenvolvimento" em uma paisagem de estagnação, padrões de vida em queda e problemas ambientais aparentemente irremediáveis. Por fim, orientações populistas podem ter manifestações radicalmente distintas a depender das ideologias com que se associam — daí o risco em reduzir ao mesmo "populismo" fenômenos que, no mais, têm pouco em comum. Ainda assim, é evidente que, num momento em que o populismo parece ter chegado ao ponto de saturação, dobrando praticamente todos os atores políticos e fazendo soar o descontentamento disseminado com o neoliberalismo, essa ideia por si só deixa de ser suficiente para captar a lógica subjacente à política contemporânea.

O esforço teórico necessário para achar sentido no novo horizonte político no rastro da pandemia exige que superemos esse equívoco em ver o populismo como momento puramente negativo, ou como caldeirão no qual as divergências políticas esquerda/direita se eliminam. No mais, é necessário superar o formalismo que dominou o debate sobre o populismo e captar posições políticas concretas, assim como os novos alinhamentos de classe que surgiram no momento populista. Para tal fim, no prolongar deste capítulo vamos explorar mais de perto os três grandes atores no palco político contemporâneo: a direita nacionalista, a esquerda socialista e o centro neoliberal.

A direita nacionalista

Há poucas dúvidas de que a tendência política mais significativa em anos recentes tem sido a ascensão da direita nacionalista. É uma tendência tão marcante que muitos críticos, na imprensa e na academia, passaram a vê-la como sinônimo do "populismo" por si só. A vitória de Boris Johnson depois da provação do Brexit, apoiada por uma forte campanha anti-imigrações; a ascensão de Donald Trump nos Estados Unidos e de Jair Bolsonaro no Brasil; a dominância dos nacional-populistas na Europa Oriental; a grande popularidade de Marine Le Pen na França, de Matteo Salvini na Itália e do partido neofranquista Vox na Espanha: unidos, estes fatos criaram a impressão de que, pelo menos até a crise da Covid começar a se armar em 2020, o populismo nacional era uma força política imbatível fadada a tragar países mundo afora.

O que há de novidade na nova direita nacionalista é o modo como ela foge da abordagem dominante do conservadorismo nos anos 1990 e 2000, que era de aceite do ordenamento neoliberal. Essa mudança foi vista em níveis diversos: tanto na política econômica quanto nas políticas social e cultural. Alguns líderes da direita populista abandonaram a observância ao monetarismo rígido, que predominava no auge da era neoliberal. Aceitaram a necessidade de algum déficit fiscal, especialmente no rastro da pandemia, levando alguns a falarem em keynesianismo de direita. No mais, romperam com o credo do livre-comércio dos neoconservadores, como se vê no protecionismo de Trump e na adoção de ideias de ativismo estatal por parte de Boris Johnson. Enquanto a direita populista continua alinhada com outros preceitos neoliberais, tais como tributação baixa, essa mudança na política econômica é um rompimento marcante com o legado de Reagan e Thatcher.

Contudo, é mais simbólico o rompimento da direita populista com o consenso neoliberal quanto a questões sociais e culturais. Os nacional-populistas adotaram um discurso comunitário impregnado de xenofobia, misoginia e chauvinismo como maneira de interceptar a raiva e o rancor crescentes dos trabalhadores insatisfeitos e da classe média em declínio. A natureza peçonhenta desse discurso levou à percepção de que o nacional-populismo é, ao fim e ao cabo, apenas uma recrudescência contemporânea do fascismo do século XX — uma espécie de nazipopulismo, por assim dizer. Referência aos anos 1930 e a uma ameaça fascista iminente pontuaram comentários rotineiros sobre Trump e seus simpatizantes internacionais. Madeleine Albright, ex-secretária de Estado dos Estados Unidos, atacou Trump veementemente em um livro com o enfático título *Fascismo: Um alerta*.[16] O filósofo norte-americano Jason Stanley, no livro *Como funciona o fascismo*, identifica que a retórica de Trump e outros é tipicamente fascista.[17]

Muitos políticos que se destacam na linha de frente da "internacional nacionalista" de fato tiveram flertes com movimentos e ideias escancaradamente fascistas. Nos Estados Unidos, Trump já empregou retórica abertamente fascista, mimou grupos neonazistas como o National Policy Institute de Richard Spencer e os Proud Boys de Gavin McInnes, e deu crédito a teorias da conspiração da extrema direita como as que são associadas ao QAnon.[18] Movimentos fascistas sentiram-se encorajados pela eleição de Trump. Os distúrbios de 6 de janeiro de 2021 no Capitólio, incitados por Donald Trump com a participação de milícias da extrema direita, aparentemente confirmaram os maiores temores em torno do novo fascismo. Na Itália, houve reuniões frequentes entre Matteo Salvini e membros dos grupos neofascistas CasaPound e Forza Nuova; e, na Hungria, conhecem-se os laços de Orbán com o partido neonazista Jobbik.

É verdade que populistas da direita contemporânea podem, vez por outra, entrar na via do fascismo escancarado. Do modo como estamos, porém, o populismo de direita costuma lembrar mais o nacionalismo conservador raivoso do século XIX do que o fascismo do século XX. Embora tenha adotado muitas das temáticas virulentas do fascismo, falta ao populismo de direita contemporâneo o elemento reacionário de uma "revolução contra as revoluções". De modo mais geral, é duvidoso se os trumpistas encarnam por completo as características que definem o fascismo conforme identificadas por Poulantzas: o racismo biológico e/ou cultural escancarado; o militarismo e o desejo de conquista; e o espírito totalitário e antidemocrático.[19]

Embora às vezes recorram ao racismo provocador, os novos nacionalistas chegaram apenas perto de afirmar explicitamente o supremacismo branco. Na sua abordagem da política externa, eles parecem mais isolacionistas ferrenhos do que empenhados em guerras e invasões. É revelador que, embora por vezes tenha ameaçado inimigos externos como o Irã, Trump não enveredou por nenhum conflito armado inédito — realização notável para um presidente dos Estados Unidos, dado o histórico das últimas décadas. A postura da direita populista quanto à democracia é mais complexa. Até agora, a maioria dos movimentos populistas de direita parece mais decidida pela democracia plebiscitária do que pela ditadura escancarada. A tentativa de Trump de subverter os resultados da eleição de 2020, contudo, sugere que os elogios que faz à democracia são puramente oportunistas.

Em vez de fascistas declarados, é melhor entender os populistas de direita como "iliberais". A expressão "democracia iliberal" foi cunhada em tom de aprovação pelo primeiro-ministro húngaro Viktor Orbán em um discurso de 2014, expressando a recusa a valores liberais, e desde então tem sido usada por teóricos liberais para expressar a natureza do populismo *à la* Orbán.[20] Além de Orbán, esse iliberalismo também já foi atribuído ao presidente russo Vladimir Putin, acusado de dar socorro às claras e às escuras a seus aliados internacionais na Europa e na América enquanto afirma explicitamente que a hegemonia do liberalismo acabou.[21] Timothy Snyder, historiador de Yale, fez soar o alarme quanto à ascensão dos regimes iliberais na Europa e na América, sublinhando o despotismo como um dos principais motores internacionais desse fenômeno.[22] Para Takis Pappas, a busca dos populistas de direita por uma "democracia iliberal" é o que os distingue de fascistas plenos.[23] Enquanto o fascismo é um iliberalismo não democrático, porque vai tanto contra as liberdades civis quanto contra a democracia, o populismo é o iliberalismo democrático: ele continua a aceitar métodos democráticos no papel enquanto acaba com liberdades civis e instituições políticas.[24]

A pandemia da Covid levou a direita nacionalista a radicalizar seu discurso, e em particular sua crítica à ciência e aos especialistas. Líderes nacionalistas do mundo inteiro aderiram a teorias conspiratórias e deram piscadelas para os movimentos antivacina e antimáscara. Eles alcovitaram temores de um inimigo comunista fictício e atiçaram as chamas da atitude anti-China. Seguir seus instintos antielitistas, contudo, às vezes levou nacional-populistas a aderir a posturas insustentáveis, levando a guerras culturais intestinas dentro da direita e a uma divergência crescente entre populistas da direita linha-dura, como Trump, e outros mais moderados, tal qual

Johnson. A radicalização da direita nacionalista é reflexo de desespero, mais do que demonstração de força; revela a fraqueza do que parecia, até 2019, a ascensão imbatível do nacionalismo. Esse momento de retração da direita pode abrir novas oportunidades para a esquerda, cuja adesão ao populismo tem mirado a construção de um povo em torno da lógica da igualdade e da inclusão em vez da discriminação.

A esquerda socialista

A ascensão da direita nacionalista teve paralelo no front político oposto: a ascensão da nova esquerda socialista. A fundação do Podemos, um partido manifestamente populista na Espanha, em 2014; a vitória da coligação Syriza nas eleições parlamentares de janeiro de 2015 na Grécia; a eleição de Jeremy Corbyn para líder do Partido Trabalhista no Reino Unido em maio de 2015 e o desempenho vigoroso dos trabalhistas na eleições nacionais de 2017; a campanha inspiradora de Bernie Sanders nas primárias em 2016; e a criação do La France Insoumise, sendo que seu líder, Jean-Luc Mélenchon, chegou perto de entrar na segunda rodada das eleições presidenciais francesas de 2017: a sucessão veloz dos acontecimentos calcou a impressão de que houve uma revitalização da esquerda socialista no momento populista. Embora os políticos e partidos envolvidos anteriormente fossem, em sua maioria, restritos à esquerda radical, no rastro do crash de 2008 eles conseguiram conquistar uma base de apoio maior aproveitando-se da aflição socioeconômica geral e do descontentamento com partidos de centro-esquerda tradicionais.

A característica que define a nova esquerda socialista em oposição à centro-esquerda tradicional é a hostilidade contra a Terceira Via que várias formações social-democratas adotaram nos anos 1990, incluindo as de Clinton, Blair e Schröder.

A esquerda socialista condenou com veemência a conversão neoliberal da centro-esquerda, e em particular sua cumplicidade na demolição do Estado de bem-estar keynesiano, com efeitos desastrosos para muitos trabalhadores. Para corrigir o que percebem como traição da missão genuína da esquerda, os líderes da "novíssima esquerda" — às vezes descrita como "onda púrpura", baseada na cor usada pelo Podemos e em referência à "onda rosa" do populismo de esquerda latino-americano dos anos 2000 — defenderam políticas com um forte teor de socialismo democrático. Eles clamam pelo investimento em saúde pública e educação pública, pela ampliação dos subsídios sociais e pela volta do Estado como motor da atividade econômica. No mais, miram os ricos e o sistema financeiro como um todo, exigindo tributação mais alta dos ricos e rédea curta com as multinacionais.

Essa reprise das temáticas redistributivas levou a um debate sobre o retorno do socialismo, como se viu em muitas discussões sobre o socialismo democrático, socialismo do século XXI, ou "socialismo *millennial*" (no sentido de um socialismo para a geração *millennial*). O que está em jogo na revitalização da esquerda atual não é apenas a ressurreição do socialismo das antigas, mas a adaptação de prioridades socialistas tradicionais a uma sociedade marcada não apenas pela desigualdade extrema, mas também pela fragmentação social e pelos baixos níveis de participação política. É um socialismo cujo populismo consiste sobretudo em chamariz unificador para o povo como meio de compensar a fraqueza da organização de classe, numa época em que a participação sindical chegou a uma baixa histórica. Essa retomada da esquerda deparou-se com a reprovação de críticos liberais que quase se iguala à da direita nacionalista — não menos porque demonstrou que, apesar de décadas de neoliberalismo, a crítica ao capitalismo tem atração renovada.

Comparado ao forte sucesso da nova direita nacionalista, o histórico eleitoral da nova esquerda tem sido uma decepção. No mundo anglo-saxão, tanto Corbyn quanto Sanders foram derrotados em 2019-20 — embora tenha sido o melhor desempenho de candidatos abertamente socialistas nos seus países em décadas. Por mais que muitos gostariam de pintar Corbyn como um novo Michael Foot* — em outras palavras, uma guinada para a esquerda que resultou em fracasso para os trabalhistas —, essa consideração ignora fatos significativos. Enquanto as eleições de 2019 foram um desastre para o Partido Trabalhista, nas eleições de 2017 Corbyn chegou perto de vencer os Conservadores, apesar da forte oposição interna de setores do aparato apartidário que o boicotaram de forma escancarada. Do mesmo modo, em 2016 Bernie Sanders surpreendeu críticos ao chegar perto de arrancar a indicação democrata de Hillary Clinton, cuja vitória se deveu largamente ao apoio que ela recebeu dos influentes do partido no Congresso Nacional Democrata.

Mesmo que tenham fracassado, o fato de políticos como Sanders e Corbyn, que eram vistos como figuras marginais da esquerda radical antes de sua metamorfose política, conseguirem participar da disputa pelo poder em nível nacional foi notável. No mais, formações esquerdo-populistas em outros países conseguiram chegar ao governo. Na Grécia, a Syriza pós-comunista venceu duas eleições, em janeiro e setembro de 2015, e seu líder, Aléxis Tsípras, governou o país como primeiro-ministro até 2019 em um mandato progressista que mesmo assim foi criticado pela esquerda linha-dura por capitular com as pressões da Troika.[25] Ao mesmo tempo, o Podemos firmou-se como

---

* Michael Foot (1913-2010) foi líder do Partido Trabalhista e líder da oposição no Parlamento inglês entre 1980 e 1983. Seu mandato terminou quando os trabalhistas tiveram o pior desempenho nas eleições gerais em 65 anos. [N.T.]

o terceiro maior partido da Espanha após sua fundação em 2014, no rastro do movimento Indignados — tendo, em janeiro de 2020, formado um governo com o PSOE socialista.

Há alguns paralelismos entre essa onda socialista-populista e outros partidos como o Movimento Cinco Estrelas da Itália. A formação fundada pelo comediante Beppe Grillo não é um movimento que se encaixe facilmente na esquerda, quanto menos como socialista, dado que renega qualquer menção a ideologia. É um dos fenômenos que emergiram da década populista que corresponde fortemente a uma espécie de "populismo puro" ideal e típico. A formação atraiu defensores com tendências políticas de todo o espectro — nacionalistas, conservadores, socialistas e sociais-democratas —, se é que tinham afiliação política prévia. Sua proposta política central tem sido uma oposição antielitista à classe política. Seu ecletismo e seu caráter pós-ideológico são sublinhados pelo fato de que, antes de entrar em um governo de coalizão com o Partido Democrata (PD), o Movimento Cinco Estrelas fazia coalizão com a direita radical da Lega, que fazia pouca resistência à linha dura de Salvini no fechamento de portos para migrantes. Mesmo assim, o Movimento tem sido responsável pela apresentação de diversas medidas que voltam a mobilização política italiana para fins social-democratas. Criou-se um salário-cidadão que apoia mais de 1 milhão de famílias na Itália, e o segundo governo do primeiro-ministro Conte apoiou decisões que marcaram uma ruptura com o consenso neoliberal, incluindo a renacionalização parcial das rodovias italianas. Assim, enquanto muitos candidatos da nova esquerda socialista acabaram derrotados, e formações mais centristas como o Movimento Cinco Estrelas estão perdendo apoio nas urnas, seria errado e apressado concluir que o populismo não dá certo na esquerda. Aliás, só os partidos de esquerda que aderiram ao discurso populista conseguiram superar sua marginalização eleitoral.

Tabela 1.1. Atores políticos no Grande Recuo

	Esquerda socialista	Centro neoliberal	Direita nacionalista
Soberania	Soberania popular; autonomia democrática; Estado igualitário; capacidade do Estado	Governança supranacional; defesa da integração global e da União Europeia (UE); apoio de instituições multilaterais (BCE, FMI, BM, OMC, ONU)	Soberania nacional; soberania territorial; supremacia branca; democracia étnica
Proteção	Protetivismo social; protecionismo trabalhista e ambiental; antiglobalização; nacionalização das indústrias estratégicas; garantia empregatícia; bem-estar social e saúde pública; política do cuidado	Livre-comércio; zero subsídios estatais; desconfiança do protecionismo	Protecionismo do proprietariado; tarifas comerciais; bilateralismo; tributação regressiva; sinofobia; políticas de lei e ordem; defesa da classe capitalista local; socialismo para os ricos
Controle	Regulamentação ambiental; tributação das grandes fortunas; sindicatos nos conselhos administrativos; movimentos sociais; participação cidadã	Tecnocracia; assembleias municipais virtuais; participação da sociedade civil	Controle das fronteiras; políticas anti-imigrantes; fortalecimento do Poder Executivo; democracia plebiscitária

Apesar de seus defeitos, o surgimento da nova esquerda socialista com características populistas prova que a guinada para a extrema direita não é uma conclusão predeterminada na era do Grande Recuo. Já se demonstrou que políticas socialistas têm grande atração entre eleitores, que agora desejam o amparo estatal frente à insegurança na saúde e na economia. Isso fica mais significativo caso se considere a maneira como, desde 1989, os neoliberais demonizam o socialismo pintando-o de "ameaça vermelha". O que atesta esse reequilíbrio é o fato de que até partidos de centro-esquerda como o Democrata dos Estados Unidos e seu novo presidente, Joe

Biden, assim como o PSOE da Espanha, foram obrigados a redirecionar suas pautas para a esquerda, prometendo defender prioridades dos trabalhadores há muito tempo negligenciadas para dar lugar aos interesses das grandes empresas. Centrista nos moldes de Clinton e Obama, Joe Biden descortinou, desde que se tornou presidente, planos de gastos ambiciosos e um plano ambiental abrangente, em geral descritos em conjunto como *Bidenomics*, que apontam um distanciamento do consenso neoliberal. Os programas econômicos de Biden incluem um plano de investimento em infraestrutura de 2 trilhões de dólares, tributação mais alta às corporações e tomada de atitude contra paraísos fiscais. Essas políticas mostram que a centro-esquerda está se reordenando, boa parte em reação à influência crescente da ala socialista do Partido Democrata. Assim, enquanto a situação política pode parecer temível para a esquerda, a viabilidade eleitoral de políticas econômicas progressistas no longo prazo não deveria ser subestimada.

O centro neoliberal

A característica que a direita nacionalista e a esquerda socialista têm em comum, que está no cerne da orientação populista, é a hostilidade contra o centro neoliberal. O centro neoliberal — categoria que inclui muitas formações e políticos que adotam a defesa do livre mercado e pregam a moderação política — era o ator dominante durante os anos 1990 e início dos 2000, quando a alternativa entre governos de centro-esquerda e centro-direita parecia uma questão de gosto, e não de substância (como a diferença entre Coca-Cola e Pepsi, conforme o gracejo de Slavoj Žižek), sendo que as políticas neoliberais sempre estavam no pacote. Desde a retração econômica de 2008, contudo, centristas pró-mercado estão contra a parede, pois a opinião pública tornou-se cada vez mais crítica à globalização neoliberal e aos efeitos devastadores das políticas que ela acarreta, incluindo a privatização e a desregulamentação.

No mínimo, esse reposicionamento defensivo ficou mais pronunciado em meio à pandemia da Covid-19, já que os mercados livres sofreram fracasso espetaculoso no que tange ao aprovisionamento de bens e serviços essenciais de saúde. É verdade que a situação de urgência, ao revelar a incompetência e imprudência da direita nacionalista, parece ter dado novo sopro de vida às políticas da competência e da experiência — duas coisas de que os políticos centristas há muito se orgulham. A consolidação da reputação de Angela Merkel como moderada lúcida e clemente e a popularidade crescente de figuras centristas, como Jacinda Ardern na Nova Zelândia e Justin Trudeau no Canadá, são indicativas dessa tendência. Mas a aflição socioeconômica profunda que o corona-crash impôs, combinada ao novo intervencionismo keynesiano e aos dispositivos assistenciais que passaram a ser exigidos, evidentemente opõe-se ao credo do *laissez-faire* esposado pelos centristas do livre mercado.

Há um senso de desorientação tragando o liberalismo contemporâneo. Em obras como *O liberalismo em retirada*, de Edward Luce, *Anti-Pluralism* [Anti-pluralismo], de William A. Galston, e *Por que o liberalismo fracassou?*, de Patrick Deneen, acadêmicos liberais defendem que o liberalismo encara uma crise existencial e que o sucesso dos populistas deriva do declínio do liberalismo.[26] Mas as razões profundas que subjazem essa correlação entre o liberalismo enfraquecido e o populismo crescente ainda não foram exploradas. Enquanto liberais são rápidos em condenar o iliberalismo político da direita populista, eles não costumam notar como o descontentamento com a ordem liberal deriva dos efeitos desastrosos das próprias doutrinas econômicas neoliberais — do "liberalismo tal como ele é": a forma concreta a que a doutrina liberal chegou no início do século XXI. O retrato do populismo como patologia que se costuma encontrar no noticiário liberal e nos acadêmicos liberais parece uma estratégia para se eximir da culpa; ele ignora as circunstâncias estruturais implacáveis das quais o momento populista emergiu como reação contra o extremismo de livre mercado dos governos neoliberais.

A desconfiança dos centristas liberais quanto ao populismo em todas as suas formas é fortemente recíproca. Como vimos, o que distingue tanto a esquerda socialista quanto a direita nacionalista de seus predecessores é uma forte oposição ao neoliberalismo. As tendências dominantes no discurso político das duas são pós-neoliberais, pois envolvem a negação das objeções neoliberais primazes contra interferência governamental e a favor da política fiscal prudente e de limitação nos gastos assistenciais. Enquanto o neoliberalismo festeja a liberdade de circulação de todos os fatores econômicos (capital, mão de obra e mercadorias) na arena global, os críticos populistas frequentemente questionaram se mercados livres servem ao bem coletivo ou nacional. Enquanto o neoliberalismo tece loas às vantagens da abertura, os populistas da esquerda e da direita sinalizaram o valor de proteger a sociedade advogando o protecionismo econômico; enquanto o neoliberalismo é moldado pela preferência à globalização cosmopolita, os populistas de direita reivindicaram a importância do local, do nacional e da identidade geolocalizada; enquanto os neoliberais veem o Estado como mero juiz de paz, elogiando a auto-organização de firmas privadas e da sociedade civil, populistas de esquerda clamam por um Estado intervencionista; e, por fim, enquanto neoliberais há muito pregam e praticam o monetarismo antissocial, os populistas defendem a expansão monetária keynesiana, o déficit orçamentário e a monetização da dívida defendida na Teoria Monetária Moderna.[27] Em resumo, o discurso populista do século XXI é fundamentalmente a antítese e inversão do neoliberalismo: populismo = antineoliberalismo. Mas esse também tem sido o limite aparente do populismo: ele tende a parar no nível da contestação contracultural, em vez de aceitar o desafio de construir um projeto contra-hegemônico de verdade.[28] É a partir desse momento necessariamente negativo que um estatismo pós-neoliberal está desenvolvendo sua forma positiva.

Uma nova era ideológica

A negação do neoliberalismo que jaz no cerne do momento populista é representada de modos diferentes dentro da direita nacionalista e da esquerda socialista. A direita tem sua mira sobretudo no neoliberalismo cultural — a abertura e a tolerância em relação a culturas e gêneros que eram componentes do dito neoliberalismo progressista discutido por Nancy Fraser.[29] Embora tenha atacado e abandonado o compromisso neoliberal com o livre-comércio global, ela claramente manteve a ênfase neoliberal na baixa tributação e na regulamentação trabalhista flexível. Por sua vez, a esquerda não só atacou o livre-comércio em nome do protecionismo ambiental e social, mas também criticou o sistema de regulamentação e casualização trabalhista flexível que domina os mercados empregatícios desde os anos 1980. Por outro lado, ela costuma ter a mesma visão favorável do multiculturalismo e da imigração esposada pela centro-esquerda neoliberal. Da colisão entre tese neoliberal e antítese populista está surgindo uma síntese inédita que toma a forma de um neoestatismo protetor que aspira a tirar o lugar do neoliberalismo no seu papel de definir nosso horizonte ideológico em comum.

Figura 1.2. Ondas ideológicas no século XX e início do XXI

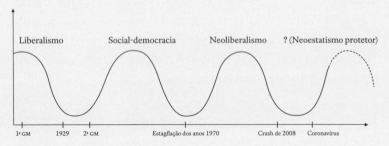

Tal como a economia, a ideologia é definida por ondas que duram em torno de quarenta a cinquenta anos, com períodos de hegemonia crescente sucedidos por fases de declínio. Depois da crise do liberalismo no início do século XX e da crise da social-democracia nos anos 1970 e 1980, parece que estamos diante de um novo momento de transição ideológica.

A melhor maneira de abordar essa tendência de transformação histórica das ideologias é por meio da ideia de ciclos ideológicos, similar às ondas discutidas pelo economista soviético Nikolai Kondratieff, que duram, cada uma, por volta de cinquenta anos.[30] Sucessivas eras históricas foram definidas por hegemonias ideológicas distantes que surgiram com frequência em oposição a ideologias dominantes preexistentes. Podemos partir da era liberal do século XIX e início do XX, que em diversos países europeus foi dominada por formações liberais moldadas pela ideia do individualismo de mercado *laissez-faire*, deixando a direita conservadora na defensiva.[31] Seu significante-mestre era a liberdade. A era liberal terminou nos desastres das guerras mundiais e da depressão global, e seu lugar foi tomado pelo velho adversário socialista — democrático no Ocidente, autoritário no Oriente —, cujo significante-mestre era a justiça. Diante da crise capitalista, a Rússia comunista virou a provedora do socialismo estado-centrista e altamente repressor em um país. Ao mesmo tempo, Roosevelt estava desenhando seu New Deal progressista, que priorizava políticas pró-trabalhistas e gastos públicos sociais-democratas (assim como, por breve período, o governo da Frente Popular de Léon Blum fez na França). Com o liberalismo em crise, o nacionalismo fascista surgiu como reação da direita contra a ascensão do socialismo, apropriando-se de parte dos discursos de movimentos de classe operária. No rastro da Segunda Guerra Mundial, o socialismo cresceu dos dois lados da Cortina de Ferro. Na maioria dos países da Europa Ocidental, a conciliação das classes tomou a forma de um pacto social-democrata entre capital e operariado e levou aos ditos *trente glorieuses* [trinta gloriosos] — a era de ouro do crescimento econômico que o capitalismo atravessou entre 1945 e 1975 —; na União Soviética e seus satélites, ele ficou expresso em uma economia de comando comunista e políticas de bem-estar social.

As crises do petróleo nos anos 1970 sinalizaram o colapso da era social-democrata, mais uma vez abrindo o terreno para o nascimento de uma nova ordem ideológica. Quem venceu a batalha pela hegemonia foi o neoliberalismo, moldado por pensadores como Friedrich Hayek, Karl Popper e Milton Friedman. Esses pensadores miraram o que viam como um mundo socialista esbanjador e autoritário. A ideologia neoliberal foi implementada com velocidade por uma nova grife de políticos conservadores — sendo os mais importantes Margaret Thatcher, no Reino Unido, e Ronald Reagan, nos Estados Unidos, que garantiram que o neoliberalismo se tornasse a doutrina econômica e a política dominante entre os estrategistas políticos. Mais uma vez, o significante-mestre dessa era foi "liberdade" — ou, mais exatamente, a "liberdade de mercado". A esta sobrevieram uma série de termos correlatos — "abertura", "oportunidade", "empreendedorismo" — que conspiraram para projetar a narrativa de uma era triunfante com mercados abertos. A ascensão do populismo antineoliberal dos anos 2010, alimentada pelo descontentamento generalizado com a desigualdade em expansão, marca o ponto mais baixo dessa era ideológica. O populismo é a sociedade neoliberal recolhendo-se para si.

Agora estamos em um momento similar de transição ideológica — ou melhor, metaideológica —, no sentido de uma mudança sistêmica no espaço ideológico que abraça os dois polos políticos. É um momento no qual o neoliberalismo parece a ponto de dar lugar ao neoestatismo, que está destinado a reformular o discurso político e transformar de maneira radical as expectativas e prioridades políticas da sociedade. Em meio ao frenesi do interregno ideológico presente, enquanto ainda não temos como afirmar com algum grau de certeza se essa mudança no senso comum político terá um impulso progressista ou reacionário, as novas palavras-chave do discurso de proteção e controle dão um indicativo do novo mundo que emerge da crise da Covid.

Significantes estatistas

Para estudar a ideologia pós-neoliberal, sigo os quadros da análise do discurso, analisando falas, declarações em público, documentos estratégicos e mensagens de campanha dos líderes políticos ocidentais, e abordo-os como textos que fazem parte de um discurso ideológico maior. O estudo do discurso político propõe um ponto de vista a partir do qual se investiga a ideologia política — e se exploram as mudanças de valores e visões de mundo que emergem no presente. Um dos problemas com o debate do populismo que cresceu em décadas recentes é que aparentemente ele só arranha a superfície do real conteúdo da ideologia contemporânea. Como sinalizamos, esse tipo de pesquisa é dominado por uma abordagem formalista, que reduz o conteúdo do populismo a uma postura antielites, anti-establishment, combinada à busca de um discurso do povo. Assim, avança pouco na captura de demandas concretas, visões e valores, bem como das coalizões de classe e dos antagonismos que jazem no centro da política pós-neoliberal e explicitam seu conteúdo positivo.

Esse formalismo fica visível no trabalho do teórico mais influente do populismo, Ernesto Laclau, professor argentino que se exilou na Inglaterra para fugir da ditadura militar. O trabalho de Laclau apresenta a mais sofisticada e explícita teorização do populismo como fenômeno discursivo. Em *A razão populista*, sua melhor sistematização dessa defesa, Laclau afirma: "por 'populismo', não entendemos um *tipo* de movimento, identificado ou com uma base social especial ou com uma orientação ideológica particular".[32] Laclau propôs, isto sim, uma abordagem do populismo como "lógica política".[33] Isso quer dizer que o populismo não é uma ideologia como tal, mas sim uma dinâmica discursiva que, em circunstâncias distintas, articulará conteúdos ideológicos distintos. Isso ajuda a explicar por que o populismo aparentemente nunca se oferece de forma pura, por assim dizer, mas em ligas que unem elementos ideológicos discrepantes e que às vezes também parecem inconciliáveis: do comunismo e socialismo da classe operária ao radicalismo da classe média e ao conservadorismo burguês reacionário. Daí o caráter essencialmente híbrido e excêntrico da política populista.

O que é central ao populismo, segundo Laclau, é a atração que provoca entre o povo, definido como totalidade da comunidade política, e a construção coligada da "identidade popular". Essa "identidade popular" — distinta de outras identidades sociais que são mobilizadas na arena política, tais como identidade de classe, identidade religiosa e identidade de gênero — é marcada por seu caráter includente, que alia diversos eleitorados e demandas diversas. Essa unidade se desenvolve por intermédio de uma "cadeia de equivalência" — um processo de concatenação que costura queixas diversas em oposição a um sistema de poder único. Tomando a deixa da psicanálise de Jacques Lacan e da linguística de Saussure, com a insistência na natureza arbitrária do encaixe entre significante e significado, Laclau defende que esse empenho de unificação aglutina-se em torno de um "significante vazio".[34] É um símbolo que, exatamente em virtude de sua indeterminação e aparente insignificância, torna-se catalisador de um processo de agregação simbólica e política.[35] Essa teoria forneceu perspectivas úteis quanto à lógica da mobilização para líderes nacional-populistas como Donald Trump e partidos da esquerda populista como o Podemos, e o modo como essa mobilização se dá em torno de um apelo de unificação ao povo contra o establishment, que evita paulatinamente os significantes políticos tradicionais. Mas, para entender a forma da política pós-neoliberal, faz-se necessário superar essa teoria formalista do populismo e a perspectiva coligada da política contemporânea como coleção de significantes vazios. É, isto sim, hora de abordar os conteúdos substantivos que emergem do horizonte pós-neoliberal e como eles projetam um novo imaginário político.

O horizonte discursivo do Grande Recuo é definido pela tríade neoestatista *soberania, controle* e *proteção*, os significantes-mestres da nossa era. Questões de soberania são mobilizadas para reafirmar a primazia do Estado e do poder político sobre o poder privado, assim como a primazia do espaço nacional. Essas ideias também ganharam a voz não só de *"exiters"* e antiglobalistas, mas também no contexto de campanhas sociais e ambientais e de clamores por soberania energética, soberania tecnológica, soberania alimentar, democracia e governos regionais. A demanda pelo restauro da soberania popular reflete a percepção de que o Estado-nação se enfraqueceu e é incapaz de funcionar como agente que garante a seguridade do povo em meio à fase atual de crise orgânica das democracias capitalistas. Envolve uma reafirmação do princípio da autoridade, em contraste com o antiautoritarismo libertário dominante na era neoliberal, em uma negação do enquadramento do Estado como dispendioso e impotente.

Termos como "proteção" e "controle" são fortemente conectados a essa reabilitação do princípio da autoridade e ordem políticas. A "proteção" está associada à demanda por garantias em um mundo cheio de perigos e medo, cujo motor central não é a vontade de assumir riscos e correr atrás de fortunas que definiu a era neoliberal, mas sim a precariedade econômica e a angústia quanto ao status: o forte medo de decadência, de substituição, ou mesmo de aniquilação, expresso em movimentos ambientais que defendem a justiça climática. Essa demanda aparece de modo mais amplo no discurso político contemporâneo em torno de todas as formas de proteção, da proteção contra o coronavírus à proteção ambiental, na esquerda, à proteção da identidade cultural contra os migrantes, na direita. Por fim, a questão do "controle" ecoa da campanha do Brexit pela retomada do controle nacional de fronteiras e legislação, às demandas de controle dos trabalhadores e lutas de movimentos sociais por uma democracia real. Essa demanda reflete a angústia quanto a um mundo que parece cada vez mais caótico, no qual o desejo de reconquistar algum manejo no nível coletivo tornou-se urgente.

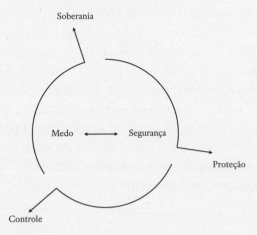

Figura 1.3. A tríade discursiva neoestatista

O discurso neoestatista está centrado em três termos recorrentes: "soberania", "proteção" e "controle". Todos estão conectados à demanda crescente por segurança (em suas variações multiformes: social, ambiental e geopolítica).

Os termos que aparecem na tríade neoestatista não são meros "significantes vazios" — em outras palavras, termos cujo conteúdo é arbitrário e, ao fim, irrelevante. Seu aspecto distintivo é justamente o de que eles carregam "significados": sentidos específicos que são segregados a partir de sua aplicação na filosofia política e na história política. Por exemplo: a ideia de controle gira em torno de questões de perícia, domínio e propriedade, incluindo a operação de diversos aparatos de Estado. Falar de controle, nesse sentido, é diferente de falar de "liberdade", pois implica uma visão diferente da sociedade e projeta prioridades e preocupações distintas. Por outro lado, pode-se atribuir conotações específicas diferentes a esses termos, ao qualificá-los enfatizando certos aspectos de seu conteúdo em relação a outros. Quando se fala de seguridade, por exemplo, a direita nacionalista está se referindo sobretudo a lei e ordem — segurança contra a criminalidade. A esquerda socialista, por outro lado, vai enfatizar questões de seguridade social e ambiental. Se elas compartilham jargões é porque a esquerda socialista e a direita nacionalista *vivem no mesmo mundo* e encaram os mesmos dilemas sociais em uma época marcada pela ameaça tripla das crises na economia, no clima e na saúde. O que importa para os propósitos de programas e estratégias políticas é como várias forças políticas "preenchem" esses significantes com sentidos específicos e, por sua vez, como esses sentidos fornecem uma resposta às angústias sociais predominantes. Para começar a abordar essas perguntas no próximo capítulo, vamos tratar da crise da globalização neoliberal, que constitui o pano de fundo histórico contra o qual essas mudanças ideológicas podem ser mais bem entendidas.

2.
Ricochete global

A crise do coronavírus marca um ponto de virada no declínio da globalização neoliberal que tem consequências importantes para a política e a ideologia contemporâneas. Em questão de poucas semanas entre fevereiro e março de 2020, o que de início parecia uma epidemia local que afetava uma região da Ásia — uma ameaça passageira como haviam sido, em anos anteriores, a Sars, a Mers e a H1N1 — tornou-se uma grave pandemia global. A disseminação do vírus logo saiu do controle, e bilhões de pessoas tiveram que entrar em isolamento para "achatar a curva" da contaminação e proteger as UTIs dos sistemas de saúde mundo afora de um influxo repentino e esmagador de pacientes com falta de ar. Com as ruas e os shopping centers vazios, o uso rotineiro de máscaras cirúrgicas e caminhões higienizando calçadas, a paisagem das grandes cidades mudou. Vários países fecharam suas fronteiras e aviões ficaram em solo. A crise de saúde foi logo agravada por uma depressão econômica de grande porte. Muitos países passaram pela maior queda empregatícia na sua história. Indústrias inteiras, em especial o setor de turismo, fortemente dependente de viagens internacionais, foram paralisadas, enquanto governos e bancos centrais tentavam estancar o colapso econômico injetando rios de dinheiro na economia.

O acontecimento já foi descrito como um choque "exógeno" — que se originou de fora do sistema que afeta, um "cisne negro" sem precedentes e irreproduzível que perturba violentamente equilíbrios arraigados. Contudo, a explosão da pandemia e suas consequências são tudo menos exógenas à sociedade; são apenas avanços acelerados que já estavam em elaboração havia anos. A pandemia da Covid-19 lançou luz nos desatinos do sistema neoliberal e nos riscos da interconexão global. De viajantes corporativos que se tornaram supercontaminadores à falta de leitos e respiradores — devido aos cortes nos serviços de utilidade pública — e a desigualdade social entre os que estão aptos a fazer "trabalho inteligente" e os que são forçados a se arriscar ao contágio em fábricas e depósitos ou ser demitidos, essa urgência tem sido um teste que condena as promessas carregadas do mundo neoliberal e globalizado. No mais, essa crise não devia ser pensada como pontual. Deveria, como muitos já perceberam, ser pensada como uma advertência quanto às urgências globais por vir, como é representado por um meme que viralizou na internet: uma onda de Covid-19 é seguida por ondas ainda maiores e mais aniquiladoras, como a recessão, a mudança climática e o colapso da biodiversidade. A urgência na saúde serviu para juntar os pontinhos da ordem global decadente.

A globalização econômica — a interconexão crescente da economia em nível planetário — tem sido o produto mais alardeado da ordem neoliberal. Durante os anos 1990 e início dos 2000, parecia um fenômeno imbatível, fadado a integrar até os recônditos mais remotos do planeta ao mercado global ao mesmo tempo que condenava à irrelevância os países, empresas e indivíduos que não seguiam seus imperativos. Mesmo assim, em um mundo atravessado por diversos choques, é exatamente esse monumento à engenhosidade e ambição do neoliberalismo que está em risco. Já no rastro da crise financeira de 2008, e durante os austeros anos 2010, os economistas haviam notado uma tendência à *"slowbalisation"* — o desaceleramento da globalização. O crescimento global foi retardado, os investimentos externos diretos caíram e até o comércio global — indicador-chave da interconexão global — recuou. A crise do coronavírus só intensificou essa tendência, produzindo uma baixa no mercado global, a ruptura das cadeias logísticas globais, o protecionismo econômico crescente e sinais de "desengate" entre as economias chinesa e ocidental.[1]

A situação é central a qualquer entendimento da transformação ideológica presente no Grande Recuo. Como este capítulo vai mostrar, as desigualdades múltiplas que a globalização engendrou têm sido motores-chave do descontentamento social que alimentou o acréscimo de movimentos populistas nos anos 2010. O impulso da globalização à externalização e à flexibilidade redesenhou o mapa econômico mundial conforme o princípio da minimização dos custos com insumos, sobretudo a mão de obra. Para vender aos mercados mundiais e isolar seus lucros do fisco, as empresas mudaram de local, terceirizaram a mão de obra, levaram suas fábricas para fora do país de origem e tiraram vantagem das zonas especiais de exportação e dos paraísos fiscais que foram criados no mundo inteiro durante a era neoliberal. O resultado líquido tem sido um crescimento espetacular da desigualdade. Pouquíssimos conseguiram acumular grandes fortunas, enquanto os salários dos trabalhadores foram pressionados até o mínimo; os riscos econômicos se agravaram; e o abismo entre as cidades ricas globalizadas e a periferia global difusa devastada pela pobreza e pela decadência cresceu. Esses imensos deslocamentos sociais, combinados a uma percepção de desamparo perante forças incontroláveis e antidemocráticas, estão no cerne da agorafobia global que molda a política contemporânea.

Unidos pelo mercado único mundial

Popularizado em meados dos anos 1980 por Theodore Levitt, professor de administração de Harvard, o termo "globalização" encaixou-se para captar a subjugação progressiva de um número crescente de nações a um mercado global sob a égide dos Estados Unidos como superpotência inconteste após o colapso do Bloco Soviético. Aliás, não é a primeira globalização da história, tampouco deve ser a última.[2] Conforme Fernand Braudel e outros teóricos do "sistema-mundo", como Immanuel Wallerstein e Giovanni Arrighi, já documentaram, dos genoveses ao Império Holandês e à era vitoriana, as sociedades passaram por ondas sucessivas de integração internacional e liberalização do comércio.[3] Mas a onda da globalização que ocorre após a queda do Muro de Berlim é inigualável em termos de magnitude. Pela primeira vez na história humana, quase toda a economia planetária foi agrupada em um mercado único mundial.

A globalização neoliberal emergiu das ruínas do sistema criado pelo Acordo de Bretton Woods — assinado em 1944, enquanto a Segunda Guerra Mundial ainda ardia na Europa, na China e no Pacífico — que até os anos 1970 impingiu controles rigorosos sobre movimentação de divisas e capital. A partir dos anos 1960, a ascensão de corporações multinacionais e o crescimento da mobilidade transnacional do capital começaram a remodelar a economia internacional. De poucas centenas ao fim da Segunda Guerra, as empresas multinacionais cresceram em número, passando de 30 mil em 1990 a 100 mil em 2011.[4] As indústrias mais diversas — de fabricantes de automóveis a comes e bebes, do varejo às redes sociais — foram progressivamente colonizadas por multinacionais como Nike, Coca-Cola e Nestlé, e mais recentemente por empresas digitais, como Apple, Facebook e Amazon; elas se tornaram a cara da globalização, com bens, serviços e marcas disponíveis praticamente em qualquer lugar do planeta. Algumas dessas empresas têm valor financeiro maior do que o de muitos países, o que lhes concede um poder desmesurado que certos críticos tratam como "soberania corporativa", que supera o de Estados-nação.[5] Segundo a Conferência das Nações Unidas sobre Comércio e Desenvolvimento (Unctad, na sigla em inglês), 80% do comércio global acontece em "cadeias de valor" vinculadas a corporações transnacionais e um terço destas se dá *dentro* das multinacionais, entre suas diversas afiliadas nacionais.[6]

O crescimento das corporações foi facilitado por acordos de livre-comércio que se despiram de várias das barreiras ao comércio internacional. Embora o Acordo Geral sobre Tarifas Aduaneiras e Comércio original, assinado em 1947, já mirasse a liberalização do comércio por meio da redução de tarifas, cotas e subsídios, setores importantes — como agricultura, indústria têxtil e, acima de tudo, o de serviços — não estavam relacionados. A Organização Mundial do Comércio (OMC), criada em 1995, passou a supervisionar 95% do comércio global. Seu efeito — combinado ao da criação de acordos regionais de livre-comércio, como o Mercosul na América do Sul (1991), o Acordo de Livre-Comércio da Asean (o Afta, que incorporou nações do Sudeste Asiático — 1992) e o Acordo de Livre-Comércio da América do Norte (Nafta, na sigla em inglês — 1994), assim como uma integração mais intensa do mercado europeu — foi a eliminação progressiva de ainda mais barreiras ao comércio.

A consequência foi que o comércio global teve um crescimento espetacular. Entre 1985 e 2011, ele mais do que duplicou, crescendo à média de 5,6% acima do aumento global do PIB.[7] Hoje existem países, tais como Hungria e Holanda, cujo volume de comércio global (somando importações e exportações) é maior do que seu PIB, o que sugere uma situação de dependência extrema dos caprichos do mercado global. Países em desenvolvimento na América Latina e na África tornaram-se fornecedores globais de bens primários, petróleo, minerais e culturas de rendimento, enquanto a China atingiu o status de "fábrica do mundo". Zonas de processamento de exportação ou "zonas especiais" — áreas com isenção de impostos dedicadas à produção e exportação de bens — cresceram de 500 em 1995 a 5400 em 2018, segundo a Unctad.[8] Apesar das dificuldades presentes, o comércio global ainda é uma potência formidável: o valor de trocas de mercadoria mundial bateu imponentes 19 trilhões de dólares em 2019 — equivalente ao PIB de toda a União Europeia.

O livre-comércio e a ascensão das corporações multinacionais têm sido fatores-chave que alimentam a financeirização generalizada da economia. Moldado por recomendações do teórico inglês e "diplomata da economia" John Maynard Keynes, o Acordo de Bretton Woods foi projetado para limitar os fluxos do capital internacional, que Keynes considerava uma causa da desestabilização macroeconômica. No mais, tirando a lição da Grande Depressão, muitos países impuseram normas rígidas ao setor bancário; a Lei Glass-Steagall, aprovada nos Estados Unidos em 1993, foi basilar ao distinguir bancos comerciais dos bancos de investimentos. Durante as décadas seguintes à Segunda Guerra, governos implementaram controle sobre fluxo de capital e reservas de divisas. Quando viajavam para o exterior, por exemplo, cidadãos só podiam fazer câmbio de quantias limitadas de papel-moeda. O neoliberalismo demoliu toda essa rigidez keynesiana que se interpunha na arbitragem e na especulação no mercado internacional.

No rastro das crises do petróleo dos anos 1970 e do fim do padrão-ouro de Bretton Woods, países da Organização para Cooperação e Desenvolvimento Econômico (OCDE) passaram por um período prolongado de liberalização dos seus sistemas financeiros. O crescimento do mercado de eurodólar nos anos 1960 e 1970 e a desregulamentação decorrente de serviços financeiros em Londres em 1983 levou ao famoso "Big Bang" na Bolsa de Valores londrina. Nos Estados Unidos de Ronald Reagan, os requisitos para bancos de poupança e crédito foram flexibilizados, e a Lei de Instituições Depositárias de 1982 desregulamentou o crédito hipotecário. Nos anos 1990, Bill Clinton viria a abalar ainda mais o setor ao revogar a Lei Glass-Steagall. Essas medidas foram acompanhadas pela flexibilização dos controles da mobilidade do capital internacional. Os fluxos globais de capital mais do que quadruplicaram entre 2000 e 2007 e continuaram a crescer mesmo depois da crise de 2008. Estima-se que a capitalização global do mercado tenha chegado a 90 trilhões de dólares em 2019, enquanto o fluxo bruto de capital entre fronteiras representou mais de 20% do PIB global: um rio de dinheiro descomunal que só pode causar estragos em países que passam por influxos e efluxos repentinos.

Essas tendências econômicas globais foram acompanhadas, no nível nacional, pelo enfraquecimento progressivo de proteções sociais firmadas durante a era social-democrata. Nos anos pós-guerra, o Ocidente capitalista passou por uma era de ouro de crescimento e produtividade; a demanda se manteve com a despesa pública keynesiana enquanto os salários eram impulsionados por sindicatos fortes. O pacto social-democrata reduziu a desigualdade e freou tanto a autonomia gerencial dos capitães da indústria quanto os direitos patrimoniais dos ricos. Mas essa situação não ia durar. A partir dos anos 1970, neoliberais introduziram um grau ainda maior de monetarismo no sistema ao mesmo tempo que atacaram o poder dos sindicatos. Até na Europa continental, onde a social-democracia manteve-se dominante ao longo dos anos 1980 e 1990, os aprovisionamentos de assistência social foram reduzidos e ficaram mais condicionados à busca de emprego. A democracia social alemã cedeu à flexibilidade neoliberal aprovando o pacote de "assistência ao trabalho" nas reformas trabalhistas Hartz IV, no início dos anos 2000. A desregulamentação trabalhista passou a permitir todo tipo de contrato: meio período, temporário ou "zero hora" (intermitente), deixando todo o risco no lombo do trabalhador. O dito "pacto entre mão de obra e capital" do período pós-guerra, forjado em meio aos temores com a União Soviética e que garantiu padrões de vida crescentes para operários, foi progressivamente desmantelado. As instituições que garantiam estabilidade social e comandaram o crescimento sustentável durante os ditos *trente glorieuses* — os anos do milagre econômico cultivado nos destroços da Segunda Guerra Mundial — eram vistas como desajustadas em relação à lógica da concorrência internacional e ao imperativo conexo de salários achatados e cortes na seguridade social.

"Globalização", como palavrinha da moda, serviu para dar a essas diversas "correções" na economia o lustre de projeto civilizatório. A globalização baseava-se na promessa da prosperidade universal: ia não só acabar com a pobreza entre os povos do Terceiro Mundo, mas também daria empregos melhores para trabalhadores que viviam na antiga trindade do sistema capitalista — Estados Unidos, Europa e Japão. Embora muitos empregos fabris de valor agregado inevitavelmente viessem a ser transferidos para o exterior, haveria a disponibilidade de empregos de maior qualificação e melhor salário na indústria de serviços. Países que se abrissem ao mercado global iam não só deixar suas empresas mais eficientes e, a partir daí, seus consumidores mais contentes; também forçariam governos a abandonar o déficit público insustentável e o apoio do contribuinte a setores deficientes, fornecendo uma "restrição externa" para coibir práticas econômicas irracionais e perdulárias. Resistir à globalização, dado seu impulso, seria um ato enquadrado como reacionário ou nostálgico. O que os políticos podiam fazer era manejar, deixando as economias nacionais mais simpáticas à exportação e à competição global.

Como defendeu Álvaro García Linera, ex-vice-presidente da Bolívia, para muitos a globalização acabou tornando-se "um horizonte político e ideológico capaz de canalizar todas as esperanças coletivas a um único destino, onde todas as expectativas de melhoria podiam tornar-se realidade".[9] Os evangelistas neoliberais não só viam o "triunfo planetário do livre mercado como destino 'natural' e irreversível do mundo"; mas também pintaram a globalização como momento de "redenção da humanidade".[10] Na visão teleológica de um fim da história hegeliano proposta pelo cientista político norte-americano Francis Fukuyama, a globalização seria o último passo no desenvolvimento do Espírito do Mundo, afirmando a supremacia civilizatória das sociedades liberais.[11] Unida sob o guarda-chuva do capitalismo global, a humanidade ia superar seus particularismos atávicos e reconhecer seus interesses em comum. A integração econômica global seria a rota para um mundo mais pacífico e racional. Os laços comerciais de interdependência econômica entre países, sustentados pelos interesses internacionais do mercado financeiro global, seriam a melhor apólice de seguro contra guerras.

A globalização também era uma utopia no sentido literal da palavra — ou seja, de um não lugar. Prometia aniquilar a distância geográfica e erodir identidades paroquianas, geográficas. Sua força motriz pragmática era o que o geógrafo marxista David Harvey chamou de "compressão do espaço-tempo" — em outras palavras, o encurtamento dos tempos de viagem e a comunicação instantânea.[12] Aliás, graças ao ritmo acelerado de transporte e de transmissão da informação, o espaço dos fluxos globais, sintetizado na internet, parecia fadado a predominar sobre o espaço dos lugares.[13] Essa elisão do tempo resultaria no encurtamento do espaço, uma vitória da velocidade sobre o território.[14] A superação de barreiras e distâncias viria a ser plena, levando ao que o colunista do *New York Times* e apologista da globalização Thomas L. Friedman chamou de "terra plana" sem fronteiras de oportunidades sem fim.[15] Independentemente de a pessoa morar em Baltimore, Jacarta, Mumbai ou Cidade do Cabo — assim argumentava-se —, o mundo acabaria lembrando a aldeia global concebida por Marshall McLuhan, sob grinaldas tomadas pelos rostos de celebridades e logotipos das marcas globais.[16] Conforme a história chegasse ao fim, a geografia e a geopolítica teriam o último suspiro.

A globalização em farrapos

Em meio à atmosfera sombria do presente, com sociedades envolvidas em crises sistêmicas múltiplas e a globalização em recuo, a sapiência do retrospecto nos possibilita avaliar essas promessas reluzentes com olhar mais frio. É verdade que a globalização teve resultados positivos em economias emergentes. A inclusão da China e de outros países em desenvolvimento no mercado mundial tirou centenas de milhões da pobreza rural e criou uma classe média significativa. Contudo, o registro de crescimento durante o neoliberalismo (1979-2008) foi consideravelmente menor do que o que se obteve sob o keynesianismo que definiu a era Bretton Woods (1946-71), com suas taxas de câmbio fixas e mobilidade limitada do capital. Além disso, a globalização contribuiu para o crescimento espetacular da desigualdade social, ampliada pela enorme escala em que a economia opera atualmente.[17] Em 2020, foi documentado que 2153 bilionários tinham mais fortuna do que 4,6 bilhões de pessoas que compunham 60% da população mundial. Entre eles, esses bilionários controlavam 10 trilhões de dólares, e se projetava Jeff Bezos, um dos homens mais ricos do mundo, como o primeiro trilionário do mundo até os anos 2030. Aliás, nos Estados Unidos e na Europa, os salários estão estagnados há muito tempo; a participação da mão de obra na renda nacional está caindo continuamente desde 1990, enquanto a participação do capital cresce cada vez mais. Nesse contexto, a globalização parece ter perdido boa parte de sua antiga atração ideológica. Ela não é mais percebida como força em prol da prosperidade, mas como fonte primária de muitas ameaças que deixam o bem-estar da sociedade em risco.

Essas pressões da globalização foram reveladas de forma vivaz na onda de crises dos anos 2010 e 2020. A deflagração financeira de 2008 provocou uma grande recessão que afetou de forma desproporcional os Estados Unidos, e sobretudo a Europa, e levou a desemprego crescente, salários estagnados e milhões de pessoas incapazes de pagar seu aluguel ou parcelamento imobiliário. Os serviços públicos foram desbastados até o osso sob a égide da austeridade, levando a pobreza infantil e, agora, a milhares de mortes desnecessárias decorrentes do despreparo frente a uma pandemia, em um panorama de serviços de educação e assistência devastados. Da perspectiva macroeconômica, a crise do coronavírus de 2020 é muito pior do que o tombo de 2008 e lembra mais a Grande Depressão dos anos 1930. A queda simultânea na produção e no consumo durante a onda recorrente de lockdowns entre 2020 e 2021 resultou em uma contração econômica profunda. A queda no PIB em 2020 ficou pouco abaixo dos 10% em países da OCDE — algo que não se via desde a Segunda Guerra Mundial. A situação pode ficar muito pior com o crescimento do desemprego e a possibilidade de uma nova crise financeira.

Apesar dos enormes pacotes de estímulo, que somaram 5 trilhões de dólares nos Estados Unidos e por volta de metade dessa quantia na União Europeia, bem como intervenções colossais dos governos para apoiar renda familiar e liquidez corporativa, as perspectivas ainda são desoladoras. Conforme defenderam economistas como Nouriel Roubini, podemos estar perto de uma "Grandessíssima Depressão" marcada pelo desemprego maciço, pela deflação e por falências generalizadas.[18] Vozes neoliberais insistem que é só um percalço, mas está evidente que a crise representa um desafio existencial à globalização tal como a conhecemos.[19] Depois da desaceleração da integração econômica global que se passou nos anos 2010, é provável que vejamos uma fase de "desglobalização" total — uma convulsão global que resulta na queda da interconectividade econômica global: cadeias logísticas mais curtas, empresas voltando as fábricas para seus países e multiplicação das intervenções econômicas nacionais. No longo prazo, essa tendência poderia levar a mercados mais focados em países específicos e em sua esfera geográfica imediata, para garantir maior "resiliência" econômica e ambiental.[20]

Os problemas que a globalização encara são, paradoxalmente, produto de seu próprio sucesso — resultado do fato de que ela saturou o planeta após capturar cada país com suas garras. Não há mais novos mercados a se abrir. As fábricas de vestuário do rio Buriganga, em Bangladesh, e as fábricas de móveis em torno da cidade de Ho Chi Minh, no Vietnã — alguns dos pontos mais recentes da integração global —, são uma espécie de coluna de Hércules que o capitalismo neoliberal ocidental não consegue superar. Ironicamente, e tragicamente, ambos estão sob ameaça da subida do nível do mar devido às mudanças climáticas. Enquanto isso, os recursos naturais — minas, florestas e cardumes — são explorados excessivamente, grandes regiões do planeta estão sujeitas ao excesso de construções, e a catástrofe climática jaz no horizonte. Não há mais alternativa fácil a se descobrir. Alguns investidores torcem para que as tecnologias digitais deem mais um sopro de vida ao capitalismo, abrindo um espaço inexplorado no qual possam vicejar, uma intensificação da produtividade e da exploração que compense a impossibilidade de maior extensão espacial. Outros olham para o "mar sem lei", onde libertários como Peter Thiel querem construir cidades autônomas flutuantes. Outros ainda miram o céu — focando a Lua, Marte e outros planetas e asteroides que o fundador da Tesla, Elon Musk, e outros esperam explorar e um dia até colonizar. Enquanto isso, porém, o capital global corre o risco de asfixia num mundo onde todos os recônditos foram colonizados pelo próprio capital.

A crise da globalização tem implicações geopolíticas importantes. O que passou a ser conhecido de forma neutra como "globalização" na verdade foi a globalização sob comando dos Estados Unidos, e a estabilidade do processo dependia do status inigualável dos Estados Unidos como hegemonia mundial após o colapso do Bloco Soviético. O crescimento tremendo da China nas décadas recentes, assim como seu status internacional consequentemente crescente, combinado ao declínio progressivo dos Estados Unidos, está subvertendo o equilíbrio das relações internacionais. As dificuldades financeiras dos Estados Unidos — o prospecto de desvalorização do dólar, o colapso das poupanças domésticas norte-americanas e o déficit escancarado na balança comercial — podem até levar à perda do status do dólar como moeda de reserva internacional.[21] A dita "Abertura da China", propiciada por uma reunião entre Mao e Nixon em 1972 e ativada por reformas que Deng Xiaoping iniciou em 1978, foi instrumental para definir as condições de um legítimo mercado mundial articulado no eixo sino-americano. Nos últimos anos, o país superou a manufatura de baixo custo que levou o termo *"made in China"* a ser associado a produto de baixa qualidade. A China voltou-se para o mercado doméstico e para a alta tecnologia; na inteligência artificial, por exemplo, o país tem uma vantagem considerável em relação aos Estados Unidos.

Como em crises anteriores do sistema-mundo, estamos diante de uma intensificação das rivalidades entre potências.[22]

A autoconfiança crescente da China, demonstrada por seus grandes investimentos na África, o projeto logístico gigantesco da Nova Rota da Seda e sua assertividade no mar da China Meridional, é motivo de grande preocupação para os Estados Unidos, que teme o fim antecipado do "Século Americano". A guerra comercial do governo Trump contra a China foi sinal de uma mudança de postura que talvez não seja totalmente revertida pelo governo Biden. O confronto que se arma pode ser o primeiro indício de uma nova Guerra Fria, que pode crescer até tornar-se uma "Armadilha de Tucídides" — a tendência de uma hegemonia em queda a provocar conflito aberto contra uma rival em ascensão.[23] Nos anos por vir, pode-se esperar que os Estados Unidos e a China tenham mais urgência em garantir suas respectivas esferas de influência, obrigando outros países, incluindo os da União Europeia, a fazer uma opção binária em relação a qual potência devem baixar a cabeça. Alguns torcem que o fim da globalização unipolar sob hegemonia dos Estados Unidos leve a um mundo multipolar mais pluralista. Mesmo assim, considerando o rancor que os Estados Unidos acalentam como hegemonia em queda e as ambições ainda mais agressivas do Estado chinês, a realidade de uma globalização balcanizada pode provar-se menos hospitaleira do que essas expectativas sugerem.

Externalização e *offshoring*

Para entender as distensões que a globalização neoliberal provocou e que ficam à vista plena justamente no momento do seu declínio, é essencial entender em detalhes como o mercado mundial remodelou economias e sociedades. É só ao olhar o sentido dos deslocamentos no momento de expansão que podemos estimar para onde a globalização retrai no momento do Grande Recuo. A *exopolítica* neoliberal foi atravessada por um impulso extrínseco, espalhando pelo mundo tudo que estava até então contido nas jaulas de diversas unidades sociais. Os economistas do livre mercado recomendaram uma reorientação para a exportação, exaltando mercados financeiros e instituições supranacionais que impunham restrições *externas* aos orçamentos nacionais. O imperativo para gerentes, empresas e governos era a *externalização* — uma palavrinha da moda salpicada pelas páginas de jornais de finanças e programas de MBA.

A externalização subjaz muitas das inovações gerenciais introduzidas durante a era neoliberal: terceirização, contratações externas e *offshoring* de negócios e de instalações fabris. Estes termos refletem, semanticamente, esse impulso para fora e a intenção de fugir dos laços impostos pelas unidades sociais preexistentes. O novo espírito do capitalismo descrito por Luc Boltanski e Ève Chiapello centrava-se no *"outsourcing*, na criação de subsidiárias, no deslocamento". Tinha uma predileção por "empresas enxutas que trabalham em *rede* com uma multidão de participantes", com "um núcleo enxuto rodeado por uma miríade de fornecedores, serviços terceirizados, prestadores de serviços e trabalhadores temporários que possibilitam variar os efetivos segundo a atividade e as empresas coligadas".[24] Alinhado a esse modelo, muitas empresas passaram por reestruturações radicais, terceirizando departamentos, funções ou atividades que antes eram tratadas internamente para conseguirem maior "flexibilidade" e se concentrarem nas atividades consideradas mais rentáveis.[25] Assim, por exemplo, uma empresa da área de tecnologia pode externalizar seu processo fabril a outras firmas, que por sua vez terceirizam o fornecimento de matéria-prima a outras empresas, o que leva a uma complexa "cadeia de valor" de fornecedores e subfornecedores que costuma abranger centenas de empresas localizadas em dezenas de países. Veja, por exemplo, o caso icônico de um iPhone da Apple — projetado em Cupertino, Califórnia, e montado nas redondezas de Shenzhen, China, com minerais raros da Mongólia Interior e cobalto e coltan extraídos à mão no Congo, um país em guerra; posteriormente, os celulares são vendidos no mundo inteiro em lojas elegantes.

Os ganhos de eficiência e as margens de lucro vinculadas que se atinge com a terceirização global foram baseadas, de modo geral, na perda de poder das organizações trabalhistas, pela própria natureza dependente da "densidade sindical" e da concentração física de trabalhadores em ambientes de trabalho apinhados. A reestruturação neoliberal das empresas levou ao "fechamento de vários 'bastiões' do sindicalismo (minas de carvão, ferro e aço, estaleiros, produção automobilística etc.) ou sua sujeição a reduções sérias no efetivo".[26] O resultado líquido dessas medidas foi a dispersão dos trabalhadores por empresas menores que tendiam à menor sindicalização e que não tinham tradição de resistência.[27] Aliás, para muitas empresas, a externalização significou deslocamento geográfico e *offshoring* — a mudança das fábricas e das atividades para países onde os salários fossem mais baixos. Novos centros industriais brotaram em países em desenvolvimento com condições de trabalho precárias e remuneração baixa: das *maquiladoras* que produzem componentes para a indústria automobilística dos Estados Unidos no México às confecções horripilantes, às vezes letais, no Sudeste da Ásia que produzem roupas vendidas por marcas ocidentais. A tendência provocou uma forte baixa nas oportunidades de emprego para a classe trabalhadora no Norte global, levando várias comunidades industriais a cinturões da ferrugem às voltas com o desespero e o vício nas drogas.

A revolução da terceirização está fortemente ligada ao impulso à exportação. Os políticos neoliberais tecem loas quanto aos benefícios de uma economia voltada para a exportação, insistindo em que um setor exportador forte possibilitaria aos países especializarem-se nas atividades nas quais são mais produtivos, beneficiando tanto consumidores, que poderiam comprar bens a preços mais baixos, quanto trabalhadores, que encontrariam empregos bem remunerados na produção de alto valor agregado. A exportação — a saber, a produção de bens e serviços a serem consumidos no exterior — é guiada pela procura constante por capital para buscar a "alocação otimizada" dos recursos, o que resulta na especialização extrema em um sistema global de produção.[28] Empreendedores lutam para explorar os ditos "dotes" de cada país e região, seja terra, minérios ou mão de obra qualificada. Isso costuma levar a situações similares à monocultura, na qual, ao enfatizar certas áreas de produção, os países abandonam outras que, embora sejam essenciais para o consumo local — de alimentos a vestuário e maquinário —, ficam abaixo do ideal em termos de concorrência internacional. Isso colocou vários países não apenas periféricos, mas também muitos semiperiféricos, na "armadilha do desenvolvimento", na qual eles ficam incapazes de sair do tipo de produção de baixa valia da qual se tornaram superdependentes.

As consequências para os salários foram ainda mais deploráveis. O foco na exportação e o imperativo de ser competitivo na arena internacional significa que empresas tiveram que batalhar com unhas e dentes contra seus concorrentes internacionais, cuja maioria toma a forma de multinacionais gigantescas que conseguem alavancar ganhos enormes na economia de escala. A primeira opção é minimizar custos, em especial o da mão de obra, engendrando um "nivelamento por baixo" global no qual os trabalhadores acabam sendo vítimas. No mais, uma economia orientada para a exportação representa menosprezo pelo mercado doméstico. Por definição, produzir bens para exportação significa renegar seu consumo local. Em uma economia voltada para a exportação, as multinacionais não têm que dar tanta atenção à demanda no seu país de registro. No mínimo, a demanda interna precisa ficar sob controle, pois provavelmente implicaria elevação dos salários, o que por sua vez reduziria a competitividade internacional. Enquanto no fordismo as empresas tinham interesses pessoais na prosperidade econômica do país de origem e na boa remuneração de seus trabalhadores, habilitando-os a comprar carros e máquinas de lavar, agora essa reciprocidade de interesses foi rompida.

A externalização é, ao fim e ao cabo, a lógica central da financeirização. Como já vimos, enquanto o Acordo de Bretton Woods mirava limitar as finanças a fronteiras nacionais, como Keynes recomendava, a globalização neoliberal libertou o gênio da lâmpada dos mercados financeiros. A consequência mais evidente tem sido a emergência de paraísos fiscais offshore como as Bahamas e as Ilhas Cayman, onde empresas são "domiciliadas" para escapar do controle das Fazendas nacionais e evitar suas regulamentações. Essas "jurisdições sigilosas" lembram os redutos de piratas que sugam o dinheiro das economias locais para armazenar em caixas-fortes virtuais controlados pelos super-ricos.[29] É ali que empresas digitais como Amazon, Facebook, Google e Apple, assim como indivíduos ricos que se tornaram exilados fiscais, escondem seus enormes baús do tesouro. Segundo a Oxfam, em nível internacional, apenas 5% da receita dos Estados provêm da tributação das empresas, enquanto indivíduos ricos esquivam-se, em média, de um terço de suas obrigações fiscais. Paraísos fiscais provocam curtos-circuitos na soberania nacional, reivindicando-a de forma absurda a territórios que são autônomos apenas no nome, como ardil para manter o auditor fiscal à distância.[30] Muitas operações financeiras atribuídas a paraísos fiscais são realizadas, na verdade, na City de Londres ou em Manhattan, para os quais os paraísos fiscais são meras bandeiras de conveniência.

O impulso à externalização na gerência de empresas, do comércio e das finanças possibilitou ao capitalismo global criar oportunidades de lucro baseadas em contornar as obrigações para com funcionários e comunidades locais. Nem é preciso dizer que essa reestruturação semeou a instabilidade profunda que resultou em perdas líquidas da proteção social e de controle democrático que agora provocam uma reação contra o capital global. O imperativo da externalização e a terceirização global criaram um exército de forasteiros — trabalhadores privados dos salários estáveis e das coberturas garantidas na era social-democrata, o que os torna particularmente vulneráveis a recessões econômicas. Ninguém se surpreende ao saber que essas fileiras cada vez maiores de trabalhadores excluídos, precários e empobrecidos vêm se tornando o grupo mais descontente da globalização neoliberal.

Da perspectiva dos administradores, o motivo-chave por trás do impulso para a externalização foi a intenção de descarregar os riscos que as empresas carregavam até então nos funcionários e na sociedade como um todo. Mas a externalização também criou riscos absolutamente novos ligados ao desamparo frente ao tumulto global — sobretudo no caso de crises econômicas, conflitos e desastres ambientais. É algo que se vê com mais clareza nos setores fabril e de logística. O impulso para reduzir a capacidade excedente e a meta das cadeias de fornecimento *"just-in-time"*, que está no cerne das práticas de externalização, levou empresas a reduzir seus estoques e espaço de armazenagem ao mínimo necessário. Embora possibilite que custos fixos baixem, essa tática pode provar-se perigosa em situações de urgência em que há ruptura nas cadeias logísticas. A obstrução do canal de Suez em março de 2021 foi mais uma forma de lembrar que acontecimentos imprevistos podem entupir as artérias do comércio global. A crise do coronavírus e o tumulto do Brexit mostraram que essas vulnerabilidades têm o potencial de solapar a segurança alimentar, sobretudo em países como o Reino Unido, no qual as importações correspondem a mais de metade dos produtos agrícolas.[31] O mesmo princípio vale para a imprevisibilidade gerada pela financeirização. A era da globalização neoliberal testemunhou uma litania de crises bancárias: a crise financeira de 1997; as crises financeiras subsequentes no Equador, na Argentina e na Rússia; o estouro das pontocom em 2000; a crise financeira de fins da primeira década dos anos 2000. Devido à ausência de controles robustos de capital, que funcionem como portas corta-fogo entre os sistemas financeiros, a fuga de capitais e a "contaminação financeira" que advêm daí podem aleijar sistemas bancários, devastando negócios e famílias.

A fragilidade extrema que representa o outro lado da agilidade do novo espírito do capitalismo não é algo que a classe capitalista desconhece. É um assunto do qual estudiosos neoliberais de administração já trataram ao discutir a "resiliência" — em outras palavras, a capacidade de lidar com perturbações e de sair por cima de circunstâncias difíceis.[32] Usando esse termo, especialistas da área de administração defendem que os empreendedores deviam não apenas atentar para os ganhos a cada trimestre, mas para sua capacidade de lidar com ameaças e se recuperar de crises; enfatizar demais a eficiência pode deixar empresas em risco.[33] Do mesmo modo, a preocupação crescente com a viabilidade do capitalismo global é sinalizada em discussões correntes sobre *on-shoring* e *re-shoring*: transferir as empresas para seus países de operação principal. No rastro do coronavírus, diversas nações avaliaram suas vulnerabilidades em setores-chave, como a indústria farmacêutica, enquanto outros, como o Japão, deram subsídios para suas empresas reintegrarem a produção industrial ao território nacional.

A vítima mais proeminente da externalização acaba sendo a democracia, que, pela própria natureza, está atada ao local geográfico, a um território específico no qual um povo afirma o controle coletivo. Nesse contexto, como sublinha o sociólogo da mobilidade britânico John Urry, "os fluxos de dinheiro, finanças e produção, de serviços, segurança, dejetos e emissões, que são externalizados de diversas maneiras, são catastróficos para a governança transparente".[34] Além de serem inimigos da soberania nacional, o *offshoring* e outras práticas de externalização também são inimigos da autoridade democrática, pois desatrelam atividades econômicas e financeiras da escala em que o poder estatal atua. Ao globalizar a produção, o comércio e o mercado financeiro, o capitalismo das offshores precipita um jogo de espelhos no qual a meta é coibir a responsabilização política e a transparência fiscal.

Rebeldia nas periferias

A integração econômica global abriu fendas geoeconômicas profundas dentro de cada país, aprofundando o fosso entre metrópoles e cidadezinhas, ou o que o historiador econômico Michael Lind descreve como "nexos" e "sertões".[35] Regiões que eram atraentes para o capital global por conta de seu destaque em dada atividade econômica — de finanças ao setor fabril de alta tecnologia e turismo — prosperaram. "Metrópoles globais" — como Barcelona, Milão, Amsterdam e Londres, na Europa; Nova York e San Francisco, nos Estados Unidos; Cingapura, Beijing e Tóquio, na Ásia — tiraram imenso proveito do seu papel como nexos internacionais.[36] Mas essa ascensão teve sua contraparte no empobrecimento dos sertões: das áreas geográfica e economicamente periféricas que têm conexão precária com os circuitos globais, ou que no mais são incapazes de oferecer um "valor singular" aos consumidores e investidores globais.

Em sua pressão extrínseca, concordando com a lógica da externalização, a globalização neoliberal ampliou o fosso entre o centro e as margens, entre as metrópoles globais em conexão e a periferia pobre, enquanto essa periferia passou, sem surpresa, a aparecer no cerne de várias insurgências populistas. Foram as regiões periféricas do Reino Unido, de Sunderland a Lincolnshire, que deram o maior terreno eleitoral ao Brexit, enquanto os estados periféricos do cinturão da ferrugem no Meio-Oeste dos Estados Unidos contribuíram para a vitória de Donald Trump em 2016. A venerável clivagem urbano-rural volta a ser central à política contemporânea, numa época marcada pela "vingança da geografia", em que o espaço dos lugares reafirma sua primazia sobre o espaço dos fluxos.[37] Conforme livros como *What's the Matter with Kansas?* [O que houve com o Kansas?] e *Hillbilly: Era uma vez um sonho*, os ex-urbes foram afetados por uma onda de retrocesso e de desespero social que levou muitos nas comunidades de classe operária às mãos da direita linha-dura.[38] A província neoliberal dispersa, os "estados que se enxergam pela janelinha", que se tornaram motivo de ridicularização em *Borat* e incontáveis outros filmes e seriados de TV, agora se vingam das cidades globalizadas às quais atribuem a culpa pela marginalização.

A periferia neoliberal não é definida apenas em termos de afastamento geográfico, mas também em relação à marginalização econômica. Ela engloba regiões tão distintas quanto a dos montes Apalaches nos Estados Unidos, os *banlieues* ao norte de Paris, o Nordeste da Inglaterra e o Mezzogiorno da Itália. Na União Europeia, entre as muitas regiões pobres estão as da costa sul do Mediterrâneo, tais como a Andaluzia, a Calábria, a Sicília e o Peloponeso — longe da dita "Blue Banana" que se estende de Liverpool a Milão, onde se concentra a maior parte da população urbana e as oportunidades de emprego de maior valor agregado. Normalmente, contudo, não é o afastamento geográfico, mas sim a dependência da indústria que condena uma área ao status periférico. Isso vale para os ditos estados do cinturão da ferrugem nos Estados Unidos — Michigan, Ohio,

Indiana e Illinois — e seus equivalentes no Norte da França e Norte da Inglaterra: lugares que perderam empregos seguros e bem pagos devido ao *offshoring* e à automação.

Esses locais exurbanos e periurbanos fazem parte do "sertão", que o escritor norte-americano Phil A. Neel descreve como "espaço fortemente industrial — um espaço para fazendas industriais, para complexos logísticos imensos, para geração de energia e para extração de recursos de florestas, desertos e mares".[39] É o espaço onde "a extração e produção industrial de larga escala, assim como o pré-processamento de produtos primários" acontece atualmente.[40] Enquanto cidades grandes, integradas a redes globais, tornaram-se espaços de atividade econômica de alto valor agregado nas áreas de finanças, tecnologia e conhecimento, o sertão está atado a formas de produção que foram desvalorizadas e marginalizadas na economia digital presente, tais como as fábricas e a agricultura. O sertão também foi afetado de modo desproporcional pelas últimas crises econômicas. Como comenta William Galston, sênior na Brookings Institution: "Nos primeiros cinco anos depois da Grande Recessão, apenas 35% dos ganhos em vagas aconteceram em condados [rurais], contra 64% em condados com população de 500 mil ou mais".[41] Além disso, áreas não metropolitanas são muito mais dependentes das atividades fabris que foram desvalorizadas no neoliberalismo do que áreas metropolitanas e estão altamente desamparadas frente à concorrência internacional.[42]

Muitos movimentos de protesto recentes tematizaram esse sofrimento da periferia. O movimento Gilets Jaunes de 2018-9 na França teve forte apoio de áreas suburbanas e pequenos centros, e se notabilizou por transformar rotatórias provincianas em barricadas de protesto. Segundo o geógrafo francês Christophe Guilluy, os manifestantes que trajavam coletes amarelos expuseram uma fissura profunda entre a metrópole e o interior.[43] Enquanto 40% da população em áreas urbanas controlam dois terços do PIB, os outros 60% ficam com a mísera terça parte. Conforme se integram às cadeias de valor globais das finanças, da tecnologia da informação, dos serviços e do turismo, centros urbanos rompem com o interior, que se torna cada vez mais inútil do ponto de vista do capital global.

Em tempos de globalização, viver na periferia expandida é receita tanto para a indigência quanto para a perda de direitos. A externalização sistemática da economia fez os trabalhadores fabris sentirem-se supérfluos e dispensáveis, com empregos sempre a ponto de serem transferidos para o exterior. Essa tendência é agravada pela percepção de perda da voz democrática e do controle — o que, como vimos, é subproduto da externalização. Em um mundo no qual tomadas de decisão estão cada vez mais nas mãos remotas de empresários, tecnocratas e políticos arredios que moram em metrópoles globais ou "offshore", onde um número cada vez maior de forças econômicas parece ter fugido do escopo da tomada de decisão democrática e da supervisão pública, quem mora na periferia está fadado a se sentir mais como objeto à mercê da vida econômica e política, com pouca voz quanto a seu destino.

É apenas à luz da experiência do abandono e da perda, que se sente com mais agudeza na periferia global, que podemos interpretar a guerra cultural entre conservadores e progressistas, e o modo como isso se sobrepõe à divisão rural-urbano. Segundo acadêmicos que incluem Pippa Norris e Ronald Inglehart, o conservadorismo cultural é o motor-chave por trás de rebeldias populistas que entendem a modernização neoliberal e valores progressistas como ameaça à identidade e à tradição.[44] Embora não haja dúvida de que o conservadorismo cultural tem sido fator importante para abastecer o populismo de direita, é simplista pensar que a rebeldia populista é sobretudo uma questão cultural, quando deriva em primeiríssimo lugar da desigualdade social em expansão.[45]

Um exemplo desse equívoco é o que se vê no raciocínio proposto pelo crítico centrista David Goodhart de que o referendo do Brexit expôs uma divisão saliente renovada entre "Aquele Lugar" e "Qualquer Lugar".[46] Os Qualquer Lugar — senha para "elite metropolitana" — estão entre 20% e 25% da população, enquanto os Aquele Lugar constituem em torno de 50%, o que lhes dá poder eleitoral significativo. Os Qualquer Lugar tendem a morar em Londres ou outras metrópoles, têm formação superior, são bem viajados e não têm apego forte a nenhum lugar. Os Aquele Lugar, gente de renda e educação mais baixas, moram em zonas periféricas, da Escócia rural à Cornualha. Eles têm apego a um lugar e tradição, e sentem-se desconfortáveis quanto às transformações impostas pela globalização, pela qual culpam os Qualquer Lugar.[47] Nessa narrativa, a oposição entre interior e cidade é reduzida a uma questão de valores e posturas que dividem os progressistas urbanos e os conservadores rurais, uma perspectiva que nega a de Thomas Frank em *What's the Matter with Kansas?*, que sustenta que é a desordem econômica e o desespero social que guiam eleitorados periféricos a adotar pontos de vista conservadores.[48]

A insatisfação com o neoliberalismo, que se sente de modo mais agudo na periferia, tem causas socioeconômicas claras. Deriva do recuo do Estado e da evisceração da indústria, resultante da lógica neoliberal da externalização e de como ela afetou de modo desproporcional zonas periféricas. Ignorar essas realidades socioeconômicas em prol do foco exclusivo em conflitos culturais é similar a olhar para o dedo que aponta a lua, e não para a lua. No mais, menospreza-se que o aumento da migração global — o que Goodhart vê como questão urgente para os Aquele Lugar — foi resultado direto dos desequilíbrios da globalização. As assimetrias engendradas por integrações econômicas globais constantemente forçam gente a mudar de país em busca de emprego. Com o alto grau de especialização internacional, trabalhadores têm que ficar se mudando para preencher as "deficiências de insumo" que se abrem em países diversos, a depender da sua posição na divisão de trabalho internacional. Para compensar a falta de oportunidades em casa, engenheiros espanhóis, gregos e italianos tiveram que se mudar para países do Norte europeu, mestres de obras nepaleses para o Oriente Médio, e trabalhadores das fazendas e fábricas da África foram para as margens europeias.

Assim como outros fatores de produção, a mão de obra é constantemente propulsionada a lugares onde se tira o maior retorno, a fim de concretizar seu valor no mercado global. Mas, diferente das commodities do capital, o fluxo do trabalho está longe de ser desimpedido. Mesmo no auge da globalização neoliberal, governos impuseram regras acima de tudo rígidas quanto à imigração, negando residência e cidadania a migrantes, forçando assim muitos a viver da economia informal ou a aceitar salários miseráveis. Em outras palavras, a movimentação da mão de obra tem um "custo" muito mais alto que o do capital e das commodities, em termos de perigos físicos e psicológicos, de ostracismo cultural e da precariedade econômica em que implica. Ainda assim, seus possíveis benefícios significam que a imigração muitas vezes continua sendo opção atraente. O imigrante é, portanto, a figura em que se personificam as pressões e contradições da globalização. É o que ajuda a explicar por que a imigração constitui alvo ideal para forças políticas que querem ser vistas como aquelas que lutam contra a voracidade da globalização sem que nunca sejam chamadas a tratar de suas causas raiz.

Agorafobia global

A globalização neoliberal pode ter tido sucesso em sujeitar o planeta inteiro ao imperativo do lucro. Mas seu sucesso teve que capitular a choques econômicos, à penumbra do vírus e à catástrofe ecológica, transformando nossos mares em viveiros de gigantescos redemoinhos de plástico e afundando o planeta na catástrofe da mudança climática. Os conflitos políticos contemporâneos refletem a aflição engendrada pelo rolo compressor da globalização e o modo como ela criou uma sensação de deslocamento e fragilidade. Essas tensões ficaram mais dolorosas numa época em que a globalização está em retrocesso e em que as chagas que se abriram com a expansão externa do capital global agora são salgadas com a implosão econômica.

A era atual do Grande Recuo corresponde ao "segundo movimento" que o historiador econômico socialista Karl Polanyi descreveu em *A grande transformação*, quando fases da expansão capitalista recuam e deparam-se com "respostas sociais".[49] Segundo Polanyi, em fases de crise profunda como a deflagrada pelo crash de Wall Street em 1929, a sociedade tende a ficar na defensiva, criando formas de proteção social contra uma lógica capitalista que falhou manifestamente em gerar prosperidade, mas que fica ainda mais agressiva nas suas tentativas de extrair lucro. Em momentos como esses, as sociedades se envolvem em um processo de "reinternalização" que visa "reinserir" a economia na sociedade. Em certas ocasiões, esse segundo movimento acaba produzindo um impulso reacionário, pacificando o conflito entre capital e mão de obra sob a égide do Estado corporatista autoritário, tipificado pelos movimentos fascistas dos anos 1920 e 1930. Mas essa não é a única conclusão possível. O New Deal de Roosevelt nos Estados Unidos e os governos de frente popular na França e na Espanha representaram esforços da esquerda de solucionar os mesmos dilemas com uma orientação progressista. Essa teoria voltou à moda em tempos recentes, e diversos economistas sustentam que o que estamos encarando no rastro do crash de 2008 é, na verdade, um novo "momento Polanyi".[50]

Aliás, a crise atual da globalização encontra muitos ecos na análise de Polanyi e sua discussão do sentido de "desamparo" que a voracidade capitalista produz. O impulso para a externalização do capitalismo neoliberal, com seus deslocamentos geoeconômicos e o achatamento de barreiras e instituições reguladoras, expôs trabalhadores e cidadãos a uma variedade de fluxos econômicos diante dos quais eles sentem que têm pouco controle, o que alimenta uma percepção que pode ser descrita como agorafobia — o medo de espaços abertos. A agorafobia como fenômeno psiquiátrico inclusive tornou-se emergência clínica, com muitos cidadãos que são tomados pelo nervosismo quanto ao futuro incerto e pelo medo do contato com outros.[51] Metaforicamente, contudo, o termo pode ser usado para captar as angústias relacionadas a nossa sensação de que nos vemos encurralados em um espaço global aberto desprovido de proteção ou controle.

Vivemos em um mundo agorafóbico porque a globalização não é mais vista como mar de oportunidades a que qualquer cidadão são deveria ter acesso com entusiasmo, onde os melhores serão recompensados pelo empenho. Em vez disso, ela é cada vez mais vista como algo similar a um oceano tempestuoso e sem lei, habitado por monstros e assolado por navios corsários que frequentemente atacam os trabalhadores e as comunidades regionais. Os fluxos globais das finanças, do comércio, dos serviços, da informação e de pessoas, festejados por neoliberais como fontes de prosperidade econômica, agora tendem a ser vistos como flagelos contra os quais a pessoa precisa se defender. Essa sensação de vulnerabilidade também se aplica a outras áreas da experiência cotidiana, incluindo as redes sociais, que nos expuseram ao escrutínio público, assim como à extração involuntária de nossos dados, o que leva muitos a recuar delas de modo terapêutico, seja temporariamente ou de uma vez por todas. Até as viagens globais, há muito festejadas como oportunidade de exploração e para cultivar relações comerciais, agora são reenquadradas como meio de acelerar a dispersão de vírus, enquanto o comércio global gerou ameaças de biossegurança por espécies não nativas e invasoras, tais como as moscas asiáticas que transmitem o patógeno *Xylella fastidiosa*, que destruiu muitas oliveiras na Europa, e a lagarta-do-cartucho, que devastou a África subsaariana.

A condição de desamparo ajuda a explicar a lógica da política contemporânea. Muitas das tendências políticas que tipificam o Grande Recuo refletem uma endopolítica — ou seja, uma política do interno — que tenta fornecer algum alívio diante desse desamparo, para reafirmar autonomia e interioridade, num mundo onde a interconectividade capitalista alimentou uma sensação de impotência e inquietação quanto ao futuro. O capitalismo global introduziu a externalização redobrada, intensificada pela escala planetária do mercado contemporâneo e o modo como praticamente todos os aspectos de nosso cotidiano, nossas metrópoles e nossas relações sociais são mercantilizadas: quartos vagos são postos para aluguel no Airbnb; horas de trabalho vagas são postas à venda no Amazon MTurk ou a serviços de entregas de comida; qualquer ato que fazemos nas redes sociais é rastreado e reaproveitado como oportunidade de atingir nossos olhos; a praga do turismo vende uma autenticidade mais fabricada do que nunca.

Agora encarando a realidade externalizada do capital global, "o espírito se horroriza ante essa unidade abstrata — essa substancialidade *carente-de-si* e afirma contra ela a individualidade", citando um trecho famoso da *Fenomenologia do espírito* de Hegel.[52] A percepção de vulnerabilidade sistêmica engendra um impulso à reinternalização, que tenta reequilibrar um mundo fora do prumo. Como vimos ao longo do capítulo, o momento de contrapressão tem uma dimensão material e estrutural clara que se enxerga no movimento de retrocesso do crescimento econômico e do comércio global, em meio à crescente percepção de saturação dos mercados e de impossibilidade de maior expansão dentro do regime de acumulação atual. Mas, para os fins desta discussão, são ainda mais importantes as ramificações psicológicas e ideológicas do Grande Recuo.

As imagens de uma política voltando-se para si são múltiplas na conjuntura atual. O exame de consciência e as políticas por vezes chauvinistas do populismo; as angústias que a catástrofe ambiental eminente gera; a ênfase na reparação, resgate e recuperação nas políticas de Joe Biden e outros líderes mundiais; o prosperar de uma cultura retrô e de nostalgia que impregna boa parte da nossa política; até o elogio da introversão psicológica em um mundo dominado por extrovertidos:[53] é como se todos portassem marcas do segundo movimento de Polanyi e da *Erinnerung* de Hegel, de um momento no qual a sociedade é tragada pela reconstrução interna. A endopolítica pós-neoliberal e a ênfase em questões de soberania, proteção e controle que emergiram entre o populismo dos anos 2010 e o neoestatismo do início dos anos 2020 precisam ser entendidas como esforços de reinternalizar o capital, de reinserir processos econômicos em instituições sociais e políticas e de reafirmar o senso de interioridade, ordem e equilíbrio como meio de defrontar e navegar um mundo marcado por incerteza e tumulto. Tendo delineado os contornos políticos e econômicos do Grande Recuo, nos capítulos que se seguem vou tratar de modo mais detalhado do seu conteúdo ideológico, focando em três noções-chave que brotam a cada esquina dos debates políticos contemporâneos: soberania, proteção e controle.

3.
Soberania

Para compreender a endopolítica do Grande Recuo e as reações políticas engendradas pela crise da globalização neoliberal, existe um termo-chave que é "soberania". Geralmente entendido como o direito do Estado de afirmar poder inconteste sobre um território, a soberania brota dos contextos mais diversos: em discussões sobre o recuo do Estado, em debates sobre migrações, em críticas ao imperialismo tecnológico ou em conversas sobre as implicações sociais e econômicas da pandemia. Ela inclusive precipitou seu próprio "ismo" — a péssima palavra "soberanismo", utilizada em particular na França e na Itália para descrever defensores da soberania nacional contra os antissoberanistas, também conhecidos como globalistas.

Na imprensa, a retomada do termo "soberania" tem sido fortemente associada com a ascensão da direita nacionalista durante os anos 2010. O Brexit foi apresentado desde o início como uma luta pela soberania, na qual a opção *exit* [saída ou abandono] encerraria a delegação do poder a uma instituição supranacional, "globalista", representada pela União Europeia, e retomaria a soberania no nível nacional. Como Philip Stephens notou no *Financial Times*, "a palavra nevrálgica no debate britânico sobre a Europa é soberania".[1] No outono de 2020, quatro anos depois do referendo do Brexit e alguns meses antes de sua renúncia, Dominic Cummings, conselheiro-chefe de Boris Johnson em Downing Street e ex-diretor da campanha pelo *Exit*, defendeu que a saída "sem acordo"* nas negociações seria um "pivô para a soberania" que deixaria o governo britânico seguir sua perspectiva de um Estado ativista.[2] A campanha presidencial exitosa de Donald Trump em 2016 nos Estados Unidos também foi apresentada, em muitos pontos, como luta pela soberania em meio a uma situação na qual os interesses nacionais norte-americanos haviam sido deixados de lado e a China e seus aliados na Otan estavam tirando proveito. Em 2017, Trump defendeu na Assembleia Geral da ONU a restauração de "nações fortes e independentes que abracem sua soberania para promover segurança, prosperidade e paz".[3] Na França recente, Marine Le Pen pronunciou a palavra *souveraineté* em toda oportunidade que teve nas suas invectivas públicas contra a União Europeia, assim como quando mirava imigrantes muçulmanos, retratando a si e seus aliados como defensores da soberania nacional lutando contra os globalistas ao leme das agências supranacionais impassíveis de responsabilização.[4]

O termo "soberania", contudo, é politicamente mais ambíguo do que o uso que a direita faz dele e que a equação superficial entre soberanistas e nacionalistas sugere. O Movimento Cinco Estrelas na Itália, pós-ideológico e hiperpopulista, adotou a ideia de soberania com grande avidez no seu discurso político. Um de seus antigos líderes, o dito *chavista* Alessandro Di Battista, repetiu várias vezes o slogan republicano "A soberania pertence ao povo", defendendo que a Itália deveria cuidar dos próprios interesses econômicos, e chegou a tratar a restauração da soberania como condição para a felicidade.[5]

---

* O "Brexit Sem Acordo" ou "No Deal Brexit" era a possibilidade de o Reino Unido retirar-se da União Europeia sem um acordo entre as duas partes, possibilidade que ficou em discussão entre 2016 e 2019. O acordo quanto ao período de transição do Brexit foi ratificado em janeiro de 2020. Até novembro de 2021, porém, os dois lados seguiam em discussão sobre aspectos comerciais. [N.T.]

Na esquerda radical em retomada, a soberania também foi discutida de modo amplo por líderes como Pablo Iglesias, Bernie Sanders e Jean-Luc Mélenchon. Iglesias defendeu repetidamente a importância da soberania como condição para a democracia. Em um discurso parlamentar de 2017, ele insistiu: "A solução para a crise da União Europeia envolve dar novo sentido à palavra 'soberania'".[6] Ao se opor ao tratado comercial da Parceria Transpacífica (TPP, na sigla em inglês), Sanders disse que o acordo ia "solapar a soberania norte-americana". Na França, Mélenchon respondeu sumariamente a acusações de "soberanismo" tuitando que "a palavra 'soberania' vem da família política à que pertenço. A ideia de 'soberania do povo' nasceu em oposição a Luís XVI".[7]

É significativo que a preocupação com a soberania também apareça nos movimentos de protesto desde o crash de 2008. Nas ocupações de praças urbanas em 2011 pelos Indignados espanhóis, pelos Aganaktismenoi gregos e pelo Occupy Wall Street — e mais recentemente no ativismo dos Gilets Jaunes na França —, o ideal da soberania democrática foi destacado muitas vezes para criticar elites neoliberais. É indicativo dessa tendência o aparecimento de várias expressões novas ligadas a "soberania" no discurso de movimentos sociais, como "soberania alimentar", "soberania tecnológica" e "soberania energética". "Soberania alimentar" é um termo usado pelo movimento internacional Via Campesina, que foi parte importante de um movimento maior contra a globalização. "Soberania tecnológica" virou lema: o termo foi popularizado por, entre outros, ativistas digitais de Barcelona próximos à prefeita de esquerda Ada Colau para expressar a adoção de bases de dados abertos e plataformas não oligopólicas. E "soberania energética" é o termo usado por ativistas contra a mudança climática para expressar a oportunidade de maior autonomia local e maior autossuficiência a partir das energias renováveis.[8]

Essas expressões mostram que a soberania se tornou algo como um significante-mestre do discurso pós-neoliberal: um "ponto de estofo", usando uma imagem do psicanalista Jacques Lacan, em torno do qual demandas e suscetibilidades multiformes podem ser entrelaçadas e temporariamente estabilizadas.[9] Mas por que a soberania — e não outras ideias — tornou-se tão central à presente conjuntura? Como este capítulo vai demonstrar, a revitalização da soberania precisa ser entendida como reação ao ataque ideológico que o neoliberalismo lançou contra a legitimidade do poder estatal e o modo como ele favoreceu a erosão da soberania nacional em um mundo globalizado. Friedrich Hayek, Ludwig von Mises, Milton Friedman e outros "pais fundadores" do neoliberalismo alertaram quanto à intromissão do Estado e suas possíveis perversões totalitárias. Essa perspectiva deu justificativa ideológica para a construção do mercado global, que introduziu um sistema de finanças e de comércio transnacional que atua de forma independente de — e às vezes contra as — jurisdições soberanas. Invocações de soberania, vistas com mais destaque na direita mas cada vez mais na esquerda, aspiram reverter essa situação, reafirmando a capacidade de comunidades definidas por seus territórios agirem de forma autônoma perante as instituições e normas da globalização neoliberal. Em vez de ser um ponto de convergência unificador, contudo, a ideia de soberania ainda é muito controversa: enquanto narrativas reacionárias enfatizam a primazia da soberania territorial, as progressistas advogam o princípio democrático da soberania popular como meio para superar a impotência política e atacar o poder arraigado das oligarquias econômicas.

A invenção da soberania

A ascensão da soberania como questão central na política contemporânea é confusa em muitos aspectos. Era uma ideia que, até recentemente, só combinava com as prateleiras empoeiradas das bibliotecas universitárias, ou no contexto engravatado das negociações diplomáticas; não era uma palavra que se esperava ver como slogan no cerne de debates políticos na televisão e em embates nas redes sociais. Pode-se dizer que a preocupação com a soberania — no sentido de natureza e alcance do poder político e sua relação com um local geográfico — é tão antiga quanto a história humana. Clássicos da filosofia antiga como a *República* de Platão, a *Política* de Aristóteles e *Da República* de Cícero tinham interesse fundamental no que hoje seria entendido como questões de soberania.[10] Ao discutirem como uma comunidade política deveria ser organizada e governada, eles tocaram em questões de território, fronteiras e autoridade política que hoje estão intimamente associadas à doutrina da soberania. Mas a soberania no sentido mais exato é um conceito essencialmente moderno que emergiu de discussões sobre autoridade política no fim da Idade Média, na Renascença e na era do absolutismo, tendo adquirido maturidade apenas no momento da Revolução Francesa.[11]

A cunhagem do termo "soberania" é atribuída a Jean Bodin, jurista e filósofo político francês do século XVI, que a introduziu na sua obra *Os seis livros da República*.[12] Bodin descreveu a soberania como "*la puissance absolue et perpetuelle d'une République*" ("o poder absoluto e perpétuo de uma República") e listou um número de princípios subjacentes do qual todo regime operante moderno partilha atualmente: um Estado com fronteiras estáveis; jurisdição exclusiva sobre seu território; e nenhum poder superior ao do Estado. Essa afirmação marcou uma ruptura com o status quo político. Nos tempos de Bodin, reinos nacionais representavam apenas um de vários níveis de soberania e tinham que lutar contra o poder exercido de cima pelo Império e pela Igreja, e, de baixo, pelos lordes feudais e seus privilégios senhoriais, em um sistema de poder altamente fragmentado e estratificado.[13] Membro do Parlamento de Paris no início das Guerras Religiosas entre católicos e huguenotes na França, a intenção de Bodin era fundar um ordenamento para o poder civil se proteger de novos conflitos religiosos, que, na sua visão, eram resultado da mistura de poder religioso e poder político. Sua solução foi o Estado-nação, que deveria exercer autoridade inconteste sobre um território unificado e homogêneo, sob o controle de um só centro de poder: a capital nacional.[14]

A formulação de Bodin quanto à questão da soberania foi o ponto de chegada de um longo processo cujas origens remontam ao Império Romano tardio e ao início da Idade Média com a controvérsia das investiduras, que deixou imperador e papa em oposição. Autores e juristas escolásticos, entre eles João de Salisbury e Tomás de Aquino, discutiram a natureza e abrangência do poder político, atribuindo ainda maior liberdade a cidades e reinos em comparação ao imperador e ao papa.[15] Partindo desses debates, Bodin cunhou *souveraineté* a partir do latim *superanus*, "superior", para denotar a ideia não apenas de superioridade ou "supremacia" do poder estatal sobre o imperial e o papal. Para Bodin, o rei era "imperador no próprio Reino", como a lei canônica medieval já havia aceitado; ele negava veementemente a legitimidade de qualquer imperador acima do Estado. Cada reino tinha seu próprio governante supremo e ninguém acima dele, e nenhum poder externo poderia interferir.

Assim, a soberania tornou-se noção-chave na filosofia e na prática políticas. Setenta anos após a obra de Bodin, Thomas Hobbes, no *Leviatã*, viria a descrever a soberania como "a alma artificial, pois dá vida e movimento ao corpo inteiro", tornando essa ideia o princípio central do contrato social entre cidadãos e governante.[16] A Paz de Westfália de 1648, tratado que encerrou a Guerra dos Trinta Anos, adotou o diagrama de Bodin, sancionando a existência de uma pluralidade de Estados-nação na Europa, cada um com seu próprio povo, suas próprias afiliações confessionais e suas próprias fronteiras fixas; acima de tudo, cada um desses Estados derivava a legitimidade política de si mesmo, e não de órgãos superiores como o Sacro Império Romano ou a Igreja. Soberania, assim, virou sinônimo de Estado absoluto e de centralismo autoritário. Mas a soberania também viria a se tornar algo muito diferente: um termo apropriado por movimentos revolucionários para afirmar que o poder político devia ficar nas mãos do povo, e não do rei, como está expresso na ideia de soberania popular.

Domínio e democracia

A soberania tornou-se ponto focal nas discussões contemporâneas porque ela representa o ponto de colisão de trajetórias históricas e institucionais distintas. Enquanto a soberania sempre sugere poder estatal e controle sobre um território, este sentido ganha conotações distintas nas ideias concorrentes de soberania territorial e soberania popular — soberania sobre um território e soberania do povo. A soberania territorial implica o domínio, pela força, dentro das fronteiras de uma nação, geralmente combinado a uma postura agressiva quanto a potências estrangeiras, assim como à afirmação da supremacia da comunidade nativa e seu arraigamento à própria terra. Já a ideia da soberania popular, moldada fortemente pela obra do filósofo genebrês Jean-Jacques Rousseau, se interessa pela democracia. Ela afirma a supremacia do povo e de suas instituições em relação aos poderes privados.

A teorização mais explícita da ideia da soberania territorial é a que se encontra na obra de Carl Schmitt, o filósofo político e jurista infame pela sua associação com o Terceiro Reich nazista. Schmitt discutiu soberania pela primeira vez no seu livro *Teologia política*, de 1922, no qual defendeu que ideias políticas são as versões seculares de conceitos teológicos.[17] Foi nesse texto que Schmitt desenvolveu sua perspectiva do estado de exceção — o que se pode descrever como "teoria temporal da soberania", dado que ela se interessa pelo momento da decisão. É a teoria que ficou notória ao ser adotada pelo filósofo italiano Giorgio Agamben — fortemente influenciado por Foucault — para defender que o estado de exceção é o modo padrão de governança na sociedade contemporânea.[18] É igualmente importante, contudo, a discussão que Schmitt faz da natureza espacial da soberania, desenvolvida no seu livro *O nomos da Terra*, de 1950.

Schmitt partiu das raízes gregas *nomos* (lei) e *nemein* (tomar) para defender que a lei deriva do ato de apropriação da terra.[19] "A terra porta, em seu chão firme, sebes e cercados, marcos, muros, casas e outras construções", e é através dessa estrutura de demarcação material que "tornam evidentes as ordenações e localizações da convivência humana."[20] Essa abordagem ecoava as percepções de vários pensadores que já haviam comentado a relação entre poder político e controle territorial. Entre eles estão o filósofo italiano Giambattista Vico, do século XVIII, e sua discussão sobre a divisão e demarcação visuais (*la divisione dei campi*) como elemento de ordem social, assim como a discussão que Immanuel Kant fez a respeito da "propriedade suprema do solo", que ele defendia como "condição principal para a possibilidade de posse e toda a lei derivada".[21] Schmitt levou a ideia além, delineando a apropriação de terras não apenas como precondição para a ordem jurídica e social, mas como lógica subjacente e base para uma teoria alternativa do poder. Nessa perspectiva eminentemente "fundacionista", todas as instituições humanas, incluindo a propriedade privada, envolvem um ato de "tomada de terra" que institui a "propriedade eminente da comunidade como um todo".[22] O território, e assim sua defesa e engrandecimento, tornam-se fins por si sós, tal como na fetichização reacionária das fronteiras manifestadas pelo fascista italiano Julius Evola, que comemorou o mito de Alexandre erguendo um muro de ferro contra os bárbaros incivilizados de Gog e Magog — preocupação que lembra a nova obsessão com muros de fronteira da parte de figuras como Donald Trump e Viktor Orbán em suas respectivas batalhas contra a imigração.

A perspectiva da soberania popular mobilizada em anos recentes por movimentos de protesto e pela esquerda radical deriva de uma direção radicalmente distinta. Soberania não se equipara a dominação, mas é entendida como supremacia da vontade do povo encarnada nas leis e instituições do Estado. A ideia da soberania popular foi introduzida de forma célebre por Jean-Jacques Rousseau em *O contrato social*, seu livro de 1762.[23] Para Rousseau, a soberania, entendida como o privilégio do rei ou "soberano", deveria tornar-se atributo do povo — no caso, a totalidade de cidadãos que residem em certa área.[24] Essa ideia, moldada pela experiência de Rousseau com a democracia de assembleia em Genebra, inspirou a Revolução Francesa, que levou à decapitação do soberano constituído e instalou em seu lugar uma República burguesa na qual a soberania pertencia ao povo — um princípio que veio a inspirar as lutas por independência nacional e democracia do século XIX.[25]

Mais de 230 anos depois da Revolução Francesa, parece que a soberania popular se tornou um princípio institucional insípido. Aliás, a ideia de soberania aparece em praticamente todas as Constituições republicanas. O artigo 1º da Constituição francesa de 1848, por exemplo, afirmava que a "soberania tem fundamento na totalidade dos cidadãos franceses".[26] De modo similar, o artigo 3º da Constituição da Quinta República Francesa, adotado mais de um século depois, em 1958, afirma que a "soberania nacional pertence ao povo, que a exerce pelos seus representantes e através do referendo".[27] Não obstante, em um período no qual a globalização neoliberal debilitou o poder dos Estados-nação nos quais esse princípio estava encarnado, a soberania popular reconquistou parte de sua dimensão revolucionária. A soberania popular está predicada em duas formas de supremacia: primeiro, a supremacia do povo como um todo em relação a qualquer subgrupo ou indivíduo em específico; segundo, a supremacia do Estado, governado pelo povo, em relação a interesses e poderes econômicos particulares. Nesse contexto, o controle que o Estado tem sobre seu território, fetiche de figuras como Schmitt, é apenas um corolário; o domínio territorial é simplesmente um meio através do qual a vontade popular se exerce, pois a democracia não pode existir sem alguma ideia de localidade, uma especificação do território sobre o qual o poder popular pode afirmar sua supremacia. No contexto atual, a segunda forma de supremacia é particularmente suscitada pela soberania popular, a da vontade popular que prevalece sobre interesses privados é a que está em questão, em virtude de políticas neoliberais que firmaram a primazia do poder oligárquico dos ricos e de corporações em relação a princípios democráticos.

O antissoberanismo neoliberal

O retorno da soberania nesta era conturbada é, em grande medida, um retorno ao neoliberal reprimido. Nenhum outro termo atraiu mais fúria e polêmica da pena de ideólogos pró-mercado que a soberania. Ao ler os textos fundacionais do cânone neoliberal, a começar por autores como Friedrich Hayek, Ludwig von Mises e Karl Popper, é comum encontrar ataques explícitos à soberania e em particular à soberania popular, que são apresentadas como propulsoras máximas de um poder estatal visto como ameaça à liberdade individual e à ordem espontânea da sociedade civil. Como o historiador canadense Quinn Slobodian sublinha, para os neoliberais,

> levar a sério o compromisso com a soberania e a autonomia nacionais era perigoso. Eles foram críticos inflexíveis da soberania nacional, crendo que, depois dos impérios, as nações deviam continuar embutidas em uma ordem institucional internacional que desse salvaguarda ao capital e protegesse seu direito de circulação mundo afora.[28]

A hostilidade contra a soberania foi temática explícita do livro embrionário de Hayek, *O caminho da servidão*, publicado originalmente em 1944.[29] Nessa grande polêmica contra o socialismo e a planificação estatal, Hayek atacou repetidas vezes a "soberania desimpedida na esfera econômica", a "soberania política irrestrita" e a ambição desmedida da "soberania popular e do governo democrático" de usurpar espaços cada vez maiores na vida social.[30] Hayek, que se via inimigo do totalitarismo, estava preocupado com a ascensão do "megaestado", que transformaria seus cidadãos em autômatos sujeitos à ditadura da planificação. Nessa perspectiva, o nazismo era o ponto de chegada mais do que previsível do Estado nacional-popular soberano — ou, parafraseando Bertrand Russell, Hitler seria a consequência de Rousseau. Quanto ao Estado de bem-estar keynesiano, ele diferia do totalitarismo soviético apenas na gradação.

A noção de soberania também foi alvo de ataques no segundo livro de Hayek, *Os fundamentos da liberdade* (1960).[31] Nesse volume, que Margaret Thatcher empregou de forma notória para bater na mesa durante uma reunião do Partido Conservador, berrando "É nisso que acreditamos!", há uma subseção específica dedicada à soberania popular e ao governo da maioria. Hayek descreve a soberania como credo do "democrata dogmático" que acredita que o "governo da maioria é ilimitado e ilimitável". Assim, "o ideal democrático, originalmente concebido para coibir todo poder arbitrário, [...] passa a justificar uma nova forma de poder arbitrário".[32] Para Hayek, isso era inaceitável, pois ele considerava que a existência de uma comunidade política baseia-se em "princípios comuns" que têm primazia sobre qualquer decisão em específico.[33] O Estado de direito deveria ter precedência sobre a vontade popular, e tribunais administrativos sempre deveriam ter liberdade para anular a decisão de um governo.[34] Hoje, encontramos essa mesma lógica concretizada no enorme poder que os escritórios de direito corporativo e o sistema de arbitragem internacional adquiriram, que muitas vezes exclui Estados, deixando que as corporações façam a lei e a justiça conforme lhes for conveniente. Nos termos introduzidos no quarto livro de Hayek, que consiste em três volumes e chama-se *Lei, legislação e liberdade* (1973-9), a soberania, com sua natureza hierárquica e sua morfologia do cima para baixo, representa a *taxis*, a ordem artificial do Estado e das organizações; é o que se opõe ao *kosmos*, a ordem espontânea da sociedade e dos mercados, da liberdade, da escolha e da abertura.[35] Para o *kosmos* se desatar por completo, a jaula da *taxis* — a mão forte da soberania estatal — deve se abrir.

    Curiosamente para nossos propósitos, boa parte das críticas de Hayek à soberania se desenvolve em um ataque à *proteção* e ao *controle* estatais, os quais, como veremos, são as encarnações pragmáticas da soberania, seus meios e fins. As proteções econômica e social são vistas como tentações perigosas que levam à ineficiência e, por fim, à escravidão. Desse modo, em *O caminho da servidão*, Hayek ataca diversas formas de proteção social que estavam se firmando nos Estados-nação de sua época. Ele atribui ao protecionismo comercial a culpa pela ineficiência e por ter escancarado a porta para monopólios e cartéis.[36] No mais, censura a rigidez da economia de guerra britânica e a preguiça dos "privilegiados possuidores de empregos a quem a proteção contra a concorrência tornou desnecessário fazer concessões para dar lugar aos que estão de fora".[37] Para Hayek, os trabalhadores nutrem demandas irreais quanto à "proteção do Estado ao seu 'padrão de vida', ao 'preço razoável' ou à 'renda profissional', que julgam um direito".[38] A única proteção que ele teria como aprovar seria a "defesa contra o Estado totalitário",[39] ou "protege[r] o cidadão contra essa tendência da máquina administrativa em constante expansão a absorver a esfera privada".[40]

Do mesmo modo, o controle estatal é visto como interferência burocrática que priva indivíduos e empresas de sua liberdade econômica. Para Hayek, "a liberdade pode ficar seriamente ameaçada caso uma parcela grande da economia caia sob controle direto do Estado".[41] O maior terror, para Hayek, está no "emaranhado de controles arbitrários" que vêm do Estado, incluindo o controle da moradia e da política monetária, o "controle de preços" e o "controle de localização" quanto à construção de fábricas. Essa hostilidade perante o controle estatal foi ecoada pelo economista liberal norte-americano Milton Friedman em seu livro *Capitalismo e liberdade*, publicado em 1962. O economista de Chicago — que ganhou o prêmio Nobel de Economia dois anos depois de Hayek — condenou todas as formas de controle governamental, do "controle da produção" e "controle de aluguéis" ao mais preocupante: o "controle do dinheiro".[42] Todas essas formas de controle foram identificadas como limitações à liberdade, a "liberdade de escolha" — em outras palavras, a liberdade de mercado individual —, o que, para neoliberais, era o valor sacrossanto, a ser defendido a qualquer custo.[43]

Liberdade e poder

Os neoliberais conceberam a soberania como um invólucro de aço que sufoca a capacidade dos indivíduos de decidir sua rota preferencial em termos de investimento e consumo. A soberania foi tratada como inimiga do investidor e das opções ao consumidor, e, portanto, inimiga da liberdade. É fato que os neoliberais costumam apresentar-se como defensores da liberdade contra o totalitarismo, como se vê no exemplo da amizade entre Hayek e o dissidente soviético Aleksandr Soljenítsin. Mas a liberdade que eles defendem é muito estreita, sem dimensão social ou pública. É uma "liberdade de mercado" baseada na habilidade de executar transações econômicas sem interferência do poder estatal: a liberdade egoísta do "individualismo possessivo", que enquadra os indivíduos como agentes egoístas por natureza.[44] Os neoliberais, na prática, viraram de cabeça para baixo a teoria do contrato social de Hobbes e Rousseau, que dava o pilar conceitual do republicanismo moderno. Pintando a soberania, e não o estado de natureza, como condição primeva e intolerável, eles substituíram o contrato social pelo contrato comercial como base de todas as relações humanas, no qual a *lex mercatoria* se tornaria lei suprema.

No livro *Burocracia*, de 1944, Ludwig von Mises chegou a ponto de defender as ideias de "soberania dos consumidores" e "soberania dos investidores" contra a soberania do Estado.[45] Ele advertiu que "socialismo significa controle público total de todas as esferas da vida do indivíduo". Para Von Mises, a "supremacia irrestrita do governo na sua função de painel central de produção" constitui um inimigo mortal da liberdade dos indivíduos e das empresas.[46] Contrário à heteronomia da soberania socialista, a decisão suprema quanto a todos os processos econômicos deveria ficar a cargo de consumidores e investidores, que estão em situação melhor para julgar conforme o princípio neoliberal: "mercados sabem mais do que burocratas".

O entendimento positivo da liberdade voltada para o bem geral tornou-se central, isto sim, para a teoria republicana. Segundo essa tradição, a verdadeira liberdade só é possível dentro de uma República — uma comunidade política limitada pelas mesmas leis. Nicolau Maquiavel afirmou de modo célebre que repúblicas democráticas deviam mirar a "vida livre" (*vivere libero*), e que isso dependia da virtude dos cidadãos — de sua participação nas decisões e nas ações coletivas.[47] Participar de uma República envolve, por definição, certa dose de abdicação da liberdade pessoal, pois a obediência às suas leis restringe a amplitude do comportamento individual. Contudo, como Jean-Jacques Rousseau defendeu em *O contrato social*, é só através de alguma suspensão da liberdade individual e da aceitação da soberania do povo que uma comunidade pode afirmar sua liberdade coletiva — sua capacidade de controlar o próprio destino.[48] Essa permuta tornou-se bastante relevante durante a pandemia da Covid-19, pois grandes parcelas da direita adotaram uma recusa libertária de aquiescer a regras anticontaminação, como o distanciamento social e o uso de máscaras, considerando tais medidas de proteção similares ao "comunismo". A visão republicana da liberdade como governo de si sugere que nossos direitos estão indivisivelmente conectados a nossos deveres, e derivam da aceitação das instituições em comum do Estado.[49] Mas essa visão está em desacordo com o individualismo possessivo aventado pelos neoliberais.

O neoliberalismo foi muitas vezes representado como ideologia "antiestatista"; em grande medida, é verdade. Eric Hobsbawm, por exemplo, defendeu que a doutrina do "ultraliberalismo" contemporâneo vai além da visão liberal original do *laissez-faire* aventada por Adam Smith, que aceitava algum grau de intervenção do Estado.[50] É fato que a propaganda neoliberal tipicamente mira o "Estado paternalista", os entraves da burocracia e quem "mama nas tetas do governo". O Estado é representado como dispendioso, intrometido e dominador — assim, neoliberais defenderam seu "recuo". Grover Norquist, ativista antitributação norte-americano, declarou de forma notória: "Minha meta é cortar o governo pela metade daqui a 25 anos, para ele chegar a um tamanho que dê para afogar na banheira". Ele e outros ativistas conservadores chegaram a desenvolver uma estratégia de "matar a fera de fome", pautada em reduzir os gastos do governo cortando sua receita.[51] De modo parecido, Milton Friedman insistiu frequentemente, tanto em livros quanto em palestras, em que o Estado só devia cumprir o papel de árbitro. A realidade da abordagem neoliberal quanto ao Estado é, contudo, mais complexa do que sugere a ideia de encolhimento. É fato que uma cepa do discurso libertário que se sobrepõe ao neoliberalismo, como os solipsismos de Ayn Rand e Robert Nozick, beira o anarcocapitalismo ou o "minarquismo", a teoria segundo a qual o governo deveria ser responsável apenas pela segurança e defesa, deixando tudo mais à movimentação "espontânea" da sociedade.[52] Contudo, o neoliberalismo factual — o neoliberalismo que se concretizou nas decisões políticas — tinha uma postura mais pragmática, reconhecendo que, para os mercados prosperarem, era necessário algum grau de mediação estatal. Como defende Quinn Slobodian, os neoliberais tinham o compromisso de "redesenhar Estados, leis e outras instituições para proteger o mercado", em vez de simplesmente livrar-se do governo.[53]

A visão mais construtivista do Estado como fiador e regulador do mercado, em vez de mero árbitro como na proposta de Milton Friedman, é destacada na variante neoliberal do "ordoliberalismo", criada na Alemanha sob os auspícios de pensadores como Walter Eucken e Franz Böhm.[54] Como indica a etimologia do ordoliberalismo, a liberdade do mercado baseia-se na presença de uma ordem social (do latim *ordo*) garantida pelo Estado. Como Michel Foucault observa em *Nascimento da biopolítica*, os ordoliberais propuseram que o Estado deveria envolver-se na criação e manutenção das condições necessárias para os mercados prosperarem.[55] É crucial que o Estado conceba regulamentações para garantir que as empresas atuem como agentes econômicos racionais. Nesse sentido, a desregulamentação — a diretriz mais conhecida dos neoliberais — é apenas outra forma de regulamentação, uma que por acaso favorece interesses comerciais. No mais, os neoliberais no poder não se esquivaram de usar o aparato repressor do Estado contra cidadãos que não se convenceram da sapiência de uma sociedade de mercado.

Fora esse papel auxiliar, contudo, o Estado deveria abster-se de qualquer intervencionismo positivo, evitando "políticas discricionárias", tais como a garantia do pleno emprego ou a abertura de um programa de fomento em prol do bem público. Seu papel deveria limitar-se a garantir um grau de concorrência justa e a estabilidade de preços, bem como tratar as situações excepcionais como "falhas do mercado". Os neoliberais continuaram altamente desconfiados de todas as formas proativas de intervencionismo estatal, por trás do qual viram o risco do nacionalismo econômico e a tentação de isolar países da economia mundial. Para esse fim, como Slobodian sublinha, "propuseram federações grandes, mas frouxas, dentro das quais as nações participantes manteriam o controle sobre a política cultural, mas estariam fadadas a manter o livre-comércio e a livre movimentação do capital entre as nações".[56] Ao privar o Estado dos meios de intervenção econômica e de seu controle da política macroeconômica e industrial, os neoliberais não só desgastaram a capacidade de o Estado controlar a economia; também criaram as condições estruturais para que os debates políticos fossem cada vez mais dominados por todo tipo de guerra cultural, que acabou se tornando terreno predileto da direita nacionalista para desviar a atenção dos conflitos econômicos.

A abertura no interesse comercial

O neoliberalismo deve seu sucesso não apenas à transformação que operou na doutrina econômica, mas também à sua capacidade de apresentar-se como projeto emancipatório: a luta contra os grilhões sufocantes do poder estatal e, portanto, contra a oclusão e a intolerância. Essa corrente moralista fica à vista nas obras de diversos pensadores neoliberais, incluindo o elogio ao heroísmo empreendedor em Ayn Rand e a pose de Hayek de defensor da liberdade armando-se contra a opressão dos sistemas totalitários.[57] Mas é no ceticismo antipolítica do filósofo anglo-austríaco Karl Popper que encontramos a tentativa mais ousada de infundir o projeto neoliberal de um éthos antiautoritário. O equivalente, na filosofia política, da defesa do individualismo de mercado presente no pensamento econômico de Hayek e Friedman, *A sociedade aberta*, de Karl Popper, contrapôs "sociedades fechadas" — também descritas como "tribais" — a "sociedades abertas". Ele defendeu que as últimas são superiores, pois o povo é livre para tomar decisões individuais em vez de outros e o Estado ditarem o que elas devem fazer.[58]

Com sua resistência à autoridade espúria, Sócrates é o herói trágico de Popper na sociedade aberta — um cidadão consciente que morre nas mãos do Estado em vez de renunciar à sua liberdade de pensamento. Os inimigos da sociedade aberta, por outro lado, são grandes filósofos ocidentais que Popper vê como fonte intelectual do coletivismo e do totalitarismo. A raiz de todo o mal político está em Platão, que defendeu na

República e em *As leis* a superioridade do coletivo em relação ao individual.[59] Segundo Popper, esse "tribalismo" da antiga filosofia política alimentou o raciocínio de Hegel, que ele considerava culpado de arrogância por conta da sua afirmação de que a história tem um sentido, um "espírito", e que ele tratou categoricamente de charlatão. Mas o alvo máximo do liberalismo de Popper era obviamente Marx, o qual ele acusou de pregar uma visão totalitária da história que não dava espaço às escolhas individuais.[60]

Para Popper, a política deveria reconhecer que a história está além do controle de qualquer um, e que qualquer plano ou estratégia para guiar seus rumos é perigosa para a liberdade. Renunciando a quaisquer aspirações à transformação social radical, os políticos deveriam adotar o "falibilismo". Eles deviam aceitar, estoicamente, que a sociedade não pode ser guiada nem manejada, e adotar uma abordagem dos problemas a conta-gotas, não sistêmica, que reconheça como as intervenções políticas de cima para baixo são indesejáveis e ineficientes em sociedades complexas. As recomendações de Popper tornaram-se esteios da prática política neoliberal; o falibilismo aparece com constância sempre que políticos ocidentais afirmam que os problemas sociais, incluindo a pandemia do coronavírus, não são passíveis de solução, mas só de manejo, e com frequência se afirma que são a sociedade civil e a filantropia, não o Estado, que deveriam tomar a frente para tratar de questões sociais.

A perspectiva da falibilidade da política molda o polemismo furioso de Popper contra a planificação e a engenharia social — elementos do socialismo que, no entendimento dele, inevitavelmente levam ao autoritarismo.[61] O "intervencionismo", alerta Popper, é "extremamente perigoso" porque "se relaxarmos nossa vigilância, se não fortalecermos nossas instituições democráticas ao mesmo tempo que dermos mais poder ao Estado através do 'planejamento' intervencionista, então podemos perder nossa liberdade".[62] Contrapondo-se à heteronomia sufocante que ele atribui ao socialismo, que vê como um novo tribalismo, a sociedade aberta seria uma sociedade dinâmica na qual os cidadãos "se esforçariam para ascender socialmente e tomar o lugar de outros membros". Isso explica sua hostilidade ao medo que Platão tinha do comercialismo; na visão de Popper, o comércio é uma força civilizatória que impele as nações a serem mais abertas entre si e, assim, menos tribais.[63]

A imagem edificante da sociedade aberta tem sido citada com frequência por comentaristas neoliberais para criticar seus oponentes de direita e de esquerda pelo seu intolerável tribalismo. O livro de Popper deu nome à Sociedade Aberta de George Soros, uma fundação que promove a liberdade e a democracia, embora use as receitas da especulação financeira. Hoje, o elogio da "abertura" em todas suas modalidades tornou-se um dos preceitos centrais do senso comum neoliberal, no qual todo tipo de oclusão é reprovado. Uma grande variedade de aparatos ideológicos neoliberais, da revista *Wired* ao *The Wall Street Journal*, incluindo a maioria dos TED Talks, propuseram abertura, transparência e consenso como desejáveis, e seus opostos — oclusão, opacidade, sigilo, rivalidade — como reprováveis, independentemente da motivação subjacente. No campo econômico, dizem-nos que os países que quiserem crescer precisam abrir-se para o comércio global e os investimentos estrangeiros. Na cultura digital, entende-se que o código aberto e os dados abertos aumentam a responsabilização, e as redes sociais nos convidam a "nos abrir" e revelar o que temos por dentro. A polemização de Popper tornou-se uma doxa contemporânea.

As ideias de abertura também são suscitadas no contexto da política cultural para defender a tolerância em uma sociedade multicultural, agora sob o risco da ascensão de uma direita nativista intolerante mundo afora. A ideia da abertura ficou associada ao que a teórica política e feminista norte-americana Nancy Fraser chama de "neoliberalismo progressista": uma "aliança entre correntes fortes dos novos movimentos sociais (feminismo, antirracismo, multiculturalismo, direitos LGBTQ) de um lado e, do outro, setores sofisticados 'simbólicos' e de serviços (Wall Street, Vale do Silício e Hollywood)".[64] Misturando "ideais de emancipação e formas letais de financiamento",[65] o neoliberalismo progressista tentou apropriar-se dos direitos das minorias e de outros direitos civis e causas progressistas. Muitas multinacionais apresentam-se como compromissadas com a igualdade racial e sexual festejando datas do calendário dedicadas à história LGBT ou negra, ou defendendo essas causas nas suas publicidades. Foi o que se viu no verão de 2020, quando celebridades, multinacionais e a imprensa subiram no bonde do apoio aos protestos do Black Lives Matter de forma hipócrita para venderem-se como atores com princípios morais.

Embora teça loas quanto aos direitos das minorias, o neoliberalismo tradicionalmente tinha em mente um outro tipo de minoria: a "minoria da opulência", como comentou o pai fundador e presidente dos Estados Unidos James Madison, precisa de defesa contra as exigências redistributivas da maioria.[66] Como Hayek afirmou: "Se reconhecemos os direitos das minorias, daí decorre que o poder da maioria deriva, em última análise, dos princípios que as minorias também aceitam e é por eles limitado".[67] Isso quer dizer que nenhum governo deveria ser autorizado a levar a cabo medidas com que uma minoria da sociedade se ofende — em particular, a minoria dos empreendedores, que teriam seu poder privado solapado pelo poder político da maioria. Assim, as entrelinhas insinceras do discurso neoliberal edificante quanto a abertura e defesa das minorias é a escorva do poder privado e a liberdade da empresa prevalecendo sobre a democracia.

O triunfo da liberdade de mercado

Ler as obras de Hayek, Von Mises, Friedman e outros neoliberais nos dias de hoje provoca um efeito assustador: parecem plantas baixas do que em grande parte já foi erigido. Os ideólogos neoliberais não se detiveram no nível da intervenção acadêmica, mas desenvolveram conscientemente um projeto hegemônico nas "trincheiras da sociedade civil". Como propôs o historiador norte-americano Philip Mirowski ao discutir a Sociedade Mont Pèlerin* como "coletivo do pensamento neoliberal", gente como Hayek e Von Mises contribuíram para a construção de uma sofisticada máquina de propaganda e para a criação de um contingente de intelectuais e conluios que vieram a preencher cargos-chave em universidades, grupos de pressão, instituições públicas e agências internacionais.[68] Levaria décadas para as ideias neoliberais, inicialmente consideradas heresia e em desacordo com o senso comum keynesiano, tornarem-se politicamente viáveis e para a doutrina transformar-se em prática. Uma série de crises econômicas e geopolíticas, incluindo a crise do petróleo de 1973, o fim do padrão-ouro e a irascibilidade da estagflação — no caso, uma mistura de inflação alta e desemprego alto — dentro do paradigma keynesiano deram a oportunidade para o descortinar da revolução neoliberal.[69]

O ponto de virada na ascensão neoliberal ao status hegemônico foi a eleição de Margaret Thatcher em 1979 e a de Ronald Reagan em 1980. Esses dois políticos remodelaram de forma radical as posturas dos partidos Conservador e Republicano, que até então haviam se fixado no consenso político da era fordista de manter a aliança entre mão de obra

---

* Associação internacional fundada em 1947 por Friedrich Hayek, Karl Popper, Ludwig von Mises, Milton Friedman e outros para promover o liberalismo. [N.T.]

e capital. Os dois atacaram com força as organizações sindicais, que tratavam como elementos que distorciam os mecanismos de mercado, e começaram a desbastar os dispositivos assistenciais públicos conquistados a duras penas pelas lutas trabalhistas dos anos 1960 e 1970. Patrimônios públicos como moradia foram vendidos a empresas privadas e a particulares, com a meta de fazer grandes fatias da população passarem de trabalhadores a aspirantes a capitalistas e criar uma democracia dos proprietários e dos pequenos acionistas. O antigo inquilino de moradia social, agora transformado em proprietário de imóvel em função do "direito de compra", teria interesse pessoal no sucesso do mercado, enquanto as demandas por salários mais altos por parte dos operários seriam apaziguadas com o acesso ao crédito.[70]

Se, durante o ponto alto da era da globalização, o neoliberalismo virou algo similar a um pensamento único, adotado de forma transversal no espectro político, foi porque conseguiu livrar-se de sua associação íntima com a direita e penetrar progressivamente na quadra social-democrata, onde a superioridade da lógica do mercado conseguiu ainda maior aceitação. Margaret Thatcher estava correta quando observou que a plataforma neoliberal do Novo Trabalhismo era sua maior realização política.* Reagindo à insurgência da direita neoliberal e às derrotas do movimento operário, os partidos social-democratas da Europa e o Partido Democrata dos Estados Unidos abandonaram muitas de suas promessas sociais.

A ideia de Anthony Giddens quanto a uma "Terceira Via" entre o capitalismo e o socialismo — que alimentou figuras como Bill Clinton nos Estados Unidos, Tony Blair no Reino

---

* "Novo Trabalhismo" foi o slogan adotado pelo Partido Trabalhista britânico em meados dos anos 1990, proposto pela facção neoliberal dentro do partido tradicional da esquerda. A nova proposta levou o partido ao poder com os primeiros-ministros Tony Blair (1997-2007) e Gordon Brown (2007-10). [N.T.]

Unido, Gerhard Schröder na Alemanha e Romano Prodi na Itália — propunha conciliar a democracia social com o mercado livre global.[71] À luz dos fracassos dos governos socialistas em seguir uma pauta de Estado intervencionista — sendo o fracasso mais notável o de Mitterrand na França dos anos 1980 —, líderes e ideólogos da esquerda moderada defenderam que o único modo realista de atingir a prosperidade em um mundo globalizado seria entrar em acordo com os mercados financeiros, as multinacionais e o comércio internacional, num consenso neoliberal muito mais enviesado para os negócios do que fora o consenso social-democrata.[72] Desse modo, Clinton apoiou o Nafta; Schröder, na Alemanha, remodelou a previdência; a coalizão de centro-esquerda Ulivo, de Prodi, na Itália, coordenou os programas de privatização mais abrangentes na história do país; e Tony Blair introduziu as Iniciativas de Finanças Privadas para pagar por novos prédios públicos, enquanto Gordon Brown, seu chanceler e herdeiro como primeiro-ministro, deixou a City fazer seus negócios sem entraves, com a justificativa de que receitas fiscais do setor financeiro podiam ser utilizadas para subsidiar comunidades desfavorecidas nos rincões trabalhistas. A centro-esquerda seguiu essas políticas com fanatismo ainda maior que a direita, em uma manifestação triste do fervor obtuso dos recém-convertidos.

Com apoio bipartidário, políticas pró-mercado concebidas por gente como Hayek e Friedman em muito contribuíram para reformular a economia mundial. Como vimos no capítulo precedente, barreiras ao comércio, ao capital e à mão de obra foram reduzidas radicalmente com a meta de transformar o planeta em superfície "lisa" onde os fluxos de capital, commodities e serviços deslizassem com facilidade. Mas as consequências foram danosas para a democracia e resultaram em desigualdades sociais em termos de patrimônio, renda e acesso a serviços.[73] Foi central a esse projeto o esvaziamento efetivo da soberania estatal, em particular da soberania econômica, alinhada com as recomendações despachadas pelos ideólogos neoliberais. Como defendeu a renomada socióloga da globalização Saskia Sassen:

> Governos costumavam ter um arcabouço de estratégias para governar suas economias nacionais: políticas fiscais, gastos públicos, taxas de juros, controles de crédito, taxas de câmbio, controles de capital e receita. Os mercados financeiros globais atacaram todas essas estratégias, algumas de forma mais acentuada.[74]

Vários pilares da soberania econômica nacional, incluindo as políticas monetária, fiscal, industrial e social, foram assim destruídos pela bola de demolição dos mercados globais. A financeirização e a ascensão das multinacionais diminuíram de modo acentuado a "capacidade estatal" — o potencial efetivo que o Estado tem de manejar o rumo dos acontecimentos e garantir segurança para seus cidadãos. Estados-nação concederam um enorme poder de chantagem a mercados financeiros e a multinacionais, que conseguem manter qualquer tentativa de intervenção estatal em xeque. Por exemplo: a ascensão do que o economista político alemão Wolfgang Streeck descreveu como "Estado em dívida" — a dependência que os governos têm do mercado de títulos internacional para se financiarem — limitou de forma grave a gama de políticas econômicas discricionárias.[75] Ao boicotar as vendas de títulos públicos e reforçar seus rendimentos, investidores podem obrigar governos a apertar o gasto público se quiserem evitar o rebaixamento ao status de *junk-bond*. Multinacionais podem cobrar ajustes em políticas fiscais e regulamentações ambientais com ameaças de transferir suas atividades para um ambiente regulatório "favorável aos negócios". Do mesmo modo, a participação no comércio global, e as restrições da OMC e da União Europeia no auxílio estatal limitaram o uso de subsídios do governo, que são essenciais para fomentar indústrias incipientes e proteger campeãs nacionais. Por fim, com a mobilidade internacional do capital e a existência dos paraísos fiscais, o Estado perdeu o controle da tributação: quando alíquotas empresariais ou individuais sobem, fortunas fogem do país. Na União Europeia, essa tendência foi agravada pela perda da soberania monetária: países com níveis variados de dívidas, déficits, desemprego e crescimento devem dançar conforme a mesma música, cantada por tecnocratas da Eurotower* que, conforme é o encargo do BCE, estão primariamente preocupados com a "estabilidade dos preços" — no caso, manter a inflação baixa.

A demolição da capacidade estatal resultou numa percepção difundida de impotência política, que é extremamente corrosiva para a democracia. Quando políticos respondem de forma seca às demandas dos cidadãos por mais serviços de utilidade pública e mais oportunidades de emprego, dizendo que suas mãos estão atadas pelo imperativo da prudência fiscal ou por parâmetros definidos por Bruxelas, fica óbvio que a desilusão com a política e a sensação de traição por parte da classe dos políticos ganharão espaço. Ao fim e ao cabo, essa orientação antidemocrática não é mero subproduto acidental de "reformas" neoliberais. Ela concorda por inteiro com o ceticismo neoliberal quanto à democracia de massas que se vê em figuras como Hayek e Von Mises, e com a busca constante por freios externos que possam limitar o escopo da soberania popular. O exemplo mais vergonhoso dessas posturas antidemocráticas tem sido a cumplicidade do neoliberalismo com ditaduras — sendo a mais infame aquela que ocorreu

---

* Sede do Banco Central Europeu (BCE) em Frankfurt. [N. T.]

com o regime autoritário de Pinochet no Chile. O golpe e subsequente governo de Pinochet teve apoio de um grupo de economistas chilenos formado por Milton Friedman e Arnold Harberger na Universidade de Chicago — os ditos "Chicago Boys". Mas a animosidade dos neoliberais quanto à democracia também se mostrou em fenômenos menos violentos, embora mais difundidos.

O neoliberalismo tem sido o motor central do que o cientista político inglês Colin Crouch chamou de "pós-democracia": uma sociedade na qual, embora as instituições da democracia estejam preservadas, na prática elas são ocas.[76] Ao longo das últimas quatro décadas, espaços cada vez maiores de tomada de decisão política foram "externalizados" a empreendedores, corretores e peritos de todo tipo, e a autoridades nacionais e agências internacionais que não foram eleitas, geralmente consideradas mais esclarecidas e informadas do que os políticos. O maior indicativo dessa tendência foi a famosa afirmação do ex-presidente do Banco Central dos Estados Unidos, Alan Greenspan, numa entrevista de 2007 ao jornal suíço *Tages-Anzeiger*:

> Temos a sorte de que, graças à globalização, as decisões políticas nos Estados Unidos foram em grande parte substituídas pelas forças do mercado global. Afora a segurança nacional, pouca diferença faz quem será o próximo presidente. O mundo é governado pelas forças do mercado.[77]

Para Crouch, essa subordinação da democracia leva a "uma atmosfera de cinismo quanto à política e aos políticos, [e] a baixas expectativas quanto ao que eles podem realizar".[78]

Os neoliberais sacrificaram a democracia de massas e suas instituições no altar do mercado global e da sua promessa de crescimento econômico. Mas a prosperidade coletiva que deveria ser recompensa desse pacto faustiano nunca deu frutos. Desde a crise de 2008, o PIB per capita estagnou em países como Estados Unidos, Reino Unido e Alemanha e caiu na Itália, na França, na Grécia, no Brasil e na Espanha.[79] No mais, a desigualdade, medida pelo contraste na renda dos 10% no topo e dos 50% na base, ficou maior não só no Ocidente, mas também na China e na Índia, que, no mais, tiveram crescimento estável no PIB per capita. Além disso, da desregulamentação neoliberal e da liberalização do comércio chegou-se à precariedade crescente da mão de obra e ao desamparo frente à concorrência de mercado internacional.[80] No rastro da crise financeira de 2008 e agora da crise do coronavírus, até o observador mais distraído deveria se dar conta de que a promessa neoliberal de livrar os indivíduos da opressão do poder estatal foi apenas desculpa para dar passe livre aos capitalistas mais vorazes. Na nossa época, até os defensores mais ardorosos dos mercados livres têm dificuldade em pregar seu evangelho. A realidade política contemporânea aponta um retorno às posturas antimercado e ao intervencionismo estatal que os ideólogos neoliberais excomungaram. Até populistas da direita, ainda fazendo campanhas com plataformas de baixos impostos e pró-negócios, começaram a desbastar seletivamente alguns dogmas neoliberais. Donald Trump fez muito para minar a santidade do livre-comércio, enquanto a declaração de Boris Johnson durante a urgência do coronavírus de que "existe essa coisa chamada sociedade" inverteu o dictum mais infame de Margaret Thatcher.[81] No momento histórico atual, a falência do neoliberalismo é vista por muitos não apenas como financeira, mas também moral. A pergunta deste momento, contudo, é o que surgirá no lugar do neoliberalismo.[82]

Reivindicando a soberania popular

A atenção dada a questões de soberania e seus correlatos de proteção e controle nos debates contemporâneos precisa ser lida como reação política ao fracasso do neoliberalismo e do sistema global que ele construiu. Este empecilho ressuscita o inimigo predileto do neoliberalismo: o poder discricionário do Estado nacional-popular e o princípio de soberania popular do qual deriva. Mas, paradoxalmente, ele o faz exatamente num momento em que a realidade da soberania nacional está em questão e que a interconexão global perturbou muitas preconcepções quanto à autonomia dos Estados-nação. A demanda atual pelo restauro da soberania — da "alma pública da comunidade", citando Hobbes — sinaliza reação a um mundo no qual o desligamento da intervenção estatal no mercado lançou as sementes da instabilidade social e da insegurança econômica. O neoliberalismo é acusado de "desagregar o demo", uma erosão do poder das comunidades políticas.[83] Frente a essa situação, a endopolítica pós-neoliberal projeta uma recuperação da soberania como meio de reagir à agorafobia engendrada pela externalização neoliberal. Ela gira em torno de uma reafirmação do princípio da autoridade do Estado como centro do poder político contra a tendência centrífuga da globalização — mas também de uma reivindicação do poder da localização geográfica como pivô das conexões coletivas e âncora das comunidades políticas.

Enquanto essas motivações gerais podem ser encontradas tanto na direita quanto na esquerda, o significante da soberania está preenchido por uma variedade de significados e qualificações que sugerem consequências políticas divergentes. A principal diferença entre abordagens progressistas e reacionárias da soberania está na oposição entre as ideias de soberania territorial e soberania popular, que já discutimos ao longo deste capítulo: soberania como domínio territorial, ou como democracia e governo de si. Ao mobilizar a ideia de soberania, a direita identifica a causa da crise política atual no modo como a globalização privou o demo de sua coerência etnocultural e, assim, da coesão social. Figuras como Trump, Salvini e Bolsonaro puseram a culpa pela diluição do demo e de sua identidade em vários representantes do globalismo: os migrantes, pela criminalidade e pelo terrorismo; os financistas globais e os capitalistas, por se fingirem de filantropos; os funcionários de organizações internacionais, incluindo a Organização Mundial da Saúde, por exercer poder espúrio; e o que eles entendem como influência perversa dos intelectuais metropolitanos progressistas e sua ideologia da correção política, "teoria de gênero" e "marxismo cultural".

O que está em jogo nesse enquadramento territorial da soberania é a supremacia da população nativa e seu controle sobre o território "autóctone". A cura proposta para a agorafobia global está enraizada em uma demarcação forte das fronteiras que separam o território nacional do lado de fora, acompanhada pela subjugação, se não a extirpação total, de todos aqueles habitantes que não são vistos como cidadãos plenos, e o isolamento da nação quanto a interferências extranacionais. Essa postura leva a um fetiche da soberania que é traído pelo próprio termo "soberanismo", que sugere que a soberania virou fim em si. Ao fim e ao cabo, porém, como a urgência do coronavírus revelou, esse comunitarismo declarado vem acompanhado de um forte individualismo libertário. A direita nacionalista continua profundamente imbuída de pressuposições neoliberais e costuma ficar mais preocupada com o "indivíduo soberano" do que com o povo soberano.[84]

A proeminência desse soberanismo isolacionista e egoísta nos debates contemporâneos é o motivo pelo qual, para muitos na esquerda, qualquer discussão a respeito de soberania parece significar uma guinada para a direita. Uma reação instintiva como essa, contudo, ignora o fato de que, como Mélenchon e outros notaram, na verdade foi a esquerda, a começar pelos jacobinos, que historicamente afirmou a soberania, no sentido específico da soberania popular, como pilar da política democrática. A visão de soberania suscitada pela nova esquerda socialista, do Podemos até Bernie Sanders, tem um matiz rousseauniano radicalmente distinto do da direita. Para a esquerda, o que conta é o aspecto "interno" da soberania — a supremacia do poder político sobre os poderes privados.

Na esquerda, considera-se que a soberania se perdeu por conta da subordinação econômica, não cultural nem étnica, dos Estados nacional-populares ao mercado global. Dessa fraqueza deriva a incapacidade do Estado de atender a demandas populares: por exemplo, enfrentar o desemprego e a pobreza e prover serviços de utilidade pública satisfatórios. Os responsáveis por essa tendência são identificados como executivos das grandes empresas, banqueiros e bilionários — atores que ameaçam o bem-estar e a segurança do povo como um todo. Em reação, faz-se uma convocação para reafirmar a capacidade estatal, reabilitando várias modalidades de intervenção estatal e proteção social keynesianas, mas também para ampliar as possibilidades de controle democrático dos cidadãos quanto às decisões que os afetam.

É nessa perspectiva democrática que conseguimos entender novos termos ligados à soberania, tais como soberania tecnológica e soberania alimentar, que denotam formas de poder coletivo baseadas na localidade e na proximidade, contra o poder de multinacionais e das finanças, geralmente sem convocar a mediação do poder estatal. De qualquer maneira, a visão progressista da soberania sempre devia abordar esse princípio como meio para se atingir um fim, evitando que vire um fim absoluto por si só, como defende o "soberanismo" direitista. Como essa diferença de entendimento mostra, o soberanismo reflete uma demanda social por garantias e ordem diante da presente condição de agorafobia global à qual podem se dar várias reações políticas. Quais podem ser essas reações é o que será explorado nos capítulos seguintes, que tratam de duas ramificações-chave da política da soberania: proteção e controle.

4.
Proteção

Em 19 de março de 2020, o primeiro-ministro interino da Espanha e líder do Podemos, Pablo Iglesias, apresentou à imprensa um pacote de medidas de ação social para "proteger as categorias mais vulneráveis em face do coronavírus". O programa, chamado de "escudo social", baseava-se na ideia de que "a crise do coronavírus não é apenas de saúde, mas também uma crise social e econômica. Dizer que lutamos juntos contra esse vírus é uma frase vazia se não significar que ninguém fica sozinho nessa situação". Advertindo que políticos tinham que evitar a repetição dos "erros de 2008 e garantir que o povo lide com essa crise com o máximo de segurança", ele observou que

> segurança também significa que os mais vulneráveis não sejam abandonados, que quem trabalha não corra riscos com sua saúde nem com a de seus parentes, que possam adaptar suas horas de trabalho para cuidar dos entes queridos [...] que a energia elétrica de ninguém [...] seja cortada, e que ninguém seja despejado de sua casa.[1]

O escudo social introduzido na Espanha — tal como as medidas adotadas por outros governos mundo afora — e os jargões da proteção, segurança e cuidado que Pablo Iglesias usou no discurso são uma manifestação do protetivismo que emergiu como tendência política decisiva na era do Grande Recuo.

A crise do coronavírus mobilizou um forte discurso sobre proteção, que vai de questões relativas a EPI (equipamento de proteção individual) até discussões sobre a necessidade de bolhas de apoio para sustentar os indivíduos durante a crise, demandas pela melhor remuneração de profissionais de saúde, os médicos e enfermeiros a serviço da proteção do público, e a recomendação governamental ubíqua de "proteja-se e proteja os outros". Mas essa ênfase na proteção vai muito além da urgência do coronavírus. Vivemos em um período no qual o termo "proteção" e ideias associadas — tais como salvaguardas, garantias, cuidados e segurança — são suscitados em reação a vários perigos que se tornaram mais alarmantes no horizonte contemporâneo: das consequências sociais penosas da crise econômica de 2008 ao desemprego em ascensão que se viveu durante a pandemia do coronavírus; do terrorismo apocalíptico perpetrado por grupos como o Estado Islâmico e supremacistas brancos até a crise ambiental provocada pela mudança climática desenfreada; da migração de massa à perda da identidade e da coesão social provocada pela ascensão da globalização. Apesar de suas diferenças óbvias, essas questões são apresentadas no discurso político contemporâneo como ameaças à própria existência, contra as quais a sociedade precisa de proteção.

 A narrativa da proteção pontua discursos e documentos que definem a política contemporânea, adquirindo conotações acentuadamente reacionárias na direita política. Donald Trump repetidamente afirmou seu papel em garantir a proteção dos americanos em relação a interesses estrangeiros. Sua promessa notória foi defender as fronteiras da nação contra o influxo de migrantes vindos do sul do Rio Grande construindo um muro de fronteira que, contudo, nunca foi finalizado. Em seu Discurso sobre o Estado da União [State of the Union], de 2020, Trump disse que um objetivo estava acima de todos: reverter acordos comerciais ruins, de modo a "defender nossos trabalhadores" e "proteger nossa propriedade intelectual".[2] Nigel Farage, líder britânico do Partido da Independência do Reino Unido (Ukip, na sigla em inglês) e depois do Partido do Brexit, afirmou várias vezes que queria proteger "nossa valiosa independência" e dar proteções especiais a setores frágeis da economia britânica, incluindo a pesca e as fábricas. Matteo Salvini, vice primeiro-ministro da Itália e secretário federal do partido Lega, prometeu "proteger as fronteiras italianas do perigo representado pela migração ilegal". Salvini transformou a defesa das fronteiras em prerrogativa quase sagrada, fechando portos italianos a navios de ONGs que resgatam migrantes no mar durante seu mandato como ministro do Interior em 2018-9. No mais, a direita nacionalista costuma prometer a proteção da identidade e da tradição contra a força homogeneizante do multiculturalismo global. Esse discurso de proteção também surge nas teorias da conspiração de direita, tais como as que circulam via QAnon, que defende que uma aliança entre o "estado oculto" e os Democratas está envolvida em um grande esquema de pedofilia. Em uma imagem de propaganda do QAnon, um homem ergue um escudo contra a "Insurgência" para "proteger nossos filhos".

Na esquerda, a narrativa da proteção foi adotada em defesa da segurança social, que Iglesias suscita em seu discurso, em vez de segurança da polícia. Em junho de 2019, Bernie Sanders declarou que "a liberdade só é possível em uma sociedade que protege os direitos econômicos".[3] Durante seu mandato como líder dos Trabalhistas, Jeremy Corbyn prometeu repetidas vezes proteger empregos, saúde e bem-estar. A deputada Alexandria Ocasio-Cortez, provável herdeira de Sanders na esquerda norte-americana, declarou em novembro de 2019: "Me mandaram aqui para resguardar e proteger as pessoas", e não os lucros das grandes empresas. Até a União Europeia, que de certo não é o melhor porta-estandarte do protecionismo, acalentou-se ao discurso da proteção, adotando o slogan "Uma Europa que Protege", cunhado pelo presidente francês Emmanuel Macron às vésperas da indicação da nova Comissão Europeia comandada por Ursula von der Leyen, como forma de reavivar a lealdade dos cidadãos europeus às instituições de Bruxelas.[4]

Essas referências ao papel protetor do Estado sublinham como a proteção, em todas as suas diversas manifestações — muitas vezes contraditórias — é vista como necessária à sobrevivência em um mundo catastrófico marcado por ameaças sociais cada vez maiores. Como vou defender neste capítulo, vivemos na "Era do Pangolim" — uma época em que a demanda por segurança e proteção contra o perigo virou dominante, tirando o pedestal do sedutor discurso neoliberal sobre aspirações, inovação e empreendedorismo. Proteção é uma ideia com longa tradição na filosofia política: desde Platão, ela significa a defesa da comunidade. Tanto Maquiavel quanto Hobbes entendiam a proteção como o "mínimo possível" da política — o que possibilita a sobrevivência e a reprodução da comunidade diante de todo tipo de ameaça. Hoje, a proteção é uma exigência em reação às desarticulações e externalizações que o capital global produz, ao desamparo diante das tendências vorazes do capitalismo extrativista e aos riscos ecológicos devastadores que ele gerou.[5]

Sob o escudo da cidade

"Proteção" é um termo que soa um tanto quanto alienígena àqueles que passaram a maior parte da vida adulta antes das grandes crises do século XXI. Durante o período do neoliberalismo triunfante, a proteção estatal — e em especial a proteção social e o protecionismo comercial — eram rebaixados a paternalismos e obstáculos à liberdade e à inovação. Contudo, a proteção é central à política. Seguindo Thomas Hobbes, pode-se dizer que a segurança e a proteção são "a essência do governo".[6] Proteção militar, proteção da saúde e proteção econômica garantem as condições mínimas da política: a sobrevivência e a reprodução de uma sociedade.

A questão da "proteção" — do latim *protegere* (*pro* + *tegere* — cobrir a frente) — tem longa tradição na teoria política. Na *República* de Platão, a fonte do pensamento político na civilização ocidental, governantes são chamados de "guardiões" — *fýlakes* no grego antigo. Isso porque, como sugere o radical *fýlasso* — observar, guardar, proteger, defender, mas também manter, preservar, estimar —, o papel dos líderes políticos é acima de tudo a "preservação" e a "manutenção" da sociedade organizada. Parafraseando um famoso dictum platônico, se a arte do sapateiro é fazer sapatos, a arte do político é proteger a sociedade organizada dos perigos — sejam ameaças externas, como guerras ou epidemias, ou de conflitos internos. No Livro III da *República*, Platão afirma que os detentores do poder têm que "proteger a cidade".[7] Isso reflete o fato de que a continuidade da existência da cidade acaba se baseando fundamentalmente na sua capacidade de suportar perigos e preservar a saúde dos cidadãos. Nas palavras de Cícero em *De Legibus*, um tratado modelado nas *Leis* de Platão, "*salus Populi suprema lex esto*": que o bem-estar do povo seja a lei suprema.[8]

A proteção é um bem por si só, mas também é condição necessária para a coesão social. Proteção é o que mantém a cidade unida, o que lhe dá sensação de propósito, o que compromete seus cidadãos à busca de uma missão comum. Proteção, nesse sentido, não é apenas defesa; ela é produtiva para a comunidade. Aliás, como Platão defende depois, a própria solidariedade da cidade depende de se reconhecer a necessidade de formas comuns de proteção, do fato de que os cidadãos saibam que "o todo da cidade protege cada um de seus cidadãos" e que, assim, se privados do escudo protetor da cidade, eles ficam desamparados diante de ameaças a sua sobrevivência física.[9] Essa centralidade da proteção na arquitetura da cidade se revela exatamente nesses momentos em que a proteção deixa a desejar, com consequências nefastas para os cidadãos.

Platão propõe o exemplo do "homem que tem cinquenta escravos, ou até mais", e o que lhe aconteceria se fossem despejados "da cidade, ele, esposa e filhos, e [levado], junto a criados e o resto de seus bens, a um lugar isolado onde nenhum dos cidadãos livres teria como protegê-lo".[10] Independente do patrimônio da pessoa, fora da cidade qualquer cidadão se veria exposto a todo tipo de adversidade. Como demonstra a prática grega do ostracismo, isso não era uma conjuntura fictícia. A expulsão de cidadãos indesejados, sancionada pelo voto popular, era temida porque resultaria na condição de desamparo total que Platão descreve. A cidade, portanto, é imaginada como uma espécie de ventre protetor; fora da cidade, temos apenas perigos e medo, e a vida, citando a famosa frase de Hobbes, é "solitária, miserável, sórdida, bruta e curta".[11]

Essa visão da política como proteção foi central a dois grandes filósofos políticos do início da era moderna: Maquiavel e Hobbes. Para Maquiavel, a proteção é central à autoridade política. É significativo que, em *O príncipe*, a medida da força do principado é "se o príncipe de um Estado muito poderoso seria capaz, caso necessário, de sustentar-se por si mesmo ou se sempre precisará da proteção de outrem".[12] A capacidade de proteger-se é condição mínima para ser ator político autônomo. Se a pessoa não tem meios de se proteger, deveria ater-se ao papel de vassalo de um poder maior, ou à sina humilhante, mas relativamente segura, de viver em um território que tenha status de "protetorado" — um lugar cuja proteção recai a outros. Hoje, muitos países, embora soberanos no nome, estão sob autoridade militar efetiva de um suserano, tais como os Estados Unidos, a China ou a Rússia, e a proteção de seu "guarda-chuva" atômico.

Em *O príncipe*, a função protetora do Estado é representada por uma metáfora hidráulica sugestiva. O diplomata florentino defende que todos os príncipes deveriam preparar-se para circunstâncias adversas e maus momentos na fortuna política. Ele compara o que chama de Fortuna, com letra maiúscula, "a um desses rios destruidores que, quando se enfurecem, alagam as planícies, derrubam árvores e construções, arrastam grandes torrões de terra de um lado para outro".[13] Um governante também devia agir como engenheiro inteligente que se prepara para o mau tempo. Ele vai "providenciar barreiras e diques em tempos de calmaria, de modo que, quando vierem as cheias, elas escoem por um canal ou provoquem menos estragos e destruições com seu ímpeto".[14] Como Cícero já havia comentado em *Da República*, deveria ser qualidade fundamental do bom governante a prudência ou *providência* — literalmente, "olhar para a frente" (como sugere o radical latino *pro-videre*). O bom governante sempre vai preparar-se para as múltiplas ameaças que surgem do fluxo caótico de eventos mundiais, incluindo guerras, fomes e epidemias. Ao planejar a defesa contra elas, o príncipe poderá controlá-las, em vez de ser carregado por sua maré tempestuosa.

Medos desagregadores

A demanda por proteção que prevalece em nossa era deriva da sensação de medo. Muito se falou em tempos recentes quanto a nossa época ser uma "era do medo" e da "política do medo" vendida pela direita nacionalista.[15] Muitas vezes, contudo, o motivo para essa proeminência do medo na sociedade contemporânea parece se perder — especialmente entre liberais, que veem a influência do medo na política como equivalente à barbárie. Mas é impossível entender a política pós-neoliberal da proteção sem pensar na sua conexão com o medo. Hobbes costuma ser considerado o filósofo da política do medo, o que não é de todo errôneo. O medo foi uma das muitas emoções que Hobbes levou em consideração — havia outras, como esperança e desejo; mas era de longe a mais importante, por conta de suas várias consequências políticas. Medo foi uma categoria muito importante não só nos escritos de Hobbes, mas também na sua formação pessoal. Em sua autobiografia em verso, originalmente escrita em latim, ele comentou de forma célebre: "Minha mãe pariu gêmeos: eu e o medo", já que seu parto se deu no momento em que a Armada espanhola do rei Felipe II estava chegando na costa da Inglaterra, no que acabou sendo uma tentativa sem sucesso de forçar os ingleses à submissão.[16] No mais, sua vida ficou várias vezes em perigo, tais como após a praga de 1666, quando ele foi espancado por ser ateu.

O medo inoculou a discussão antropológica de Hobbes do estado de natureza, que precedeu e informou a discussão de Jean-Jacques Rousseau. O medo é o que define a sociedade primitiva antes da criação das instituições políticas — condição marcada pelo "medo contínuo e pelo perigo da morte violenta". Para Hobbes, o medo, entre outras emoções, é o que os seres humanos compartilham com os animais, e assim é uma manifestação de nosso elemento irracional: "este medo perpétuo que acompanha os homens ignorantes das causas".[17] O medo é uma força elemental que só a presença do Estado pode canalizar de modo producente. O Estado, nesse sentido, é uma resposta ao medo humano — uma instituição que serve para regulamentá-lo e organizá-lo de modo a impedir que ele destrua os laços sociais frágeis que sustentam a sociedade. Em Hobbes, o medo constitui o primeiro proponente da ação política, da mesma forma que o desejo age como motivação política dominante na obra de Espinosa e de muitos filósofos sob sua influência, como François Lyotard, Gilles Deleuze e Antonio Negri. É por isso que Hobbes é visto há muito tempo como um filósofo um tanto quanto lúgubre, cujas conclusões necessariamente tendiam para o autoritarismo. Mas as perspectivas hobbesianas estão voltando com força no neoliberalismo tardio da era pós-pandemia, quando o medo permeia as questões políticas.

Na seção inicial do *Leviatã*, Hobbes cataloga diversas formas de medo. A lista inclui melancolia, terror, medo da morte, medo de espíritos, "medo da escuridão e dos espíritos", medo da opressão, medo da pobreza e das calamidades, medo de punição — além de "hidrofobia" e "tiranofobia". Essa multiplicidade de medos tem consequências importantes para a política. De medos distintos derivam reações políticas distintas. Especificamente, todos os medos recaem em duas categorias: "medo mútuo" e "medo comum" — em outras palavras, o medo nutrido por humanos entre si e o medo dos perigos comuns ou punições que afetam a todos.[18] O medo mais predominante em Hobbes é o medo mútuo, que é dominante no estado de natureza — uma condição que ressurge em guerras civis tais como as que estavam assolando a Inglaterra exatamente na época em que ele escrevia *Leviatã*.

O espírito competitivo dos indivíduos e sua igualdade em dotes naturais leva ao retraimento; e o retraimento — em outras palavras, a desconfiança mútua —, por sua vez, leva à guerra, a guerra entre indivíduos e a guerra civil, de "todos contra todos".[19]

Para Hobbes, é só na presença de um "poder comum" capaz de "intimidar a todos" e "manter todos em respeito" diante do medo de castigo e morte que se suspende essa luta intestina entre as pessoas. É impossível "refrear a ambição, a avareza, a cólera e outras paixões dos homens, se não houver o medo de algum poder coercitivo".[20] Essa discussão pode parecer dúbia ou repulsiva; mas lembra o modo como o enfraquecimento do Estado desatou a voracidade individual durante a era neoliberal, a guerra econômica de todos contra todos que dividiu a sociedade de modo intenso. A fonte do medo comum capaz de unir a sociedade não se encontra apenas no poder do Estado. É interessante notar que, numa época como a nossa, marcada pelo medo do coronavírus e da mudança climática, também existam medos comuns relacionados a perigos naturais, como pragas, enchentes e terremotos — ou raios que se atribuem à ira dos deuses, como discute Giambattista Vico.[21]

Essa distinção entre medo mútuo e medo comum, e suas respectivas relações com unidade e separação, fornece um crivo proveitoso para encontrar sentido nos diferentes "usos do medo" que surgem agora na política pós-neoliberal da proteção. A direita nacionalista foi acusada muitas vezes de usar o medo como meio para desunir as pessoas. Durante a campanha presidencial de 2020, Joe Biden parafraseou um trecho do Novo Testamento: "Uma casa dividida contra si mesma não subsistirá". Era um comentário quanto ao divisionismo gerado pelo mandato de Trump na presidência, à maneira como ele antagonizou o Black Lives Matter e declarou apoio a grupos na extrema direita.[22] De modo similar, o papa Francisco tinha claramente a política da extrema direita em mente quando atacou o "maniqueísmo virulento" em sua encíclica de 2020, chamada *Fratelli Tutti* [Todos irmãos]. Aliás, os nervosismos que a direita mobiliza correspondem sobretudo à categoria hobbesiana do medo mútuo, pondo às turras diferentes setores da população — definidos por raça, gênero ou crença — ou nações inteiras, umas contra as outras.

Um exemplo típico do atiçar do medo mútuo é o uso que a direita faz do medo do crime, que geralmente está entrelaçado de forma íntima com o medo dos migrantes e das minorias étnicas. Isso fica mais evidente em países com taxas de homicídio assustadoras, como os Estados Unidos e o Brasil. Em 2018, o Brasil teve 57 mil mortes violentas, em comparação a 20 mil na Síria em guerra. A promessa de Jair Bolsonaro de implementar soluções com mão pesada, tais como desregulamentar a compra de armas de fogo e enviar tropas militares às favelas, que são habitadas por população esmagadoramente negra, foi um trunfo na sua eleição para presidente em outubro de 2018. Nos Estados Unidos, Donald Trump comandou a campanha de 2016 e, mais explicitamente, a de 2020 com uma plataforma de lei e ordem para defender os Estados Unidos de criminosos às vezes identificados fortemente com imigrantes e minorias étnicas. Ele tachou de terrorismo os protestos do Black Lives Matter incitados pelo assassinato de George Floyd. Além disso, Trump referiu-se ao slogan *"Defund the police"* [cortar o financiamento da polícia] que alguns ativistas usaram durante manifestações, e ao qual Alexandria Ocasio-Cortez aderiu, para defender que o Partido Democrata era controlado pela "esquerda radical" e incapaz de garantir a proteção da coletividade.

O outro grande medo alcovitado de forma mais bruta pela direita é o medo dos poderes estrangeiros — um medo que tem pedigree infame e de longa data. O conflito entre diferentes sociedades organizadas e a necessidade de proteção que deriva dele, segundo Platão, é a motivação original para a organização política e a instituição de guardiões. Na Grécia Antiga, a guerra entre cidades-Estado era frequente e a política tinha um foco intenso na defesa da cidade (vide Temístocles). Histórias de cidades que haviam sido saqueadas e cujos habitantes tinham sido vendidos como escravos constituíam um lembrete flagrante de que povos inteiros podiam ser apagados da história. O medo da aniquilação ainda assombra a política contemporânea. Com o fim da Guerra Fria e o colapso da União Soviética, há muito que a terrível perspectiva de uma guerra nuclear total parecia fora de cogitação. Mas a rivalidade crescente entre Estados Unidos e China e os conflitos violentos no Oriente Médio durante os anos 2010 mostram que estamos longe da "paz perpétua" global que Immanuel Kant imaginou.[23] Aliás, conforme a concorrência geoestratégica se agrava, vemos a direita nos Estados Unidos e na Europa soarem os tambores do nacionalismo e da sinofobia. Conforme o declínio da aliança entre Estados Unidos e Ocidente se intensifica na era pós-pandemia, estimulando um ressentimento profundo e o medo da perda de status, é possível que testemunhemos o crescimento desse chauvinismo em meio a políticas ainda mais guiadas pelo medo do que as que estamos acostumados nas primeiras décadas do século XXI.

A política do cuidado

Os temores altamente desagregadores que a direita nacionalista mobiliza não são os únicos que redobram demandas sociais de proteção estatal. Na política contemporânea também encontramos "medos comuns" ligados ao efeito destruidor que um meio ambiente desestabilizado e novas moléstias terão na nossa sobrevivência, exemplificados pela mudança climática e pela crise do coronavírus. São medos comuns porque parecem lançar a humanidade contra agentes externos que, tais como os raios descritos por Vico, provocam medo em todos e assim podem agir potencialmente como "negatividade" contra a qual construir um senso de unidade e solidariedade. Ao mesmo tempo, estão imbricados com conflitos sociais que advêm do manejo da saúde e dos recursos naturais, que muitas vezes lançam trabalhadores e cidadãos comuns contra os interesses dos ricos, que se opõem a tributação, e indústrias danosas ao meio ambiente, que recusam a regulamentação.

A crise da Covid-19 não só causou séria tensão nos sistemas de saúde de cada país, expondo sua fragilidade a choques imprevistos depois de duas décadas de financiamento insuficiente e de privatização da saúde pública; também gerou preocupação intensa e psicopatologias na população. A quarentena imposta em vários países foi observada com rigor pela maioria dos cidadãos não apenas por conta do medo de consequências legais, mas também por medo do contágio e pelo reconhecimento da necessidade de medidas protetoras do Estado. A resposta disciplinada da maioria dos cidadãos foi saudada em vários pontos como demonstração do ressurgimento das noções de dever público e de solidariedade, baseadas na consciência de que a sociedade só teria como se proteger se os cidadãos protegessem uns aos outros. Essa reciprocidade foi bem representada pelo uso de máscaras, que, mais do que proteger a pessoa que usa, protege quem está por perto; e, se todos usarem a máscara, essa proteção do outro também acaba sendo proteção de si. Esse enquadramento universalista da proteção contra a pandemia foi intensificado por declarações de "guerra contra o vírus", desenhado por muitos políticos como inimigo mortal da sociedade.

O medo engendrado pela pandemia não parecia se encaixar na cartilha típica da direita nacionalista, que se apoia sobretudo em medos ligados a imigração, criminalidade e a rivalidades e rancores entre países. Envolve a confiança na ciência e na perícia científica, que contradiz os discursos anti-intelectualidade e anticiência da direita. Aliás, a direita tentou redirecionar o medo do vírus a vários agentes obscuros acusados de usar a urgência para manipular a opinião pública. No decorrer da pandemia, várias teorias da conspiração anticientíficas se espalharam de modo desenfreado, afirmando todo tipo de interpretação alternativa dos fatos — sugerindo que o vírus havia sido produzido de propósito pela indústria farmacêutica —, enquanto muitos lançaram dúvidas quanto à eficácia das máscaras, do distanciamento social e das vacinas.

Teorias da conspiração como essas foram mobilizadas pelo movimento dito "antimáscara" e às vezes amplificadas diretamente, e retuitadas, por líderes da direita nacionalista como Donald Trump. Mesmo depois de se contaminar, Trump insistiu na postura negacionista. Com pose triunfal na sacada da Casa Branca depois de receber alta do Centro Médico Walter Reed, em outubro de 2020, ele mal conseguia esconder o fato de que estava sem fôlego. No mais, a direita tentou usar a crise para atiçar rancores contra a China, cuja reputação no Ocidente ficou prejudicada durante a calamidade. Trump não pediu desculpas por chamar a Covid-19 de "vírus chinês", enquanto Steve Bannon afirmou que era um "vírus do Partido Comunista Chinês", e aliados na Itália, no Brasil e na Espanha adotaram retórica parecida.

Na esquerda socialista, o advento da pandemia levou a discussões sobre a política do cuidado: um investimento em saúde e no meio ambiente podia trazer segurança no contexto de uma sensação disseminada de fragilidade e incerteza.[24]

Inspirados pelo papel da saúde e de outros trabalhadores essenciais, acadêmicos e ativistas defenderam que a perspectiva do cuidado também deveria se tornar um ponto de partida para a reorganização da sociedade, dando prioridade a mecanismos de apoio básicos em que todos possam se sustentar. A política do cuidado implica atenção a necessidades básicas — fomentar, curar e alimentar a sociedade e consertar um meio ambiente prejudicado. Em termos pragmáticos, requer grandes investimentos em saúde e educação, assistência social e proteção ambiental, e boa remuneração a profissionais de saúde, que muitas vezes são deixados de lado. Por exemplo: Joe Biden comprometeu 400 bilhões de dólares de seu pacote de estímulo à saúde infantil e de idosos, opção que seus conselheiros políticos defenderam, em uma manobra reveladora, ao afirmar que o cuidado é elemento fundamental da infraestrutura. Uma "sociedade que cuida" — uma sociedade na qual todos têm garantia de cuidado e de proteção social — poderia neutralizar o medo da extinção atiçado pela pandemia e criar uma sensação renovada de segurança e esperança no futuro.

Apesar do enorme choque criado pelo coronavírus, essa urgência é ofuscada pela crise vindoura — em particular, a mudança climática. O aquecimento global tem o potencial de levar à maior catástrofe ambiental que a humanidade já atravessou. Essa questão é um desafio existencial à estabilidade da biosfera, e até o momento não se propôs resposta adequada. O aquecimento do planeta está fadado a levar a vários efeitos aniquiladores, especialmente se a elevação da temperatura não ficar abaixo do limite de 2°C relativo à temperatura média pré-industrial, que foi identificado nos Acordos de Paris de 2015 como meta necessária para evitar a "mudança climática desenfreada". Segundo pesquisas recentes, há uma chance de que a fronteira simbólica de 1,5°C seja superada já em 2024.[25] Mesmo com cortes ousados e velozes nas emissões, o que parece improvável no momento, os efeitos do aquecimento global estão fadados a ser intensos.[26]

Em consequência da mudança climática, o mundo se verá diante de uma elevação traiçoeira na temperatura e nas ondas de calor mortais. A mistura de calor e umidade altos, que já se registrou no golfo Pérsico e que pode ser letal até para pessoas saudáveis ao ar livre, vai ficar mais comum no futuro.[27] Cidades como Nova Délhi, Xangai, Beijing e Los Angeles podem cruzar o limite do habitável antes do fim do século.[28] Grandes extensões de área costeira estarão sob risco de enchentes, sendo que muitas megametrópoles costeiras estão ameaçadas pela elevação do nível do mar que se projeta a um metro em 2100 e muito mais nos séculos por vir.[29] Um declínio acentuado no rendimento agrícola em meio a desertificação galopante e escassez de água crescente vai dificultar cada vez mais a alimentação de uma população mundial que cresce.[30] Já se esperam perdas imensas na biodiversidade, sendo que 50% das espécies provavelmente estarão privadas de condições climáticas propícias até o fim do século.[31] Além disso, a mudança climática facilitará a dispersão de novas moléstias, incluindo malária, dengue e outras doenças tropicais. Também é provável que contribua com o advento de novas pandemias, devido à pressão crescente das comunidades humanas em habitats animais e à probabilidade incrementada de transmissão zoonótica.[32] Essas tendências catastróficas estão fadadas a ter consequências sociais enormes, com milhões de pessoas forçadas a se mudar de regiões onde morar tornou-se impossível.[33] Talvez as consequências políticas advindas da agorafobia que deriva dessas mudanças sejam ainda mais apavorantes. Já vimos a capacidade que uma desaceleração econômica modesta e a ascensão da imigração em meados dos anos 2010 têm de atiçar as emoções nacionalistas. O que acontecerá com a política se um declínio realmente catastrófico destruir de maneira brutal o ganha-pão das pessoas, desatando guerras por água e comida e criando gigantescas ondas de refugiados?

Essa perspectiva calamitosa demonstra a urgência de uma política de proteção e cuidados que mire resguardar as condições básicas para a existência da sociedade a longo prazo. Se lutas pelo meio ambiente há muito são enquadradas como "proteção ambiental" e preservação das espécies ameaçadas, tais como os ursos-polares, que perdem seu habitat por causa do derretimento do gelo, agora fica aparente que se trata de proteger a humanidade e o "habitat humano" em si — daí a ampla reverberação da luta contra a perspectiva de extinção lançada pelo grupo de justiça climática Extinction Rebellion. Embora às vezes exagerada, ou mesmo desmotivadora devido ao tom apocalíptico, a retórica usada por ativistas contra a mudança climática sinaliza a necessidade urgente de um empenho gigantesco para lidar com essa ameaça.

A luta contra o clima pede não apenas medidas que mitiguem o efeito estufa — no caso, a redução das emissões de carbono com a transição para energias renováveis, a suspensão imediata da extração de combustíveis fósseis e uma reforma radical dos sistemas de transporte, energia, construção e alimentares.[34] Também exige várias medidas de "adaptação climática" que envolvem proteção no que diz respeito ao meio ambiente natural. A elevação do nível dos mares vai requerer a melhoria das defesas costeiras, incluindo o reforço das dunas, medidas de "recuperação de praias" e a construção de paredões marítimos e diques fluviais. Enchentes-relâmpago cada vez mais frequentes vão gerar a necessidade de infraestruturas de escoamento melhores e medidas de planejamento urbano para conter os excessos da construção civil; a desertificação em alastramento exigirá transformações na agricultura, e em especial nas lavouras que se cultivam em cada região; e eventos climáticos extremos vão aumentar a necessidade de tecnologias de proteção para prédios e infraestruturas. No mais, a crise ambiental sublinha o fato de que o crescimento infinito é uma miragem e nosso foco deveria ser a consolidação e o reequilíbrio de uma sociedade que já é altamente tecnológica, focando na reparação e na melhoria qualitativa em vez da expansão quantitativa ilimitada, como o discurso sobre "sustentabilidade", agora amplamente aceito pelo mainstream político, propõe.

Todas essas medidas clamam por um nível de intervenção estatal que excede em muito a abordagem leve, o "ajuste" a que os neoliberais dão preferência. A Breitbart e outros órgãos da imprensa de direita atiçam os temores de um "leninismo ecológico" que deixaria a vida de gente comum sob níveis de controle intoleráveis. Mas o risco real a se evitar é, sim, o do ecofascismo, no qual o comunitarismo da direita é apresentado como a única reação possível para evitar o colapso social e um meio ambiente natural cada vez mais inóspito.

A proeminência de temores justificados, e até demais, na política contemporânea é algo que preocupa muitos na esquerda, dada a percepção de que o medo é uma bênção para a direita. É verdade que boa parte da política da direita construiu-se a partir do medo — sendo mais notável o medo de migrantes e estrangeiros. No mais, o medo de perder status social tradicionalmente funcionou como grande impulsor no crescimento de movimentos fascistas. Todavia, a desconfiança disseminada do medo como motivador político parece inconsistente diante do fato de que, nas circunstâncias atuais, há várias razões para o medo que estão longe de ser irracionais ou infundadas. Os medos precisam ser reconhecidos e entendidos, em vez de recebidos com o desprezo daqueles que têm sorte de beneficiar-se da proteção de perigos. É só ao abordar tais medos de frente que será possível reacender a emoção da esperança que até o lúgubre Hobbes contava entre os motivadores-chave da política — uma esperança que hoje tem a voz de movimentos como o Fridays for Future, cuja preocupação com os perigos vindouros é combinada ao otimismo de que a luta contra circunstâncias difíceis pode nos conduzir a um futuro melhor.

Rechaçando o capital

A enchente que Maquiavel discute em sua obra é o perigo militar representado por forças estrangeiras que ameaçam invadir o território do Estado; o perigo de exércitos suíços, franceses e espanhóis saquearem o território italiano na sua época. Hoje, contudo, as políticas de proteção preocupam-se mais com a economia do que com a guerra — e em especial com as ameaças macroeconômicas com que nos familiarizamos nesta era de depressão. Os efeitos aniquiladores dos crashes das Bolsas, da fuga de capitais e das enchentes no mercado financeiro, combinados às ameaças de "ruptura" que negócios digitais representam para lojistas, empresas de táxi e outros fornecedores de serviços estão abalando os frágeis equilíbrios de economias locais. Trabalhadores e cidadãos sentem-se desamparados diante dos perigos econômicos que causam transtorno a seus ganha-pães e frustram seu desejo de estabilidade. Mas, diante dessas ameaças, governos nacionais muitas vezes se veem diante de poucos remédios. Como vimos nos capítulos 2 e 3, a aceitação do dogma neoliberal da "abertura" acarretou a renúncia a formas básicas de proteção econômica (incluindo tarifas, proteções trabalhistas, bem-estar social, poderes de autorização, regulamentação ambiental forte e assim por diante). Muitos Estados, assim, veem-se recentemente vulneráveis — privados das represas e canais que podem deter a maré das forças econômicas, impondo um grau de atrito aos fluxos econômicos que pode obstar empreendimentos e investimentos mais vorazes.

Essa situação de impotência e vulnerabilidade ajuda muito a explicar por que o protecionismo comercial — a mais menosprezada das políticas econômicas — tem ganhado nova aceitação. É algo que se vê com clareza na saída do tratado comercial Parceria Transpacífica, decidida por Donald Trump, e o início subsequente de sua guerra comercial contra a China. Em anos recentes, a esquerda — cujas críticas ao livre-comércio tradicionalmente têm sido limitadas a práticas da sociedade civil como o comércio justo — também se mobilizou em apoio a formas moderadas de protecionismo comercial. Figuras como Bernie Sanders e Jean-Luc Mélenchon advogaram a regulamentação do comércio, do investimento externo e de fluxos de capital como meio de proteger os direitos ambientais e trabalhistas. Por exemplo: em abril de 2019, Sanders, que se opunha ao Nafta, atacou esses tratados de forma geral: "Nossos acordos comerciais escritos foram redigidos por grandes corporações multinacionais, para as multinacionais. Comércio é bom. Mas precisamos de uma política comercial que sirva a famílias trabalhadoras, não apenas a grandes corporações". De modo similar, o programa do movimento La France Insoumise de Jean-Luc Mélenchon, nas eleições presidenciais de 2017, comprometia-se a "recusar o livre-comércio, fundar o protecionismo solidário e a cooperação econômica".[35]

No rastro da crise do coronavírus, até alguns políticos centristas reviram suas posições, admitindo que o comércio global foi levado ao extremo. Isso se reflete na ideia de "soberania europeia" que Macron tinha em mente — segundo a qual a União Europeia devia falar em uníssono em questões de comércio global, recorrendo a medidas protecionistas se os parceiros comerciais não jogassem limpo.[36] O protecionismo — que até recentemente tinha conotações negativas inabaláveis na sua associação à autarquia fascista, assim como a experimentos fracassados na substituição de importações populista e no planejamento central comunista — agora é cada vez mais aceitável no cenário político, como veremos no capítulo 9 ao discutirmos o Estado pós-pandemia.

O que está em jogo na economia pós-pandemia não é apenas o protecionismo comercial, mas uma abordagem mais geral da política de proteção que eu trato como "protetivismo". O protetivismo engloba uma variedade maior de políticas, incluindo o bem-estar social, a representação trabalhista, a proteção ambiental e outros mecanismos de apoio social cuja necessidade urgente foi demonstrada pela crise do coronavírus. O estatismo econômico fica evidente no fomento a indústrias incipientes nos setores digital e de energias renováveis, assim como no investimento em serviços públicos essenciais como saúde e educação. Essa mudança de perspectiva reflete um ambiente no qual a promessa neoliberal de crescimento acelerado, acesso a novos mercados estrangeiros e enriquecimento disseminado para uma classe média global foi posta em dúvida de maneira intensa. Os slogans que suscitam aspiração, empreendedorismo, inovação e flexibilidade, que imbuíam o individualismo possessivo neoliberal, soam cada vez mais vazios em meio à recessão. O foco político voltou-se para ideias de reconstrução e *consolidação*, a demandas para o resguardo das condições de vida e proteção, e redistribuição justa, de níveis atuais de prosperidade, contra a perspectiva do declínio catastrófico.

O ponto de referência óbvio para entender essa política de proteção econômica é a obra de Karl Polanyi — cuja teoria do "segundo movimento" já introduzimos[37] — e em especial sua discussão sobre a dialética entre habitação e aprimoramento. Para Polanyi, o capitalismo é uma força desestabilizadora que perturba o equilíbrio da sociedade. Sua promessa de *aprimoramento* se debate em luta mortal com o empenho social por *habitação*. "Aprimoramento" refere-se ao desejo do capitalismo de otimizar a produção: sua ênfase na inovação tecnológica para atingir níveis de produtividade mais altos e retornos maiores sobre o investimento. "Habitação" refere-se ao desejo legítimo da sociedade de ter algum grau de estabilidade e segurança — seu instinto fundamental de autopreservação.[38] Isso não quer dizer que as atividades econômicas e o mercado — que Polanyi distingue com cuidado do capitalismo propriamente dito — são antissociais por natureza. Na verdade, o capitalismo é um tipo específico de economia e acordo de comunhão de bens que gira em torno de *desembutir* a economia da sociedade. Em eras anteriores, as atividades econômicas eram regimentadas de perto por relações e costumes sociais, como observaram muitos "economistas morais", incluindo R. H. Tawney e E. P. Thompson, que advogam uma economia baseada na mutualidade e nas normas morais de equidade e justiça. Cidades medievais impuseram medidas protecionistas fortes através da criação de guildas e corporações que controlavam o acesso ao mercado empregatício, enquanto o "capital móvel" era suspeito "de desintegrar as instituições da cidade".[39] O capitalismo moderno, no geral, destruiu as instituições sociais que garantiam o controle social da economia, transformando o mercado em força aniquiladora.

No mundo capitalista das finanças globais e do comércio internacional, terra, dinheiro e trabalho tornam-se meras commodities, e isso cria uma sensação que Polanyi chama de "desamparo" — termo que, como vimos, reflete muito bem o impulso da globalização neoliberal para a externalização, na raiz da agorafobia contemporânea. Polanyi dá vários exemplos desse desamparo, incluindo a exploração da força física do trabalhador, a destruição da vida familiar, a devastação das cercanias, o desnudamento das florestas, a poluição dos rios, a deterioração dos padrões profissionais, a desorganização dos costumes tradicionais e a degradação geral da existência, inclusive a habitação e as artes.[40]

Essas tendências ficam mais aparentes em momentos de crise, quando o sustento das pessoas é virado do avesso.

Em resposta a essa tensão, as sociedades muitas vezes exibiram práticas de proteção econômica, que Polanyi discute na Parte II de *A grande transformação* — sugestivamente intitulada "Autoproteção da sociedade".[41] Polanyi refere-se ao "princípio da proteção social, cuja finalidade era preservar o homem e a natureza, além da organização produtiva, e que dependia do apoio daqueles mais imediatamente afetados pela ação deletéria do mercado".[42] Polanyi usa vários termos interligados para falar de proteção: "manutenção", "abrigo", "reação", "defesa" e "redução" — termos que parecem sinistramente relevantes aos desafios contemporâneos e futuros. Esse modo de expressão conjura a ideia de sociedade como estrutura reativa e defensiva, que salta à ação quando sujeita a ameaças, seja de desemprego maciço ou doenças pandêmicas.

Para Polanyi, o instinto social pela proteção não é necessariamente um impulso irracional, tampouco conservador, como os liberais diriam. Em vez disso, ele progride do desejo de restabelecer uma medida de equilíbrio e estabilidade sem a qual a sociedade não tem como prosperar. Embora o termo se origine na economia política nacionalista de Friedrich List, o protecionismo econômico não pode ser reduzido a uma posição da direita. Aliás, em seu ensaio de 1940 "The Fascist Virus" [O vírus fascista], Polanyi contrasta a política totalitária da proteção a diversas "*intervenções protetoras* por parte da sociedade como um todo",[43] que muitas vezes foram praticadas por organizações sindicais e movimentos socialistas. Entre elas estão "leis fabris, seguridade social, socialismo municipal, atividades e práticas de sindicato", todas as quais foram utilizadas na tentativa de reinserir o controle social e a solidariedade na economia, e eram "socialmente necessárias para prevenir a destruição da substância humana por meio da ação cega do automatismo do mercado".[44] A análise de Polanyi é altamente relevante frente à fragilidade do presente. É apenas ao construir formas de proteção econômica e social adequadas para confrontar os desafios intimidantes que o futuro nos guarda que poderemos ter a esperança de superar a condição de desamparo diante das forças do mercado e reconquistar algum sentimento de segurança econômica e social.

Obediência em troca de proteção

Proteção muitas vezes envolve um ato de subjugação, a dominação dos impotentes pelos potentes, dos súditos pelos soberanos, do protegido pelo protetor. No imaginário público, a proteção muitas vezes se associa a autoritarismo e paternalismo, e causa rancor entre os liberais, que consideram a proteção hostil à liberdade. No mais, a proteção parece conotar a exclusão e o afastamento dos desprotegidos, vistos de forma mais vívida na política de fronteiras e migrações. Mas a política da proteção não pode ser reduzida à manutenção conservadora do status quo. Há muitas formas de proteção estatal que são essenciais ao bem-estar da sociedade e que precisam ser restabelecidas e expandidas com urgência para confrontar as crises sistêmicas do século XXI; como Platão propõe, essas formas de proteção coletiva são centrais aos laços de solidariedade no cerne de qualquer sociedade organizada.

Além de representar o objetivo máximo da política no paradigma hobbesiano da soberania, a proteção também constitui sua base de legitimidade: para a autoridade política ser legítima, ela tem que proteger o povo; se parar de protegê-lo, ela se torna espúria. A proteção é objeto da cláusula mais importante do contrato social — a invenção conceitual central de Hobbes. O contrato social gira em torno de uma transação bem particular: o intercâmbio entre proteção e obediência; o cidadão oferece sua obediência em troca da proteção do soberano. Como Hobbes diz, "a finalidade da Obediência é a Proteção".[45] Essa troca pode parecer uma "proposta irrecusável" brutal, do tipo que existe no campo da máfia e das redes de prostituição. Mas implica um corolário que é fundamentalmente democrático: a obediência ao soberano — respeito às leis, submissão à autoridade do Estado, aceitação popular dos deveres cívicos — não é incondicional, mas subordinada à oferta de proteção plausível por parte do poder soberano.

Quando o Estado é incapaz de garantir proteção a seu súdito, o contrato social em si fica nulo. Como Hobbes expõe: "Entende-se que a obrigação dos súditos para com o soberano dura enquanto, e apenas enquanto, durar também o poder mediante o qual ele é capaz de os proteger".[46] Portanto, todos estão legitimados a cuidar da própria vida, "pois quando não há tal poder não é possível conseguir a proteção da lei, e então cada um pode se proteger com o seu próprio poder".[47] Essa suspensão do contrato social por conta do fracasso do Estado em garantir a proteção social lembra a resposta popular a muitas calamidades sociais e políticas ao longo da história — como as que se seguiram a derrotas em guerras, ou quando um país é atingido por uma grande crise ambiental ou de fome.

Assim, Hobbes, geralmente considerado o filósofo da lei e da ordem e um apologista da autoridade soberana, tem de fato uma teoria de revolta legítima contra o poder. A rebeldia é válida nesses casos em que o soberano não fornece mais o bem público básico da proteção. Parece haver um paralelo com a doutrina confuciana clássica da autoridade na China, baseada na ideia de uma delegação celestial atribuída ao imperador. Também nesse caso, a delegação dura apenas enquanto o imperador conseguir demonstrar sua capacidade de proteger seus próprios súditos de perigos estrangeiros ou naturais. Em circunstâncias em que isso não se aplica, o povo tem o direito de se sublevar. Quando as autoridades perdem a capacidade de dar proteção, é a existência das próprias autoridades que está em jogo. Quando essas crises chegam a um ponto sem volta, como as palavras maiúsculas de Hobbes insistem, "está a República DISSOLVIDA".[48]

A rebeldia popular de hoje contra o establishment está fundada exatamente na percepção das pessoas de terem sido traídas e privadas da proteção que lhes foi prometida em troca de sua obediência respeitosa. Essa queixa ficou evidente no discurso de vários protestos populares recentes, incluindo os Gilets Jaunes na França, os protestos de 2019 no Chile e no Equador, e a grande onda de protestos que já surge em reação aos efeitos econômicos da pandemia da Covid-19. Esses protestos são impregnados por uma sensação de traição cometida pelo Estado e pelos sistemas econômicos que se mostraram incapazes de defender a subsistência de cidadãos e trabalhadores. A realidade da precariedade crescente, da insegurança e de salários arrochados revelou que o *contrato social neoliberal* — que engloba a promessa de crescimento e oportunidade — foi rompido unilateralmente pela classe capitalista. Nos anos por vir, conforme os efeitos econômicos da crise do coronavírus venham a afetar condições econômicas básicas, os governos estarão sob pressão para dar proteções sociais se quiserem preservar a obediência de seus cidadãos.

Contudo, devíamos estar cientes de que, como sugere o argumento de Hobbes quanto à correlação entre obediência e proteção, a proteção estatal extra que muitos podem saudar está fadada a vir de mãos dadas com demandas por controle estatal extra, de que muitos vão se ressentir. O "preço da proteção" está fadado a criar grandes dilemas nas democracias capitalistas ocidentais nos anos por vir.

A era do pangolim

Os desafios políticos do presente repercutem fortemente o leitmotiv das políticas de proteção, as quais, como vimos, são questão-chave no pensamento ocidental que vem de Platão, passa por Maquiavel e Hobbes e chega à discussão de Polanyi sobre a reação social à despolitização acarretada pelo capitalismo descontrolado. Em tempos em que a trajetória do desenvolvimento social e econômico parece ter atingido um platô, quando a catástrofe ecológica paira no horizonte, e quando muitos estão preocupados com o mínimo necessário para sua própria existência e a dos seus filhos, não surpreende que a demanda de proteção tenha passado novamente ao primeiro plano. Nos termos de Polanyi, a prioridade virou a moradia, e não a melhoria, a reconstrução e a sustentabilidade em vez da aceleração. Essa atitude reverbera a declaração do primeiro-ministro espanhol Pedro Sánchez, que, imediatamente após o início do primeiro lockdown, em março de 2020, afirmou: "Nossa sociedade, que se acostumou a mudanças que ampliam nossas possibilidades de conhecimento, saúde e vida, agora encontra-se numa guerra para defender tudo que tínhamos como pressuposto".[49] A pergunta é a quê a política progressista da proteção deveria corresponder e como evitar um resultado no qual a sensação disseminada de perigo é usada para alimentar a reação política.

O risco óbvio é que a política de proteção seja explorada pela direita nacionalista, apresentando migrantes, minorias étnicas e países estrangeiros como ameaças existenciais das quais se defender. Para expressar esse caráter defensivo das sociedades na esteira do crash do mercado financeiro em 1929, Polanyi usou a imagem do "novo tipo crustáceo de nação", que busca um "tipo nunca antes visto de soberania ciumenta e absoluta".[50] A imagem do crustáceo revela alguns elementos que jazem no cerne de qualquer política de proteção — em particular, o modo como a segurança de "dentro" está baseada no isolamento contra, e muitas vezes repulsa, ao "fora", tanto quanto a maciez da carne da lagosta é garantida por uma carapaça externa. É verdade que a involução defensiva pode dar abrigo diante de perigos externos que ameaçam a sobrevivência da sociedade. Mas o instinto de sobrevivência também pode engendrar uma atitude defensiva perigosa, uma territorialidade ciumenta. Isto, incidentalmente, também é uma característica da etologia da lagosta, que — como defende Jordan Peterson, o controverso psicólogo conservador — costuma envolver-se em disputas violentas por domínio, nas quais usa suas garras para enfrentar concorrentes.

Um animal mais querido para ilustrar o caráter do protetivismo é o pangolim — a espécie à qual se atribuiu inicialmente a culpa pelo salto zoonótico que gerou a pandemia da Covid-19. O pangolim, que come insetos, é o único mamífero do planeta que tem escamas. Assim como o tatu, com o qual às vezes é confundido, ele se retrai como uma bola quando é ameaçado — tática que lhe possibilita sobreviver ao contato com predadores muito maiores, incluindo leões. Diferente da lagosta, contudo, o pangolim é pacífico e tímido, e é um dos animais mais vulneráveis do planeta. Ele não tem dentes e vive uma vida sobretudo solitária, evitando confrontos com outros pangolins. Desperta solidariedade exatamente porque, apesar do seu investimento em defesa, parece indefeso. Pangolins são caçados às dezenas de milhares todo ano porque suas escamas são usadas na medicina tradicional chinesa e porque sua carne é considerada uma iguaria. As posturas respectivas dessas duas criaturas — a atitude defensiva e territorial da lagosta e as táticas defensivas mais afáveis do pangolim — podem ser entendidas como metáforas de diferentes abordagens da política de proteção que emergem na direita e na esquerda.

Na direita nacionalista, a política de proteção é associada sobretudo à agressividade e ao desejo de dominar. Ela fica propensa a ativar temores mútuos — especialmente o medo dos migrantes, que enquadra como alienígenas, mas também o acanhamento mútuo entre nações. A função protetora primária que se atribui ao Estado soberano é proteger os "nativos", assim como sua indústria e propriedade, de outras nações e suas economias, em uma narrativa na qual a concorrência capitalista é envolta em trajes da concorrência entre nações. Esse protecionismo do proprietariado afirma proteger a comunidade por completo e dar a segurança física da lei e da ordem. Mas, na verdade, como ficará aparente na discussão de questões de classe e políticas econômicas que se segue, por trás dessas fachadas comunitárias esconde-se uma defesa teimosa de interesses especiais e relações de propriedade já firmadas.

Este capítulo abordou as insinuações de uma política progressista de proteção. O protetivismo social gira em torno de questões de cuidado social e reforma ambiental. Essa abordagem foca o aprovisionamento da segurança econômica básica para todos, garantindo padrões universais de vida para curar as piores formas de insegurança que afetam os trabalhadores e os mais vulneráveis. Os medos que são dominantes nesses contextos são de natureza mais econômica do que cultural; a demanda por proteção não é tão motivada pelo medo da poluição étnica, e sim pelo desejo de condenar a dissolução social provocada pela devastação do capitalismo. Para concluir, a proteção tornou-se uma questão decisiva na política pós-neoliberal, o termo que capta tensões múltiplas que assombram nossa sociedade. A luta pela hegemonia política na era pós-neoliberal será determinada pela visão de proteção que venha a ser mais aceita entre eleitorados preocupados com o medo.

5.
Controle

Se a proteção é o fim supremo da soberania estatal, o controle é o meio para alcançá-la. No discurso contemporâneo, a palavra "controle" suscita uma grande variedade de funções-chave do Estado — controle de capitais, controle das fronteiras ou controles ambientais —, muitas das quais são consideradas enfraquecidas com a globalização neoliberal; de modo mais geral, o termo alude a múltiplos mecanismos envolvidos na tradução de vontade política em ação. A popularização recente dessa ideia é fortemente matizada pela política. Deriva do slogan "Take Back Control" [Retomar o controle], cunhado pela campanha a favor do Brexit no referendo de junho de 2016, que foi citado com frequência em programas de televisão e discursos públicos por defensores da saída da União Europeia, a começar pelo líder da campanha e atual primeiro-ministro britânico Boris Johnson. Os defensores do Brexit defendiam que, ao abandonar a União Europeia, a Grã-Bretanha conseguiria reafirmar o controle democrático de vários setores relevantes de política pública — migrações, pesca, comércio e assim por diante — que na época estariam sendo indevidamente controlados por burocratas, ou "eurocratas", que têm sua base em Bruxelas e estariam deixando cidadãos britânicos comuns em desvantagem. Retomar o controle era visto como símbolo de soberania e, por fim, de democracia, mesmo que os críticos alertassem que, em vez de dar mais controle, o Brexit apenas aumentaria o isolamento internacional do Reino Unido.

A relevância da questão do controle, contudo, chega muito mais longe do que a reivindicação de soberania que a campanha do Brexit levanta. Hoje, essa ideia é mobilizada nas circunstâncias mais díspares: em discussões sobre a crise da democracia e debates sobre medidas para a pandemia; em propostas de diretrizes ligadas à transição ecológica e discussões sobre o comércio global; na revitalização da planificação econômica; em teorias da conspiração e controvérsias sobre a relação entre ciência e política. "Controle" é um termo que suscita questões de poder, burocracia, coerção, intervenção estatal e intencionalidade política — aspectos que eram vistos com desconfiança durante a era neoliberal. Ela sinaliza uma demanda pela ordem política, por legibilidade e autoridade, em meio a um mundo no qual as políticas neoliberais de desregulamentação desataram o caos social e econômico. No mais, está associada a clamores por mais democracia e mais participação cívica, revertendo a transformação tecnocrática das tomadas de decisão sob o neoliberalismo. Essa gama de sentidos e aplicações explica por que a ideia de controle se tornou ponto de disputa entre a direita nacionalista e a esquerda socialista, pois cada uma busca tomar distância do centro neoliberal e de sua desconfiança do controle estatal.

A mobilização do termo "controle" envolve confins distantes das Ilhas Britânicas. À direita, ele foi usado muitas vezes durante os anos 2010 no contexto de reivindicações de recuperação do controle territorial considerado desgastado pela globalização. Nos Estados Unidos, Trump usou muitas vezes o imaginário e o vocabulário do controle em sua retórica chauvinista. Por exemplo: durante a campanha presidencial de 2016, ele descreveu várias vezes a situação na fronteira sul com o México como "fora de controle" e disparou contra o problema da "migração descontrolada". Na Itália, Matteo Salvini propôs, em 2017, ao enquadrar seu discurso "Italianos Primeiro", que era preciso reconquistar "o controle do dinheiro, dos bancos e das fronteiras", apesar de posteriormente renegar seu compromisso antieuro.[1] De modo similar, Marine Le Pen defendeu muitas vezes que a França "tem que controlar suas fronteiras" para deter a "migração em massa", prevenir-se de ataques terroristas e, depois, para interromper a disseminação do coronavírus.

Na esquerda, a questão do controle político também virou objeto de atenção intensa em meio a uma preocupação crescente com o estado deplorável da democracia e da cidadania, assim como a demandas de maior controle democrático de baixo para cima quanto às decisões, e a percepção de que há uma crise de eficácia do Estado. No rastro do referendo do Brexit, alguns grupos de esquerda inclusive tentaram apropriar-se do slogan do controle para seu próprio lado. A organização corbynita Momentum disparou a turnê "Take Back Control", afirmando que "o povo está cansado de não ter controle sobre as grandes decisões que afetam suas vidas".[2] Em entrevista à *Jacobin*, Jean-Luc Mélenchon defendeu que agora o povo exigia "controle das suas vidas particulares e do meio ambiente imediato e amplo".[3] Aliás, a demanda pela retomada democrática do controle da economia tem estado no cerne de muitos movimentos de protesto recentes e campanhas da esquerda: de demandas por uma "democracia real" expressas pelos movimentos de 2011 nas praças às iniciativas municipalistas afirmando controle sobre a cidade, assim como demandas mais amplas de refreios à oligarquia econômica e de reconstrução de uma economia pública.

O discurso do controle só se intensificou desde que a crise da Covid-19 teve início em 2020. Conforme a pandemia agravou-se, governos concorreram para mostrar que tinham mão firme nas rédeas do país, enquanto opositores acusaram-nos de desatar o caos. Formas de controle sem precedentes sobre a população foram aplicadas, de lockdowns e quarentenas rígidas aos testes em massa, rastreio e isolamento de pacientes assintomáticos nas ditas Arcas de Noé. A crise de saúde disparou um debate acalorado quanto às implicações políticas e éticas do alto nível de vigilância e fiscalização estatal durante a pandemia. O modo como a China conseguiu tomar o controle da epidemia do coronavírus, enquanto países capitalistas ricos como Estados Unidos e Reino Unido se viram em saia justa, também levantou a dúvida quanto a Estados autoritários serem mais eficientes do que democracias liberais quando se trata de urgências.

O controle, assim, representa questão central para entender a endopolítica do Grande Recuo. Ele projeta uma inversão do imaginário neoliberal com seu desgosto pela burocracia e pela autoridade. Enquanto os neoliberais criticam controles governamentais de todo tipo, que julgam interferência desnecessária na liberdade individual, a reafirmação do controle político agora é considerada necessária para defrontar catástrofes presentes e futuras. Como este capítulo demonstrará, a ideia de controle está intimamente ligada à ascensão do estadismo. Aliás, Estados soberanos não têm como existir sem afirmar o que, no jargão político atual, chamamos de "controle". Mas há diversos significados do controle, que têm implicações políticas contraditórias. Ao longo deste capítulo, vou tratar de três: o controle como comando, como direção e como autonomia. Enquanto o controle como comando envolve a reivindicação autoritária do poder geralmente apoiada na ameaça de violência, o controle como direção gira em torno da tomada de decisão, da capacidade da política de moldar o rumo dos acontecimentos e de quem é responsável por guiar o Estado. Por fim, o controle como autonomia refere-se ao grau em que uma sociedade organizada pode afirmar separação efetiva, ou "isolamento", do mundo ao seu redor. Esses três sentidos são cruciais para desenvolver uma visão do controle democrático que se contraponha às tentações de controle autoritário que surgem na paisagem neoestatista atual.

Genealogias do controle

"Controle" é um termo bastante comum e usado em vários campos, da cibernética à contabilidade, na psicologia ("autocontrole"), na sociologia ("controle social"), no jargão militar ("comando, controle e comunicação") e na fala cotidiana. Em termos gerais, pode ser definido como a capacidade de dirigir o comportamento, individual ou coletivo, assim como as operações e sanções específicas que derivam dessa capacidade. Na psicologia, o controle é enquadrado sobretudo como autocontrole, a capacidade da pessoa de gerenciar tensões e alcançar suas metas.[4] Controlamos coisas quando estamos confiantes de que nossos planos vão se cumprir, que nossos pensamentos vão guiar nossas ações ao resultado desejado. O controle como autocontrole e controle do ambiente estão correlacionados ao bem-estar e à realização pessoal, enquanto a falta de controle foi identificada claramente como fonte de angústia e raiz das psicopatologias que se tornaram mais endêmicas na nossa era — sobretudo desde o surgimento da crise do coronavírus e do trauma coletivo que ele gerou.[5] Portanto, o controle é uma virtude. Ninguém quer ficar "fora de controle", a não ser, quem sabe, em certos momentos passageiros nos quais a suspensão de controle pode resultar numa sensação de júbilo ou euforia.

Na política, o controle é igualmente central. Em sentido geral, ele expressa a capacidade de um ator — seja um líder, um partido ou um governo — de afirmar sua vontade. O controle é correlacionado a poder, autoridade, comando, governo e, por fim, soberania. Quem estiver no controle "manda no pedaço", determinando a realidade a seu bel-prazer. No contexto da política democrática, contudo, o controle não deságua do alto, mas também é filtrado de baixo para cima. Com a ascensão das democracias de massa ao longo do período moderno, formas de controle de cima para baixo foram progressivamente moderadas por formas de o cidadão controlar seus representantes — através de eleições periódicas, através dos efeitos de monitoria da opinião pública e em virtude da natureza da esfera pública como espaço de escrutínio constante das ações dos poderosos. A democracia, assim, envolve um fluxo de duas mãos de controle, no qual aqueles que estão em cima controlam quem está embaixo, que, por sua vez, os controla. Boa parte da disputa política nas democracias está fundada na questão de quem deveria estar no controle e com que direito.

O controle político é fortemente entrelaçado ao Estado na sua função de estrutura de controle mais importante da sociedade e inclusive modelo para a maioria das outras formas de controle. Isso se reflete na própria origem do termo "controle", que deriva da ascensão do estadismo durante o fim da Idade Média. O termo "controle" se origina do latim medieval *contrarotulare*. A palavra foi usada para descrever a ação de um oficial que marcava uma informação *contra* um pergaminho (*rotula*).[6] No francês anglo-normando, *contreroller* significa manter um pergaminho de contas, uma "cópia em pergaminho" atualizada na qual se pode conferir todos os depoimentos verbais e escritos. Foi inclusive nos tribunais normandos da Inglaterra e do Reino das Duas Sicílias, nos séculos XI e XII, que o Estado moderno tomou sua forma embrionária, e o termo "controle" passou a indicar práticas de inspiração, registro e imposição da burocracia estatal. O exercício do poder soberano exigiu o desenvolvimento de grandes burocracias, do tipo que não se via desde a queda do Império Romano na Europa Ocidental. Os tribunais das monarquias tinham que estar aptos a supervisionar territórios grandes recolhendo dados sobre súditos, colheitas e cidades, enquanto sancionavam comportamentos considerados lesivos aos interesses do soberano.[7] Pense no *Domesday Book* — o grande levantamento da Grã-Bretanha e de Gales finalizado em 1086 por ordem de William, o Conquistador. Normandos na Sicília criaram um documento similar, chamado *Catalogus Baronum* [Catálogo dos barões]. O propósito primário desses documentos era ampliar o controle do Estado, levantando as propriedades e os patrimônios sobre os quais podiam-se aplicar impostos para manutenção do aparato militar e administrativo em expansão.

Na política estatal moderna, o controle é tanto abstrato quanto concreto. Em nível mais geral, o termo designa a capacidade do poder soberano de ser efetivado: dominar, restringir e dirigir. O controle é a correia de transmissão entre soberania, território e população. Essa realidade contradiz as suposições de Gilles Deleuze e Michel Foucault, que entendem o controle como alternativa à soberania.[8] Pelo contrário, o controle é mais bem entendido como componente fundamental da soberania — o meio para garantir o exercício efetivo da autoridade política. No nível concreto, o termo designa várias práticas estatais específicas: controle policial, controle de fronteiras, controle de incêndios, controle de capital, controle de câmbio, controle de importações, controles anticorrupção, controle alfandegário, controle fiscal, controle de bebidas alcoólicas, controles sanitários, controles ambientais e muitos outros. A esses podemos somar os controles antipandemia, que se tornaram elemento familiar de nossa vida desde o início de 2020. Pense, por exemplo, nos testes que se fazem com esfregação da parte interna de nariz ou boca, assim como as discussões sobre o passaporte especial para vacinados contra a Covid-19 que autorize a pessoa a embarcar em aviões. As práticas de controle estatal englobam quatro funções essenciais: inspeção (que está, por exemplo, em a Receita controlar as declarações de cada pessoa ou o agente alfandegário inspecionar a carga de um caminhão); coleta de informações (um médico testando se alguém está infectado); verificação (a polícia determinando se uma pessoa é quem afirma ser, conferindo sua carteira de identidade); e, por fim, fiscalização e coerção (multar uma pessoa por violação de lockdown ou deter alguém por roubo no supermercado).

É impossível conceber o Estado sem o controle. Mas quais são as motivações supremas por trás das ideias de controle na política? E quais são as implicações que carregam os diferentes sentidos ligados à ideia? Para explorar a conexão entre controle e estadismo, vou tratar de três tipos de controle estatal e imagens relacionadas que sublinham diferentes aspectos da ideia: 1. controle como comando (o punho); a força e sua relação com a autoridade; 2. controle como direção (o navio), sendo, no caso, a conexão entre decisão e ação; e 3. controle como autonomia (a ilha), que diz respeito à capacidade efetiva de as sociedades agirem como unidades à parte.

O poder nas mãos

A primeira forma de controle é comando e domínio: o controle como autoridade de cima para baixo. Na política, o uso mais comum do controle serve para descrever o direito sobre um objeto, tal como o do líder em relação a um movimento, ou o de uma negociação em relação a um governo. Na *Política* de Aristóteles, a famosa discussão sobre várias organizações constitucionais — monarquia, aristocracia, democracia — suscita ideias de controle.[9] O termo grego que se usa é *kyrion*, que significa supremacia e força. Essa palavra, que abarca as ideias de soberania e poder, é usada para descrever uma relação de inferência entre governante e poder. Assim, a democracia é entendida como controle da maioria; a monarquia, como controle por um rei; e a oligarquia, como controle de poucos. A forma do Estado, sua arquitetura institucional, depende de quem o controla: "um, poucos ou muitos".[10]

O controle político como domínio é revestido pela legitimidade e pelo consenso, mas não se baseia simplesmente na aquiescência e na obediência pacífica. Ele reflete um aspecto elementar do poder estatal — sua dependência da força, pois "aqueles que têm o poder dos braços têm o poder de decidir se a Constituição vai erguer ou cair", como Aristóteles observa.[11] O controle, assim, implica a posse dos meios de coerção que fornecem ao Estado não só a força, mas também a *imposição*. Um entendimento similar do controle como correlato da força e da ordem fica evidente no *Príncipe* de Maquiavel. Nesse livro, a palavra *controllo* aparece sempre que se discute o poder sobre os principados. O termo é usado com frequência para expressar o poder da sujeição que o príncipe exerce sobre homens e coisas, e a necessidade de manter as rédeas de um território depois de este ter sido conquistado. Maquiavel sublinha que "assentar uma fundação sólida é pré-requisito crucial para manter o poder" e que apenas "defesas que estão sob seu *controle* e baseadas na sua capacidade são efetivas, certas e duradouras". Ele observa que "o homem sensato baseará seu poder naquilo que *controla*, não no que os outros têm liberdade para escolher".[12]*

Controle, assim, envolve tanto tomar o controle, ou conquistar, quanto manter o controle — manter o domínio sobre

---

* A edição brasileira de referência utiliza uma tradução diversa no trecho: "Um príncipe sábio deve assentar-se naquilo que é seu, e não no que é de outrem". Nicolau Maquiavel, *O príncipe*. Trad. de Maurício Santana Dias. São Paulo: Companhia das Letras, 2010, p. 98. [N.T.]

territórios conquistados recentemente, como se expressa na frase "*tenere in pugno*", "poder nas mãos".[13] Maquiavel lamenta repetidas vezes que príncipes italianos perderam o controle militar de seus estados, recomendando várias táticas agressivas para reafirmar seu poder. Aliás, boa parte daquilo com que os líderes nacionalistas de hoje se preocupam corresponde a essa perspectiva maquiaveliana de comando e domínio. Eles prometem reafirmar a posse territorial do governo central para afastar um inimigo nebuloso composto por migrantes, poderes estrangeiros e os interesses do mercado financeiro global, todos acusados de interferência na sua comunidade nativa. Assim, esse entendimento do controle como domínio está ligado intimamente à concepção schmittiana de soberania (ver capítulo 2); sua imagem primária é a do punho que impõe sua força sobre o território.

A associação entre controle e força também fica aparente na obra de Hegel, que trata de modo similar do controle de cima para baixo como correlato-chave da hierarquia e do domínio. Em *Princípios da filosofia do direito*, ele defende que o "*Controle* [por parte do Estado] também é necessário para mitigar o perigo de sublevações que emergem de interesses conflitantes".[14]* As palavras que Hegel utiliza no alemão para expressar controle são *Gewalt*, termo que significa primariamente "violência" ou "força", e *Zwang*, que significa "coerção". Essa terminologia deixa límpido e claro que o controle envolve uma relação de domínio sustentada na ameaça de força.

---

* A edição brasileira de referência prefere a versão: "Tais interesses invocam a liberdade contra a regulamentação superior, mas quanto mais cegamente dirigidos eles estiverem para os fins mais carecem daquela regulamentação, que não só atenua perigosas oposições como abrevia o intervalo de que a inconsciente necessidade carece para as acomodar". G. W. F. Hegel, *Princípios da filosofia do direito*. Trad. de Orlando Vitorino. São Paulo: Martins Fontes, 1997, p. 205. [N.T.]

O controle está atado aos mecanismos múltiplos através dos quais o Estado assegura a "legibilidade" da realidade, muitas vezes recorrendo a práticas de "simplificação" que miram reduzir a realidade a poucos fatores controláveis.[15] Todavia, é igualmente importante que o poder possa ser imposto. No momento em que um inspetor fiscal, um funcionário de imigração ou um médico em traje de proteção bate na sua porta, o Estado deixa de ser um conceito abstrato ou ideológico e revela seu lado coercivo — a espada que é companhia natural do cetro e do pergaminho. O controle político implica o "monopólio do uso legítimo da força física para imposição da ordem", que Weber considerou de forma célebre como prerrogativa do Estado.[16] Em outras palavras, o controle não é apenas a lógica central da soberania, mas também seu cerne demoníaco — o meio pelo qual a supremacia do poder estatal é imposta materialmente sobre uma população ou território; e é através desse controle que a soberania se materializa.

Superando a estatofobia

A relação entre controle, força e domínio levanta questões éticas e políticas ardentes que contribuem para explicar por que muitos na esquerda têm reservas quanto à necessidade do controle. O controle estatal há muito tempo é associado ao totalitarismo, um sistema que exercita controle total sobre a vida privada e pública. Em uma das passagens mais famosas de *1984*, George Orwell dispôs de maneira célebre a filosofia que rege o partido totalitário: "Quem controla o passado controla o futuro: quem controla o presente controla o passado".[17] Muitos movimentos sociais progressistas desenvolveram uma crítica forte do governo de cima para baixo que eles veem, nos termos de Jürgen Habermas, como colonização do mundo-vida por parte do sistema.[18] Assim adotaram um discurso antiautoritário forte que questiona a legitimidade da intervenção estatal de cima para baixo.

A crise do coronavírus abriu uma discussão externa sobre o risco que advém dos recrudescimentos na vigilância para combate à pandemia, já que a imposição de quarentenas exige o teste compulsório e o uso de aplicativos de rastreio que podem infringir a privacidade individual. O escopo cada vez maior da intervenção estatal foi recebido por muitos não com o reconhecimento da necessidade de controle para garantir proteção, mas sim com uma postura de rejeição que se avizinha à paranoia. Algumas pessoas passaram a ver os controles anticontaminação como braços autoritários e espúrios de uma "ditadura da saúde" ou de "medicalização da sociedade". O ceticismo quanto ao controle estatal uniu pessoas que no mais aparentavam pouco em comum, como a direita alternativa e a esquerda antiautoritária.

Praças de protesto em Berlim, Milão, Madri e outras cidades testemunharam manifestações dos movimentos ditos antimáscara e antivacina, unindo uma multidão altamente diversificada que inclui grupos da extrema direita, teóricos da conspiração, defensores da Declaração de Great Barrington emitida por um grupo de céticos quanto ao lockdown, membros de cultos *new age* e "soberanistas" de todas as estirpes. Foram representativas dessa convergência esquisita as intervenções de Giorgio Agamben, que apoiou a ideia absurda de que a pandemia era pretexto para impor um governo autoritário. Ecoando afirmações que ativistas antimáscara fizeram na internet, Agamben sugeriu que "quase como se o terrorismo tivesse se exaurido como causa para medidas excepcionais, a invenção de uma epidemia ofereceu o pretexto ideal para intensificá-las muito além de qualquer limite" e aventou que a proximidade e o contato humano haviam sido indevidamente sacrificados em nome da saúde pública.[19]

Os dilemas políticos atuais exigem que essa crítica libertária ao poder, que se aproxima da estatofobia, seja superada. Não há como tratar dos desafios presentes sem recuperação e democratização do controle de cima para baixo. A esquerda socialista tradicionalmente buscou a construção de uma autoridade democrática na armação de uma "República social" — uma autoridade cujo controle de cima para baixo seria contrabalançado pelo controle de baixo para cima exercido pela coletividade e pelos trabalhadores; diferentemente do anarquismo, ele não exige a eliminação de todas as formas de autoridade. A definição contumaz de socialismo é um sistema de "controle dos trabalhadores sobre os meios de produção". O socialismo via a propriedade do Estado de empresas estratégicas e, assim, o controle de estruturas econômicas, como precondição necessária para o poder, determinando os rumos da sociedade e guiando-a em direção igualitária e justa. No mais, os governos socialistas beneficiaram-se de muitas alavancas do poder estatal, tais como a regulamentação trabalhista, a política industrial e a propriedade estatal de empresas estratégicas via nacionalização.

Embora se origine na história trágica do século XX, a equação entre controle político e totalitarismo acabou legitimando panaceias neoliberais que nos são familiares. A crítica antiautoritária ao poder, fortemente moldada pelos novos movimentos sociais dos anos 1970 e 1980, acabou provando-se um beco sem saída do moralismo.[20] Essa postura desviou a atenção da necessidade de traçar um projeto de transformação sistêmica, iludindo ativistas a crer que a mudança poderia vir exclusivamente de baixo — de novas práticas de auto-organização na sociedade civil e de mudanças no estilo de vida e nos padrões de consumo. Em meio à crise presente do neoliberalismo, quando se tem evidências claras do efeito nefasto do desmonte de formas democráticas de controle estatal, ficou evidente que não há solução real para nosso apuro que virá da rejeição moralista ao poder. Qualquer tentativa crível de retificar a presente crise social e política terá que partir da reapropriação democrática e da reorientação socialista de todos os níveis estatais que são essenciais para controlar e moldar a realidade econômica. Dizendo de outro modo, o controle político não devia ser condenado, mas reivindicado; seu lado coercitivo deveria estar sempre em mente, mas igualmente deveria estar o fato de que se abster do controle acaba significando renunciar ao poder.

O navio do Estado

A segunda forma de controle é o controle como direção e tomada de decisão. O governo é concebido desde seus primórdios como estando envolvido no ato de controle: o controle que um capitão exerce sobre seu navio em mares incertos. A palavra "governo", inclusive, deriva do grego *kybernetes* — termo que originalmente se referia ao piloto de navio; a mesma raiz que nos deu tanto o latim *gubernatio* quanto o termo "cibernética", usado para designar o estudo do controle e da comunicação. Os dois termos têm origem náutica, designando a capacidade de direcionar, pilotar e guiar um navio — o ato mais primordial de controle da parte de um poder talassocrático, tal como era o da Atenas antiga. Essa metáfora naval moldou nosso entendimento da liderança política como ato de cuidar do timão. Mao Tsé-tung ficou célebre como "Grande Timoneiro"; na Itália, o líder nacional-populista Matteo Salvini ganhou o apelido de "Capitão". Esse tropo evidencia uma visão do controle como ato de direção, que, diferente do enquadramento do controle como domínio, não diz respeito ao simbolismo do pulso que intimida, mas à ideia de traçar um curso dentro de um espaço que costuma ser imprevisível.

Esse imaginário do estadismo como navegante e do governante como timoneiro foi imortalizado na famosa cena do Livro VI da *República*, que originou a frase "navio do Estado".[21] Num navio, diversos personagens estão lutando pelo controle. O dono do navio — provavelmente uma referência ao povo — é sábio e de boa índole, mas um tanto surdo e míope, e está sob pressão de uma tripulação de jovens marujos deprimidos que querem tomar o controle mesmo que não tenham a devida capacidade. Os marujos "disputam entre si a direção do barco, cada qual julgando-se o único capaz de governá-lo, muito embora nunca nenhum tivesse aprendido a arte da navegação".[22] Nesse meio-tempo, eles bebem e farreiam, acabando com os mantimentos do navio e comprometendo sua segurança. O terceiro personagem é o sábio capitão, que é educado e perito em tudo relacionado a navegar, como guiar-se pelas estrelas e entender os ventos, mas luta para disciplinar a tripulação insubordinada, em parte porque considera que seu conhecimento claramente superior não precisa de nenhuma outra forma de legitimação, e ele não está preocupado em tomar um poder que acha que é seu por direito.

Nessa parábola, nos deparamos com várias figuras de grande relevância para a política contemporânea. O capitão sábio é o rei-filósofo que, segundo Platão, deveria governar o Estado. Esse personagem lembra muito os "especialistas" neoliberais que foram desprezados durante o referendo do Brexit, ou os virologistas e epidemiologistas que foram criticados por proponentes de teorias da conspiração durante a pandemia do coronavírus. Os marujos rebeldes suplicando ao dono do barco são políticos populistas, como a equipe pró-Brexit que levou a Grã-Bretanha ao rompimento com a União Europeia baseada em pressupostos falsos e sem ter um plano de implementação coerente. E não seria o bêbado dono do barco um comentário a respeito de como as pessoas que constituem o eleitorado costumam se ver inebriadas e desencaminhadas por promessas falsas? Independentemente das funções exatas que se atribuem a cada personagem — especialistas em Platão ainda discutem o tópico entre si —, o que importa nessa alegoria é que o navio representa o Estado como maquinário no qual diversas políticas disputam o poder.

A cena de Platão foi recapitulada diversas vezes na literatura e na filosofia. O caso mais famoso deve ser a variação de Dante sobre o mesmo tema no Canto VI do *Purgatório*. Ali, ele descreve a Itália como "nau sem piloto em pego tormentoso", lamentando a maneira como a discórdia e os conflitos entre estados italianos deixou a Itália nas garras do domínio estrangeiro.[23] Essas representações da falta de controle e outras similares em meio a grandes urgências parecem reverberar a situação de muitas sociedades organizadas hoje. Em meio ao choque combinado das urgências de saúde e economia, muitos Estados parecem em risco de emborcar ou ir a pique e são tragados por batalhas sobre a autoridade política similares às simbolizadas no navio de Platão.

O controle tem uma dimensão tecnológica clara, que fica evidente na etimologia. O navio virou metáfora do estadismo e do controle político porque foi a primeira máquina de grande porte construída por seres humanos, que apequena qualquer instrumento ou objeto desenvolvido na Antiguidade. Pode-se comparar ao enorme maquinário tecnológico que é o Estado — um "corpo artificial" ou "deus mortal", como foi descrito de maneira célebre por Thomas Hobbes.[24] À luz dessa alegoria, o Estado é imaginado como veículo a ser conduzido em certa direção através do comando unificado de um aparato específico. A política, por fim, é não só uma arte, mas uma *técnica* — que envolve o controle de diversos instrumentos e aparatos, assim como o acesso à perícia que se exige para seu uso. O governo, em certo sentido, não é muito diferente de um navio.

Seus ministérios, agências e ramos administrativos parecem os vários componentes da nau: o eixo, as válvulas, o cabrestante, o leme.

O aspecto tecnológico do controle também tem implicações importantes para a política e o controle. Em oposição à perspectiva de Foucault do poder como coisa difusa, o controle político é quase invariavelmente centralizado.[25] Isto se dá em grande parte em função da estrutura tecnológica dos aparatos de poder, que exigem que um só ator esteja no leme em dado momento. A unidade de comando inclusive é o princípio mais fundamental da administração.[26] Não pode haver dois timões em um navio; e, do mesmo modo, não pode haver dois governos em um mesmo país numa situação normal, tampouco dois irmãos no poder — como Hegel sublinha em seu comentário sobre Caim e Abel.[27] De idêntica maneira, sabe-se muito bem que dois controles remotos para uma televisão, nas mãos de familiares distintos, provocam balbúrdia. É verdade que, nos sistemas constitucionais mistos, o poder é dividido entre ramos (legislativo, executivo, judiciário) para garantir os freios e contrapesos; mas ele é singularizado conforme o ponto. Voltando à metáfora do navio: a não ser que os marujos venham a concordar com alguma forma de coordenação e com um procedimento para determinar quem governa, poderíamos imaginar o navio se movimentando de modo fortuito, fazendo zigue-zagues e eventualmente estatelando-se nos bancos de areia.

Planejamento democrático

O nexo entre tecnologia, técnica e controle político levanta a questão óbvia da tecnocracia e da sua relação com a democracia. Enquanto o poder dos especialistas claramente antecede o neoliberalismo, o controle dos tecnocratas sobre as políticas públicas ampliou-se em décadas recentes, em meio à transformação "pós-democrática" de sociedades ocidentais.[28] Movimentos populistas costumam criticar a ilegitimidade do poder tecnocrático. Aliás, na conjuntura distópica de oposição entre tecnocratas e populistas que Michael Young explora no livro *The Rise of Meritocracy* [A ascensão da meritocracia], por sua própria natureza o populismo é cético quanto ao poder técnico.[29] Essa crítica soa bastante genuína durante crises de autoridade, tais como a que estamos atravessando agora, quando a perda da legitimidade dos partidos tradicionais, das organizações da sociedade civil e da imprensa torna-se visível de forma intensa. Neste contexto, para voltar à metáfora de Platão, é como se muitos líderes populistas duvidassem se o capitão sábio é tão sábio assim e levantassem a dúvida quanto ao dono bêbado do navio que representa o povo ser mesmo tão ébrio quanto o filósofo-especialista afirma.

Esses receios nem sempre são resultado da oposição irracional aos intelectuais ou à ciência. Também acontecem em função do fato de que especialistas, principalmente economistas e jornalistas próximos ao establishment neoliberal, muitas vezes provaram-se "capitães insensatos" em várias instâncias recentes, da crise econômica de 2008 à crise do coronavírus, sendo que ambas atingiram uma classe política e tecnocrática despreparada. Ao se resgatar a natureza política da tomada de decisão — o poder da opção política coletiva em vez da escolha do consumidor —, é preciso afirmar que nenhuma decisão deveria ser apenas uma questão de perícia, nem mesmo as aparentemente mais científicas e técnicas, tais como as ligadas à crise da Covid-19 de 2020, a definição de metas relacionadas ao clima ou os planos de investimento público, a exemplo do Plano de Recuperação Econômica da União Europeia; essas decisões deveriam estar sempre abertas ao escrutínio público. Mas essa abordagem, por sua vez, não deveria entrar pela senda — que os movimentos populistas costumam tomar — de zombar de qualquer especialista ou de ver o planejamento estatal como inerentemente elitista e antidemocrático.

Para conciliar qualificação e democracia, faz-se necessário adotar uma abordagem que descrevo como "planejamento democrático". Como o capítulo 3 explorou, a planificação é criticada por ideólogos neoliberais por sugerir um dirigismo que sufoca a escolha individual e a espontaneidade social. Ainda assim, com a sabedoria do retrospecto após quarenta anos de hegemonia neoliberal, temos como ver que essas críticas eram hipócritas. Os neoliberais opunham-se a qualquer tipo de planejamento, pois viam na planificação uma alavanca para o Estado sujeitar a economia e a sociedade civil à política. As urgências atuais — do coronavírus à mudança climática — têm levado a uma forte recuperação do planejamento. A planificação compulsória perdeu o crédito com o fracasso da economia soviética e devido ao modo como ficou impassível às necessidades dos consumidores. Gente como Hayek e Friedman estava correta em ver a planificação compulsória como mais ineficaz do que o mercado, particularmente quando a massa de informação que se exige para coordenar a economia supera um patamar: a economia soviética não sobreviveu à era do computador. Mas esses fracassos não deviam ser vistos como incriminação do planejamento, em qualquer forma que seja.

O planejamento indicativo foi adotado sistematicamente por economias de mercado e mistas, inclusive em muitos países ocidentais, tais como Itália, França e Japão, até poucas décadas. Faz parte do planejamento indicativo a definição de metas e o uso de subsídios, concessões e tributação estatais, em vez de medidas diretivas, como quotas. A crise econômica que resultou da pandemia do coronavírus já levou Estados a desenvolver complexos planos econômicos nacionais. Cumprir as metas da transição climática, tais como a redução de emissões de carbono, exigirá planejamento indicativo forte, fazendo bom uso de subsídios, regulamentações e enormes investimentos estatais para impor uma mudança veloz ao sistema econômico. A volta do planejamento indicativo aparentemente oferece a oportunidade para recuperar a concepção da política como projeto moldado efetiva e intencionalmente pelos cidadãos e seus representantes, que vai contra o culto neoliberal à espontaneidade do mercado.

Não se deveria ignorar, contudo, como o planejamento centralizado pode levar a novas distorções tecnocráticas e oligárquicas e como pode ser usado para favorecer os interesses de empresas e outros interesses escusos. Para evitar esses riscos, é essencial que, como propõe Grace Blakeley, o planejamento econômico seja tirado das mãos das elites econômicas e dos burocratas estatais a seu dispor.[30] De consultas locais às diversas modalidades de democracia digital e o debate público corrente, dever-se-ia explorar todos os canais à disposição para envolver a coletividade na discussão e avaliação de várias medidas possíveis. É óbvio que, dado o caráter técnico de várias questões envolvidas na planificação econômica, as decisões nunca serão totalmente democráticas; tampouco os cidadãos são aptos a entender cada detalhe das diretrizes políticas. Mas um âmbito maior para a discussão pública e um empenho mais persuasivo da parte dos políticos para explicar os motivos por trás de cada plano específico pode contribuir muito para afastar a desconfiança popular quanto ao Estado e a burocracia. Todas as grandes decisões políticas deveriam ser explicadas em linguagem acessível, criando uma alfabetização cívica quanto às principais questões em jogo. No mais, a tecnocracia estatal deveria ser democratizada. Não é nem possível nem desejável eliminar de vez os tecnocratas.

Pode-se tomar algumas medidas para alinhar a meritocracia estatal com as propriedades dos cidadãos comuns. Criar escolas públicas para tecnocratas estatais, com bolsas voltadas para alunos de origem menos favorecida e estabelecer canais claros para a entrada na administração estatal são alguns exemplos de medidas que podem ajudar muito para superar o caráter elitista da tecnocracia estatal e sua aliança com oligarquias econômicas.

Autonomia e autarquia

O último aspecto do controle estatal que merece análise é o controle como autonomia, questão que é muito relevante para algumas das ânsias do Grande Recuo e, em particular, o desejo de recuperar a sensação de individualidade e interioridade política. A autonomia, literalmente "autolegislação", tem sido central ao pensamento democrático e republicano.[31] Autonomia opõe-se a heteronomia — a capacidade dos Outros de controlar o Eu, privando o sujeito de sua independência e liberdade. Em sentido positivo, expressa a capacidade das comunidades de afirmar um grau de independência política — a capacidade de decidir seus rumos de ação sem interferência de outros Estados, instituições ou poderes particulares. Essa faculdade faz parte de qualquer comunidade política funcional, mas foi posta em dúvida pelo esvaziamento neoliberal da autoridade estatal e pelos deslocamentos que a globalização produz.

A relação entre controle e autonomia é desenvolvida de forma célebre na discussão que Aristóteles faz sobre autossuficiência, expressa no grego clássico pela palavra *autárkeia*, da qual deriva o termo moderno "autarquia". Como Aristóteles observa em sua *Política*, "porque a cidade não é uma multidão de homens tomada ao acaso, mas bastando-se a si mesma, como dissemos, para as necessidades da vida".³² A autossuficiência, ou "a condição de se bastar a si próprio", para Aristóteles, "é o ideal para todo indivíduo".³³ É a precondição para o viver bem da sociedade organizada — a qual ele descreve, de modo significativo, como "uma vida perfeitamente feliz e independente. Mas bem viver, segundo o nosso modo de pensar, é viver feliz e virtuoso".³⁴ É o fator que garante a uma sociedade politicamente organizada sua liberdade, a condição para sua independência efetiva, a saber, sua capacidade de cuidar de suas funções sem intromissão externa.

A discussão que Aristóteles propõe a respeito da autossuficiência leva em conta os fatores econômicos que se tornaram centrais a qualquer entendimento do controle político na nossa época. Fiel ao empirismo racional que o tornou tão influente entre os primeiros economistas, o filósofo peripatético enfatiza que a autossuficiência depende da capacidade de produzir os bens necessários para a reprodução da comunidade, evitando a dependência de outras cidades-Estado. Assim, "possuir tudo e de nada precisar é a verdadeira [autossuficiência]".³⁵* Com esse fim, Aristóteles recomenda uma economia diversificada, que atenda localmente todas as necessidades da vida: "É preciso lavradores para fornecerem os víveres, artesãos, soldados, ricos, padres e juízes encarregados de julgar sobre o direito dos cidadãos e sobre o interesse geral do Estado".³⁶ Ele também prescreve que as cidades-Estado deviam limitar o número de comerciantes estrangeiros que residem internamente, para impedir que seu próprio bem-estar econômico seja dependente demais do que hoje chamamos de comércio internacional. Aqui, Aristóteles não parece ambíguo quanto a tomar o lado

---

* A edição brasileira de referência prefere o termo "independência" em vez de "autossuficiência": p. 123. [N.T.]

dos soberanistas contra os globalistas. Mas alguns elementos do que ele ensina são válidos do ponto de vista socialista, especialmente à luz do modo como a interdependência econômica generalizada que a globalização neoliberal abriu resultou em impotência política.

O economista britânico John Maynard Keynes tinha em mente a discussão de Aristóteles sobre autossuficiência quando escreveu seu famoso ensaio sobre autossuficiência nacional.[37] Proferido em uma palestra no University College Dublin em 19 de abril de 1933, o texto defendia a necessidade de "minimizar [...] o entrelaçamento econômico entre as nações". Para Keynes, havia bens e serviços, tais como "ideias, conhecimento, ciência, hospitalidade [e] viagens", que, pela própria natureza, não poderiam ser deixados ao controle nacional, embora aqueles que pudessem deveriam: "[D]eixar que os bens sejam de mão doméstica quando for sensato e conveniente, e, acima de tudo, que as finanças sejam primariamente nacionais".[38] Ele também propôs que a "política da autossuficiência nacional incrementada deve ser considerada não como ideal em si, mas no que for direcionada à criação de um ambiente no qual se possa realizar outras ideias de forma segura e conveniente".[39] Com isso, a autossuficiência econômica — da qual, na prática, só se chegará perto — daria a trilha ideal para o que Keynes descreveu como "nossos próprios experimentos prediletos quanto à República social ideal do futuro". Em outras palavras, a vantagem da autossuficiência está no fato de que ela concederia aos governos o controle político de suas economias, possibilitando que eles fossem atrás de políticas consideradas benéficas para suas comunidades; se necessário, ao custo da subordinação da conveniência econômica às prioridades sociais.

Se a ideia de autossuficiência, com suas implicações fabulosas de isolamento autárquico, é digna de discussão na conjuntura presente, é por causa dos efeitos econômicos e sociais nefastos engendrados por seu oposto total: o culto da abertura que pregam os neoliberais. As exigências da assim chamada divisão de trabalho internacional — bens sendo produzidos frequentemente com componentes montados em países distantes — geram um sistema de produção e distribuição global que é o oposto da autossuficiência nacional. No mais, as finanças globais e a confiança dos Estados em investidores internacionais para granjear sua dívida desbastaram a independência econômica efetiva das nações. Quando, por exemplo, para protelar uma crise soberana da dívida, a Grécia contemporânea foi forçada a assinar acordos com a Troika composta por BCE, FMI e Comissão Europeia, o governo de Atenas foi obrigado a vender diversos ativos públicos estratégicos, entre eles aeroportos e ferrovias, sendo que a maioria foi comprada por empresas alemãs. O que Aristóteles diria a respeito?

Isolamento osmótico

A tese-chave que passa de Aristóteles a Keynes é a de que a autossuficiência exige algum tipo de isolamento, ou insulamento, do mundo. Como esses termos sugerem, a narrativa da autonomia política enquadra o espaço do controle como uma ilha, parcialmente apartada do resto do mundo. Invertendo a famosa afirmativa de John Donne de que "nenhum homem é uma ilha", usada com frequência pelos anti-Brexit para defender que "nenhum país é uma ilha", na verdade pode-se dizer que, em certo sentido, todos os países são ilhas. A natureza da nação como unidade discreta de organização social, com seus próprios costumes, língua, moeda e assim por diante, engendra uma separação parcial do restante do mundo. Durante a era social-democrata, isso foi agravado por todo tipo de barreira econômica, com fortes efeitos de isolamento: controles de capital que impediam a fuga de capitais; controles alfandegários e de fronteiras que detinham o fluxo de bens e pessoas; tributos de exportação e importação que atenuavam a pressão do comércio global em indústrias locais. Para Keynes, a necessidade dessas barreiras — que, além de serem alavancas de controle, também são meios de proteção — torna-se mais importante dado o modo como as tecnologias de transporte e comunicação desbastaram o "efeito isolamento" que antes era inerente à distância geográfica. Em outras palavras, a condição da interconectividade — que define nossa experiência social bem mais do que nos tempos de Keynes — pede não só a abertura indiscriminada, mas também abertura e fechamento seletivos.

Essa ênfase na necessidade de limites como condição para o controle está bem representada no contexto da teoria dos sistemas — por exemplo, nos trabalhos de Niklas Luhmann e de Stafford Beer.[40] Na teoria da termodinâmica, que serve de fundamento para a teoria dos sistemas, um sistema é separado do restante do mundo, descrito como "os arredores", pela presença de um limite. É através dos limites que os sistemas determinam seu perímetro de atividade e, assim, o campo ou domínio que está sob seu controle.

A necessidade sistêmica de limites levanta questões éticas evidentes, dada a associação das fronteiras a políticas de migração. Fronteiras foram devidamente condenadas como causa das mortes de dezenas de milhares de migrantes que tentaram cruzar o mar Mediterrâneo e a fronteira entre Estados Unidos e México. Mesmo no auge da globalização neoliberal — desmentindo o evangelho da abertura e o apagamento de todas as barreiras — houve, no mínimo, a intensificação de controles de fronteiras e barreiras antimigratórias de todos os tipos. Deve-se evitar cair na armadilha oposicionista representada pelo "elogio das fronteiras" de Régis Debray ou a defesa que Angela Nagle faz das fronteiras como benéficas à classe operária.[41] Como discutido no capítulo 2, o policiamento intenso das fronteiras com forte apoio da direita está envolvido na defesa da desigualdade em nível global. Contudo, a condenação moral das fronteiras que costuma ser articulada por ativistas — uma característica, por exemplo, do discurso "zero fronteiras" adotado em campanhas contra o controle migratório — leva a uma posição política igualmente indefensável. A eliminação total das fronteiras, na definição que for, significaria abrir mão da soberania não só na migração, mas no comércio, nas finanças, na regulamentação ambiental e na tributação.

Em vez de opor conjunturas extremas — um mundo de fronteiras arraigadas contra o totalmente sem fronteiras — devíamos abordar a questão das fronteiras da perspectiva do realismo político. Como observaram teóricos do sistema, fronteiras não são só barreiras, mas também pontos de travessias e limiares. Seria melhor representá-las como barreiras osmóticas — o meio através do qual sistemas trocam trabalho e energia. Sistemas totalmente fechados são muito raros. Nem mesmo a Coreia do Norte, apesar da alcunha de "Estado ermitão", é autárquica de fato; aliás, ela sobrevive graças ao forte apoio da China. Em diversas circunstâncias, sistemas, da biologia às telecomunicações, efetivamente fomentaram entradas e saídas, já que elas são fundamentais para a própria sobrevivência. Portanto, em vez de sugerir fechamento, a natureza cercada de todos os sistemas deveria ser entendida como modulação de fluxos, entradas e saídas, com a meta de sustentar um estado de equilíbrio aproximado.

Da perspectiva da teoria dos sistemas complexos, nem o globalismo nem a soberania são defensáveis na realidade. Os sistemas radicalmente abertos que os globalistas desejam se extinguiriam rapidamente, desmontando-se no ambiente ao redor, pois sua porosidade extrema não lhes permitiria nenhuma medida de autorregulação. De modo igual, contudo, os sistemas autárquicos fechados sonhados por soberanistas fanáticos seriam relegados à "morte térmica" da teoria termodinâmica. Portanto, em vez de adotar as narrativas absolutistas do globalismo ou do soberanismo, o que está em jogo de verdade em meio ao Grande Recuo é a questão quanto ao grau limitado de autossuficiência e autonomia que os Estados-nação deveriam buscar de modo realista para alcançar algum nível de "flutuabilidade" — "equilíbrio homeostático", para usar uma metáfora cibernética — num mundo marcado por forte interconectividade. A pergunta, em outras palavras, não é quanto a estar "dentro" ou "fora" da globalização, mas como navegar o espaço global sem o navio do Estado ser sobrecarregado por pressões internas ou externas; como firmar *controles* e formas de atrito econômico que possam moderar a velocidade dos fluxos globais e tornar a abertura, que muitos consideram desejável, sustentável: por exemplo, através de medidas moderadas de tributação ou não tributação, ou criando um imposto sobre transações como o Imposto Tobin. Se, como Zygmunt Bauman diz, o capitalismo contemporâneo é marcado pelo impulso escapista, os governos deviam ter como mira não tornar essa flexibilidade impossível, o que não seria realista, mas sim deixá-la o mais lenta e árdua possível.

Tomando o controle democrático

Como vimos ao longo deste capítulo, o controle é a lógica elementar do estadismo e denota um número de operações por meio das quais o poder soberano cumpre-se na prática. Ao longo da história, a ideia de controle serviu para expressar várias habilidades-chave do estadismo: afirmar o comando de uma população e um território; traçar uma direção para sair do fluxo caótico dos eventos mundiais; alcançar um grau de autonomia para comunidades políticas com relação à realidade ao redor delas. Apesar das propaladas ressalvas antiautoritárias quanto ao poder, os dilemas políticos com que nos defrontamos pedem a reabilitação do controle político e, mais especificamente, a construção de formas democráticas de controle que possam conciliar o respeito pela liberdade pessoal e pela democracia com a natureza hierárquica e coercitiva da autoridade estatal.

As demandas por controle tornam-se tão reverberantes hoje exatamente porque as pessoas sentem que o controle político — algo que até então se tinha como pressuposto — se perdeu. O impulso à externalização encarnado pela globalização neoliberal nos deixou expostos à ação de forças que estão além do nosso campo de intervenção individual e coletivo. Governos aparecem disfarçados de navios incapazes de traçar uma rota significativa nos mares tempestuosos da economia global. Nesse contexto, as demandas de restauro do controle refletem desafios muito reais. São reações a uma situação de agorafobia, que, como vimos, tornou-se a tensão social dominante do neoliberalismo tardio, e o desejo legítimo de retorno à ordem e à estabilidade em meio a um mundo tomado pelo caos.

O risco óbvio de uma política de controle é o de levar as coisas a outro extremo — tomando distância da agorafobia para tornar-se presa da claustrofobia, ou pior, adotar uma visão obsessiva na qual tudo tem que ficar sujeito ao controle. A mania por controle é o oposto, mas de certo modo também o complemento, da angústia quanto à perda do controle; são dois extremos que se espelham, sinalizando a dificuldade de alcançar um equilíbrio operacional. Boa parte do soberanismo contemporâneo contém um elemento de mania por controle. Ele vende ao mundo o sonho de sistemas vedados e impermeáveis, sem saber que o fechamento total nunca é possível, já que todos os sistemas dependem de comunicação com o externo. Voltando à metáfora da enchente em Maquiavel, o maníaco por controle é alguém que brinca com o sonho de construir uma represa tão alta que o fluxo da água será totalmente detido, em vez de ser direcionado por canais laterais, o que seria mais realista.

A mania por controle revela-se em diversas teorias da conspiração que hoje têm circulação singular. Elas podem ser vistas como resposta cognitiva àqueles que se sentem sem controle em um mundo que parece fugir das suas mãos. De certo modo, teorias da conspiração podem ser entendidas como substitutas da teoria da luta de classe, mas com um elemento de mito moral — uma batalha entre Bem e Mal que lança homens comuns dispostos a ver a verdade contra aquelas elites aparentemente todo-poderosas propensas a frustrar suas ações. Sejam seus protagonistas os reptilianos de David Icke, os Illuminati ou as elites obscuras da conspiração Pizzagate e a insurgência QAnon, no seu cerne essas narrativas retratam um conluio extremamente poderoso que toma as rédeas da realidade política. A percepção do poder total das elites na verdade não é mais do que um reflexo da impotência daqueles que subscrevem teorias da conspiração. É óbvio que não existe um conluio avassalador tão poderoso; mas a fantasia de que ele existe paradoxalmente dá alguma esperança de redenção. O fato de que o controle está sendo exercido por alguém reconforta os crentes ao dizer que ele pode ser retomado pelos impotentes, e que problemas sociais que agora parecem recalcitrantes podem finalmente se resolver.

Para a mania de controle, e o consequente estilo paranoico de política, o corretivo necessário é o controle democrático efetivo. O controle democrático reconheceria que poder e controle não são absolutos, mas sempre dependentes do equilíbrio de forças entre diversos atores, tanto no âmbito internacional quanto no de cada país. Parte da ideia de que a autoridade não devia ser eliminada, mas democratizada. No mais, entende-se que controle não é uma afirmação de domínio absoluto de um território visto como algo totalmente isolado do exterior, mas sim como uma rota traçada dentro de um ambiente que é sempre incerto e que, como um mar revolto, exige algum esforço de adaptação. Por fim, a qualificação "democrática" denota o fato de que, se estivermos falando sério quanto a "retomar o controle", isto só poderá ser produto de participação popular ativa. As muitas decisões que foram terceirizadas a peritos, lobistas e políticos de carreira devem ser "reinternalizadas", trazidas de volta ao escrutínio público. É só ao repensar os mecanismos de articulação com os quais a soberania popular exerce influência no Estado — seja no campo da liberdade de expressão, na gerência de eleições, na manifestação popular, ou da autonomia no ambiente de trabalho, em casa ou no bairro — que temos como superar nossa sensação de impotência e derrotar o poder arraigado daqueles que preferem nos deixar sem controle algum.

6.
As novas coligações sociais

Depois de explorar a endopolítica no Grande Recuo e a tríade soberania, proteção e controle que está no seu cerne, chega a hora de mapear a base de apoio de diversos atores políticos que competem pela hegemonia pós-neoliberal e estipular como diferentes grupos sociais e interesses de classe estão alinhados nessa nova conjuntura. Classe é um assunto muito controverso nos debates contemporâneos, mas ainda é uma categoria inevitável para iluminar as divisões políticas correntes. Durante a era neoliberal, muitos sustentaram que classe havia se tornado menos relevante na orientação do comportamento político e eleitoral.[1] A ascensão de movimentos populistas na direita e na esquerda durante os anos 2010 só alargou essas crenças. O populismo, como defende Peter Mair, conclama uma massa de indivíduos pulverizados, e não integrantes das classes socioeconômicas.[2] De modo parecido, Ernesto Laclau e Chantal Mouffe muitas vezes apresentaram o populismo como alternativa à política de classes. Essa visão do populismo como algo desligado da classe gerou a falsa impressão de que movimentos emergentes na esquerda e na direita são um fenômeno "polivalente" sem qualquer viés de classe. Isso leva, estrategicamente, à dificuldade na identificação de setores do eleitorado que têm chance de reagir de forma positiva a clamores sociais.

É verdade que classe não é o único fator que orienta o comportamento eleitoral e que é importante levar em conta outras tendências sociodemográficas. Acadêmicos já sublinharam a importância de diversas variáveis, incluindo idade, gênero, etnia, perspectivas culturais e localização geográfica. Keir Milburn falou da "Geração Esquerda" por conta do apoio desproporcionado que os *millennials* dão a Jeremy Corbyn e Bernie Sanders, enquanto seus parentes mais velhos voltaram-se para a direita.[3] Outros enfatizaram a volta de uma clivagem urbano-rural e a importância das disparidades regionais no abastecimento da explosão populista. Outra linha de interpretação sublinhou a importância do abismo entre progressistas e conservadores em termos de valores culturais.[4] Por fim, o papel da etnia e do gênero foi amplamente discutido em referência à clivagem sociodemográfica entre democratas e republicanos nos Estados Unidos, embora a resistência de mulheres e minorias a clamores nacionalistas tenha sido supervalorizada com frequência.

Enquanto um entendimento harmonioso dos alinhamentos políticos precisa levar em conta todos esses fatores, classe continua sendo ponto central para entender as coligações sociais contemporâneas. A ascensão de movimentos populistas e a polarização política crescente acabam sendo fortemente entrelaçadas com o descontentamento social e com o conflito de classes numa era marcada por crises econômicas profundas e pelo alargamento da desigualdade. Aliás, como argumentamos, o populismo tem uma dimensão claramente estrutural, que reflete a desigualdade social crescente no neoliberalismo tardio, e a tentativa tanto da direita nacionalista quanto da esquerda socialista de agradar setores da sociedade assolados pelo medo da pobreza e da exclusão. A dimensão de classe implícita no populismo foi observada particularmente em referências à direita populista e ao modo como ela atraiu os operários ditos "esquecidos".

Alarmes quanto à fuga do voto da classe operária para o populismo de direita ressoam desde os anos 1980 e 1990. Mas apenas se intensificaram desde a crise de 2008, em meio a evidências de penetração crescente da direita em eleitorados da classe operária tradicionalmente fiéis à esquerda. Trump chegou a ponto de apresentar-se como líder de um "partido dos trabalhadores" e, em 2018, o conselheiro da Casa Branca Anthony Scaramucci afirmou que Trump era um "presidente colarinho azul". Do mesmo modo, na Itália, Matteo Salvini afirmou que a Lega é a herdeira legítima do legado do Partido Comunista Italiano e de seu líder Enrico Berlinguer. A dissimulação da direita nacionalista como "partidos dos trabalhadores" é evidentemente insincera. Enquanto alista o apoio crescente da classe operária, a direita continua a apoiar-se fortemente nos setores da burguesia tradicionalmente leais à direita, uma "classe média velha" que inclui empreendedores, capatazes, técnicos e empresários. Em 2016, a renda média dos eleitores de Trump foi maior que a dos eleitores de Clinton, e bem acima da média nacional, e esse viés de classe ficou ainda mais acentuado em 2020.[5] Não é verdade, da mesma forma, que hoje em dia a esquerda só representa a classe média urbana, como afirmam ideólogos da direita. Em anos recentes, a esquerda ganhou apoio crescente entre o precariado dos serviços, que passa por uma das situações mais brutais de exploração. Assim, em vez de argumentar nos termos simplistas de identidade completa entre uma classe específica e uma força política, devíamos tratar de *coligações sociais* ou alianças de classe que apoiam esquerda, direita e centro, bem como o modo como agrupam diferentes "facções de classe" dentro de classes maiores.[6]

A coligação social da direita alia dois eleitorados: a classe média velha e a classe operária velha; operários fabris inseguros e o estrato médio dos técnicos, supervisores e empresários. Uma proporção significativa dessas pessoas vive em áreas periurbanas e exurbanas, fortemente dependentes da indústria e da logística por resultado de políticas de "deslocalização" interna. A nova coligação social da esquerda engloba não apenas a nova classe média dos profissionais do setor público, da cultura e do conhecimento, mas também setores da nova classe operária ou o "precariado dos serviços", que consiste em estoquistas, caixas, faxineiros, motoristas, entregadores e assim por diante. Esse agrupamento, que, diferente dos operários fabris, está concentrado sobretudo em cidades grandes e médias, tem crescido com constância nos anos recentes e é afetado pela remuneração baixa e pelas condições de trabalho precárias. O centro neoliberal retém o controle sobre o estrato superior de gerentes, de pensionistas abastados e parcelas garantidas das outras classes preocupadas com a instabilidade política e com o perigo dos populismos em oposição.[7]

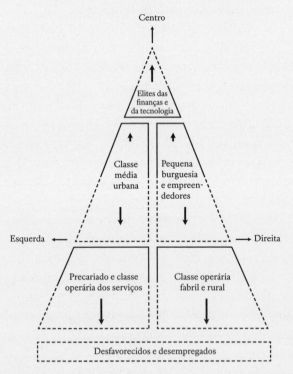

Figura 6.1. Coligações sociais no Grande Recuo

As alianças de classe que apoiam a esquerda socialista e a direita nacionalista baseiam-se em facções divergentes da classe operária e da classe média, sendo que o centro neoliberal ainda se aproveita do apoio das elites das finanças e da tecnologia e do estrato superior da classe média.

A natureza dessas coligações sociais conflitantes (ver Figura 6.1) pode iluminar melhor a política alternativa de proteção e controle que vem da esquerda socialista e da direita nacionalista. Os eleitorados que elas representam preocupam-se com diferentes tipos de desamparo e agorafobia: operários de colarinho azul, com a concorrência internacional; profissionais do setor de serviços, com os empregos precários; lojistas, com as empresas digitais que usurpam o mercado; e a classe média, com a desvalorização das qualificações e a ameaça da automação. Assim, eles reivindicam formas de proteção que são bem diferentes: proteção da propriedade e do status na direita; proteção dos empregos e dos serviços públicos na esquerda. Nessa conjuntura, a meta estratégica para a esquerda é superar sua dependência excessiva da classe média com formação superior concentrada nas cidades grandes, priorizando esforços que mirem formar alianças com operários nos rincões afastados. No mais, ela precisa abrir uma brecha entre os interesses de classe contraditórios representados pelos prospectos da direita populista, expondo o fato de que, por trás de suas proclamações trabalhistas, ela esconde uma pauta fortemente enviesada para os interesses da classe capitalista.

O operário populista

Ao longo do século XX, a classe operária industrial atuou como base de apoio da esquerda, tal como a teoria marxista previu. Operários da indústria constituíam mais de 50% do eleitorado de partidos de esquerda na Europa Ocidental, além de compor o grosso dos filiados a partidos socialistas e comunistas.[8] É por isso que o espetáculo dos operários industriais do século XXI dando as costas à esquerda e passando em grande número para a direita — não apenas no cinturão da ferrugem dos Estados Unidos e nas regiões industriais das Midlands inglesas, mas também na Picardia e em Nord-Pas-de-Calais, na França, e no antigo Triângulo Industrial do Norte da Itália — é um fenômeno extremamente inquietante. Mas a narrativa que diz que a classe operária passou em bloco à direita populista é nublada por uma série de mal-entendidos quanto à natureza da classe operária contemporânea e seu histórico de comportamento eleitoral.

Sondagens dão um bom ponto de partida para tratar da virada do eleitorado de classe operária para a direita nacionalista.[9] No livro que escreveram sobre o nacional-populismo, Roger Eatwell e Matthew Goodwin defendem que 60% da classe operária e 70% dos pensionistas da classe operária votaram a favor do Brexit.[10] Na Itália, estudos eleitorais registraram o apoio significativo do operariado à Lega. Um quarto dos operários da produção votou na Lega nas eleições de 2018, e essa parcela subiu para 53% em 2019.[11] Entre as ocupações com maior probabilidade de votar na Lega estão cozinheiros, trabalhadores agrícolas, operários de fábricas, estivadores e auxiliares domésticos ou faxineiros.[12] Nos Estados Unidos, um marcador da capacidade de Donald Trump aumentar seu percentual de voto na classe operária foi o fato de que 43% das casas sindicalizadas votaram nele nas eleições presidenciais de 2016 — 3% a mais do que votaram em Romney em 2012.[13] Nos Estados Unidos, entre as categorias ocupacionais que mais apoiaram a campanha de Trump em 2016 e 2020 estavam ocupações manuais típicas da classe operária: soldadores, técnicos de montagem, operadores de maquinário, motoristas de transporte de mercadoria pesada e de carretas, cozinheiros e mecânicos de maquinário industrial.[14] Em 2020, Biden conseguiu recuperar parte do voto da classe operária, como se vê no seu desempenho forte entre operários de menor instrução. De modo similar, na França, o crescimento eleitoral do Front National de Marine Le Pen teve por premissa a capacidade da candidata para penetrar no eleitorado da classe operária; 39% dos operários votaram na candidata na primeira rodada da eleição presidencial de 2017, e o apoio a Le Pen inflou na segunda rodada, quando 60% dos eleitores nessa categoria ocupacional preferiram ela em relação a Macron.[15]

As evidências de apoio da classe operária à direita são alarmantes. Mas precisam ser tratadas com alguma perspectiva: não é um fenômeno de todo inédito que um setor da classe operária vote na direita. Mesmo na era de ouro do industrialismo fordista, quando a classe operária votou na esquerda em grandes maiorias, sempre existiu uma parcela da direita nos votos da classe operária: os ditos "conservadores operários" do Reino Unido; os "democratas pró-Reagan" nos Estados Unidos; e os industriários que votaram pela Democracia Cristã na Itália, em regiões como o Vêneto e a Lombardia. Em vez de serem pioneiros na obtenção de votos da classe operária para a direita, como algumas representações sensacionalistas nos levariam a crer, a direita nacionalista ampliou significativamente uma tendência que já existia. A emergência da dita "Nova Direita" nos anos 1960 e 1970 — ancestral ideológica e política da "direita populista" de hoje — apoiou-se na atração de setores da classe operária descontentes com a esquerda e explorou a desconfiança de alguns operários quanto às causas da emancipação sexual e cultural que novos movimentos sociais abraçaram.

O caso paradigmático da conversão da direita à estratégia de cultivar a base de apoio na classe operária é o do Front National francês. Durante os anos 1980 e 1990, o partido abandonou progressivamente parte de suas posturas mais elitistas e semifascistas para adotar o que Piketty descreveu como "nativismo social",[16] condenando a pobreza, os salários baixos e os cortes nos serviços públicos, enquanto culpava imigrantes e minorias por todos esses males, como veremos no próximo capítulo. Como Piketty defende, os operários estão cada vez mais desconfiados de uma centro-esquerda que virou cúmplice em políticas de integração econômica global e que parece ter pouco a oferecer a eles em termos de proteção contra a concorrência internacional.[17] No mais, os operários não encontraram um canal alternativo de representação para essas questões dentro da esquerda radical — que, especialmente diante da integração populista dos anos 2010, ficou focada nas queixas das classes médias urbanas. Se a classe operária está insatisfeita com a esquerda, isso não quer dizer que abraçou com entusiasmo a direita nacionalista, como se vê nos altos níveis de abstenção. No mais, a esquerda tem tido ganhos em setores emergentes da classe operária, e em particular no precariado dos serviços, o setor ocupacional que enfrenta o pior em termos de remuneração e de condições de trabalho.

Operários de colarinho azul e operários de colarinho rosa

As divergências no comportamento eleitoral dentro da classe operária encaixam-se nas divisões-chave entre indústria e serviços. A classe operária industrial, geralmente localizada em áreas periféricas, está cada vez mais ao lado da direita, assim como o "precariado dos serviços", concentrado em cidades de grande e médio porte, está mais inclinado a votar na esquerda — que, nos últimos anos, focou sua atenção nas lutas de operários precarizados no nível mais baixo da escala social. Para avaliar essa divisão é necessário refletir como a classe operária, geralmente definida pelo trabalho manual e não intelectual, mudou nas últimas décadas. O operário industrial de macacão azul armado com uma chave inglesa numa grande usina sempre foi uma metonímia questionável: o uso de um setor da classe operária para representar o todo. A classe operária tradicionalmente englobou uma variedade muito maior de ocupações manuais, incluindo muitas fora da usina fabril: carregadores, construtores, motoristas de ônibus e de caminhão e assim por diante. Foi só no ápice da era industrial que os trabalhadores fabris representaram a maioria da classe operária. Essa parcela da mão de obra geral e das ocupações da classe operária caiu significativamente nas últimas décadas. No Reino Unido, hoje, o setor fabril representa por volta de 10% da mão de obra, de um pico de aproximadamente 30% no auge da era industrial.[18] Ao mesmo tempo, houve crescimento veloz na classe operária não fabril. Hoje existem muito mais trabalhadores manuais em ocupações de serviço, definidos como "trabalhadores de vendas e serviços" na Classificação Internacional Uniforme de Ocupações da Organização Internacional do Trabalho (Isco 5, na sigla em inglês), do que trabalhadores industriais, definidos como "artífices e similares" (Isco 7). É significativo que a ocupação mais comum dos dias de hoje seja a de assistente de vendas, e não de operário fabril — reflexo de uma sociedade consumista na qual, em termos de geração de valor, a distribuição e o consumo tornaram-se mais importantes do que a produção.

Esse desabrochar do novo "precariado dos serviços" atende às necessidades de consumo da classe média. É constituído pelos faxineiros que arrumam o escritório onde trabalham profissionais, técnicos e gerentes; garçons que lhes servem café para que mantenham o foco em funções que exige alto desempenho cognitivo; assistentes de vendas que atendem a seus hábitos de consumo, muitas vezes extravagantes; estoquistas da Amazon manuseando as encomendas; funcionários de call center que resolvem as devoluções e reclamações; e motoqueiros que entregam comida para uma classe criativa que está muito ocupada com suas profissões para ter tempo de cozinhar, lavar os pratos ou a roupa. Essa também é a fração de classe que engloba os trabalhadores que passaram a ser festejados durante a pandemia, como cuidadores ou faxineiros; gente que, embora seja descrita como "essencial", tem que se virar com salários muito baixos que mal garantem sua sobrevivência.

Esse precariado dos serviços é a classe retratada no filme de Ken Loach *Você não estava aqui*, de 2019. Os dois protagonistas são Ricky, que trabalha no setor de entregas, e a esposa Abbie, que trabalha como enfermeira domiciliar. No filme, o casal é levado a um colapso nervoso por uma mistura de estresse ocupacional e desarranjo familiar.

Essa situação de precariedade e exaustão está longe de ser coisa da ficção. Aliás, o precariado dos serviços é a categoria mais explorada e injuriada de todas — a que, em termos tanto de salários quanto de condições de trabalho, está mais abaixo na pirâmide social. É por isso que as ocupações Isco 5 costumam ser usadas como padrão de referência pelo qual se medem salários e condições de outras categorias de trabalhadores. O precariado dos serviços também tende a ser mal sindicalizado em comparação a operários industriais, e a apresentar baixo nível de participação em eleições em comparação a outras classes. São tanto os menos privilegiados quanto os mais invisíveis socialmente de todas as frações de classe, fora a classe desfavorecida que vive da economia informal.

Esse precariado dos serviços também difere do proletariado industrial em termos de gênero e de raça. Enquanto a classe operária fabril tende a ser masculina, branca e na média mais velha que o precariado dos serviços, o último geralmente é mais multicultural e tem um forte componente feminino. Aliás, muitos empregos do precariado de serviços, tais como enfermagem e outras ocupações de cuidados, são tratados como empregos "de colarinho rosa", pois tradicionalmente eram associados ao trabalho não remunerado feito pelas mulheres da casa — como cozinhar, lavar e cuidar das necessidades dos doentes e velhos, tarefas que progressivamente foram integradas ao mercado capitalista. No mais, sobretudo em metrópoles, os trabalhadores dos serviços tendem a formar uma mão de obra altamente multicultural que inclui grande número de imigrantes e minorias étnicas. É por isso que quem pertence a essa classe costuma ser contado nos Estados Unidos na categoria "voto das minorias" — como se suas preferências políticas fossem regidas pela cor da pele, e não pela posição econômica.

As agruras pelas quais o precariado dos serviços passa ajudam a explicar por que, nos últimos anos, essa categoria tornou-se foco dos ativistas de esquerda. As iniciativas mais notáveis de mobilização sindical na Europa e nos Estados Unidos em anos recentes focaram exatamente nessa fração da classe operária, como se vê nas mobilizações Justice for Janitors [Justiça para Faxineiras] e Justice for Cleaners [Justiça para Arrumadeiras] e na campanha Fight for 15 [Lute pelos 15] em prol dos trabalhadores de fast-food, que teve sucesso nos Estados Unidos.* No mais, o suplício de trabalhadores da *gig economy*, ou "economia dos bicos", tais como motoqueiros do Deliveroo, motoristas de Uber, compradores do Instacart e trabalhadores nos depósitos da Amazon, teve como reação a criação de novas organizações e campanhas. Embora largamente não sindicalizada, a Amazon foi forçada a elevar seu salário mínimo nos Estados Unidos a quinze dólares por hora, para fazer frente a déficits de mão de obra elementar, cada vez mais militante, que resultaram dos picos na demanda decorrentes do coronavírus e das condições de trabalho anti-higiênicas em depósitos da Amazon e em supermercados Whole Foods.[19]

A porção do precariado dos serviços que vota é mais favorável à esquerda do que a parcela equivalente do proletariado de colarinho azul.[20] Aliás, trabalhadores dos serviços são cada vez mais vistos pela esquerda como um eleitorado estratégico, que pode ajudar a compensar a hemorragia que ela sofre nos votos de colarinho azul. Durante as primárias democráticas de 2020,

---

* O movimento, fundado em 2012, defendia o salário-mínimo de quinze dólares por hora para a categoria. [N. T.]

Bernie Sanders costumeiramente tratava do suplício dos profissionais do setor de serviços. Um dos poucos sucessos na sua segunda campanha para indicação do partido foi ganhar os votos dos empregados de cassinos e hotéis de Las Vegas. Nas eleições britânicas de 2017 e 2019, profissionais do setor de serviços tinham uma propensão consideravelmente maior de votar no Partido Trabalhista do que trabalhadores de colarinho azul, tanto em áreas urbanas quanto não urbanas.[21] De modo parecido, o Movimento Cinco Estrelas da Itália alcançou resultado considerável entre garçons e assistentes de vendas e apresentou medidas para limitar a precariedade no setor de serviços.[22] É verdade que tentativas de intensificar o comparecimento eleitoral desse grupo até agora tiveram sucesso limitado, refletindo a impotência profunda que esses trabalhadores sentem, sobretudo entre os jovens e mais pobres. Mesmo assim, o crescimento do apoio da classe de serviços é motivo para se ter esperança em relação à estratégia de ampliar a base operária da esquerda.

A ruralização da fábrica

Quando se pensa em indústrias e produção, as pessoas provavelmente imaginam fábricas e chaminés das primeiras cidades industriais como Manchester, Paris, Chicago e Turim. Hoje, contudo, essa imagem é anacrônica, em consequência de um processo de longa data de "ruralização da fábrica", a transferência de usinas produtivas das metrópoles para os rincões, que transformou profundamente a identidade dos trabalhadores de colarinho azul. A partir dos anos 1950 — embora nos Estados Unidos o processo tenha se iniciado na época do New Deal de Franklin Roosevelt —, empresas começaram a descentralizar a produção, levando suas fábricas para cidades de médio e pequeno porte, tirando proveito de sistemas de comunicação e transporte mais desenvolvidos, assim como dos baixos salários e do baixo valor das terras nas periferias urbanas.[23] Essa dinâmica interna da deslocalização apenas acelerou no neoliberalismo, fazendo paralelo a práticas de *offshoring* e complementando-as, na busca desenfreada por mão de obra mais barata e mais dócil.

A consequência é que muitos operários fabris hoje vivem em centros populacionais de tamanho médio e pequeno, que costumam ser mais dependentes da manufatura do que os grandes centros urbanos, como o cientista político Jonathan A. Rodden defende em *Why Cities Lose* [Por que as cidades perdem].[24] Na Europa, é mais fácil encontrar trabalhadores de colarinho azul em cidades com Wolfsburg, na Alemanha (100 mil habitantes), ou em Sassuolo, próxima a Bérgamo, na Itália (40 mil), do que em metrópoles como Milão, Bolonha, Frankfurt e Munique. Nos Estados Unidos, cidades como Moraine (6,4 mil habitantes), em Ohio, onde fica uma fábrica de vidros recentemente adquirida pela firma chinesa Fuyao — a que aparece no documentário *Indústria americana*[25] —, e as pequenas cidades da Dakota do Norte no centro do boom do óleo de xisto dos anos 2010 representam mais os cenários da classe operária industrial do que os antigos centros industriais como Pittsburgh, Chicago, Buffalo e Nova York. De modo similar, no Reino Unido, trabalhadores de colarinho azul constituem uma parcela bem maior da classe operária em pontos como Boston — apelidada de "cidade do Brexit" devido a seu apoio recorde à saída da União Europeia — e Hullavington, em Wiltshire, onde fica a principal fábrica de aspiradores de pó Dyson, do que em Londres, Manchester, Liverpool ou Edimburgo, os focos da primeira Revolução Industrial. Além de abrigarem a maioria dos operários fabris, essas áreas dependem fortemente das fábricas para sua renda. Enquanto nos Estados Unidos, em condados metropolitanos, apenas 25% da renda vêm das fábricas e 75% dos serviços, em áreas não metropolitanas a proporção é de 50%-50%.[26]

É curioso que as campanhas eleitorais da direita nacionalista frequentemente cheguem a cidades industriais. Durante as campanhas presidenciais de 2016 e 2020, Trump visitou muitas cidadezinhas do Meio-Oeste dos Estados Unidos. Seu primeiro discurso depois da eleição de 2016 foi numa fábrica de geladeiras em Huntington (17 mil habitantes), Indiana, onde prometeu que os empregos na fábrica iam voltar. Uma das vitórias midiáticas de Marine Le Pen durante a campanha presidencial francesa de 2017 foi um discurso em frente à fábrica da Alteo em Gardanne (20 mil), no Sul da França, e na fábrica de Whirlpool em Amiens (100 mil), no Norte francês, que era ameaçada pela deslocalização — embora Le Pen tenha perdido a corrida eleitoral local. Matteo Salvini faz turnês regulares pela Itália das cidades pequenas, em lugares como Fermo (37 mil), na região de Marche, uma cidade que se especializa na produção de calçados, e Legnago (25 mil), no Vêneto, um centro da produção de equipamentos de ar-condicionado, aquecedores e radiadores; muitas vezes ele usou um moletom customizado ostentando o nome da cidade visitada. Da sua parte, o pró-Brexit Nigel Farage foi fotografado tomando cerveja em cidades como Seaham (20 mil) e Hartlepool (92 mil) — lares, respectivamente, de uma usina de dióxido de titânio da Huntsman e uma siderúrgica Tata.

Não foi só a classe operária industrial que ficou mais dispersa geograficamente; sua experiência ocupacional lembra apenas de leve a massa de operários da era fordista. Hoje, a mão de obra é menor e mais especializada do que há cinquenta anos. Operários fabris contemporâneos costumam ser técnicos de alta qualificação, e não os operários não qualificados que faziam serviços de alta demanda física. Por fim, eles são muito menos sindicalizados e politizados do que antes. Nos Estados Unidos, a sindicalização caiu de 30% para 12% do contingente operário entre 1960 e 2010, e muitos países passaram por tendência parecida. Nas zonas industriais dispersas da Europa Ocidental e dos Estados Unidos, a usina não faz parte da junção social e política maior, como era no auge da era fordista, é apenas um local de trabalho como outro qualquer. Geralmente trabalhando em firmas menores que são integradas a complexas cadeias logísticas, nas quais eles se acotovelam com os chefes e sentem-se sob ameaça constante de demissão, os trabalhadores não estão em posição ideal para ter consciência forte de classe. Esse vácuo identitário é de classe. Esse vácuo identitário é propício à exploração por parte das súplicas nativistas da direita.[27]

O desamparo da produção fabril no Ocidente diante da concorrência asiática explica a simpatia de muitos operários fabris às demandas protecionistas vocalizadas por líderes de direita como Trump, que prometeram recuperar empregos que foram para o exterior e castigar a concorrência injusta da China e outros países. A situação na indústria de serviços é bem diferente. Os serviços não estão desamparados frente à concorrência internacional como está o setor fabril; a maioria dos empregos nos setores de alimentação, varejo e serviços tem componente físico e relacional forte, o que significa que não podem ser *offshored* ou automatizados de maneira simples. O verdadeiro desafio que encaram é a pressão pela redução nos salários, que é muito forte no setor de serviços porque há menor possibilidade de ganhos de produtividade, e por conta do risco de que, se os custos dos serviços ficarem muito altos, os clientes vão dispensá-los.[28] Apesar da situação bastante diferente entre trabalhadores de colarinho azul e rosa, o que eles compartilham é uma percepção dolorosa de declínio na sua condição de vida e nas perspectivas de futuro. Para ganhar os corações e mentes da classe operária descontente, a esquerda precisa tomar ciência das demandas que essa classe tem quanto a proteção e quanto a uma economia mais ancorada às suas necessidades e sob o controle das comunidades locais.

A fragilidade da classe média

Donald Trump pode afirmar que foi presidente dos trabalhadores, mas a classe média foi o grupo que votou nele em maior número em 2016 e 2020, e suas deduções fiscais privilegiaram os rentistas. Marine Le Pen pode ter atraído trabalhadores no cinturão da ferrugem da Picardia e de Nord-Pas-de-Calais, mas seu apoio básico veio dos eleitores ricos em Provence e Côte d'Azur, onde o Rassemblement National tem vários prefeitos. Por fim, fãs de Matteo Salvini se encontram tanto no chão de fábrica quanto entre técnicos profissionais e nos comitês de diretoria, onde sua política de imposto único é fortemente popular. É significativo que a figura mais representativa da base eleitoral de Salvini seja não o operário fabril, mas o contador.[29] De modo similar, para entender a composição social do eleitorado da esquerda, não podemos parar no precariado dos serviços; precisamos avaliar o apoio entusiasmado que partidos de esquerda garantiram entre a nova classe média dos trabalhadores sociais e intelectuais. Depois de discutir o comportamento eleitoral da classe operária, é hora de nos voltarmos para a classe média.

Segundo a OCDE, 61% dos cidadãos do Ocidente declaram-se parte da classe média.[30] Aí se vê um elemento de projeção aspiracional, o que significa que o número exato deve estar mais próximo dos 50%. De qualquer modo, a classe média é decisiva para as eleições — sobretudo dada sua taxa de participação eleitoral acima da média. A classe média tradicionalmente é vista aderindo a posições moderadas, e no período pós-guerra esperava-se que sua presença fosse antídoto não só contra conflitos sociais e o radicalismo de esquerda, mas também contra a direita reacionária. Durante a era neoliberal, foi o mais cortejado de todos os setores do eleitorado. Empreendedores e evangelistas do capital teciam loas à contribuição da classe média à economia. Foi a classe média que esposou com maior fervor o evangelho neoliberal do carreirismo e do individualismo possessivo, fornecendo uma base consumidora para uma gama cada vez maior de produtos globais. Mas grandes parcelas da classe média em países ocidentais sentem-se traídas, agora que a labuta de uma vida inteira garante aposentadorias apenas modestas para os mais velhos, enquanto os adultos na ativa estão batalhando e os mais jovens estão em desespero quanto a sua provável queda na mobilidade social.

É verdade que, durante a crise dos anos 2010, não só os super-ricos e as elites financeiras, que Joseph Stiglitz e o Occupy Wall Street caracterizaram como "o 1%", mas igualmente a classe média-alta — que Richard Reeves, no seu livro *Dream Hoarders*, descreve como os 20% — tiveram crescimento nas rendas e patrimônios.[31] Essa classe média-alta também é o estrato que apoia com mais entusiasmo o centro neoliberal, cuja coligação social inclui frações relativamente bem de vida de outras classes que ainda apoiam a busca de políticas neoliberais. Mesmo assim, os membros remanescentes da classe média no Ocidente, que poderíamos tratar como "classe medíocre" devido à precariedade de sua situação, encaram o prospecto da proletarização, ou *déclassement* — sendo paulatinamente privados dos marcos tradicionais do status de classe média, tal como casa própria, poupança e um bom salário após boa formação.[32] Aliás, a questão da crise da classe média foi discutida abertamente nos encontros de Davos de 2018 e 2019, enquanto a OCDE dedicou vários informes às novas pressões a que a classe média está sujeita no momento.

Essa "classe medíocre", essas frações da classe média que não fazem parte dos 20% bem de vida, agora se vê tomada por uma angústia profunda. Está cada vez mais difícil sustentar a pertença à classe média. Como a OCDE informa: "Desde os *baby boomers*, cada nova geração viu caírem suas chances de pertencer à classe de renda média".[33] Essa fragilidade constitui um caráter mais generalizado da experiência da classe média que vai além dos períodos de crise econômica. Como observa Nicos Poulantzas, para uma classe no meio, é possível tanto a mobilidade social ascendente quanto descendente, o que produz temores em relação à perda de posição pelo menos tanto quanto o desejo de mobilidade ascendente.[34] Ficam particularmente desamparados os pequenos empresários e os lojistas. Por conta de seu acesso ao crédito e às receitas do mercado, a pequena burguesia é, em média, mais rica que a classe operária; mas também está mais exposta aos caprichos do mercado e ao risco de falência durante retrações econômicas. Durante a Grande Recessão de 2010, a "grande burguesia" devorou a pequena burguesia e precarizou a nova classe média, lançando as duas no precariado, sujeitas a rendas incertas e à dependência da assistência social. No rastro da crise do coronavírus, a ameaça da proletarização é a onda mais crítica, em especial para lojistas e donos de restaurantes, cujos estabelecimentos foram obrigados a fechar durante meses e cujo mercado foi devorado pela Amazon e outras plataformas digitais.

Essa crise da classe média é um sinal preocupante para a estabilidade social. Como observou Joseph Schumpeter, a classe média engloba "estratos protetores", que funcionam como uma espécie de lastro social para absorção de choques.[35] Segundo Schumpeter, esses estratos estão sempre ameaçados, já que a força locupletante do capitalismo os impele ao "esfacelamento dos muros de proteção". Ao fazer isso, contudo, o capitalismo acaba comprometendo a trama social que garante a própria reprodução da sociedade, e assim também a viabilidade de longo prazo da economia movida pelo lucro.[36] O modo como as políticas neoliberais da privatização e da austeridade desgastaram serviços de utilidade pública, incluindo saúde e educação — estruturas-chave de apoio social —, e o modo como empresas digitais devoraram muitas empresas de pequeno porte são exemplos desse motor autodestrutor do capitalismo. Não é de surpreender que, sob tais circunstâncias, os estratos da classe média que geralmente desconfiam da intervenção governamental agora estejam exigindo proteção estatal.

Gerentes versus designers

"Classe média" é, no mínimo, um guarda-chuva ainda mais problemático do que "classe operária". Ela engloba uma grande variedade de profissões, condições de trabalho e níveis de renda e patrimônio, o que dificulta tratá-la como grupo eleitoral coerente. Apesar dessa complexidade, pode-se dividir a classe média por uma clivagem dominante — no caso, entre os novos e antigos pequenos-burgueses que Poulantzas descreve; ou a antiga separação "classe média velha" e "classe média nova" discutida por Hanspeter Kriesi e Daniel Oesch.[37] Seguindo a categorização de Kriesi, a classe média velha inclui gerentes, técnicos e funcionários de escritório. A eles podemos somar pequenos empresários que compartilham do comportamento eleitoral. De outro lado, a nova classe média engloba profissionais socioculturais e prestadores de serviços qualificados.[38] Embora esses dois setores — a classe média velha e a classe média nova — compartilhem de um status nominal de "classe média", eles são, em certos aspectos, muito mais distantes entre si em termos de condições de vida, expectativas e valores do que o proletariado industrial e a classe operária dos serviços. No mais, tendem a apresentar comportamento eleitoral divergente: a classe média velha tipicamente vota na direita ou no centro (sobretudo gerentes e alguns pequenos empresários), enquanto a classe média nova tende a votar na esquerda.[39]

Essa divergência na preferência política está expressa por Thomas Piketty, em *Capital e ideologia*, na oposição entre "esquerda brâmane" e "direita mercantil": a primeira é apoiada pela classe dos administradores e intelectuais com alto nível de formação; a segunda, pela classe comercial de gerentes financeiros e donos de empresas: "A esquerda brâmane valoriza o sucesso acadêmico, o gosto pelo trabalho intelectual, a aquisição de diplomas e conhecimento; a direita mercantil valoriza a motivação profissional, o gosto pelos negócios e que eles aconteçam sem interferências".[40] Essa associação íntima entre a esquerda e a intelligentsia aponta uma inversão nos alinhamentos educacionais. A esquerda agora atrai os setores de mais formação do povo, e não as massas sem educação da classe operária industrial tradicional, que tinham apenas a potência de trabalho para vender. Essa mudança é um indicativo preocupante do *embourgeoisement* da esquerda, que é o contraponto da guinada da classe operária industrial para a direita. Ainda assim, o setor da classe média que gravita para a esquerda tende a ter renda menor do que a antiga classe média que apoia a direita. Como o próprio Piketty observa, a direita continua a auferir o apoio dos eleitores de maior renda — ainda mais conforme sua renda aumenta.

Tradicionalmente, o setor da burguesia que se identificava como o mais íntimo da direita nacionalista era a antiga pequena burguesia, constituída por pequenos donos de empresas e artesãos. Eram as figuras que foram mobilizadas nos anos 1950 e 1960 pelo populista de direita francês Pierre Poujade e pela União pela Defesa dos Lojistas e Artesãos em protesto contra a tributação. Essa também foi, a propósito, a classe que deu grande apoio a movimentos fascistas. Hannah Arendt descreveu de modo célebre o nazismo como algo que deriva da rebeldia da pequena burguesia insatisfeita.[41] Como Poulantzas mostra em *Fascismo e ditadura*, movimentos fascistas arregimentaram lojistas e pequenos empreendedores, assim como policiais e outros funcionários públicos que temiam a perda do status econômico.[42] Hoje, contudo, dentro da coligação social da direita, o pequeno empresário é complementado por outras figuras, e em especial por técnicos de alta remuneração e profissionais parecidos, incluindo contadores, corretores imobiliários e representantes de vendas — enquanto gerentes no geral continuam a apoiar o centro neoliberal. Um grupo que tipifica o éthos do eleitorado de classe média da direita são os "antielitistas de classe média", nas palavras de Simon Kuper no *Financial Times*. É gente que mora sobretudo em áreas suburbanas de metrópoles e cidades de médio porte, em ex-urbes como as de "Nova Jersey e Long Island, em torno do Sudeste da Inglaterra, no aglomerado milanês e nos subúrbios tranquilos de Roterdã", e que nutre grande desconfiança quanto aos "figurões e especialistas da metrópole" — a parte da intelligentsia que vê como ameaça a seu patrimônio e posição social. É uma classe cujos integrantes consideram-se "produtores" e "geradores de emprego"; os que trabalham mais pesado e que precisam tomar decisões complicadas quanto ao orçamento.

A nova classe média que é o pilar principal de sustento para a esquerda tem natureza bem diferente. É uma fração de classe que já foi muito pequena, mas que cresceu significativamente ao longo da transformação que tomou os rumos da "economia do conhecimento", a qual demandou especialistas de alta formação aptos a desempenhar um trabalho qualificado, incluindo tarefas analíticas e de comunicação complexas que estão em alta demanda na economia digital.[43] As figuras que melhor representam essa nova classe média são os ditos "profissionais socioculturais", categoria que inclui professores, jornalistas, bibliotecários, professores-assistentes e pesquisadores universitários, assim como a classe criativa dos designers, programadores e profissionais de marketing.[44] Desde os anos 1970, esse eleitorado é considerado bastante progressista. Em termos de posturas políticas, a nova classe média mistura o apoio a políticas redistributivas social-democratas com valores socialmente liberais que incluem a ênfase na liberdade pessoal e a proteção dos direitos de minorias sexuais, étnicas e religiosas.

A nova classe média não é monopólio exclusivo da esquerda. É, isto sim, um terreno de concorrência entre a centro-esquerda e a esquerda radical, sendo que algumas parcelas também apoiam candidatos mais centristas. Por exemplo: em 2016, o eleitorado de Hillary Clinton incluía as típicas novas figuras da classe média, como cientistas médicos, professores pré-escolares e analistas de pesquisa de mercado.[45] Contudo, grandes parcelas da nova classe média apoiam as políticas redistributivas e socialmente progressistas da esquerda socialista. Os profissionais socioculturais foram, de longe, o grupo mais importante de apoio ao crescimento do Podemos na Espanha e do La France Insoumise de Jean-Luc Mélenchon, e componente importante no eleitorado de Bernie Sanders e do Partido Trabalhista com Jeremy Corbyn. Na eleição espanhola de 2019, o Podemos conseguiu 26,9% dos votos da classe média alta e 26,2% da nova classe média — nos dois casos, bem acima do voto médio.[46]

O apoio da nova classe média à esquerda é tingido não apenas pelo idealismo progressista, mas também por obstáculos econômicos sérios que se colocam diante do setor mais precário e mais jovem desse grupo. Como defende Luc Rouban, pesquisador do Sciences Po, o grosso dos apoiadores de Mélenchon consiste em pessoas que são ao mesmo tempo *diplômés* e *déclassés*, parecido como os "pós-graduandos sem futuro" que Paul Mason identificou como iniciadores dos movimentos de protesto de 2011.[47] O número crescente de formados em universidade numa economia que encolhe levou à desvalorização dos diplomas de ensino superior e à situação disseminada de precariedade para trabalhadores intelectuais. No mais, a classe profissional se vê diante do custo de vida mais alto em centros urbanos, onde as oportunidades de emprego se concentram. Os aluguéis altos dificultam cada vez mais que se poupe para dar entrada na compra de um imóvel, tornando difícil subir na escada da casa própria, o definidor-chave, cada vez mais duro de se obter, do status de classe média.

Muitos integrantes jovens da nova classe média — incluindo designers, especialistas de TI, programadores e pesquisadores — são "forasteiros conectados".[48] Embora tenham bastante formação e costumem ser proficientes em línguas estrangeiras e no uso de tecnologia digital, eles encaram uma situação de insegurança econômica e expectativas decrescentes se comparados a seus pais.[49] Além disso, por serem a classe "dominante dominada", usando os termos de Pierre Bourdieu, a parcela intelectual da classe média não só tem renda mais baixa comparada ao setor comercial, mas costuma sentir-se privada de controle do seu trabalho. Ela atua em ambientes de trabalho nos quais as decisões sobre estratégia, responsabilidades, cronograma, divisão de tarefas e assim por diante são decididas por gerentes e profissionais técnicos. A sensação de *falta de controle* geralmente se estende à sociedade como um todo, devido à maneira como, tal como se discute no capítulo 4, a natureza tecnocrática de muitas deliberações deixou decisões políticas importantes longe do escrutínio público. Não é por acaso que quem expressa as demandas por formas de democracia participativa tanto na internet quanto fora dela seja a nova classe média. Assim, ela é puxada em duas direções distintas, com a velha e a nova classe média levadas a conflito interno por autoridade, por valores sociais e pela distribuição da renda estagnada. Com o medo do declínio econômico e social que grande parte da classe média sente, aqueles que eram considerados o esteio da estabilidade nas democracias capitalistas ocidentais foram polarizados na política.

O novo intelectual orgânico

Depois de reconstruir as coligações sociais atuais da direita nacionalista e da esquerda socialista, é essencial imaginar estratégias através das quais a esquerda possa fortalecer e ampliar seu apoio eleitoral. O que fica evidente é que a estrutura de classe contemporânea é marcada pela fragmentação, o que dificulta construir alianças de classe coesas. No mais, a fraqueza atual dos sindicatos, como se vê nos baixos números de associação, significa que falta à esquerda um pilar de apoio forte e organizado no movimento trabalhista. É verdade que atualmente estamos passando por uma revitalização do sindicalismo, sobretudo no setor de serviços e na "economia dos bicos", e que o compromisso de Biden de apoiar o trabalho organizado pode indicar uma inversão dessa tendência. Mas até agora a Amazon conseguiu impedir a sindicalização, e o salário mínimo de quinze dólares por hora foi derrubado por democratas conservadores. Dessa forma, por enquanto, formações socialistas precisam lidar com alto grau de dispersão social dentro de seu eleitorado potencial. Nessas condições desafiadoras, é essencial pensar com atenção como os socialistas podem ampliar seu apoio eleitoral entre a classe operária.

Como sugere Thomas Piketty, o principal problema da esquerda é sua dependência excessiva dos "brâmanes", ou seja, a nova classe média dos profissionais socioculturais e profissionais qualificados do setor de serviços. Geralmente se defende que essa orientação da esquerda para a classe média urbana enviesa seu propósito, tornando-a pouco atraente para a classe operária. O papel tumultuador da classe média na construção de uma aliança socialista já era uma preocupação do escritor socialista alemão August Bebel, o qual, orgulhoso de seu berço na classe operária, rejeitou a proposta do francês Jean Jaurés no Congresso Socialista Internacional de 1904 de uma aliança entre o proletariado e a classe média. Robert Michels defendeu que a participação da classe média era prejudicial ao movimento da classe operária, dado que levava à subordinação dos interesses da classe operária às prioridades de classe média; e o colega sindicalista Georges Sorel, em seu livro *Reflexões sobre a violência*, via a classe média como traidora do proletariado.⁵⁰ De espírito similar foram os comentários mordazes que George Orwell fez na sua crônica da Grande Depressão, *O caminho para Wigan Pier*, onde contrastou o "típico socialista da classe trabalhador", diretamente afetado pela injustiça econômica e pela pobreza, com o "socialista treinado nos livros", que faz campanha apenas por motivações morais.⁵¹

É óbvio que, dada a atual composição de classe das sociedades ocidentais, nas quais por volta de metade da população pertence à classe média, e na qual ela tem taxas de participação eleitoral acima da média, o ostracismo dessa categoria seria suicídio para qualquer movimento político que almeja o poder. Por mais que se apresentem como partidos de classe (no sentido de partidos da classe operária), partidos comunistas e socialistas sempre tiveram um componente de classe média significativo, que atrai artesãos, funcionários públicos, professores, médicos e outros profissionais.⁵² A construção de um "bloco popular", que consiste em uma aliança entre a classe operária organizada, os trabalhadores rurais e setores das classes médias urbanas, tem sido a estratégia básica da esquerda desde os tempos de Lênin e Gramsci. Assim, a questão dos partidos socialistas não é eliminar o voto de classe média. A meta, isto sim, deveria ser, de um lado, evitar a confiança exagerada nesse eleitorado para alcançar maior diversificação do apoio, e, do outro, garantir que o setor ativo do movimento (recrutado de maneira esmagadora na classe média) não vire vítima de uma obsessão com guerras culturais às custas da centralidade das clivagens socioeconômicas. Para alcançar essa meta, é preciso refletir quanto ao papel dos intelectuais orgânicos e à relação entre ativistas e as bases sociais que pretendem organizar e representar.⁵³

Para Gramsci, os intelectuais orgânicos eram os componentes ativos e organizados que emergiam de cada grande classe e que executavam funções diretivas-chave. No caso da classe operária, eram sobretudo mobilizadores dos sindicatos e dos partidos, cuja missão histórica era tornar a classe operária ciente de seu potencial. Alguns deles, como Bebel, vieram da própria classe operária, graças às oportunidades de educação que os movimentos socialistas ofereciam; mas muitos outros foram "emprestados" da classe média radical. O que os tornava "orgânicos", além das suas origens de classe, era seu enraizamento nas classes populares — o fato de que foram feitos para defrontar a experiência de vida do subalterno. Parece que muitas vezes falta à intelligentsia progressista contemporânea um arremedo de enraizamento "orgânico" nas comunidades operárias, em termos de origem social ou de experiência.

Dentro do movimento socialista, a presença de intelectuais de classe média foi temperada pela ética de compromisso com a mobilização popular, às vezes combinada com a postura de autoflagelação. Ativistas de classe média eram obrigados a renegar os elementos mais visíveis de seu status social. Por vezes esperava-se deles passar algum tempo trabalhando em fábricas, ou viver em vizinhanças de classe operária — uma tradição iniciada pelos populistas russos do século XIX, que enviavam a intelligentsia idealista ao interior para morar com camponeses e se livrar de suas afetações burguesas, embora não seja preciso dizer que muitas vezes os camponeses não se comoveram. Embora essas práticas de castigo da classe média possam nos parecer anacrônicas, os riscos do egocentrismo de classe média continuam a ser relevantes nos dias atuais e um grande obstáculo à construção de uma coligação popular diversa e includente. É essencial que ativistas, esmagadoramente vindos da classe média, recuperem a noção de sua posição de classe privilegiada e de seu dever diante dos menos afortunados.

A necessidade de atrair cidadãos que estejam fora dos confins da classe média urbana progressista não significa que a esquerda precise renegar seus compromissos com o universalismo, com os direitos humanos e com a tolerância multicultural — como defenderiam aqueles que pregam o "socialismo conservador". Muitas batalhas que ativistas de classe média adotaram — da defesa de minorias, incluindo gays, lésbicas e transsexuais, até prioridades ambientalistas — agora tornaram-se majoritárias em muitos países ocidentais, também forçando a direita a adaptar seu discurso. Ainda assim é verdade que a classe operária, tanto velha quanto nova, tende a ser mais conservadora em termos de valores e visão de mundo e mais desconfiada da imigração. Em momentos em que a guerra cultural por valores e direitos civis ou quanto à imigração torna-se particularmente polarizada, há o risco de que a diferença em visões éticas entre a nova classe média e a classe operária possa tornar-se obstáculo para cimentar essa aliança de classe. O foco unificador nas demandas econômicas por empregos e serviços de utilidade pública pode ajudar a esquerda a reconquistar trabalhadores que são relativamente mais conservadores em aspectos sociais do que a classe média urbana, mas que faziam parte das coalizões progressistas no passado, dado que valorizavam as políticas de pleno emprego e assistencialismo.

Para a esquerda recobrar uma base segura na classe operária e afastar o nacionalismo de direita, ela devia rejeitar a falsa premissa de que o afastamento da classe operária fabril em relação à esquerda se deu exclusivamente em virtude de fatores culturais. As causas do descontentamento dos operários são primariamente econômicas e derivam do declínio das receitas trabalhistas no neoliberalismo — consequência direta da desregulamentação do mercado e do desamparo frente à concorrência internacional em uma economia globalizada. O mais importante é reconhecer que a aliança de classes entre parcelas da classe operária e da classe média comercial que apoia a direita nacionalista é altamente instável.

Como Piketty observou, embora sejam altamente críticos da União Europeia e do capitalismo global, "sociais-nativistas" como Marine Le Pen não estão ávidos por buscar medidas redistributivas que cumpram as necessidades reais da classe operária, pois estas não são do interesse de seus eleitores de classe média ou de seus patronos entre os ricos.[54] Eles tentam rechaçar essas demandas e preservar a ilusão de que carregam os interesses dos operários no peito, culpando instituições supranacionais, outros países e os imigrantes pela falta de recursos. A guerra comercial de Donald Trump contra a China, acompanhada por cortes de impostos aos ricos que pouco renderam aos operários, é um exemplo dessa desonestidade.

A proteção social que os operários exigem não será satisfeita por muito tempo dentro das condições atuais. A esquerda socialista precisa abrir uma brecha entre as bases que a direita tem na classe operária e na classe média. Progressistas deveriam condenar o comportamento locupletante dos novos nacionalistas — em especial sua cumplicidade com políticas de privatização dos serviços públicos e sua intimidade hipócrita com redes financeiras globais. Para essa narrativa ser convincente, contudo, também é necessário superar a percepção da esquerda como distante e indiferente. A capacidade da esquerda de reconquistar uma base mais forte entre operários de colarinho azul e consolidar seu apoio entre profissionais do setor de serviços vai depender fortemente da sua capacidade de desenvolver uma visão econômica que tenha apelo entre eleitores fora de suas fortificações metropolitanas. É apenas priorizando questões comezinhas como empregos, saúde e educação, e protegendo o fabril, que a esquerda conseguirá se apresentar de forma plausível como força que pode proteger operários da desigualdade e da insegurança que advêm de uma ordem neoliberal decadente.

7.
Inimigos do povo

Dada a ênfase da política contemporânea na proteção e na segurança, esclarecer quem são as figuras vistas como encarnação dos perigos sociais pode nos ajudar a entender melhor os alinhamentos políticos contemporâneos. A construção do inimigo é aspecto fundamental de toda a política. Carl Schmitt foi notório em propor que a política sempre acarreta uma distinção inimigo/amigo que divide o terreno político em dois campos opostos.[1] Basta assistir a um talk show político ou a uma discussão no Parlamento em qualquer democracia ocidental que se vê disparar acusações inflamadas. Apesar do ideal kantiano que muitos liberais adotam, que encara a política como espaço de discussão racional e de consenso, a política é acima de tudo um espaço de conflito, alinhada com a inversão que Mao Tsé-tung fez da máxima de Clausewitz, segundo a qual "a política é uma guerra sem derramamento de sangue".[2] A construção do inimigo é especialmente importante em tempos de populismo. A teórica política Chantal Mouffe defendeu que o populismo depende da presença de um "externo constitutivo" [*constitutive outside*, no original], no qual a hostilidade contra o Outro simultaneamente fornece um ponto de ancoragem para a identidade pessoal.[3] O forte antagonismo — a intensificação da postura "nós contra eles" — age como substituto parcial da afirmação de uma identidade positiva bem definida e como uma escora para coligações sociais que, no mais, são frágeis. Assim, ao explorar os "inimigos do povo" predominantes na política do Grande Recuo, podemos tirar algumas lições quanto ao tipo de "pessoa" que os movimentos contemporâneos buscam suscitar e entender melhor o conteúdo da política de proteção e controle que eles põem na mesa.

Vários alvos das classes inferiores e superiores aparecem com proeminência na política contemporânea: os imigrantes, os ricos, as elites políticas e intelectuais. A direita nacionalista tipicamente foca sua ira nos imigrantes, assim como nas minorias étnicas, retratadas como subclasses perigosas que ameaçam a segurança e o bem-estar do povo. A direita representa os imigrantes como uma ameaça à integridade cultural e à homogeneidade étnica em virtude de sua presença demográfica elevada. No mais, ela os acusa de refrear salários ao criar um "exército de mão de obra de reserva" à disposição dos capitalistas.

A esquerda aponta o dedo para inimigos de classe socioeconômica, tais como banqueiros ricos e oligopolistas gananciosos. Os ricos são acusados tanto de privar os operários e cidadãos das proteções sociais quanto de frustrar o desejo popular de controle democrático. Eles são vistos como inimigos da prosperidade e da segurança coletivas que atacaram salários, condições de trabalho e serviços de utilidade pública, enquanto fazem *offshoring* com suas empresas e fortunas para contornar impostos que os cidadãos comuns são obrigados a pagar. Assim, enquanto a direita nacionalista usa de bode expiatório quem está no nível mais baixo da sociedade, incluindo os recém-chegados vistos como precursores da desintegração social, a esquerda socialista enfoca suas invectivas contra aqueles no alto, os que acusa de avareza e arrogância. Um outro inimigo que aparece com destaque no drama político contemporâneo é o "establishment" ou "a casta" (termo popularizado pelo Movimento Cinco Estrelas), constituído por políticos e burocratas estatais acusados de atuar de maneira nebulosa e de favorecer interesses escusos enquanto privam cidadãos do controle democrático. Corre em paralelo a hostilidade da direita contra as elites intelectuais suspeitas de substituir a tradição por visões de mundo globalistas e liberais. As diferenças entre esses inimigos ajudam a iluminar os diversos conflitos quanto a recursos econômicos, cultura e autoridade que emergiram na atualidade, e a existência de entendimentos radicalmente distintos quanto às causas da agorafobia global.

Fogo nos imigrantes

"Sejamos sinceros: a Hungria será condenada porque os húngaros decidiram que este país não será dos migrantes." Assim disse o primeiro-ministro húngaro Viktor Orbán em setembro de 2018, depois que o Parlamento europeu adotou uma resolução de endosso a um relatório, de autoria da eurodeputada holandesa Judith Sargentini, quanto ao tratamento que os húngaros estavam dando a migrantes — entre muitas outras questões, envolvendo corrupção, liberdade de imprensa e a integridade do sistema eleitoral. Desde que voltou ao poder, depois de uma vitória de lavada em 2010 contra o arruinado Partido Socialista, Orbán e seu partido, o Fidesz — formalmente membro do Partido Popular Europeu cristão-democrata —, adotaram um discurso abertamente xenófobo que mira os romani e os muçulmanos. Durante a crise migratória de 2015, Orbán recusou-se a aceitar uma cota de refugiados e chegou a construir uma cerca na fronteira com a Croácia e a Sérvia.

Orbán, como se vê, foi um precursor da tendência do típico populismo xenófobo que abalou o mundo desde meados dos anos 2010. Trump ficou célebre pela sua vitória baseada na promessa de travar as migrações. No evento para lançar sua campanha presidencial, realizado na Trump Tower de Nova York em 16 de junho de 2015, o magnata da hotelaria e personalidade midiática destacou-se no ataque a imigrantes mexicanos de modo indiscriminado: "Eles trazem criminalidade. Eles estupram. E alguns, imagino, são gente boa".[4] Mesmo assim, ainda conseguiu ficar com 29% do voto latino em 2016 e aumentou essa parcela para 32% em 2020. Em 2019, ele irritou muitos quando atacou o assim chamado Esquadrão das congressistas progressistas composto por Alexandria Ocasio-Cortez, Ilhan Omar, Rashida Tlaib e Ayanna Pressley, dizendo que elas deviam voltar para o lugar de onde haviam saído, sugerindo que minorias não são cidadãs. Os porta-vozes da direita alternativa, como Richard Spencer e Stefan Molyneux, popularizaram ideias de supremacistas brancos e atacaram de forma virulenta os valores liberais de tolerância e inclusão, geralmente mirando imigrantes.[5]

Na França, Marine Le Pen apresentou os migrantes como estandartes da "globalização desenfreada", que prejudicam os bairros, vilarejos, escolas e salários do povo.[6] Em um dos últimos comícios da campanha presidencial de 2017, realizado em Paris, ela prometeu cessar toda a imigração e "botar nossas fronteiras no lugar". Fechou o discurso de forma enfática, dizendo: "Eu vou *proteger* vocês".[7] Na Itália, a ascensão de Matteo Salvini desde que se tornou o líder da Lega, em 2013, baseou-se na sua linha-dura com a imigração. Salvini muitas vezes empregou o espectro da "invasão" vinda da África;[8] durante seu ano como ministro do Interior, ele fechou os portos italianos para navios de ONGs que resgatavam barcos de refugiados vindos da Líbia e do restante do Norte africano. "Portos fechados" (*porti chiusi*) — uma afirmação de determinação e intransigência — tornou-se seu slogan preferido.[9] Ele também veio a propor a repressão a "lojinhas étnicas", tais como lojas de conveniência de propriedade e gerência de bengalis.[10] No Reino Unido, Nigel Farage defendeu que a migração, "francamente, deixou muitas de nossas cidadezinhas e cidades grandes com dificuldade em reconhecer como eram há dez ou quinze anos".[11] Seus ataques a migrantes ganharam intensidade ao longo da crise de refugiados de 2015 e trouxeram o infame cartaz do "Ponto de Ruptura" antes do referendo do Brexit, retratando uma longa fila de migrantes, que lembrava de forma intensa as imagens adotadas pela propaganda nazista. Ataques contra imigrantes foram agravados pela hostilidade com minorias étnicas já firmadas nos países. A linha dura que Donald Trump adotou contra o movimento Black Lives Matter e seu flerte com grupos supremacistas brancos sublinharam que a aversão racial continua uma questão viva.

Para entender como essa hostilidade contra imigrantes e minorias encaixa-se na política da direita de proteção e controle, precisamos ponderar quanto às origens históricas do nacional-populismo contemporâneo e sua relação com a discriminação racial. O racismo moderno tem longo histórico que remonta à escravidão e ao imperialismo. Ele foi ideologicamente instigado pelo darwinismo social e pela obra do conde francês Arthur de Gobineau, que no século XIX teorizou a existência de uma raça superior ariana e inspirou Adolf Hitler.[12] A derrota dos nazistas e dos fascistas na Segunda Guerra Mundial, a vitória do movimento dos Direitos Civis nos Estados Unidos nos anos 1960, o fim do apartheid na África do Sul nos anos 1990 e, por fim, a eleição do primeiro presidente negro na história dos Estados Unidos em 2008 foram todos festejados como marcos de uma jornada irreversível rumo à "sociedade pós-racial". Longe de ter desaparecido, contudo, a xenofobia se apresenta em meio a temores de declínio social que assombram o panorama do Grande Recuo.

Na Europa, o primeiro partido pós-guerra a atrair eleitores pelo racismo foi o Front National, fundado e comandado durante trinta anos por Jean-Marie Le Pen. Ex-paraquedista que havia apoiado o fracassado golpe argelino contra a República Francesa em 1961, Le Pen passou a demolir muitas das demarcações antifascistas no discurso político da Quinta República Francesa. Fez oposição forte a migrantes muçulmanos que vinham do Magreb e da África Ocidental francófona, insistindo em que eles estavam arruinando a nação francesa: "*Les français d'abord!*" ("Franceses em primeiro lugar!") era seu grito de guerra.[13] Sua base chegou aos dois dígitos ainda em 1988 — seus eleitores pareciam aptos a ignorar comentários vergonhosos, incluindo a afirmação de que as câmaras de gás haviam sido um "detalhe histórico".[14]

O modelo definido por Le Pen foi rapidamente abraçado por novos e ambiciosos líderes da direita nos arredores da Europa Ocidental. Nos anos 1980, a Lega Nord, uma federação de vários grupos autonomistas do Norte da Itália, igualmente brandiu o racismo em reação à primeira onda significativa de imigração estrangeira ao país, assim como foi contra migrantes internos — os *terroni* do Mezzogiorno italiano — que iam trabalhar na Lombardia e no Vêneto. Na Áustria dos anos 1990, o Partido da Liberdade de Jörg Haider ganhou apoio representando estrangeiros como parasitas e ladrões, e retratando o islã como elemento incompatível com os valores ocidentais. Partidos xenófobos logo despontaram em outros países europeus, do Reino Unido — onde o Ukip foi fundado em 1993 — à Holanda — onde a Lista Pim Fortuyn já estava ativa no início dos anos 2000 e o Partido pela Liberdade de Geert Wilders foi fundado em 2006 —, terminando com o partido Lei e Justiça dos irmãos Kaczyński na Polônia e a transição do Fidesz de Orbán de partido cristão-democrata para partido nacionalista-conservador.

Enquanto os primeiros movimentos populistas de direita ficavam nas margens da arena política, progressivamente tornaram-se parte da corrente política dominante.[15] Apoiados na forte cobertura da grande imprensa e dos tabloides que focavam de forma obsessiva a imigração e a criminalidade, esses partidos tiveram um crescimento eleitoral forte que às vezes levou a coalizões no governo. No mais, populistas de direita conseguiram exercer forte influência nos partidos conservadores em voga, que aos poucos adotaram posturas rígidas anti-imigração por conta própria para não perderem a vantagem na guerra pelo consenso. O Partido Conservador britânico deu uma guinada veloz para a direita em reação à pressão dos partidos Ukip e do Brexit, enquanto a apropriação populista do Partido Republicano por parte de Donald Trump transformou por completo a identidade do partido fundado por Abraham Lincoln.

O nervosismo crescente quanto à imigração acontece, em certa medida, em função do aumento do número de imigrantes em países ocidentais. Os altos níveis de imigração na Europa e nos Estados Unidos no auge do capitalismo neoliberal, durante os anos 1990 e 2000, contribuíram para o litígio político crescente dessa questão. A crise dos refugiados de 2015 provocada pela guerra civil na Síria foi um ponto de virada determinante. Na Europa, a imigração passou de 1 milhão por ano em 2013 a 2,2 milhões em 2015. Nesse rastro, a imigração tornou-se um interesse político de destaque para a maioria dos europeus.[16] Diversos levantamentos já mostraram que muitos cidadãos dos Estados Unidos e da Europa creem que a imigração prejudicou as condições para a gente comum, assim como tiveram efeitos negativos na segurança e na cultura nacional.[17] Essa percepção é particularmente forte entre os trabalhadores rurais de colarinho azul que se tornaram alvo eleitoral estratégico para figuras como Trump e Salvini.

É fato que, em anos recentes, a imigração diminuiu e a crise do coronavírus levou a sua suspensão temporária. No mais, segundo o Panorama Imigratório da OCDE de 2020, há vários sinais de que a mobilidade internacional nos anos por vir será baixa, em consequência de "menor demanda de trabalho, restrições rigorosas e contínuas às viagens, assim como o uso disseminado de teletrabalho entre trabalhadores de alta qualificação e aprendizado remoto por parte de estudantes".[18] Contudo, o crescimento populacional na América Latina e, sobretudo, na África subsaariana, combinado aos efeitos do aquecimento global nessas regiões, garante que a imigração para os Estados Unidos e para a Europa continuará sendo tendência forte nas décadas por vir. No mais, dado que a postura anti-imigração é amparada sobretudo pelos mais velhos, é ilusório pensar que ela vai desaparecer conforme as gerações posteriores e de mente aberta venham a tomar conta. A xenofobia da direita demonstrou adaptabilidade notável e pode facilmente mudar a mira dos imigrantes recém-chegados para comunidades minoritárias já fixadas, que assumam o papel de "inimigo interno", e encontrar maneiras de atrair também gente de tendências mais liberais que podem ser alienadas por clamores manifestamente racistas.

A imigração como ameaça unificadora

Até a Grande Recessão dos anos 2010, a imigração era entendida sobretudo como questão secundária, fadada a atrair apenas setores específicos do eleitorado — tipicamente, a classe operária desempregada em regiões com alta proporção de imigrantes. Mas essa questão já transcendeu os confins estreitos da discussão sobre políticas de migração, quotas e integração. Ela tornou-se "questão-mestra" em torno da qual o discurso protecionista da direita se organiza, a lente através da qual se lê toda a situação social presente.

Praticamente não existe problema social pelo qual os populistas de direita não culpem os migrantes e as minorias étnicas. Do desemprego à erosão dos serviços de utilidade pública, do aumento da criminalidade e do fardo da alta tributação à percepção de declínio cultural — todas essas questões são abordadas pela direita na linguagem pronta da guerra cultural à imigração. Diz-se que a criminalidade vem do fato de os imigrantes tornarem-se soldados rasos das gangues criminosas. O desemprego é culpa dos imigrantes, que são denunciados como "exército de mão de obra de reserva", que supostamente estariam diminuindo os salários porque se dispõem a trabalhar por uma bagatela. Imigrantes também são acusados de fazerem os nativos sentirem-se alienígenas na própria terra, o que provoca crises de identidade e de cultura. Enquanto isso, a deterioração dos serviços de utilidade pública é atribuída à "inundação" das filas de moradia popular e de subsídios por parte dos imigrantes, e não aos cortes nos gastos públicos. A crise demográfica no Ocidente é atribuída à preferência dos políticos em importar mão de obra obediente em vez de apoiar a capacidade das famílias nativas de terem filhos. Durante a crise da Covid-19, imigrantes também foram acusados por Trump e seus aliados de trazerem o vírus ao país, apesar do fato de ser mais provável que ele fosse espalhado por executivos que viajam de avião com frequência e turistas. O imigrante é escalado no papel de culpado universal, responsável por tudo o que há de errado com a sociedade. Essa figura tornou-se ponto de convergência para uma vasta gama de temores e nervosismos da era neoliberal tardia: temores de declínio econômico, de perda de identidade, de inundação demográfica, de múltiplas ameaças à segurança.

As explanações dominantes quanto à postura anti-imigração defendem que é uma questão cultural em dois sentidos. Primeiro: imigrantes costumam ser entendidos como ameaça cultural, como agentes que trazem ao país costumes, idiomas, línguas, religiões e atitudes que são vistas como incompatíveis com a cultura dos habitantes "autóctones". Os nacionalistas muitas vezes defenderam que migrantes põem "nosso modo de vida" em risco e desrespeitam "nossos valores". Marine Le Pen atacou muçulmanos por ofender a cultura de secularismo francesa no contexto de discussões sobre o uso do véu em espaços públicos, enquanto Viktor Orbán os apresentou como ameaça ao cristianismo.[19] Alguns líderes nacionalistas, como Pim Fortuyn na Holanda, chegaram a culpar muçulmanos por sexismo e homofobia,[20] apesar da oposição de longa data que a direita nacionalista faz à igualdade de gêneros. Em segundo lugar, o ardor anti-imigrantes é visto como questão cultural porque é uma postura à qual cidadãos com baixo nível educacional são considerados particularmente suscetíveis.[21] Mas a aversão a imigrantes está longe de ser apenas um fenômeno "cultural".

O que torna o imigrante uma figura tão perfeita para o ódio em momentos de crise da soberania nacional é que essa categoria representa o forasteiro por excelência: alguém que, embora habite o território de determinado demo, não compartilha com ele a linhagem, a cultura nem a cidadania. Em relação a uma comunidade nativa muitas vezes imaginada de maneira fictícia como sendo étnico-culturalmente uniforme, o imigrante é visto como alguém que diminui essa homogeneidade e, assim — segue o argumento —, também sua individualidade e sua coesão social.[22] Se não houvesse imigrantes, sugere a direita, o povo voltaria a descobrir sua unidade fundamental, reivindicaria suas raízes autênticas e superaria seus conflitos internos frívolos. De fato, existe alguma verdade nessa narrativa. Demonstrou-se repetidamente que o ódio com o externo serve para neutralizar os conflitos internos e cria uma noção fajuta de unidade nacional. Matteo Salvini, por exemplo — que há poucos anos estava discursando contra napolitanos —, agora, como sugere uma tira em quadrinhos, conseguiu unir italianos do Sul e do Norte na aversão comum aos estrangeiros.

O papel dos imigrantes como o Outro essencial no "populismo excludente" da direita fica claro particularmente no enquadramento dos imigrantes e das minorias étnicas como criminosos que representam uma ameaça à segurança.[23] Na Itália,

Salvini frequentemente mirou os "traficantes tunisianos" e as "redes de prostituição nigerianas",[24] associando grupos étnicos específicos a determinadas atividades criminosas; na França, Le Pen repetidamente tachou cidadãos de minorias étnicas que moram nos *banlieues* de "escória" produzida pela imigração.[25] Essa propaganda teve apoio de uma imprensa marrom nas mãos de magnatas bilionários, que contribuiu bastante para a estigmatização de imigrantes e minorias étnicas como inerentemente criminosas. Nos últimos anos, a depreciação da população imigrante foi reforçada pela associação entre imigrantes e terrorismo. Desde que a Al-Qaeda ganhou o consciente coletivo com uma série de atos de terror, e sobretudo no rastro das carnificinas perpetradas pelo Estado Islâmico, os residentes muçulmanos em países ocidentais estão cada vez mais sob suspeita do povo, enquanto políticos de direita os acusam de quinto-colunismo jihadista.[26]

Costuma-se dizer que a postura anti-imigração almeja alimentar uma guerra de pobres contra pobres. Aliás, a escora na imigração reflete a intenção hipócrita dos nacional-populistas de angariar apoio popular e ao mesmo tempo defletir as elites econômicas (que eles defendem, apesar do suposto populismo) da ira social e das demandas de redistribuição. Lançando a classe operária "descamisada" contra os trabalhadores migrantes, o discurso anti-imigração age como tática eficiente para desviar o assunto. O ardil funciona porque há interesses materiais a que o discurso anti-imigração pode se agarrar. Imigrantes ficam com os empregos que exigem maior comprometimento físico e que têm menor status no precariado dos serviços, como os de faxineiros, enfermeiros e estoquistas, trabalhando nas colheitas ou na economia informal. Por serem recém-chegados, eles são obrigados a escalar a pirâmide social — um impulso ascendente que naturalmente causa desgosto entre aqueles que se sentem em risco com a insegurança empregatícia.

Migrantes são geralmente culpados tanto por "roubar nossos empregos" quanto por ser "parasitas da assistência". A ideia de que os imigrantes roubam oportunidades de emprego tem longo histórico na direita populista. Em 1976, Jean-Pierre Stirbois, o estrategista por trás de um dos primeiros avanços eleitorais do Front National, já afirmava: "Um milhão sem emprego são 1 milhão de imigrantes a mais do que devíamos ter". Hoje, esse protecionismo empregatício é reciclado na representação dos migrantes como "exército de mão de obra de reserva", como propõe o pensador da nova direita francesa Alain de Benoist, papagaiado pelo filósofo italiano de extrema direita Diego Fusaro.[27] Essa teoria também foi apregoada por Boris Johnson ao proclamar que o motivo para as corporações baixarem os salários era "ter acesso a reservas ilimitadas de mão de obra de outros países".[28] A mesma narrativa foi usada contra operários da construção civil e encanadores poloneses no Reino Unido, culpados pela baixa dos salários durante a campanha do Brexit. Há forte discussão entre acadêmicos quanto à imigração exercer ou não pressão de baixa nos salários.[29] Em um mercado de trabalho sem regulamentação, é fácil ver como a concorrência salarial pode opor imigrantes e nativos em empregos de baixa qualificação. Mas atacar imigrantes, forçados a aceitar qualquer emprego, em vez dos empregadores que os exploram é uma demonstração de covardia e de crueldade. A demanda de "empregos locais para gente local" vai de mãos dadas com o que se descreve como "chauvinismo com o assistencialismo", que quer excluir os imigrantes do acesso aos benefícios e trata-os como parasitas. Isto apesar do fato de que, longe de constituírem um "fardo da previdência", os migrantes tipicamente dão uma contribuição maior aos cofres públicos do que aquilo que recebem em benefícios.[30]

O imigrante constitui o cordeiro de sacrifício ideal, oferecido no altar da aliança nacionalista profana entre setores da classe operária, seus patrões, lojistas provincianos e profissionais técnicos bem pagos. Para os operários nativos de colarinho azul, botar a culpa do desarranjo econômico atual nos migrantes possibilita que eles se validem como parte da "classe operária meritória" sob ameaça da economia informal. A oposição a imigrantes acalma o temor dos operários de cair pelas rachaduras da sociedade, passando de produtores respeitáveis a subclasse detestável de "aproveitadores". Da perspectiva de administradores, donos de empresas e profissionais do mercado, a mira nos imigrantes é um modo de canalizar a ira popular para baixo e assim desviá-la dos que estão acima na pirâmide social. No mais, é menos provável que um migrante intimidado se sindicalize ou defenda seu direito por outros meios, o que o torna um empregado convenientemente dócil.

O ressentimento com imigrantes também está relacionado aos temores de substituição demográfica. A aflição que atinge muitos eleitores da direita é de que estão se tornando não apenas supérfluos na economia, dado que dependem de atividades altamente desamparadas frente à concorrência internacional, mas também de que eventualmente serão substituídos biologicamente por estrangeiros mais férteis. Em toda a Europa Ocidental e nos Estados Unidos, a taxa de natalidade caiu para cerca de um filho e meio — bem abaixo da média global. No livro *Whiteshift*, Eric Kaufmann defende que as maiorias brancas de muitas sociedades ocidentais agora percebem que logo vão viver em sociedades "minoria-maioria", que não são mais dominadas pela "reserva" étnica original.[31] Esse medo da substituição está ecoado na linguagem da "invasão", ou da "substituição", ou mesmo do "genocídio branco" que a direita nacionalista usa. Em maio de 2017, Matteo Salvini falou em tons sombrios de uma "tentativa de substituição étnica de um povo por outros: é simplesmente uma operação econômica e comercial financiada por gente como Soros".[32] Esse tipo de afirmação suscita teorias da conspiração de insana popularidade nas subculturas da direita alternativa na internet, como o dito Plano Kalergi, e a "grande reposição" proposta pelo autor francês de extrema direita Renaud Camus.[33]

Boa parte do discurso anti-imigração da direita lembra o fascismo. Porém, apesar do veneno, nas suas entrelinhas não se propõe a eliminação dos imigrantes, mas o controle e exploração da categoria. Considere, por exemplo, o fato de que Salvini foi eleito senador em Rosarno, na Calábria, local infestado pela máfia 'Ndrangheta. A cidade prospera por conta da exploração da força de trabalho migrante e barata na agricultura; os trabalhadores recebem valores como dois euros por hora, e empresários rurais que empregam a mão de obra migrante votam majoritariamente na Lega. Ao forçar os imigrantes a uma posição subalterna, a lúmpen-burguesia que apoia líderes nacionalistas pode tratá-los como escravos e pagar salários miseráveis tanto a eles quanto a trabalhadores nativos. Nos Estados Unidos, a Fiscalização de Imigrações e Alfândega (ICE, na sigla em inglês), que atua dentro do Departamento de Segurança Doméstica, deportou centenas de milhares de migrantes ilegais e espalhou o medo entre milhões de outros, o que facilitou a exploração por parte de empreendedores patifes.

O discurso anti-imigração é, assim, fundamentalmente um discurso de demarcação que traça fronteiras entre dentro e fora, entre a comunidade nativa e os migrantes. Essa demarcação leva a esquerda a terreno incômodo. Moralmente indignada com a retórica virulenta da direita, a esquerda sente-se impelida a posicionar-se como externa ao "demo ameaçado" e ficar do lado dos imigrantes — que, diferentes da população local, normalmente não têm direito ao voto e, portanto, pouco poder para proteger-se desses ataques.

Essa tarefa de demarcação hoje engloba a arquitetura projetada para reter e controlar os imigrantes. O exemplo mais famoso é a promessa de Trump de construir um muro na fronteira com o México, que foi a medida estandarte de sua campanha de 2016, mas foi repetidamente adiada devido ao altíssimo custo e à dificuldade na compra de terras. Essas barreiras à migração também revelam as inconsistências do discurso nacionalista. Como a filósofa política Wendy Brown defende, a política chauvinista das fronteiras e a construção de novos muros não são expressão de uma soberania nacional triunfante.[34] Elas meramente oferecem um delírio potente de controle do território; uma compensação simbólica pela perda do poder estatal. Dado que a soberania econômica no geral foi enfraquecida pela integração econômica global, a coerção — sobre a qual o Estado ainda tem o monopólio operante — tornou-se o jeito mais fácil de os políticos propagandearem que ainda estão no controle e aptos a proteger a comunidade nacional.

Tabela 7.1. Inimigos na elite

	Elite cultural	Elite econômica	Elite política
Antagonista principal	*Direita populista*	*Esquerda populista*	*Centro populista*
Exemplos	Acadêmicos; jornalistas; gente do show business; ONGs; classe criativa; cientistas; médicos; imprensa e mídias digitais	Os ricos; empreendedores; banqueiros; investidores; proprietários de terras e imóveis; gerentes e técnicos/ advogados bem pagos etc.	Políticos; burocratas; funcionários públicos; tecnocratas; instituições supranacionais; consultores do governo/ especialistas
Motivos para animosidade	A suposta traição da tradição e de opiniões populares; imposição de visões de mundo cosmopolitas e liberais	Exploração dos trabalhadores; evasão fiscal; degradação ambiental; interferência nas decisões políticas	Corrupção; falta de transparência; preguiça e esbanjamento; distorção da vontade popular; fraudes eleitorais

Atochem nos ricos

"Bilionários não deviam existir" — assim proclamou Bernie Sanders em setembro de 2019 ao descortinar uma proposta de imposto sobre as fortunas dos norte-americanos mais ricos. Em fevereiro de 2020, ele voltou à baila depois de sua vitória nas primárias de New Hampshire: "Vamos para cima dos bilionários e vamos para cima dos candidatos financiados por bilionários". A animosidade de Sanders quanto aos super-ricos, que definiu grande parte de suas campanhas à presidência de 2016 e 2020, é a manifestação de um forte discurso antiplutocrata que se tornou uma das características definidoras da esquerda socialista a emergir do movimento populista. Enquanto ataques a migrantes miram a classe inferior, os ricos são uma de três elites ou inimigos de "classe superior" que viraram alvos dos movimentos populistas, sendo os outros a classe política e a intelligentsia (ver Tabela 7.1). Líderes como Jeremy Corbyn, Jean-Luc Mélenchon, Pablo Iglesias e Alexandria Ocasio-Cortez frequentemente miraram os ricos: Jeff Bezos, Mark Zuckerberg, Elon Musk e os irmãos Koch nos Estados Unidos; Philip Green e Richard Branson no Reino Unido; Bernard Arnault na França; a família Benetton na Itália; e Amancio Ortega na Espanha — todos tornaram-se alvos comuns.

Essa postura "atochem nos ricos", que reemergiu no rastro da crise de 2008, apenas se intensificou em anos recentes. Em janeiro de 2019, a nova e incendiária congressista democrata Alexandria Ocasio-Cortez propôs uma faixa de contribuição superior com alíquota de 70% para os que ganham acima de 3 milhões de dólares anuais como modo de combater a desigualdade social. A proposta atraiu críticas generalizadas da mídia, mas levantamentos mostraram que ela atraiu o apoio da grande maioria dos norte-americanos, e até dos eleitores republicanos.[35] Dan Riffle, conselheiro sênior da congressista, criou um alvoroço na grande imprensa em julho de 2019 quando cunhou o slogan "Todo bilionário é um fracasso da política". Ele explicou: "Quanto maiores forem as fatias da torta de Jeff Bezos e Bill Gates, menores serão a de todo mundo".[36] Na França, Jean-Luc Mélenchon muitas vezes foi fulminante contra os super-ricos, acusando-os de narcisismo e irresponsabilidade.[37] Em junho de 2019, ele disse que "os ricos saem muito caro" e sugeriu que era "hora de os ricos serem altruístas".[38] O videogame de propaganda chamado *Fiscal Kombat*, lançado durante a campanha de 2017, mostrava Mélenchon sacudindo empreendedores e financistas ricos até o dinheiro da evasão fiscal cair de seus bolsos fundos.[39]

Pablo Iglesias voltou a mira várias vezes contra os ricos espanhóis, incluindo o proprietário da Inditex, Amancio Ortega — o qual, quando seu valor líquido bateu os 80 bilhões de dólares, foi a pessoa mais rica do mundo por um breve período de 2015. Ele também voltou suas armas contra o proprietário da rede varejista Mercadona, Juan Roig, e o proprietário da empresa de vestuário Mango, Isak Andic. Em maio de 2020, durante a crise da Covid-19, Iglesias propôs um imposto solidário aos ricos — incidência de 2% em fortunas de 1 milhão de euros ou mais, que subisse progressivamente a 2,5% nas de 10 milhões de euros, a 3% nas de 50 milhões de euros e a 3,5% nas de 100 milhões de euros —, que acabou sendo aprovado em versão diluída. Ele apelou ao "patriotismo fiscal" dos ricos, acrescentando que estava convencido de que "a maioria daqueles com patrimônio acima de 1 milhão de euros vão querer demonstrar solidariedade a seus compatriotas".[40] De modo similar, durante seu mandato como líder dos trabalhistas no Reino Unido, Jeremy Corbyn muitas vezes pleiteou a redistribuição da riqueza e foi acusado pela imprensa de "demonizar os ricos".[41] Como a crítica de economia da *New Statesman* Grace Blakeley comentou: "Após décadas de estagnação provocada pela crise financeira, a elite financeira centrada na City londrina é a vilã natural em qualquer narrativa populista da esquerda".[42]

Esses ataques refletem uma mudança profunda na opinião pública em tempos de Grande Recuo: o engordar das elites ricas e as imensas desigualdades que daí resultaram atraíram o ultraje popular generalizado. Pode-se dizer que essa atitude tenha sido bem captada pelo filme *Coringa*, de Todd Phillips, que retrata as elites corruptas e endinheiradas de Gotham City atacadas por manifestantes que usam o slogan brutal "Matem os ricos", inspirados pelos feitos sanguinários de Arthur Fleck — o comediante de *stand-up* fracassado que se torna o Coringa. O motivo pelo qual o filme tocou fundo na imaginação pública e tornou-se ícone de protesto foi o fato de ter desmascarado a frieza da desigualdade. Da mesma forma que outros filmes recentes, como o coreano *Parasita* e o espanhol *O poço*, ele reflete o mal-estar popular crescente quanto à concentração de riqueza. Alguns membros iluminados da classe bilionária, como Warren Buffett, admitem há tempos a escala gigantesca do desequilíbrio nos patrimônios, tendo dito de forma célebre em 2006: "Existe conflito de classes, sim, mas é a minha classe, a rica, que trava a guerra; e estamos vencendo".[43] Nos últimos anos, a desigualdade fragorosa tornou-se cada vez mais motivo de vergonha. Ela chegou até a encontrar espaço no palco do Fórum Econômico Mundial de Davos, onde, em 2019, o historiador econômico holandês Rutger Bregman ridicularizou os participantes frequentes de Davos, tais como o cantor Bono, por apoiar o que chamou de projetos filantrópicos "de palhaçada", dizendo que a única solução para a desigualdade era tributação. Em março de 2019, registrando a mudança na opinião pública, um artigo do *Washington Post* questionou: "Por que, de uma hora para outra, todo mundo odeia os bilionários?".[44]

O ressentimento crescente com os ricos reflete o enriquecimento grotesco dos abonados. Nos Estados Unidos, quase todo o fardo da crise financeira de 2008 recaiu em trabalhadores e na classe média, enquanto o crescimento foi sugado pelas famílias abastadas.⁴⁵ Nos três anos desde a crise, o 1% no alto ficou com 91% da renda real. O mesmo grupo teve crescimento na renda de 34,7%, enquanto os 99% abaixo tiveram um mísero ganho de 0,8%.⁴⁶ Enquanto os salários ficaram estagnados e os preços dos imóveis residenciais caíram, o mercado acionário inflou, alimentando os dividendos de acionistas. A injustiça está bem representada no abismo crescente entre a compensação de um CEO e de um trabalhador médio. Em 2019, segundo um informe do Instituto de Política Econômica, a diferença entre os dois era de 320 vezes, bem acima dos níveis pré-2008.⁴⁷ Estimou-se que o trabalhador médio da Amazon precisaria trabalhar oito semanas para ganhar o mesmo dinheiro que Bezos ganha em um segundo.⁴⁸

Esse fosso absurdo em renda e patrimônio explica por que a tributação se tornou o ponto crítico nessa luta contra os ricos. A revolta pública focou as práticas de evasão fiscal e os paraísos fiscais através dos quais os ricos evitam pagar o que devem. Embora desde os anos 1980 a ortodoxia financeira tenha decretado uma redução na tributação progressiva — em acordo com a chamada curva de Laffer, cuja pretensão é mostrar que se gera maior receita governamental com regimes de tributação menores —, mais recentemente uma revolta fiscal se espalhou pelas classes médias. Agora há demandas frequentes de aumento da tributação da riqueza bilionária e da compensação de executivos para inverter a desigualdade e financiar serviços de utilidade pública. Vozes de economistas que incluem Joseph Stiglitz e Paul Krugman muitas vezes atacaram a relutância dos ricos em pagar impostos e denunciaram sua influência presunçosa na política, o que lhes possibilita evitar tributação.⁴⁹ Movimentos do início dos anos 2010, tais como o UK Uncut, que miravam as atividades de evasão fiscal de grandes empresas e de indivíduos abastados, sublinharam a injustiça do sistema em que trabalhadores têm que pagar e os ricos podem decidir que não pagarão. A indignação com esse estado das coisas só cresceu nos últimos anos. Em 2018, informou-se que o cantor pop Ed Sheeran havia pagado mais imposto no Reino Unido do que a gigante varejista Amazon, graças a artifícios de contabilidade fiscal que a empresa de Bezos utiliza.[50] Na União Europeia, paraísos fiscais como Holanda, Luxemburgo e Irlanda tornaram-se alvo de críticas crescentes, em particular durante as negociações quanto ao fundo de recuperação econômica da União Europeia em julho de 2020, quando o governo holandês foi acusado de querer dar lição de moral sem ter moral.[51]

O grau em que se percebe a desigualdade como algo injusto é sempre uma função das condições gerais da sociedade e do número de pessoas que aproveitam níveis decentes de renda e riqueza. Durante os anos 1990 e início dos 2000, o período de crescimento econômico firme no neoliberalismo, o evangelho da economia *"trickle-down"** e do empreendedorismo pode ter soado mais plausível. Em meio à estagnação e contração econômica atuais, contudo, as disparidades extremas no patrimônio passaram a ser percebidas de forma mais ampla como algo censurável.[52] O abismo crescente entre a grande maioria, cujos prospectos econômicos estão em declínio, e a minoria dos ricos e abastados, cujas fortunas continuam a crescer sem obstáculo, resultou na percepção cada vez maior dos ricos como ameaça, como categoria da qual se deve proteger, e não uma condição a que a pessoa comum pode aspirar.

---

* Teoria econômica segundo a qual o maior rendimento dos mais ricos "escorre" (*trickles down*) até os mais pobres, gerando crescimento econômico para todos. [N.T.]

Vampiros capitalistas

A mira da esquerda socialista nos ricos pressupõe uma "topologia de animosidade" radicalmente distinta da que a direita mobiliza. Enquanto a direita volta sua ira contra aqueles no pé da escada socioeconômica — na classe inferior e em particular nos imigrantes —, a esquerda faz o oposto. Diferente dos imigrantes, que a direita enquadra como alienígenas que vieram de fora e entraram na comunidade à força, os ricos são retratados pela esquerda mais como agentes que existem dentro e acima do demo, alimentando-se implacavelmente do seu trabalho. Eles são vistos como forças predatórias contra as quais a sociedade tem que se proteger, e oligarcas, que por força de sua riqueza estão roubando nossa democracia e privando o povo do controle.

À primeira vista, o enquadramento dos ricos como inimigos do povo pode não parecer tão distinto da tradicional retórica anticapitalista que há muito tempo é esteio da esquerda radical. "Devorem os ricos" — slogan que ainda faz sucesso entre os anticapitalistas — remonta a Jean-Jacques Rousseau, que disse que, quando os pobres não tiverem o que comer, eles acabarão comendo os ricos. O principal aspecto distintivo do enquadramento populista contemporâneo dos ricos, se comparado à visão marxista ortodoxa do capitalista como "apenas capital personificado", jaz no enquadramento moralista da questão.[53] Hoje se faz referência aos ricos usando termos que sugerem a forte condenação moral: os *banksters* (termo que fez sucesso no rastro do desastre de 2008 ao misturar banqueiros e gângsters), os podres de ricos, a máfia capitalista. Essa visão dos ricos como criminosos contra os quais os cidadãos precisam se proteger foi exemplificada pela afirmação de Bernie Sanders, após o desastre de 2008, de que "o que Wall Street e as empresas de cartão de crédito estão fazendo não é muito diferente do que gângsters e agiotas fazem quando dão empréstimos predatórios".[54]

Capitalistas chegam a ser retratados como abutres ou sanguessugas — gente de outra espécie. Peter Thiel e os membros da "Máfia PayPal", segundo o tropo paranoico, injetam-se o sangue de jovens como uma terapia para prolongar a vida.

Os ricos são representados como gente que se colocou moralmente do lado de fora dos limites da sociedade, que abandona os deveres fundamentais para com os outros seres humanos. Embora devam seu patrimônio desproporcional ao empenho de todos, eles fazem tudo que é possível para evitar a tributação, acumulando ativos financeiros graças à flexibilização quantitativa e aos subsídios do governo. Em memes de internet, os ricos são retratados tomando coquetel em praias cheias de palmeiras nas Bahamas e nas Ilhas Cayman, ou curtindo a vida nos seus iates e pistas de golfe, distantes das multidões de banais a quem pagam salários insignificantes. Essa arrogância fica ainda mais intolerável pelo fato de os ricos serem uma minoria minusculíssima, mas de poder incrível, como popularizaram as referências ao 1% super-rico feitas pelo movimento Occupy Wall Street. Em outubro de 2018, a Anticapitalistas, então corrente minoritária do Podemos, lançou uma campanha contra os ricos, defendendo que eles eram "a única minoria perigosa". Ironicamente, o status dos ricos como minoria, por mais peculiar que seja, foi usado pela imprensa liberal para defender que a esquerda socialista era tão intolerante quanto a direta nacionalista, mas mirava os ricos em vez dos imigrantes — como se a xenofobia tivesse seu equivalente natural em uma nova e misteriosa doença conhecida como "plutofobia".

A aversão aos ricos tem papel unificador similar ao que o imigrante desempenha como Outro na coligação social nacionalista. É o pivô de uma aliança de classe que inclui o precariado dos serviços e a classe média urbana de mobilidade descendente, unidos na sua aversão à classe capitalista.

O precariado dos serviços tem bons motivos para odiar os ricos quando comparam seus rasos salários por hora à vasta renda e patrimônio da classe afluente. No mais, é a mão de obra que deve servir aos desejos narcisistas dos ricos — servir os vinhos e as refeições caras, faxinar seus escritórios, cuidar de sua saúde. Como no filme *Parasita*, de Bong Joon Ho, o contato direto das classes inferiores com os ricos — sentir o que eles têm de obtusos, cruéis e arrogantes — só aumenta a hostilidade contra eles. Contudo, a transformação da experiência dos trabalhadores na época da "economia dos bicos" parece armar um paradoxo sério para o antagonismo no ambiente de trabalho. No capitalismo digital, as relações de produção tendem a ser impessoais e muitas vezes são mediadas por um app — daí a expressão "Seu chefe é um algoritmo", usada para referir-se à maneira como trabalhadores da Amazon e motoristas de Uber recebem ordens de um software. Por trás do software, contudo, há uma organização e gente de verdade que colhe os benefícios da exploração. Fora os algoritmos, os trabalhadores da economia dos bicos muitas vezes interagem com diversos funcionários da empresa que agem como supervisores e capangas locais. Um exemplo fictício é o personagem Maloney, no filme *Você não estava aqui*, de Ken Loach, que fica constantemente berrando ordens: "Vamos descolar esse papelão do chão!". Ele se vê como trabalhador, alguém que labuta tanto quanto os outros; ainda assim, é cúmplice na exploração cruel dos que trabalham para ele. Agentes como Maloney, no nível inferior da exploração, são a oportunidade de visualizar o inimigo em uma posição em que ele não parece inalcançável e, assim, intocável. A nova classe média também tem muito rancor com relação aos ricos, cuja relutância em pagar os impostos que ela é obrigada a pagar e cujo estrangulamento nos custos empregatícios são vistos como injustiça intolerável. No mais, ela fica indignada com a concentração de riqueza nas mãos de poucos, assim como fica com a capacidade que os ricos têm de monopolizar a mídia e fazer lobby com políticos para exercer uma influência enorme, que afeta as condições de vida das pessoas comuns.

A direita não é totalmente alheia a tais ataques aos ricos. Em diversas ocasiões ela tentou apresentar-se como inimiga das finanças globais, tentou reforçar sua afirmação de que está do lado dos operários. Um alvo privilegiado do ataque na Europa foi o financista húngaro-americano George Soros — um grande financiador de causas progressistas, odiado particularmente por apoiadores da direita alternativa por sua identidade judaica, representado em memes na internet como um rei-lagarto envolvido com libelos de sangue e abuso infantil. Sem falar que esse ataque direcionadíssimo a um membro da elite financeira internacional não é um posicionamento contra a classe dos ricos como um todo. Esse discurso corresponde à forma clássica do "status quo anticapitalismo" que, como Poulantzas observou, historicamente foi mobilizado pela extrema direita — que tenta oferecer alguma segurança às faixas média e inferior da burguesia de que serão protegidas do grande capital predatório e que costuma mexer com motivações antissemíticas.[55]

A direita, contudo, não consegue afirmar a propriedade total da atitude antirricos. Primeiro, ela se beneficia desses setores da classe média alta que passaram do apoio ao centro neoliberal ao favorecimento dos nacionalistas.[56] No mais, seus recursos humanos na política, a começar pelo próprio Donald Trump, são parte integrante desses estratos, a ponto que o populismo da direita foi descrito por vezes como "plutopopulismo".[57] Figuras como Steve Bannon podem até afirmar que o Partido Republicano de Trump é um partido de trabalhadores; mas é difícil eles deixarem de lado a impressão guiada pelo fato de que muitos de seus dignitários sênior são ex-funcionários do Goldman Sachs. Por fim, o histórico da direita nacionalista demonstrou quais são seus interesses. O governo Trump cortou impostos para grandes empresas e para os mais ricos, mas não conseguiu aprovar medidas básicas que podiam conquistar o apoio da classe operária, tal como a proposta pró-infraestrutura, que faria imenso sucesso entre os sindicatos. Essas contradições entre, de um lado, o anticapitalismo moralista da direita e o discurso "trabalhista" fajuto e, do outro, sua aliança pragmática com os super-ricos, desvelam um vínculo fraco com sua coalizão eleitoral. É uma oportunidade para a esquerda expor o pacto fraudulento que os nacionalistas oferecem aos trabalhadores.

Abaixo o establishment

Fora os ricos, dois outros grupos de elite têm proeminência na política contemporânea: a classe política e a intelligentsia. A classe política, tratada como a que privou a gente comum do controle democrático, frequentemente entrou na mira de movimentos populistas. Adotando o termo "casta" para atacar a classe política corrupta, o Movimento Cinco Estrelas tem sido o mais explícito em seguir essa motivação.[58] O movimento acusou políticos de ver a política como carreira que oferece oportunidade para surrupiar recursos públicos e sublinhou a necessidade de probidade pública. "Honestidade" (*onestà*) é a palavra mais repetida do Movimento Cinco Estrelas há muito tempo. Essa atitude revela o que já se descreveu como postura antipolítica, que reflete o ressentimento popular arraigado e a desconfiança de muitos cidadãos quanto à classe política, como fica sinalizado nas taxas de aprovação de políticos e instituições que estão em baixas históricas.[59]

A esquerda apropriou-se em parte dessa narrativa anti-establishment no contexto dos ataques contra a injustiça econômica. Livros como *The Establishment*, de Owen Jones, focaram a aliança entre a classe empresarial e a classe política, enquanto novos partidos e líderes criticaram veementemente o comportamento carreirista de políticos do centro neoliberal.[60] O Podemos adotou o jargão do Movimento Cinco Estrelas de "a casta" e subsequentemente o termo "complô" (*trama*) para condenar o entrelaçamento de interesses políticos e econômicos. Apesar de longa carreira como políticos, Jean-Luc Mélenchon, Jeremy Corbyn e Bernie Sanders atacaram com frequência a classe política e sua má vontade em ouvir as demandas dos cidadãos, enquanto se veem como criados do interesse público, os novos tribunos do povo.

Na direita, Donald Trump transformou o espírito antielite num componente-chave de sua retórica. Na eleição de 2016, ele desafiou o establishment do Partido Republicano, a começar pela família Bush — em especial o ex-governador da Flórida, Jeb Bush —, e saiu por cima. Durante seu mandato presidencial, prometeu "secar o pântano" de Washington para consertar problemas no governo federal. Fez alusões sombrias a forças obscuras tanto dentro quanto fora da Casa Branca que estariam travando seu programa e deu apoio a teorias conspiratórias, tais como as disseminadas pelo QAnon. Na Itália, Matteo Salvini, político de carreira que entrou na atividade por volta dos vinte anos, adotou de modo muito inteligente os discursos do Movimento Cinco Estrelas contra a classe política. Ele atacou diversas vezes o *governo delle poltrone* — literalmente o "governo das poltronas" — para condenar a obsessão do Movimento Cinco Estrelas e do Partido Democrático italiano em permanecer no poder acima de tudo. No Reino Unido, Boris Johnson transformou a eleição geral de 2019 em uma disputa do "público contra o Parlamento", enquanto invectivas contra especialistas por parte de apoiadores do Brexit durante a campanha pela saída da União Europeia tiveram orientação antipolítica similar, sinalizando desconfiança profunda nas instituições políticas.[61]

Os ataques à classe política são espelhados por invectivas contra as elites culturais — os "professores", intelectuais e ativistas que são vistos como distantes da gente comum. A direita tachou frequentemente a esquerda de avatares dos "radicais chiques", de "esquerda metropolitana", ou de intelectuais fora de sintonia. Os intelectuais são representados como figuras condescendentes que vendem um misto perigoso de "marxismo cultural", derivado dos autores da Escola de Frankfurt, e de política queer, que corrompe o demo, destrói a cultura tradicional e contribui para as baixas taxas de fertilidade. No mais, a intelligentsia é detonada pelo fato de que sua preocupação com imigrantes aparentemente excede sua simpatia pelos colegas cidadãos. A acusação contra os intelectuais, em outras palavras, engloba as afirmações de que eles são esnobes, pouco patriotas, hipócritas e puramente venais — já que às vezes são acusados até de ser agentes do mercado financeiro global. Durante a crise do coronavírus, essa postura foi agravada por calúnias contra médicos, virologistas e epidemiologistas, acusados por grupos da extrema direita de criar uma atmosfera de medo e paternalismo excessivos e de estar em conluio com empresas farmacêuticas. Essa narrativa é particularmente eficiente devido ao ressentimento que grandes setores da classe operária acalentam quanto às elites intelectuais, que às vezes eles veem como categoria ainda mais excludente que os ricos.[62]

O sucesso do discurso antipolítica reflete uma percepção de que as falhas do Estado são consequência não das políticas de austeridade e dos cortes nos gastos públicos, mas do hábito dos políticos de destinar fundos públicos para uso pessoal — uma coisa que é especialmente intolerável para cidadãos preocupados com tributação alta e que contam fortemente com serviços de utilidade pública cada vez menores. Embora a corrupção política seja um problema grande, na crítica incessante da política e dos políticos tem-se o risco de reforçar a perspectiva neoliberal de que o Estado seria inerentemente perdulário e desviar a atenção da corrupção corporativa. Além disso, há o risco de medidas informadas por essa perspectiva paradoxalmente exacerbarem a corruptibilidade da classe política. Por exemplo: a batalha do Movimento Cinco Estrelas contra o poder do dinheiro na política levou à retirada de financiamento público para partidos políticos, deixando assim os políticos fortemente dependentes de doadores ricos, enquanto a redução no número de membros do Parlamento promovida pelo movimento fundado por Beppe Grillo foi bastante criticada por ter enfraquecido o Parlamento. Ao fim, a postura de desdém com a classe política pode levar ao oposto da ética de virtude e responsabilidade que o republicanismo recomenda, possibilitando aos cidadãos imaginarem-se irrepreensíveis frente aos políticos irredimíveis. Em vez de ser uma recuperação do controle democrático, na batalha contra as elites políticas corre-se o risco de se chegar a uma postura niilista que pouco ajuda a mudar o equilíbrio de poder a favor dos cidadãos comuns.

Depois de reconstruir diversas hostilidades que organizam o campo de batalha da política contemporânea, agora podemos avaliar a eficiência com que mobilizam a opinião pública. A percepção do público em geral é de que a direita nacionalista tem sido muito mais eficiente do que a esquerda socialista na construção de um inimigo contra o qual agora consegue enquadrar demandas, medos e queixas. Em *Whiteshift*, Eric Kaufmann pergunta: "Por que os populistas da direita estão se saindo melhor que os da esquerda?" e "Por que a crise migratória impulsiona os números da direita populista de forma acentuada enquanto a crise econômica não teve efeito geral?".[63] Aliás, dada a intensidade da crise econômica e do aumento fragoroso da desigualdade, o fato de que o populismo econômico da esquerda socialista, com sua crítica aguda aos ricos, parece ter sido menos eficiente do que o populismo cultural da direita levanta questões sérias tanto em relação à retórica quanto em relação à estratégia. Para Kaufmann, assim como para Roger Eatwell e Matthew Goodwin, a explicação é simples: a esquerda não está levando a questão da imigração a sério.[64] Mas os motivos para a incapacidade dos socialistas de prevalecer em termos discursivos contra seus rivais de direita são muito mais profundos.

Sob o neoliberalismo, os cidadãos foram formados para admirar a elite de sucesso econômico que fica por cima deles e desprezar os que ficam por baixo. A xenofobia baseada no desprezo pelos fracos tornou-se um acompanhamento natural do individualismo possessivo. No mais, o senso comum neoliberal nos ensinou que ser rico é bom — que devíamos imitar as celebridades e os empreendedores e ter inveja de seus estilos de vida singulares, ao mesmo tempo que detestamos os pobres. A situação lembra a trama de *O poço*, filme de 2019 no qual os presos admiram os que vivem acima deles e tratam os que vivem nos andares inferiores como aproveitadores indignos, ignorando o fato de que logo podem se ver condenados aos patamares de baixo. No mais, imigrantes — e minorias étnicas — compõem um inimigo eficiente porque muitas vezes podem ser identificados pela cor da pele, pelas roupas ou pelo sotaque. Eles ficam à vista nas ruas, no transporte público, nos consultórios, hospitais e ambientes de trabalho; pessoas que vivem em vizinhanças da classe operária têm contato diário com eles, às vezes de maneira turbulenta.

Em contrapartida, os ricos não fazem parte da experiência de vida cotidiana da maioria das pessoas. Eles se encontram sobretudo de forma indireta, mediada, tanto por conta de sua escassez numérica quanto pelo fato de viverem em bairros ricos, geralmente murados, enquanto viajam pelo mundo usando seus meios de transporte particulares. Isso significa que a imagem popular dos ricos é fortemente moldada pela TV e pela imprensa, que muitas vezes os apresentam sob uma luz altamente favorável. Isso contribui para uma conjuntura radicalmente diferente daquela que prevalecia no auge do movimento operário no Ocidente. Capitalistas industriais tinham experiência direta no chão de fábrica com os operários, e a hostilidade com relação a eles podia ser personalizada de modo mais simples. No ambiente de trabalho disperso e externalizado — sobretudo no setor manufatureiro —, o chefe é ou invisível ou não é percebido como a pessoa no controle, mas como mero retransmissor de forças globais — e às vezes até como vítima do sistema. Ao globalizar a produção e desarticular a economia da sociedade, a externalização neoliberal também deslocou os antagonismos viscerais que se desenvolveram em torno do ambiente de trabalho.

Para reagir a esses desafios, a esquerda precisa pensar seus alvos com cuidado para entender como sua representação do conflito social pode ficar mais atraente e mais fundamentada na experiência cotidiana. Ela precisa encontrar maneiras de fazer com que a hostilidade que agora se dirige a indivíduos específicos entre os super-ricos possa ser vista como algo mais estrutural — mirar no sistema armado a favor das grandes empresas que os apoiam. No mais, precisa perceber que operários costumam desconfiar dos intelectuais tanto quanto dos empreendedores e que temem que o socialismo, em vez de trazer libertação, significará apenas uma passagem do domínio dos últimos para o controle dos primeiros. É só ao construir um discurso no qual a luta contra a oligarquia econômica renda tanto maior proteção econômica quanto mais controle democrático que será possível superar essas desconfianças.

8.
O Estado pós-pandemia

Vivemos um período no qual o retorno do governo forte é suscitado como meio para lidar com múltiplas crises — do "estado de exceção" e dos decretos emergenciais durante as quarentenas da Covid a gigantescos planos de estímulo para ressuscitar uma economia enfraquecida; do gerenciamento exitoso da pandemia por parte do governo da China e de outros países do Leste Asiático, que historicamente adotaram o estatismo desenvolvimentista, a discussões quanto à necessidade de um Estado ativista para lidar com a mudança climática, o intervencionismo estatal está voltando com tudo. Como a *Foreign Policy* declarou em março de 2020: "Agora somos todos estatistas".[1] No mesmo sentido, Janan Ganesh escreveu no *Financial Times:* "Em questão de semanas, é inegável que os termos do discurso político passaram a favorecer o governo. Estamos acompanhando o revitalizar da reputação daquilo que os conservadores tratavam, com desdém, como 'Estado administrativo'".[2] Enquanto, no auge da era neoliberal, a visão do consenso era de que o Estado era perdulário e que a intervenção do governo deveria ser mínima, hoje até os centristas do livre mercado são forçados a fazer concessões ideológicas nesse quesito. A tendência afeta crucialmente a relação entre o Estado e a economia. Como defende Grace Blakeley, a conjuntura presente cada vez mais lembra a condição descrita por Lênin como capitalismo monopolista estatal", um regime no qual o governo e as corporações, longe de ser independentes, são cada vez mais fusionadas.[3] Em tempos de *Bidenomics* e de keynesianismo ressurgente, "o desafio que encaramos não nos estimula a buscar mais intervenção estatal"; em vez disso, "temos que nos preocupar com o uso do poder estatal — e com quem maneja este poder".[4] Enquanto o neoestatismo pós-neoliberal parece oferecer uma abertura para a política socialista, a condição atual é mais bem entendida como novo campo de batalha político e ideológico no qual a direita nacionalista e a esquerda socialista lutam para definir o mundo pós-neoliberal.

Narrativas radicalmente divergentes que descrevem a direção e o propósito do Estado pós-pandemia emergem em pontas distintas do espectro político. O nacional-populismo dos anos 2010 já teve um componente estatista. É mais notável a virada estatista na direta, que assumiu a forma de um novo "estatismo autoritário", usando a expressão de Poulantzas, que enfatiza a função coerciva e disciplinar do Estado e a repressão de lutas populares.[5] Esse estatismo autoritário é exemplificado na maneira como a direita nacionalista usou o Estado para atacar minorias, migrantes e dissidentes — algo que ficou aparente de forma vivaz nos Estados Unidos com os protestos de 2020 do Black Lives Matter, quando a polícia fortemente armada foi encaminhada para deter as manifestações em várias cidades. Na Itália, Matteo Salvini usou camisetas com insígnias da polícia diversas vezes em público para expressar seu apoio a oficiais da lei e jurou, durante seu breve período como ministro do Interior, restaurar a segurança na Itália da maneira que pudesse. Em junho de 2018, por exemplo, ele deteve um navio de ONG que resgatava migrantes no mar, proclamando: "O Estado está voltando a ser Estado".[6]

No front econômico, a direita nacionalista aboliu seletivamente alguns dos ditames antiestatistas que prevaleciam na era neoliberal. Ela adotou um "protecionismo do proprietariado", focado na defesa do capital local frente à concorrência internacional, de modo a escorar o sistema de propriedade existente. Além de abandonar em parte o conservadorismo fiscal, voltou atrás no consenso do livre-comércio que até pouco tempo dominava esmagadoramente o campo conservador. A partir de 2018, Donald Trump encampou uma guerra comercial feroz contra a China, acusando seu principal parceiro comercial de práticas injustas. No Reino Unido, Boris Johnson sublinhou que o Brexit oferecia a oportunidade de uma nova era de intervencionismo econômico estatal.

A visão da esquerda quanto ao Estado intervencionista é moldada por um protetivismo social que advoga o rejuvenescimento de ideias keynesianas e de prioridades social-democratas. Os progressistas exigiram a recuperação e a ampliação do Estado de bem-estar, a revisão dos tratados comerciais e maior margem de manobra no auxílio estatal a firmas estratégicas para evitar a repetição da cena humilhante dos países lutando por recursos médicos escassos e por vacinas no mercado internacional. No mais, a esquerda viu a pandemia como oportunidade para mudar o equilíbrio da economia para a propriedade pública e revitalizar uma política industrial mais proativa, nas linhas do "Estado empreendedor" discutido por Mariana Mazzucato, e para ampliar o acesso a saúde e educação enquanto dá voz aos trabalhadores quanto à gerência das empresas.[7] Essa visão protetivista dos progressistas projeta um Estado igualitário que protege a sociedade do risco econômico e da discriminação; combina a reafirmação da ação estatal eficiente com o reforço do controle democrático sobre suas decisões.

A mudança no discurso que perpassa o espectro político reflete uma transformação radical na percepção popular da política. Em um mundo enlaçado pelo caos geopolítico e pelo declínio econômico, os cidadãos recorrem ao Estado como possível fonte de estabilidade e segurança. Ressuscitar o poder do Estado aparece como resposta necessária aos dilemas políticos do Grande Recuo: a retração neoliberal do Estado agora é vista como raiz das crises societárias. Voltando à metáfora platônica do navio do Estado, muitos líderes passaram a ver o Estado neoliberal como nau à deriva, incapaz de resistir às tempestades globais por vir. A questão que os divide é sobre a rota que o navio do Estado deveria tomar.

O Estado voltou

A transformação corrente na percepção do Estado deriva de um momento de constatação coletiva. Vários acontecimentos recentes renderam um "efeito demonstrativo" que ilustra o poder contínuo e a necessidade do governo. A urgência do coronavírus em 2020 exigiu um nível de mobilização estatal que não se via em muitos países desde o fim da Segunda Guerra. Líderes políticos do mundo inteiro aprovaram medidas de emergência, muitas vezes por decreto e por meio da suspensão parcial de prerrogativas parlamentares. Forças políticas, às vezes o Exército, foram mobilizadas para garantir a observância das quarentenas e para o transporte de recursos médicos e até caixões com os corpos das vítimas da Covid-19. Governos tiveram que construir hospitais de emergência, inspirando-se nos que foram edificados a toque de caixa na China para tratar os doentes, tiveram que implementar programas de testes em massa para identificar os contaminados, incluindo os pacientes assintomáticos, e iniciar campanhas gigantes de vacinação, enquanto contratavam milhares de médicos e enfermeiras extras.

De qualquer maneira, a pandemia do coronavírus é apenas o ponto culminante de uma série de crises que contribuíram para a reafirmação do papel do Estado como pilar do bem-estar e da sobrevivência coletiva. A crise financeira de 2008 já havia sublinhado a visão ideológica desonesta de que os mercados estão aptos a resolver todos os problemas sociais sem os embaraços dos governos. A farsa de que o mercado era independente do Estado estagnou-se no dia em que os bancos de Wall Street tiveram que ser socorridos pelos contribuintes. Empresas financeiras como o Royal Bank of Scotland, o HSBC e o Lloyds no Reino Unido, e AIG, Fannie Mae e Freddie Mac nos Estados Unidos ficaram expostas como os gigantes com pés de barro cuja vida ou morte dependiam das decisões do governo. A demonstração do papel do Estado na garantia das condições para a sobrevivência do mercado expôs o fato de que os mercados só podem ser eficientes quando protegidos pelo patrocínio estatal ativo.[8] No mais, revelou indiretamente a cumplicidade do Estado com o poder corporativo e uma distribuição de riqueza e renda enviesada a favor dos ricos, fazendo a expressão "socialismo para os ricos" voltar à voga.

A crise do coronavírus e seu gerenciamento desastroso em muitos países ocidentais apenas reforçou essas lições, enfatizando a necessidade de ação governamental efetiva. A parada repentina na atividade econômica levou muitas empresas à beira da falência, e o desemprego atingiu os dois dígitos quase de imediato. Governos ofereceram linhas de crédito para empresas e benefícios para trabalhadores a fim de impedir que a economia desabasse, no maior estímulo governamental coordenado desde a Grande Depressão. Enquanto, em 2008, os Estados dedicaram seus recursos a salvar bancos, em 2020 eles foram obrigados a socorrer sistemas econômicos por completo. Como Julian Borger comentou no *Guardian*, a desconfiança neoliberal quanto ao Estado, expressa na famosa afirmativa de Reagan — "As seis palavras mais temidas na língua inglesa são: Sou do governo e vim ajudar" —, entrou em conflito direto com a realidade contemporânea.[9]

O estatismo emergencial também foi parcialmente aceito pelo centro neoliberal. Estrategistas políticos nos Estados

Unidos e, em menor extensão, na União Europeia, engavetaram o conservadorismo fiscal da era neoliberal, aprovando enormes programas de estímulo que reforçam o investimento público e as transferências sociais. Mesmo nessas circunstâncias, os principais beneficiários da generosidade do governo continuam sendo empresas privadas, às quais se ofereceram subsídios e acordos financeiros generosos. Aliás, o retorno do estatismo não garante uma guinada para políticas sociais progressistas. Como defende Grace Blakeley, os programas de estímulo foram usados em primeiríssimo lugar para proteger grandes empresas e para fazer donativos à classe capitalista, repetindo o que aconteceu em 2008.[10] No nível simbólico, o efeito positivo da reação do Estado à pandemia foi que muitos passaram a perceber que boa parte do sustento do povo baseia-se no aprovisionamento de serviços de utilidade pública que incluem saúde, educação e assistência, e que, ao fim, sem esses serviços a economia nacional e as empresas privadas sofrem.

Também se exige a intervenção estatal maciça para lidar com os desafios ambientais titânicos que se vê pela frente. Alguns ativistas discutiram a necessidade de um "Leviatã do clima" para apressar a transição pós-carbono.[11] Os cortes acelerados em emissões, a adaptação maciça à mudança climática e as transformações da infraestrutura energética necessárias para evitar as conjunturas mais catastróficas da mudança climática só serão alcançadas sob a égide de um Estado intervencionista ousado. O efeito dominó que envolve crises sobrepostas na economia, no meio ambiente e na saúde vem deixando os cidadãos cientes do papel central do governo em moldar nossas sinas individuais e coletivas, tanto para o bem quanto para o mal, assim como sublinhando de que maneira algumas das injustiças do sistema atual ocorrem à vista dos Estados-nação. Uma realidade que era difícil de reconhecer nos anos 1990 e 2000, numa época de crescimento econômico e consumismo desenfreado, tornou-se incontroversa depois de uma década de austeridade que resultou em caos econômico e tumulto geopolítico. O estatismo social-democrata do pós-guerra lutou para superar o estatismo fascista e comunista enquanto manteve a desigualdade acuada. Hoje, o estatismo protetor é necessário para derrotar a ameaça da direita nacionalista e restaurar a segurança social.

Enquanto tomamos distância do *laissez-faire* neoliberal, devemos ter o cuidado de não cair na armadilha oposta que é a estadolatria — a veneração do Estado como ator infalível. As lições suadas do século XX quanto às possíveis tendências totalitárias de regimes estatais não devem ser deixadas de lado. O histórico dos Estados do antigo Bloco Soviético serve de lembrete quanto ao risco de subordinar a sociedade completamente ao Estado. No mais, o estatismo foi tanto atributo do fascismo quanto do comunismo. Fascistas acompanharam a intervenção estatal forte e a política industrial com uma defesa tenaz das grandes empresas capitalistas; enquanto isso, trabalhadores viram seus salários estagnarem, e a democracia e os direitos civis foram roubados dos cidadãos. Ditadores como Hitler e Mussolini construíram um "Estado corporatista" no qual os interesses das classes econômicas e de grupos profissionais supostamente se conciliariam assim que todas as formas de conflito social estivessem silenciadas. Visto esse exemplo, o retorno do Estado não necessariamente anuncia um mundo mais democrático e, aliás, pode abrir as portas para novas formas de opressão e exploração.

A teoria do Estado há muito é reconhecida como calcanhar de aquiles do pensamento marxista. Embora Marx não fosse cego à questão do Estado e da gestão pragmática do poder, ele não desenvolveu uma teoria positiva a respeito de como deveria ser um Estado socialista. No *Manifesto comunista*, Marx e Engels retrataram o governo de maneira célebre como "comitê para gerenciar os assuntos comuns de toda a burguesia".[12] Lênin adotou um ponto de vista igualmente reducionista quando escreveu a respeito de um "aparato social para compulsão que é chamado de Estado".[13] Nessa perspectiva, o Estado era essencialmente o Estado capitalista — a arma que protege a mão voraz do capital.

Em seus escritos políticos, tais como *A guerra civil na França* e *Crítica do programa de Gotha*, Marx demonstrou envolvimento mais pragmático com a questão do Estado. Discutindo a Comuna de Paris no primeiro esboço de *A guerra civil na França*, ele falou da necessidade de uma "República social": "Que seja uma República que renegue o capital e a classe proprietária do maquinário do Estado e a suplante com a Comuna, que declare com sinceridade a 'emancipação social' como grande meta da República e assim garanta essa transformação social por organização comunal".[14] No mais, em *Crítica do programa de Gotha*, ele defendeu: "A liberdade consiste na conversão do Estado de órgão sobreposto à sociedade em órgão completamente subordinado a ela".[15] No mais, comparado à análise econômica de Marx, esses comentários foram no máximo provisórios, dando poucas orientações a respeito de como lidar de maneira concreta com o poder estatal.

A teoria do Estado marxista só emergiu com contornos mais nítidos quando Antonio Gramsci tratou do assunto. Escrevendo no rastro do bolchevismo e do fascismo, Gramsci lembrou a seus leitores da "autonomia do político", reconhecendo o papel da instituição estatal no processo de coordenação, reprodução e legitimação social. Ele veio com uma versão diluída da perspectiva hegeliana de necessidade do Estado, que Hegel expressou de forma célebre na *Filosofia do direito* quando afirmou que o Estado é o "todo ético, a concretização da liberdade" ou mesmo "a marcha de Deus sobre o mundo".[16]

Como Gramsci destacou, o Estado desempenhava uma função estrutural crucial, unindo a coligação de poder dominante dentro da sociedade. Essa função unificadora não estava limitada ao aparato estatal de coerção, mas também englobava suas funções ideológicas por meio do sistema educacional, da Igreja e de todas as estruturas através das quais se exerce a hegemonia.[17] Tomando de empréstimo uma metáfora maquiaveliana, Gramsci defendeu que o Estado lembrava o centauro — uma criatura meio homem, meio cavalo, que combinava a força bruta da repressão com o poder de influência da persuasão.[18] Seguindo os passos de Gramsci, Nicos Poulantzas viria a afirmar que o Estado era "o fator de *coesão* de uma formação social e o fator de *reprodução* das condições de produção do sistema".[19] Nesse sentido, a sociedade e o Estado não são opostos, como leva a crer a distinção capitalista entre sociedade civil e sociedade política. Em vez disso, a sociedade só pode existir por força de um aparato estatal que a mantém unida como formação social, assim garantindo sua existência prolongada.

Estado e *Stabilitas*

A associação do Estado a ordem, segurança e estabilidade está na própria palavra "estado". Ela vem do latim status (condição, circunstância, posição), que aparece no início da Idade Média em diversas línguas europeias e é popularizada pelo seu uso na obra de Maquiavel. A preocupação com o *status rei publicae*, que remonta a Cícero, deriva do fato de o Estado ser visto como estrutura estável, se não totalmente permanente, que também serve de âncora no caso de grandes crises. Partidos, movimentos, símbolos e líderes podem ir e vir, mas geralmente se espera que o Estado perdure mais do que eles, dando uma armação institucional por meio da qual a sociedade se reproduz. Estados-nação — com sua definição de território fixo considerado o lar da comunidade política — demonstraram estabilidade notável. Um exemplo dessa tendência vem de muitas terras até então colonizadas na África, na Ásia e na América Latina, cujas fronteiras mudaram bem pouco desde a descolonização, apesar do fato de terem sido criadas por imperialistas europeus em desprezo escancarado por divisões étnicas e culturais em cada local.

Como observou o economista pós-keynesiano Hyman Minsky — autor do visionário livro *Estabilizando uma economia instável* —, as funções de estabilização do Estado também se aplicam no reino econômico — como, por exemplo, no papel dos "estabilizadores automáticos" dentro do sistema fiscal.[20] Esse termo é usado para descrever a maneira como, em fases de estagnação econômica, os passivos fiscais dos cidadãos vencem devido a uma queda na renda, enquanto transferências estatais aumentam na forma de benefícios, como seguro-desemprego e outras provisões assistenciais. Esses mecanismos fornecem meios para ajustar as contas nas flutuações do ciclo de negócios sem qualquer intervenção ativa de estrategistas políticos, assim resultando em estímulos econômicos aptos a impedir o aprofundamento de recessões econômicas. É por isso que desmantelar o Estado de bem-estar, como se quis durante a era neoliberal, não é apenas socialmente injusto, mas também perigoso para o sistema. Muitos países aprenderam essa lição do modo mais árduo durante a crise do coronavírus, quando foram obrigados a correr para criar formas provisórias de amparo social.

É evidente que a estabilidade ostensiva ou mesmo a "harmonia" que o Estado oferece — festejada por Agripa Menênio no famoso discurso Mons Sacer durante a primeira recessão da plebe romana, assim como por Confúcio nos *Analectos* — geralmente é apenas uma justificação codificada da dominação de classe.[21] Mas a esquerda, se for sincera na sua determinação de suplantar o regime existente com um novo, não conseguirá fugir da questão da ordem. O poder de atração de um Estado que garanta segurança e estabilidade entre as grandes parcelas das classes populares que são particularmente vulneráveis às adversidades, assim como sensíveis à ruptura social e à falta de garantias, nunca deveria ser subestimado. Essa demanda por garantias sociais reverbera particularmente nas circunstâncias atuais, quando padrões de vida são marcados pela incerteza econômica extrema devido ao risco generalizado nas forças de mercado globais e na inovação tecnológica, se não tumultuadora, absolutamente destruidora. Embora, até pouco tempo, o senso comum prevalecente fosse atravessado pela aceitação da ênfase neoliberal em flexibilidade, adaptabilidade e autonomia individual, a experiência com crises repetitivas nos deu novo clamor a demandas de estabilidade em vários níveis, a começar pela segurança empregatícia. Na visão de mundo neoliberal, uma carreira vitalícia como humilde funcionário público talvez fosse a perspectiva menos atraente; hoje, contudo, muitos a abraçariam como oportunidade.

O que a esquerda socialista e a direita nacionalista compartilham é a crítica do centro neoliberal, cujo eviscerar do Estado afetou funções estabilizantes estratégicas que possibilitam à sociedade atingir coesão e navegar na transformação social. Contudo, essas perspectivas do Estado divergem em relação aos parâmetros de *seguridade* que exigem do Estado. Tal como outras palavras-chave no léxico pós-neoliberal — "soberania", "proteção" e "controle" —, "seguridade" é um termo altamente polissêmico. Pode significar a segurança contra imigrantes e outros "indesejáveis" que se dá na ponta de um cassetete ou de um cano de arma de fogo, mas também pode remeter à seguridade social — o aprovisionamento de uma rede de segurança para proteger o povo de provações econômicas, as mulheres e as minorias de violência e assédio. Alinhada ao lema atemporal "Sem justiça não há paz!", a esquerda devia defender que a única forma de seguridade que pode garantir estabilidade durável é a previdência social: proteger os cidadãos da pobreza e da exclusão, e garantir que as necessidades básicas que todos têm de uma vida digna sejam atendidas. É desse ponto de vista da seguridade social como produto dos conflitos redistributivos correntes que se pode gerar uma visão progressista do estatismo protetor.

Como se discutiu no capítulo 4, a proteção é elemento constituinte de todas as comunidades políticas: não existe comunidade política sem proteção. O Estado está envolvido em várias operações protetoras dos tipos mais diversos — defesa contra possíveis ataques militares; manutenção da ordem pública; proteção da indústria local contra os bancos e as exigências do mercado global; proteção do meio ambiente; diversas formas de proteção e seguridade social (benefícios, pensões e assim por diante); e o aprovisionamento de saúde pública. Essas diversas formas de proteção são todas funções rotineiras do Estado que garantem a reprodução social e sua capacidade de aguentar pressões internas e externas. Mas cada uma tem sua gênese e seu viés político. Nas palavras de Nicos Poulantzas, instituições estatais são "a condensação material de uma relação de forças classista" — os resultados das lutas de classes sedimentados pela história.[22] Por exemplo: a proteção do tipo lei e ordem foi tradicionalmente uma política inegável da direita, enquanto a proteção social — na forma de serviços de utilidade pública, disposições assistenciais e sindicatos fortes — tradicionalmente foi identificada com a esquerda socialista.

Se essas funções protetoras do Estado, há muito vistas como pressupostos, agora se tornam objeto de disputa política, é porque o desmantelamento neoliberal do Estado desgastou muitas delas — em particular as funções protetoras macroeconômicas. De tarifas comerciais, eliminadas progressivamente devido à integração comercial global, ao enfraquecimento de regulamentações trabalhistas em nome da flexibilidade, sociedades e governos foram privados dos meios de proteção estratégicos. Foi particularmente afetada a capacidade do Estado de controlar a política monetária, fiscal e industrial e de suportar a pressão de mercados e multinacionais. O resultado desse ataque prolongado é que o Estado neoliberal lembra um animal manco. Isso é perigoso para a democracia, dado que, como Nico Poulantzas observa, "deve-se lembrar que animais selvagens são mais perigosos quando estão feridos".[23] Aliás, sob o neoliberalismo, o desgaste do intervencionismo econômico estatal foi acompanhado pelo reforço progressivo do aparato repressor do Estado em vários países. Exatamente porque o Estado não estava mais cumprindo sua missão de garantir o pleno emprego, a seguridade social e a estabilidade, ele teve que reforçar os meios coercitivos à sua disposição para ficar alinhado com os números crescentes daqueles na ponta derrotada da nova ordem. O crescimento veloz das taxas de encarceramento nos Estados Unidos após as reformas de bem-estar social de Clinton é um triste exemplo.[24]

A face coerciva do Estado pode projetar uma imagem de decisão e efetividade que a intervenção econômica tem perdido, de modo geral, devido à interdependência global difusa que deixa pouca margem de manobra na política macroeconômica. Não é por acaso que, na era presente, em muitos países o Ministério do Interior passou a ser mais cobiçado do que o Ministério da Indústria ou das Finanças. Um ministro do Interior pode facilmente recusar a entrada de um navio de resgate de refugiados em um porto nacional ou organizar uma batida a ocupantes de um prédio, como Salvini fez várias vezes. Mas um ministro da Fazenda não tem tanta facilidade para impedir que uma empresa leve os empregos para além-mar ou que corporações digitais evitem pagar impostos sem colocar em questão as normas aceitas da globalização neoliberal. Essa situação é uma benesse para a direita, que tradicionalmente atrai eleitores preocupados com a criminalidade e interessados em políticas de lei e ordem. Assim, uma questão-chave é determinar o grau em que é possível superar esse desequilíbrio e revitalizar formas de intervencionismo econômico estatal que há muito foram abandonadas. Para explorar essas questões na continuação do capítulo, vamos tratar das novas políticas comerciais e econômicas que a esquerda e a direita buscam.

O Estado corsário da direita

O protecionismo do proprietariado que está no cerne da perspectiva pós-neoliberal da direita é apenas parcialmente neoestatista. Ele compartilha com o neoliberalismo exatamente sua orientação para a defesa da propriedade privada e da baixa tributação; o que o distingue do neoliberalismo é, em primeiríssimo lugar, a adoção do protecionismo comercial. O distanciamento que a direita nacionalista toma da ortodoxia liberal do livre-comércio tem sido uma das transformações ideológicas mais notáveis no Grande Recuo. Líderes de diversos partidos nacionalistas radicalizaram a crítica da globalização e do livre-comércio que já existia *in nuce* na Nova Direita durante os anos 1980 e 1990, e a trouxeram ao mainstream político no rastro de seu sucesso eleitoral. O protecionismo comercial tornou-se um componente-chave da visão nacional-populista de um "Estado corsário", no qual o Estado é concebido como algo similar a uma nave pirata rondando os mares do mundo em busca de espólios, enquanto luta agressivamente contra as naus de outras nações.

Essa tendência para o protecionismo foi manifestada com mais clareza nos quatro anos de Donald Trump como presidente dos Estados Unidos. O objetivo declarado de Trump no início de sua presidência era o *re-shoring* dos empregos fabris dos Estados Unidos que haviam se mudado para além-mar, e por isso ele culpava a concorrência injusta da China e da Europa. Antes de tornar-se presidente, Trump havia acusado Beijing de lucrar com uma moeda subvalorizada artificialmente; durante a campanha eleitoral de 2016, criticou repetidas vezes a China e a Alemanha por concorrência injusta, que as permitiu colherem enormes superávits comerciais. Após tornar-se presidente, ele começou a impor tarifas em bens como painéis solares, máquinas de lavar, assim como aço e alumínio, gerando tensões com parceiros comerciais que incluíam Canadá, México e a União Europeia. Em 2018, ele voltou-se contra a China, impondo tarifas a bens chineses à soma de 500 bilhões de dólares. A China retaliou, taxando importações dos Estados Unidos em 185 bilhões de dólares. Esse processo olho por olho despertou tensões comerciais intensas e incerteza quanto a prospectos econômicos futuros. A guerra comercial acabou sendo detida pela assinatura, em janeiro de 2020, da Fase Um do Acordo Comercial no qual a China comprometeu-se a elevar a aquisição de produtos norte-americanos em 200 bilhões de dólares até o fim de 2021, assim como comprometeu-se com questões relacionadas a propriedade intelectual, transferências forçadas de tecnologia e manipulação de moeda.

Trump comemorou o acordo como vitória; mas, segundo muitos analistas, foi no máximo uma vitória de Pirro. A guerra comercial teve efeitos negativos na economia norte-americana, incluindo uma retração no crescimento, que atingiu entre 0,3% e 0,7% em 2019, e a perda de até 300 mil empregos em consequência da queda de demanda da China e de um redirecionamento de fluxos comerciais dos Estados Unidos, levando centenas de fazendas e empresas de transporte à falência.[25] No mais, muitos críticos levantaram dúvidas quanto à China honrar ou não o acordo comercial. As importações dos

Estados Unidos estão estagnadas em parte por consequência da interrupção no comércio provocada pela pandemia da Covid-19, enquanto exportações da China para os Estados Unidos cresceram 46%.

O confronto entre Estados Unidos e China está cada vez mais focado no setor de tecnologia. O governo dos Estados Unidos tomou medidas contra o papel dominante da gigante das telecomunicações Huawei na infraestrutura de tecnologia celular 5G, defendendo que sua continuidade levaria ao controle chinês de redes de comunicação estratégicas, com implicações nefastas para a segurança nacional. Esse acontecimento foi agravado pela ameaça de Trump de banir o famoso app de compartilhamento de vídeos TikTok no verão de 2020, e acabaria forçando a empresa a vender sua operação nos Estados Unidos. Durante a longa disputa comercial de 2018-20, os Estados Unidos usaram seu controle do setor de microchips, do qual a indústria chinesa continua dependente, como camisa de força para obrigar os chineses a ceder. De sua parte, as autoridades chinesas ameaçaram com frequência barrar as exportações de minerais raros para os Estados Unidos, sendo que 80% desses minerais são extraídos na China e são essenciais para a produção de todo tipo de produtos tecnológicos, de smartphones a turbinas eólicas. A disputa é um reflexo de como a tecnologia digital — ferramenta-chave de controle em sociedades contemporâneas — passou a ser percebida como área decisiva para o exercício da soberania. No mundo atual, a soberania política não pode existir sem algum grau de soberania tecnológica.

Posturas protecionistas similares foram articuladas por outros líderes da direita nacionalista, tais como Matteo Salvini, Marine Le Pen e Boris Johnson, que muitas vezes puseram no livre-comércio a culpa pela desindustrialização e pela perda dos empregos fabris em seus países. Contudo, esse discurso é fortemente contradito na prática. Apesar da acusação feroz à União Europeia, líderes como Salvini e Viktor Orbán têm forte interesse na manutenção do comércio europeu, já que têm apoio de empresas que montam produtos semifinalizados para a indústria alemã. Aliás, ao longo de 2020, Salvini voltou atrás em boa parte de seu discurso anti-União Europeia quando esteve sob pressão de membros do seu partido que são próximos da indústria exportadora. De modo similar, embora o Brexit normalmente tenha sido apresentado por seus defensores populistas como uma medida protecionista para defender-se da concorrência estrangeira por empregos, sobretudo nas indústrias fabris e na pesca, na prática ele encarna uma concepção agressiva e mercantilista do livre-comércio. A motivação-guia por trás de mudanças na política comercial foi superar o que se percebia como regulamentações excessivamente restritivas da União Europeia em relação a comércio, mão de obra e ambientalismo, incluindo as restrições à importação de bens banidos na União Europeia e investimentos externos no setor de saúde — como se revelou em um documento vazado durante a campanha eleitoral de 2019 segundo o qual o NHS* estava "em discussão" nas negociações entre Estados Unidos e Reino Unido.[26]

A mistura de impulsos protecionistas e de livre-comércio não é de todo surpreendente. O livre-comércio, em vez de ser totalmente "livre", é sempre enquadrado e regulamentado por diversas medidas que garantem a proteção ampliada de multinacionais, incluindo "patentes, direitos autorais, licenças, segredos comerciais, tarifas comerciais, polícia [...], seguros, todo o véu do direito imobiliário, os tribunais, o poder do Estado quando exigido aqui ou no exterior e agora, é claro, a

---

* National Health System, o sistema público de saúde do Reino Unido, gratuito. [N.T.]

Organização Mundial do Comércio", como defende o ativista trabalhista norte-americano Kim Moody.[27] Nesse contexto, empresas privadas não devem ser entendidas apenas como entidades privadas independentes, mas sim como extensões estratégicas dos Estados-nação, muito parecidas com as companhias de carta coloniais de séculos passados. Essa postura é revelada, por exemplo, na retórica belicosa de Boris Johnson ao dizer que o Reino Unido está "dando uma surra no mundo" — um avanço na visão do "capitalismo bucaneiro", tal como articulado pelo ex-primeiro-ministro David Cameron. De espírito similar é a referência que políticos de direita fazem ao "excepcionalismo" norte-americano ou britânico, supostamente deixando que eles façam o que outros países são proibidos de fazer.

O que essa postura ambígua revela é que, em vez de livrar-se da globalização, como sugere o discurso público, a pauta genuína dos líderes nacional-populistas acarreta cavar trincheiras nas quais a guerra comercial global possa ser travada do modo mais conveniente. As medidas protecionistas que eles esposam não têm conexão com as supostas metas de melhoria social ou ambiental. A aplicação de tarifas da direita está desligada de qualquer política industrial que possa levar a futuros avanços na tecnologia e no bem-estar geral. É a típica política de "empobrecer o vizinho", pensada para colocar outras nações e suas indústrias em desvantagem. Ao fim, como Moody observa, "Concorrência e proteção são duas maneiras de maximizar lucros no mercado mundial. Quanto mais venenosa a concorrência global, mais farpado o arame que o capital busca para se proteger".[28] Em vez de fornecer uma cura para a sensação de desamparo engendrada pela globalização neoliberal, os instintos mercantilistas da direita correm o risco de abrir ainda mais essa chaga — especialmente para trabalhadores que vão precisar pagar mais por bens básicos e terão menos oportunidades de emprego por conta das guerras comerciais que se agravam.

O viés de classe do protecionismo do proprietariado fica ainda mais aparente quando passamos da análise das políticas comerciais às das políticas fiscais e trabalhistas, que continuam em grande parte alinhadas com as da era neoliberal. Enquanto a direita muitas vezes adotou uma retórica "trabalhista", atacou diretamente os direitos dos trabalhadores e a capacidade de eles se organizarem, demonstrando um éthos econômico profundamente individualista que beira o darwinismo social. O exemplo mais infame dessa legislação é a "lei escrava" de Viktor Orbán — uma reforma na regulamentação trabalhista que possibilita às empresas exigir dos trabalhadores que trabalhem de 250 a quatrocentas horas extras por ano.[29] Muitos outros líderes nacionalistas tentaram medidas parecidas para restringir direitos trabalhistas. Donald Trump lançou um programa de "Compromisso com o Trabalhador Americano" projetado para "ampliar programas que eduquem, preparem e requalifiquem trabalhadores dos Estados Unidos". No discurso State of the Union de 2020, Trump afirmou: "Nosso programa é implacavelmente pró-trabalhadores". Apesar desses indicativos de corporativismo estatal, as ações do seu governo solaparam negociações coletivas, revogando regulamentações trabalhistas modestas que haviam sido apresentadas por Barack Obama. Embora o desemprego tenha caído durante a parcela inicial de seu mandato, os salários continuaram estagnados.

Esse viés pró-empresas fica ainda mais claro nas políticas fiscais da direita, a área estratégica que mais se mantém em continuidade com a pauta neoliberal. A reforma tributária estandarte de Trump em 2017, que representou 1,5 trilhões de dólares, beneficiou esmagadoramente os mais ricos. As alíquotas marginais mais altas foram reduzidas significativamente. Como defendem Emmanuel Saez e Gabriel Zucman em *The Triumph of Injustice* [O triunfo da injustiça], os cortes de impostos de Trump exacerbaram a desigualdade social. As famílias mais ricas agora pagam uma alíquota efetiva de 23% — mais baixa do que a parcela das famílias americanas que está na base da sociedade, que paga 24,2%.[30] Aliás, a primeira proposta de estímulo em função do coronavírus, que somava 2,2 trilhões de dólares (a Lei Cares), também continha 135 bilhões de dólares em isenções fiscais para os ricos — quatro vezes a quantia fornecida para moradia e alimentação dos cidadãos.[31] Conforme observou o Instituto de Política Econômica, Donald Trump "sistematicamente voltou atrás nos direitos dos trabalhadores de formarem sindicatos e de envolverem-se em acordos coletivos com patrões, em detrimento dos próprios trabalhadores, das suas comunidades e da economia".[32] As propostas de tributação da direita nacionalista europeia são ainda mais extremas. Matteo Salvini e Viktor Orbán brincaram com a ideia de um imposto de renda de taxa fixa — uma diretriz que ia apenas ampliar as desigualdades existentes. A promessa da direita de fugir da globalização neoliberal anuncia assim a combinação de políticas de comércio mercantilistas com uma postura darwinista social quanto a mão de obra e tributação. No mínimo, ela oferece um prospecto ainda pior do que o capitalismo neoliberal: um capitalismo monopolista estatal nacionalista no qual o capital monopolista é protegido pelo Estado corporatista com força total, enquanto trabalhadores são explorados de maneira ainda mais implacável.

O protecionismo social da esquerda

A visão do Estado como meio de proteção econômica toma, na esquerda, formas radicalmente distintas das destacadas pela direita. A esquerda dá mais foco à meta da proteção social e menos à defesa da propriedade, e busca seguir um protecionismo comercial mais pacífico baseado em regulamentações e medidas contra o dumping social e ambiental, em vez de tarifas indiscriminadas projetadas para castigar concorrentes econômicos. Essa posição fica bem representada nas declarações de alguns líderes esquerdistas que adotaram o que Jean--Luc Mélenchon chamou de "protecionismo solidário".[33] Em 2019, o líder trabalhista de oposição John McDonnell comentou: "Recusamos o livre-comércio como princípio";[34] e, em 2020, Bernie Sanders comentou: "Precisamos de uma política comercial que beneficie os trabalhadores norte-americanos e que crie empregos com salário digno, não acordos comerciais injustos escritos por multinacionais".[35]

A oposição aos novos tratados comerciais, tais como o fracassado Acordo de Parceria Transatlântica de Comércio e Investimento (TTIP, na sigla em inglês), proposta em fins dos anos 2010, é mais indicativa da atitude protecionista crescente na esquerda. Esse acordo comercial bilateral proposto entre os Estados Unidos e a União Europeia foi criticado de forma áspera por sindicatos, ONGs e ativistas ambientais, que censuraram seu provável impacto na segurança alimentar e empregatícia, assim como na soberania nacional. No mais, levantaram-se questões quanto às implicações para a democracia, dado o sigilo em torno da negociação — os registros são confidenciais. O novo presidente dos Estados Unidos, Joe Biden, em vez de fugir do protecionismo de Trump, buscou sua própria rota protecionista, dando seguimento à postura agressiva de seu predecessor quanto à China e ditando regras ao estilo *"Buy American"* [compre de americano], direcionando as aquisições do público para produtos e serviços nacionais.

O protecionismo comercial certamente não é novidade para a esquerda. Muitos governos socialistas adotaram medidas protecionistas como instrumentos necessários para defender indústrias incipientes. As políticas de substituição de importações que países emergentes buscaram na era pós-guerra para reduzir sua dependência de nações capitalistas centrais são um exemplo. Mas os componentes principais da rota econômica proposta por gente como Sanders e Mélenchon chamam atenção porque marcam uma ruptura discursiva com o discurso da esquerda em décadas recentes; enquanto figuras isoladas, tais como o militante anticomércio Walden Bello, há muito sublinham a necessidade de desglobalização, muitos políticos de centro-esquerda aceitaram a integração global como *fait accompli*.[36]

Marxistas gostam de enfatizar o internacionalismo de Marx e Engels, que apoiaram o livre-comércio contra o protecionismo. Mas a opinião deles era fortemente qualificada. Em seu discurso de 1848, "Sobre a questão do livre-comércio", proferido na Associação Democrática de Bruxelas pouco antes da publicação de *O manifesto comunista*, Marx defendeu: "Quando se derrubarem as poucas barreiras nacionais que ainda restringem o progresso do capital, a ele se dará liberdade de ação total", e afirmou que "todos os fenômenos destrutivos a que a concorrência ilimitada dá origem dentro de um país são reproduzidos em proporções mais gigantescas no mercado mundial". Apenas em conclusão a seu discurso ele expressou apoio tático ao livre-comércio, dizendo que, "no geral, o sistema de proteção da nossa época é conservador, enquanto o sistema de livre-comércio é destruidor", e assim, "o sistema de livre-comércio apressa a revolução social. É apenas nesse sentido revolucionário, senhores, que voto a favor do livre-comércio".[37]

Nas circunstâncias atuais, na qual a chegada de uma revolução proletária parece uma eventualidade bastante remota, poucos ativistas na esquerda socialista estariam dispostos a aceitar tal argumento em defesa do livre-comércio. Embora ele tenha permitido acesso a bens de consumo a preços muito baixos, o comércio global desregulamentado tem sido usado como meio de refrear os salários e direitos dos trabalhadores, enquanto grandes varejistas e o comércio eletrônico ejetaram pequenas empresas do mercado. Ha-Joon Chang, o economista coreano best-seller que fez parte da iniciativa da Nova Economia dos trabalhistas, defende que "livre-comércio" é um mito vendido pelos Estados economicamente mais poderosos às economias emergentes para abrir a temporada de caça nestas últimas, sendo os caçadores as multinacionais originárias nas primeiras.[38] O mercantilista livre hegemônico de hoje era o retardatário de ontem tentando pôr-se em dia protegendo a indústria doméstica. Aceitar o evangelho do livre-comércio ao pé da letra acarreta uma subserviência autoimposta à lógica de rapina do capitalismo internacional.

A postura dominante da esquerda quanto à política comercial é diferente da exibida por Donald Trump e outros líderes nacionalistas em diversos aspectos. Em primeiro lugar, ela é enquadrada não em termos de uma concorrência entre economias nacionais, ou da busca de políticas mercantilistas, mas em termos de fomentar o desenvolvimento justo e sustentável para o meio ambiente dentro das nações e entre elas. Em segundo lugar, sua meta é definir tarifas moderadas como meio de introduzir algum nível de atrito no comércio global que possa agir como guarda-freios contra as formas mais teimosas de dumping social, enquanto enfatiza a necessidade de padrões sociais e ambientais mais restritos. Além de tarifas, outras medidas valiosas que foram discutidas recentemente incluem a proibição de importações que destroem o meio ambiente, tais como bens cujas embalagens têm excesso de plástico; certificações de conformidade a padrões sociais e ambientais mínimos; maior liberdade na infração de propriedade intelectual diante da necessidade médica ou da necessidade de ficar em dia com a tecnologia da concorrência. No mais, socialistas defendem que os governos deviam fazer uso mais desimpedido dos subsídios estatais para apoiar indústrias e empresas estratégicas, possibilitando que os países reduzam sua dependência econômica em certas áreas — em computação e comunicações, por exemplo.

A diferença de abordagem é importante, dada a forte desconfiança contra o protecionismo comercial na esquerda. Normalmente se diz que o protecionismo prejudica os trabalhadores. Os países na ponta receptora de medidas de proteção em geral retribuem na mesma moeda, e por consequência muitos produtos e serviços ficam mais caros para os clientes finais. Isso ajuda a explicar por que grandes parcelas do movimento trabalhista têm tido, ao longo da história, mais simpatia pelo livre-comércio do que pelo protecionismo. Contudo, há sempre uma questão de grau no protecionismo. Uma coisa é se envolver em uma guerra comercial escancarada, tal como a que Donald Trump travou com a China; outra e muito diferente é introduzir regras mais limitadas e tarifas moderadas em áreas particularmente desamparadas frente ao dumping social e ambiental. Uma reestruturação efetiva do comércio internacional também acarretará a redação de novos acordos de comércio internacional que consagrem garantais trabalhistas e ambientais mínimas. Ativistas do livre-comércio há muito exigem que a Organização Mundial do Trabalho ganhe força e que suas normas fundamentais de trabalho, identificadas na *Declaração de princípios e direitos fundamentais no trabalho*, tornem-se parte integral da regulamentação do comércio global.[39]

A oposição à integração econômica global costuma vir acompanhada de demandas de relocalização da economia. Ativistas ambientais enfatizam há muito tempo a necessidade do reancoramento local da economia como meio de incrementar a sustentabilidade e dar poder a comunidades locais. Os socialistas cada vez mais abraçam essa perspectiva. Pode-se encontrar um exemplo dessa tendência nas práticas de contratação pública de autoridades locais no dito "Modelo Preston", que foi uma proposta inconfundível da perspectiva econômica de

Jeremy Corbyn. O termo refere-se ao modelo econômico no qual foi pioneiro o município de Lancashire, onde o conselho trabalhista implementou novas regras de contratação pública que comprometeram as autoridades locais a usar apenas fornecedores locais.[40] O experimento foi alçado como exemplo exitoso de "socialismo cívico"; o desemprego caiu muito abaixo da média nacional. Essa lógica de relocalização é muito relevante para a batalha contra a mudança climática, dado que a pegada de carbono do comércio global, incluindo por exemplo as emissões de dióxido de carbono produzidas por navios mercantes, é inimiga notável da sustentabilidade ecológica.[41]

Muitos críticos da esquerda também sublinharam a necessidade de reimpor o controle da balança de capital, e essa questão também foi discutida em círculos políticos dos Estados Unidos e da União Europeia.[42] Alguns advertem, apropriadamente, que devido ao grau atual de integração nos mercados de capitais internacionais, a introdução unilateral de controles de capital pode ter custo muito alto. Em vez de sonhar com "interruptores mágicos" que possam restaurar controles de capital imediatamente, a abordagem realista dessa questão procederia por incrementos, concentrando-se em firmar as condições técnicas e políticas para essa diretriz tornar-se viável. Um imposto sobre transações financeiras, tais como o famoso "Imposto Tobin", ou regulamentações sobre residência fiscal que limitassem a mobilidade do capital seriam úteis não apenas para gerar receita fiscal, mas também para rastrear a movimentação do capital privado, aumentando assim a "legibilidade" das transações financeiras da perspectiva do Estado, como passo necessário para a introdução de um grau de atrito nos fluxos de capital.

Nos próximos anos, a demanda por maior protecionismo e a transição da globalização para a "regionalização" (no sentido de regiões mundiais) podem levar a uma mudança drástica em políticas de comércio e de investimento. Embora seja verdade que a integração global pode ser uma força que gera prosperidade para alguns, ela não deve continuar a ser uma fonte de insegurança econômica e realocação social para a maioria.

Autonomia monetária

A política monetária é uma alavanca fundamental de controle político da economia; ao longo da história, o direito do Estado de emitir papel-moeda tem sido uma de suas principais prerrogativas. Hobbes fez a célebre descrição do dinheiro como o sangue do Leviatã que corre por veias que são a economia. Mas esse elemento-chave da soberania ficou extremamente debilitado em décadas recentes. A globalização arrancou do Estado o controle da moeda e da base monetária por meio da internacionalização do mercado financeiro global. Ao mesmo tempo, a ênfase crescente na independência dos bancos centrais no neoliberalismo facilitou a guinada oligárquica na formulação da política econômica. O debate sobre política monetária foi particularmente intenso na União Europeia, dadas as muitas decisões impopulares que o Banco Central Europeu tomou no rastro da crise de 2008. Tanto economistas de esquerda moderados, como Joseph Stiglitz, quanto radicais, como Costas Lapavitsas, criticaram de forma incisiva o comportamento do Banco Central Europeu e as consequências sociais dolorosas da adoção do euro, sobretudo em países do Sul europeu, como Itália, Espanha e Grécia.[43]

Uma das manifestações de interesse renovado na economia pós-keynesiana é a popularidade que adquiriu a Teoria Monetária Moderna (TMM). A TMM postula uma nova "teoria geral do dinheiro", que, em termos gerais, é o oposto do monetarismo conservador. Inicialmente formulada nos Estados Unidos pelo ex-corretor Warren Mosler e pelo acadêmico L. Randall Wray, a TMM sustenta não só que déficits e dívidas não são problemas tão significativos quanto sugerem os neoliberais, mas que o Estado não tem restrições financeiras reais no seu gasto.[44] Segundo os proponentes da TMM, qualquer Estado que controle sua própria moeda sempre pode pagar pelos bens, serviços e dívidas usando "financiamento monetário" — em outras palavras, governos podem pagar seus gastos imprimindo mais dinheiro. Economistas do TMM, como Stephanie Kelton, já exprimiram críticas ao "mito do déficit" — no caso, a ideia de que o déficit público é perdulário e uma ameaça à solvência.[45] Isso equivale a heresia entre economistas neoclássicos, que racionalmente recomendam que todo gasto público seja financiado plenamente, seja por meio de tributação ou de cortes em outros departamentos, e que bancos centrais não se envolvam na política monetária discricionária, focando em manter a estabilidade dos preços.

Adotada por figuras como Bernie Sanders e Alexandria Ocasio-Cortez, a TMM é útil ao revelar as inconsistências das políticas neoliberais enquanto revive o pensamento keynesiano quanto a investimentos públicos e gastos sociais como multiplicadores da atividade econômica, graças a seu potencial para aumentar a demanda efetiva. No mais, ela tem o mérito de impugnar a ortodoxia monetarista, que decreta a expansão da base monetária a taxas constantes. A sugestão de que os déficits públicos não são um problema sério aparece como um antídoto bem-vindo a uma década de austeridade implacável e à insistência na impotência do Estado. Contudo, a TMM também gera enigmas sérios. Num sistema de câmbio flutuante, nenhum Estado, com a possível exceção da potência hegemônica global, está no controle total de sua moeda. Embora seja verdade que a inflação não é necessariamente a ameaça devastadora que os neoliberais defendem que é, os defensores da TMM podem ser culpados de ignorar a inflação por completo — um risco que tem sido o motivo-chave para o fracasso recorrente de projetos populistas na América Latina.

A TMM aproxima-se do "solucionismo" — como Grace Blakeley defendeu.[46] Ela acarreta a crença ingênua de que o controle popular e firme do Banco Central, combinado com o pressionar de botões para emitir mais moeda quando necessário, pode ser suficiente para retificar desequilíbrios econômicos profundamente arraigados. Um exemplo desse pensamento banal é o argumento sofístico em relação à TMM de que a tributação não é necessária para financiar os gastos públicos, meramente por conta de uma tecnicalidade contábil — no caso, o fato de que as notas fiscais são geradas depois que o gasto estatal ocorreu. A TMM pode, assim, ser lida como reflexo intelectual da financeirização generalizada da economia, num momento em que bancos centrais — em especial o Federal Reserve e o BCE, cujas "bazucas" financeiras costumam ser convocadas em períodos de crise — adquiriram imenso poder. No mais, o foco da TMM na oferta de moeda em detrimento de outros processos econômicos tira a atenção de questões de política industrial e propriedade pública, que são cruciais para a proteção econômica e o controle democrático, bem como para construir uma economia pública focada em fins socialmente desejáveis.[47]

Uma nova economia pública

Após anos de privatização desenfreada e cortes nos serviços de utilidade pública, é essencial inverter a direção da trajetória. A crise do coronavírus revelou de maneira brutal as consequências de décadas de cortes nos serviços públicos — a começar pela saúde, que foi devastada por ondas sucessivas de privatização. Países que se descrevem como de "Primeiro Mundo" descobriram que não tinham leitos hospitalares suficientes para acomodar os números de pacientes em expansão, nem as medidas de assistência social necessárias para lidar com a explosão no desemprego. A crise também iluminou as consequências sociais nefastas da educação e dos serviços à infância com péssimo financiamento — especialmente para as mulheres, muitas das quais carregam a maior parte do fardo do cuidado familiar, para além do trabalho diário.

A plataforma socialista pós-pandemia precisa refocalizar a atenção em questões essenciais, do dia a dia, que há muito são ignoradas, a começar pelos serviços de utilidade pública. A defesa que a esquerda faz desses serviços há muito foi sustentada de maneira dramática pelos acontecimentos recentes, e as circunstâncias atuais oferecem uma abertura para a expansão do braço social do Estado. Nos últimos anos, ativistas propuseram uma extensão da "gratuidade no momento da utilização" ou de serviços subsidiados nas áreas de transporte, medicina e, inclusive, comida. Essas políticas, que na verdade são a revitalização de propostas socialistas veneráveis, podem provar-se gratificantes em termos eleitorais; muitos levantamentos apontaram grandes maiorias apoiando uma extensão da intervenção governamental, serviços de utilidade pública e de assistência.[48]

Uma questão particularmente premente é a das medidas de assistência social para lidar com o desemprego inflando em meio ao abalo econômico secundário da crise do coronavírus e à grande urgência social que provavelmente veremos durante os anos 2020. Enquanto países liderados por governos de direita, tais como o Reino Unido, adotam medidas emergenciais de ação social, como o *furlough* (licença não remunerada) de funcionários, que abarcou 8,5 milhões de trabalhadores, em muitos casos essas medidas vão expirar após o final da urgência do coronavírus, com o risco de um abalo social secundário e devastador. Outros governos definiram novos aprovisionamentos de assistência social permanente, tais como a renda mínima garantida que a Espanha aprovou em maio de 2020. Levantamentos mostraram que ela teve grande apoio popular, a ponto de até o partido de extrema direita Vox ter sido forçado a repensar sua oposição. Reconstruir uma rede de segurança forte é fundamental diante de um futuro incerto. Mas isso precisa ser acompanhado da criação de novos empregos, sobretudo no setor público; da forte mobilização para aumentos salariais depois de anos de estagnação; e da criação de uma "garantia empregatícia", com governos que contratem os sem-emprego como último recurso, como propõem teóricos da TMM.[49]

A maré também está virando nas discussões de política industrial. Nos últimos anos, muitos acadêmicos conclamaram o Estado a buscar um papel mais intervencionista. A referência de Mariana Mazzucato a um Estado empreendedor expressa a ideia de que o governo deveria se envolver mais na política industrial e se dispor a assumir riscos — às vezes financeiros — para facilitar a inovação.[50] Debates quanto à necessidade de níveis elevados de intervenção econômica também se desenrolaram em conexão a discussões sobre políticas de mudança climática, em especial o Green New Deal proposto por progressistas dos Estados Unidos. Tal como foi popularizado pela deputada democrata Alexandria Ocasio-Cortez, o Green New Deal foi projetado para tratar tanto do colapso ambiental quanto das adversidades econômicas que dele advirão. Essa política criaria milhões de novos empregos na produção fabril: um argumento eficiente para vender essa política entre a classe trabalhadora, incluindo aqueles em áreas periféricas, onde muitos projetos ambientais indubitavelmente precisariam acontecer.[51] Joe Biden prometeu 2 trilhões de dólares em investimentos para uma transição ambiental; mas o risco é de que boa parte desse dinheiro acabe nos bolsos de grandes empresas dissimuladamente afirmando-se "verdes".

Energia será outra área-chave da formulação política nos anos por vir. O petróleo e os produtos petrolíferos compõem por volta de um quinto do valor do comércio internacional. Mas vários indicativos apontam o fato de que o sistema energético baseado no petróleo está perdendo a batalha econômica e política; nesse meio-tempo, a energia renovável torna-se mais eficiente e politicamente atraente. A expansão de recursos renováveis significa, entre outras coisas, que os países provavelmente vão se tornar mais independentes em termos de sua produção energética, dado que o poder eólico e solar é distribuído geograficamente de modo mais uniforme do que as jazidas de combustível fóssil. A substituição da energia baseada no petróleo por energia renovável também pode ajudar a mudar as regras econômicas, agindo como uma forma indireta de substituição de importações. Aumentar a produção local de energia reduziria importações e, assim, reduziria a necessidade de as exportações pagarem pelas exportações. Isto, por sua vez, liberaria mais recursos para ser consumidos e investidos no mesmo local no ordenamento de uma economia mais "circular" e localizada.

A real recuperação do controle público da economia também deveria envolver a nacionalização de todas as empresas de serviços públicos estratégicas e a socialização do crédito — área em que os bancos privados fracassaram, negando-se a fornecer financiamento a empresas e famílias atingidas pela crise. Água, gás, eletricidade e telecomunicações são "monopólios naturais" que foram indevidamente privatizados durante a era neoliberal, privando o Estado do controle de parcelas estratégicas da economia. O crédito também deveria ser redirecionado da especulação financeira para atividades produtivas através da criação de bancos públicos e da nacionalização das instituições financeiras enfermas. Embora, como Engels defendia, a propriedade estatal não necessariamente venha a abolir o capitalismo — complementando que ela é "o instrumento para se chegar à solução" — e, de fato, a nacionalização tem sido a meta tradicional de governos socialistas e social-democratas.[52] As plantas baixas do capitalismo estatal chinês, o modelo francês de capitalismo misto e a propriedade estatal de empreendimentos estratégicos no modelo italiano costumam ser citados como exemplos da maneira pela qual países constroem sistemas econômicos mais autossuficientes. A indústria nacionalizada possibilita que os lucros sejam captados para o bem público e facilita o controle operário mais forte da gestão de negócios; é também, de tempos em tempos, uma questão de necessidade evitar que empresas privadas de importância estratégica, consideradas "grandes demais para o fracasso", entrem em falência.

Abriu-se recentemente um debate sobre o papel do Estado na gerência das empresas — tais como as diversas franquias de ferrovias do Reino Unido ou a companhia aérea italiana Alitalia — que tiveram que ser nacionalizadas temporariamente para assim se evitar a falência. Políticos discutiram se o Estado devia reclamar sua quota, ou "parte de ouro", no comitê diretor. Sem causar surpresa, representantes da classe capitalista foram fortemente contra a intervenção governamental na governança empresarial. Mas essas críticas parecem ir contra a postura pública prevalecente. Enquanto, no rastro da crise de 2008, governos ofereceram dinheiro grátis para bancos e grandes empresas sem pedir nada em troca, desta vez será mais difícil o público engolir tal disposição. Os imensos fundos que o Estado injetou em empresas privadas no rastro da crise do coronavírus têm que ser usados como oportunidade singular para reafirmar o interesse público em decisões econômicas, e isso inclui a possibilidade de ampliar as propriedades estatais.

Uma economia pública é, por natureza, menos desamparada frente ao ataque dos capitalistas, inclusive na questão do reposicionamento geográfico. Não se pode transferir facilmente para o exterior uma professora escolar da rede pública, e tampouco podem investidores estrangeiros concluir a aquisição de uma empresa na qual o Estado tem a *golden share*. A reconstrução de uma economia com forte participação do Estado pode dar lastro mais forte aos países para aguentar tempestades econômicas e reduzir a dependência econômica. Alguns temem que a propriedade pública crescente das empresas leve à proliferação descontrolada da tecnocracia. Para evitar a burocratização característica do passado social-democrata, uma expansão da economia pública devia se combinar com novas formas de controle democrático, incluindo a participação dos trabalhadores na governança de firmas e a transformação democrática do planejamento econômico.[53]

Uma economia voltada para o bem público também precisará refrear o poder das multinacionais. Além de empresas como Nike, McDonald's e Benetton, cuja brutalidade já foi condenada pelo movimento antiglobalização, os anos 2010 foram marcados pelo triunfo de corporações digitais — incluindo Google, Facebook, Amazon, Airbnb e Uber — que usaram a natureza virtual de suas atividades como desculpa para todo tipo de prática injusta. O modelo de negócios tumultuador dessas empresas até o momento baseou-se na canibalização de mercados locais de serviços que já existiam; daí a descrição delas como "capitalismo extrativista".[54] Lojistas de internet destruíram as ruas comerciais de todo o planeta; a Amazon por si só condenou ao fechamento varejistas de alimentos e livrarias que eram pilares de suas comunidades. Enquanto isso, o Uber tirou várias empresas de táxi do mercado. Proteger a economia local, incluindo pequenos e médios negócios, assim como os autônomos, da devastação que essas entidades multinacionais provocam é um pré-requisito essencial para fomentar um ecossistema econômico mais independente. Isso é especialmente importante no rastro da crise da Covid, que prejudicou de forma cruel a pequena burguesia de lojistas, artesãos e proprietários de bares e restaurantes, deixando-os ainda mais receptivos à bajulação da direita nacionalista. No mais, a implementação lenta de vacinas, sobretudo na Europa continental, e o comportamento extorsionista de empresas como AstraZeneca e Pfizer, despertou ira e levou a clamores por quebra de patentes e nacionalização da fabricação das vacinas. Para prevenir-se da aflição social disseminada no rastro da urgência do coronavírus, é necessário construir um Estado protetor social, que comande indústrias estratégicas como propriedade nacional e garanta que decisões importantes que afetam empregos e o sustento das pessoas sejam devolvidas ao controle do público. Uma condição-chave para o sucesso desa missão é a reconstrução do senso de comunidade e cidadania, a começar pelo nível nacional, como veremos no próximo capítulo.

9.
Patriotismo democrático

Uma questão-chave para socialistas em meio à crise atual da globalização é como resolver o conflito entre Estados-nação e o mercado global, num momento em que o primeiro foi enfraquecido pelo último e que se chegou a uma sensação generalizada de agorafobia. Um dos efeitos sociais mais surpreendentes da pandemia foi o modo como ela foi acompanhada, de início, por uma onda crescente de patriotismo em vários países. Da China à Itália e à Espanha, cidadãos penduraram placas e bandeiras nacionais em suas varandas, saíam em horários combinados para aplaudir enfermeiras, médicos, faxineiros e outros trabalhadores essenciais na linha de frente da pandemia, e cantaram músicas locais como forma de incentivo, tal como a canção espanhola "Resistiré" [Resistirei]. Políticos muitas vezes convocaram os cidadãos a demonstrar sua união e comportarem-se de maneira responsável; e os cidadãos mostraram, em números surpreendentes, que iam cumprir seus deveres cívicos. A antiga noção de virtude republicana, cuja premissa está no senso de comunidade, aparentemente ressurgiu e superou as ânsias egoístas do individualismo possessivo neoliberal.

Essa volta da postura nacionalista e republicana em meio à urgência da Covid-19 — o que algumas pessoas descreveram como "patriotismo do isolamento" — é mais uma manifestação do ressurgimento de noções modernistas que há muito são ignoradas no neoliberalismo. Não só a crise da globalização deixa elos-chave da cadeia do comércio global em risco, minando assim a interconexão física; ela também sublinha a fraqueza das formas de identidade social que foram predominantes durante o auge do neoliberalismo. O consumismo cosmopolita que durante três décadas alimentou a ascensão da classe média global agora está em desalinho, conforme o turismo e as viagens de negócios ficaram em ponto morto e não se tem perspectiva de curto prazo de que voltem aos níveis de antes. Estamos, assim, em hora de considerar que tipo de identidade-mestra pode tomar o lugar do cosmopolitismo insípido da era global, e de que maneiras poderemos conciliar o compromisso socialista com o internacionalismo e a fraternidade de todos os povos com a realidade da nação e do sentimento de nação, e a teimosia dessas duas ideias em face das forças da integração global dos mercados.

Essa revitalização da nação fica mais aparente na direita, que, como manda o figurino, soou os tambores do chauvinismo nacional. Em novembro de 2016, a capa da *Economist* retratou a chegada do "Novo Nacionalismo", sinalizada pelas figuras de Vladimir Putin, Donald Trump e Nigel Farage tocando tambores de guerra do século XVIII, enquanto Marine Le Pen os guiava vestindo a túnica de Marianne, figura mítica da Revolução Francesa. Putin é considerado a mente por trás da onda nacionalista. Desde os anos 2010, ele abraçou uma retórica nacionalista agressiva, defendendo que a globalização era inimiga dos povos mundiais. Trump também adotou uma postura agressivamente nacionalista, disparando ataques contra o alto escalão militar do Irã e fomentando disputas comerciais e confrontos geopolíticos com a China. Na França, Le Pen, cuja coreografia propagandística invariavelmente envolve a bandeira tricolor, repetidamente assinalou seu nacionalismo eurofóbico. Em setembro de 2018, ela fez um discurso intitulado descaradamente "As nações salvarão a Europa". Ao mesmo tempo, Jair Bolsonaro adotou o slogan nacionalista e antissecular "Brasil acima de tudo, Deus acima de todos!" em sua campanha eleitoral vitoriosa de 2018. A popularidade de Matteo Salvini desde sua ascensão à liderança da Lega, que ele reformulou como partido nacional, estava largamente assentada em ele ter dispensado o regionalismo lombardo e abraçado o nacionalismo.

Na esquerda, as acusações de nacionalismo agressivo da parte de figuras como Trump e Le Pen andaram de mãos dadas com uma retomada progressiva do patriotismo. Na Espanha, Pablo Iglesias foi quem expressou com mais clareza o compromisso com o patriotismo cívico, buscando reapropriar o orgulho nacional da intolerância franquista, reenquadrando-o em termos de uma sensação de dever para com a comunidade nacional e sua Constituição. Ele acusou a direita muitas vezes de querer reivindicar propriedade exclusiva da nação, insistindo em que o patriotismo significa não agitar bandeiras, mas o compromisso com os valores sociais do país. Em agosto de 2019, a congressista Ilhan Omar respondeu a ataques racistas de Trump e de seus seguidores afirmando que ela e Alexandria Ocasio-Cortez representavam o "patriotismo verdadeiro", um patriotismo que "não se trata de apoio cego a uma presidência", mas de "lutar pelo nosso país e sua dignidade" e "garantir que o povo do nosso país e nossa Constituição sejam valorizados e protegidos".[1] Durante a campanha das eleições gerais britânicas de 2019, Jeremy Corbyn declarou que se considerava um patriota, enquanto seu sucessor, Keir Starmer, festejou a ideia de um "patriotismo progressista". Essa revitalização no festejo em torno da identidade nacional também foi manifestada em vários movimentos sociais — mais recentemente no Gilets Jaunes da França, que muitas vezes adotou símbolos nacionais e a retórica de solidariedade nacional.

Para criar uma estratégia vencedora na conjuntura atual, é necessário levar em conta a crise de identidade provocada pelos fracassos da globalização. Em vez de buscar a localidade e a nacionalidade como manifestações de um particularismo antediluviano, é hora de adotar uma postura mais simpática diante da noção que o povo tem de pertença e de identidade nacional. Deve-se reconhecer que a democracia é, por definição, geográfica, sendo o demo largamente definido pelo seu topos, a localização física onde ele se firma, e que as democracias ainda se identificam com o espaço do Estado-nação, enquanto a solidariedade é definida de modo geral por alianças locais e pertença a um local. A solução para a oposição falsa entre nacionalismo e globalismo devia ser o patriotismo democrata que articula metas democráticas e socialistas em concordância com a cultura, práticas e costumes de sociedades organizadas específicas, com suas tradições e valores firmados e de senso comum. No nível local, essa recuperação das identidades geográficas poderia ser descrita como "socialismo provinciano" — para ampliar o socialismo municipal que se desenvolve em áreas urbanas com movimentos de esquerda fortes.[2] Esse termo designa uma estratégia que mira a customização de discursos políticos às condições concretas de comunidades locais e suas necessidades. É só ao adotar o ponto de vista da nação e da localidade que será possível criar uma política progressista que responda às crises de identidade que a era da globalização neoliberal deixou no seu rastro.

A nação à casa torna

O reenquadramento atual da política às linhas nacionalistas é um choque cultural para muita gente, pois parece que vai contra a corrente da promessa de uma globalização cada vez mais interconectada que culmine numa *œcumene* global.[3] Conforme os capítulos iniciais deixaram claro, a globalização neoliberal proclamou a morte iminente do Estado-nação e sua substituição por organizações supranacionais e áreas de livre-comércio regionais nos moldes da União Europeia. Esperava-se que a integração econômica e cultural mais intensa fosse enfraquecer estruturalmente os Estados-nação. Os fluxos globais que cruzam as fronteiras criariam forte interdependência planetária, levando a uma remixagem de povos, produtos e culturas, algo como um *melting pot* global. O sistema nacional de Estados-nação, em vigor desde o tratado da Westfália de 1648, acabaria substituído por um mundo governado sob uma só bandeira — ou um império comum ou uma federação de democracias liberais.[4]

Previsões ousadas sobre a chegada do mundo pós-nacional pareciam absurdamente fora de sincronia no rasto do crash financeiro de 2008, e ainda mais desde o início da pandemia do coronavírus. Profetas da queda do Estado-nação subestimaram como as nações são profundamente arraigadas à história política e à consciência do povo, assim como sua centralidade na organização da democracia de massas. Como o sociólogo norte-americano Craig Calhoun mostrou em seu livro de título enfático, *Nations Matter* [Nações são importantes], os liberais "subestimam o trabalho que o nacionalismo e a identidade nacional tiveram na organização da vida humana, assim como na política no mundo contemporâneo" e ignoram "como as categorias nacionalistas são centrais [...] à democracia, à legitimidade política e à própria natureza da sociedade".[5] A importância da nação só fica mais aparente conforme o recuo da globalização parece ter reanimado identificações nacionais.

Questões de identidade nacional vêm ressurgindo com potência em todos os níveis no Grande Recuo: em negociações internacionais, na política comercial, em discussões sobre o fundo de recuperação econômica da União Europeia, na reação da saúde pública à pandemia e na corrida pelas vacinas do coronavírus. Essa tendência reflete a crise da globalização e os realinhamentos geopolíticos que ela engendrou. A hegemonia norte-americana sem rival — o pilar central sobre o qual se apoia todo o palácio da globalização no mundo real — está bamba. O manejo desastroso da pandemia por parte de Donald Trump, a pressão das revoltas domésticas contra o racismo institucional e a proeminência crescente da China estão abalando certezas geopolíticas de longa data e reabrindo o grande jogo das relações internacionais. Lealdades e alinhamentos existentes estão em desalinho; diversos países estão em busca de novas posições na paisagem em mutação, enquanto relações bilaterais e o maior foco na integração regional roubam o palco do multilateralismo global.

A questão nacional aqui suscitada é específica às condições históricas presentes e muito diferente do conhecido padrão de lutas por libertação nacional. Com exceção de alguns casos bem conhecidos — tais como os dos escoceses, dos *québécois*, dos catalães, dos curdos e dos palestinos —, o que está em jogo não é a demanda pela independência de nações sem Estado. O xis da questão é a viabilidade de nações bem firmadas em um contexto no qual boa parte de seu poder parece ter se perdido devido ao desamparo e aos deslocamentos criados pela globalização neoliberal; não a independência formal das nações, mas sim sua autonomia substantiva, pragmática. Essa percepção de uma "nação perdida" que teve que ser tomada de volta foi central à narrativa do Brexit, assim como a de muitos soberanistas europeus clamando pelo abandono da União Europeia, ou a atitude nacional-populista que propeliu Donald Trump à Casa Branca. Ainda assim, uma impressão similar também infunde muitos movimentos progressistas que acusam a globalização de negar poder à gente comum.

Nações e identidade nacional são tópicos célebres por causar dissensão na esquerda, na qual o "patriota de bandeira em punho" equivale a ofensa. A nação é normalmente associada a ideias de direita e ao nacionalismo tosco que figuras como Trump e Le Pen esposam com guerras, movimentos fascistas, racismo e opressão. O nacionalismo é usado desde o século XIX por forças conservadoras e fascistas como meio de subjugar o conflito de classes e esmagar a esquerda. Socialistas e comunistas foram estigmatizados como agentes estrangeiros e seu internacionalismo tratado como traição de compromissos patrióticos fundamentais. Mesmo assim, ao afastar a questão nacional e igualar patriotismo a nacionalismo, a esquerda deixa de fazer jus ao sentido histórico dessas palavras e à maneira como elas foram mobilizadas a serviço da revolução política e do reformismo social.

As lutas por independência nacional e unificação na Grécia, Itália, Hungria, Polônia e Alemanha no século XIX; as "guerras patrióticas" travadas pela Rússia soviética e por outras nações contra a dominação nazista; as guerras de libertação nacional na Argélia, em Camarões, em Angola, no Vietnã e dezenas de outros países — todas essas lutas pela libertação nacional estão no topo da lista das causas mais acalentadas pela esquerda. Muitas figuras centrais no panteão do socialismo, incluindo os próprios Marx e Engels, estiveram envolvidos nessas convulsões e viram a independência nacional como objetivo democrático legítimo. Até hoje, muitos ativistas de esquerda apoiam com entusiasmo as lutas nacionais por independência. No mais, o populismo socialista latino-americano na Bolívia, no Brasil, na Argentina e na Venezuela foi profundamente infundido com patriotismo. É fato que fazer concessões à identidade nacional sempre é um risco — durante os anos 2010, alguns esquerdistas renegados uniram-se a causas nacionalistas numa jogada oportunista para reconectar-se com a classe operária. Mas rotular qualquer um que não adere a uma visão de mundo liberal e cosmopolita de "nacionalista de esquerda" seria um delírio.

Em vez de considerar a nação monopólio da direita, é necessário entendê-la como campo de batalha político crucial, como propôs Otto Bauer.[6] Para o bem ou para o mal, as nações vêm sendo protagonistas da história. Como o teórico liberal Isaiah Berlin ressaltou, elas foram responsáveis tanto pelas maiores realizações da história quanto pelos seus desastres mais pavorosos.[7] Seria impossível entender as duas guerras mundiais do século XX, ou qualquer outro conflito sangrento na história recente, sem compreender como elas resultaram dos excessos do nacionalismo e da tradução desses excessos em ambição e agressividade imperialista, como Michael Mann comentou.[8] Contudo, seria igualmente impossível imaginar a democracia, os serviços de utilidade pública, as artes, a cultura e a pesquisa científica sem referência à nação. O sentimento de pertença nacional é uma realidade cuja persistência fez troça de muitas previsões de sua morte iminente. Em vez do desdém esnobe, essa realidade requer consideração sóbria.

A nação é central à doutrina da legitimidade política. Sua durabilidade deriva do fato de que, até hoje, instituições nacionais são entendidas como mais legítimas e, portanto, mais democráticas, do que as supranacionais.[9] No nível mais elementar, a nação é um grupo de pessoas que compartilham características atribuídas que têm a ver com ascendência, território, história e cultura comuns. A ideia de uma nação sugere fundamentalmente a existência de uma "pátria" — o território ou "sede" da nação, cujas fronteiras são vistas como naturais e permanentes — e de pessoas que moram nessa terra, afirmando a origem comum. Por fim, acarreta uma história e uma cultura em comum, uma língua em comum e um conjunto de instituições representativas em comum. Todas essas características estão empacotadas na ideia da nação.

Diferentes entendimentos da nação acarretam significados e implicações políticas distintos e muitas vezes contraditórios.

De Johann Gottfried Herder em diante, a tradição romântica do etnonacionalismo enfatizou os elementos étnicos, linguísticos e culturais da ascendência comum. Da versão moderada do nacionalismo alemão que surgiu em 1848, esse tipo de nacionalismo cultural evoluiu até virar um nacionalismo étnico mais explícito após a unificação alemã. A invocação de "sangue e solo" (*Blut und Boden*), popularizada pelo dignitário nazista Richard Walther Darré e apoiada pela teoria racial e pela ideologia agrária, viria a inspirar o nacionalismo racista e assassino do Terceiro Reich.[10] A outra grande tradição do nacionalismo europeu se origina da Revolução Francesa, embora seja mais republicana e explicitamente de natureza política. As nações, segundo esse modelo, podem englobar gente de várias raças, desde que aceitem e respeitem a Constituição do país. O jacobinismo francês adotou a ideia articulada de maneira célebre pelo abade Sieyès de que as pessoas eram a nação — a comunidade de todos os cidadãos representados pelas mesmas instituições e obedecendo às mesmas leis.[11]

Independentemente da base na qual a nação é definida, o que aparentemente perturba os intelectuais cosmopolitas é o particularismo embutido da nação: o fato de que ela sugere uma divisão da humanidade segundo fronteiras arbitrárias. Hegel via a nação como espaço de universalismo que transcendia as diferenças locais, e temia pela chegada do espaço pós-nacional que, em vez do universalismo, desataria o caos.[12] Mas fica claro que, na imaginação pública, a nação é percebida hoje como algo que incorpora o particular em vez do universal. O mundo das nações é, sem dúvida, um mundo de fragmentação às vezes manifestamente absurda. As fronteiras que dividem os 193 Estados-membros das Nações Unidas a muitos parecem algo irracional — algo a se superar para rumarmos a uma sociedade planetária de fato. Mas o que os cosmopolitas não costumam ver é a força da pertença e da identificação, e os sedimentos da história nos quais eles germinam, que tornam a superação do princípio da nacionalidade muito improvável mesmo no longo prazo.

Embora a divisão da humanidade em nações possa parecer mesmo um fenômeno atávico, o particularismo e o pluralismo das nações derivam da realidade elementar da geografia e do modo como a distância e a separação físicas alimentaram diferenças históricas e culturais. Em *O espírito das leis*, Montesquieu defendeu que, no fim das contas, foi o tamanho do planeta e a distância entre os vários povos que levaram muitas sociedades a desenvolver-se em paralelo.[13] Sociedades são organizadas de forma concêntrica em torno de lugares específicos — suas capitais, seus monumentos e mercados — que servem de centros culturais, administrativos e comerciais da nação. Mesmo no nosso mundo altamente conectado, dominado pela comunicação instantânea e pelas viagens aéreas velozes e baratas (suspensas por meses durante a pandemia), não se livrou do princípio básico. O poder do local, da distância, da proximidade e do lugar ainda organiza as comunidades humanas. Isso ficou mais aparente em períodos de lockdown durante a pandemia, quando passamos a perceber em que medida seguimos prisioneiros da localidade; de nossas casas, nossas vizinhanças, nossas nações.

O sonho de Mazzini

Responder ao problema da nacionalidade não é negar a existência da humanidade como um todo, tampouco dizer — como Carl Schmitt sugere — que qualquer forma de humanitarismo é uma fraude e uma fachada para interesses imperialistas.[14] Significa, isto sim, aceitar que o universal da humanidade surge na história através da forma particular de diferentes povos e seus históricos. Seguindo o pensamento dialético de Hegel, as sementes do universalismo encontram-se na particularidade. O que nos torna humanos e, portanto, universais, partindo da língua, é o que por sua vez nos torna distintos, o que nos divide em várias comunidades linguísticas e culturais, assim como em nações distintas. Essa diversidade é algo a se comemorar por si só — um legado do histórico rico e dos desafios complexos que nossos ancestrais enfrentaram — e não devia ser vista como obstáculo para o desenvolvimento de uma política universalista. O universal não se alcança simplesmente com um salto de fé que ultrapassa os parâmetros da realidade existente. Deveria ser, isto sim, produto de uma busca exaustiva em meio ao particularismo.

A perspectiva de que a nação seria antiuniversalista foi criticada por Giuseppe Mazzini, o intelectual e ativista republicano que fez campanha incansável pela unificação italiana e inspirou as lutas por libertação nacional do século XIX. Mazzini queria conciliar o humanitarismo dos primeiros movimentos socialistas com a demanda pela autodeterminação nacional que emergia na Europa revolucionária dos anos 1820. Sua perspectiva da nação era infundida pela concepção romântica do povo como protagonista da história. Mas era inflexível em dizer que as lutas nacionais não entravam em contradição com a meta de unir o que ele descreveu, com um idealismo típico de sua era, como "a família da humanidade que tem um só altar, um só pensamento, um poema como hino e uma língua em que canta".[15] O dever precípuo de todos os cidadãos, segundo Mazzini, era "para com a humanidade". Nenhum outro princípio, incluindo o princípio nacional, podia superar a "lei da vida humana".[16]

Para Mazzini, a nação não era uma entidade fixa e permanente. Era histórica e, portanto, mutável. Ele escreveu de modo memorável: "Não acreditamos na atemporalidade das raças. Não acreditamos na atemporalidade da língua. Não acreditamos na influência atemporal e poderosa do clima no desenvolvimento da atividade humana".[17] No mais, Mazzini fazia crítica ferrenha ao "nacionalismo estreito e maldoso [...] com ciúmes de tudo que o cercava". Ele identificava o nacionalismo com o espírito expansionista de governantes despóticos e defendia o patriotismo informado pela noção de dever com suas comunidades. Seria apenas ao superar o nacionalismo dinástico e fomentar uma atitude de pertença e conexão em cada país que as pessoas se livrariam de suas correntes e transformariam as relações internacionais em cooperação pacífica entre os países.

Em vez de perceber a nação como "manifestação do passado, um conceito medieval que provocou muito derramamento de sangue e que continua a faccionar o pensamento divino na Terra", como cosmopolitas fariam, ele defendeu que os revolucionários deveriam encarar a realidade da nação.[18] Deviam abordar a nação como passo necessário para a construção de uma comunidade humana baseada na compreensão e na solidariedade mútuas. "Para nós, o fim é a humanidade; o pivô, o ponto de apoio, é o país", ele defendeu, embora retrucasse que, para os cosmopolitas, era o indivíduo e não a coletividade da nação que dava esse pivô. Essa visão inspirou Giuseppe Garibaldi, o herói da unificação italiana, que, além de ser patriota, era forte defensor do socialismo, tendo fundado muitas associações de trabalhadores Itália afora. Garibaldi também era comprometido com a igualdade racial, como demonstrou em sua camaradagem fraterna com Andrea Aguyar, um ex-escravo negro do Uruguai, apelidado de "Andrea il Moro", que morreu defendendo a República romana revolucionária em 1848.

A abordagem republicana de Mazzini revela a falácia da oposição entre soberanismo e globalismo suscitada pela direita nacionalista e amplamente aceita no discurso político atual. O soberanismo postula a ideia de que o Estado-nação pode e deve ter controle total do território nacional, pois constitui o único nível no qual a política é legítima. O globalismo, por sua vez, assevera que só se alcança controle no nível global, pois é somente nessa escala que se espera confrontar os grandes problemas que a humanidade encara. Em outras palavras, enquanto o nacionalismo ou o soberanismo são particularismos absolutos, o globalismo veste os mantos do universalismo abstrato. O soberanismo e o globalismo são, na realidade, o que Hegel viria a descrever como falsos absolutos: conceitos que não têm sustento na realidade política que existe de fato, que nunca é totalmente nacional nem totalmente global. Só o apoiador mais fanático da soberania gostaria de viver em um país autárquico, apartado do mundo. Do mesmo modo, ninguém gostaria de viver em um mundo à mercê absoluta de forças globais, em que todas as decisões fossem tomadas no nível internacional, privando cidadãos de Estados-nação de qualquer forma de controle local.

Para superar essa falsa oposição, o caminho pela frente jaz em adotar o que poderia ser chamado de "patriotismo democrata": o compromisso com a comunidade política local e suas instituições e costumes democráticos como trampolim para uma política universalista. O conceito é uma referência ao "patriotismo constitucional" de Jürgen Habermas. Para Habermas, o patriotismo constitucional é "um consenso quanto ao procedimento legítimo de promulgação das leis e do exercício legítimo de poder" sacralizado na lei do país.[19] O patriotismo democrático vai além da noção minimalista do patriotismo limitada a essa aceitação do Estado constitucional como ordenamento necessário. Em vez disso, ele funciona dentro da suposição de que a democracia sempre é patriótica, pois, por definição, é o poder de um demo particular que habita um território específico e sugere uma noção topo-específica de pertença e orgulho da parte de seus membros.

Atitudes de pertença não são obstáculo à democracia; são, isto sim, suas precondições.

É certo que patriotismo é um termo particularmente carregado que não tem boa reputação na esquerda. "Patriotismo social" foi o termo usado por Lênin para atacar o chauvinismo do Partido Social-Democrata e, em especial, seu voto a favor da entrada da Alemanha imperial na guerra.[20] Contudo, o próprio Lênin não foi surdo à questão da autodeterminação nacional. Foi célebre o momento em que ele bateu de frente com Rosa Luxemburgo em defesa das demandas de independência polonesa e defendeu que comunistas tinham que lutar de modo resoluto contra a opressão nacional.[21] Por fim, Marx e Engels, apesar de suas críticas à nação como construto burguês, tinham uma perspectiva mais nuançada da questão do que geralmente se reconhece, dando preferência a nacionalismos dos oprimidos.[22] Esquerdistas cosmopolitas gostam de citar este famoso trecho do *Manifesto comunista* que afirma que "os trabalhadores não têm pátria"; mas eles pulam as frases subsequentes, em que Marx defende: "Porém, ao conquistar o poder político, ao se constituir em classe dirigente nacional, o proletariado precisa se constituir ele mesmo *em* nação; assim, ele continua sendo nacional, embora de modo algum no sentido burguês". Essa generalização da classe na nação foi exatamente o que Antonio Gramsci quis dizer ao falar que trabalhadores tinham que se tornar a classe hegemônica na política nacional.

Para fazer do patriotismo um canal para a política democrática é preciso distingui-lo do nacionalismo e esclarecer quais imperativos éticos ele acarreta. Como George Orwell apontou no famoso ensaio "Notas sobre o nacionalismo", embora o nacionalismo seja agressivo e sedento por poder, "a natureza do patriotismo é defensiva, tanto militar quanto culturalmente". O nacionalismo é "inseparável do desejo de poder", enquanto "o propósito permanente de qualquer nacionalista é garantir mais poder e mais prestígio".[23] A atitude nacionalista dos habitantes de grandes potências imperiais está sempre fadada a tender mais para essas formas de nacionalismo agressivo do que para a atitude de identidade nacional em países que são mais fracos ou subordinados a outros. Em contraste, o patriotismo sugere "devoção a um lugar específico e a um modo de vida particulares, tidos por alguém como os melhores do mundo, mas sem o desejo de impô-los a outras pessoas".[24] Em termos da relação dialética entre o interior e o exterior, o foco do nacionalismo é sempre externo; ele constitui-se em oposição a outras nações. O patriotismo, por outro lado, é voltado para dentro — para a busca da alma da nação. À direita, referências à nação são invariavelmente antagônicas e excludentes. A identidade da nação está baseada na exclusão de imigrantes e estrangeiros — os que se originam de outras nações — simbolizados como micróbios que infectam o corpo do demo. Na esquerda, a adoção de motivações patrióticas prediz a afirmação de valores republicanos de comunidade e solidariedade que atam internamente todos os membros de uma dada sociedade organizada. Isso tem implicações importantes para a política socialista. O dever patriótico, no sentido usado por populistas de esquerda como Pablo Iglesias, líder do Podemos, não acarreta apenas corresponder aos princípios da Constituição do país, mas também reconhecer os princípios da justiça social, da solidariedade e da unidade, assim como as ambições de aprimoramento pessoal demonstradas nas melhores páginas da história de uma nação.

A urgência do patriotismo tem a ver com a luta pela reinternalização e re-regionalização que é central à lógica do Grande Recuo. Como Orwell apontou, o patriotismo envolve a "devoção a um lugar" — o festejo do lugar de nascença e/ou residência da pessoa; o reconhecimento da luta e do sofrimento de gerações anteriores; e o compromisso em construir uma sociedade melhor. Essa "volta ao lugar" é fundamental à democracia, especialmente nos tempos atuais de "vingança da geografia".[25] A democracia sempre está instalada em termos geográficos. É em torno de lugares, da ágora ateniense e da Genebra de Jean-Jacques Rousseau às nações contemporâneas, com suas comunidades e extensos territórios, que abarcam milhões de cidadãos e milhares de quilômetros quadrados, que a política se constitui. Nações podem até ser "comunidades imaginadas", grandes demais para os cidadãos se conhecerem, mas são comunidades baseadas ainda assim na localidade.[26] No mais, é verdade, como Gramsci já havia notado, que o mundo moderno é marcado por um descompasso aparente entre o cosmopolitismo da economia e o nacionalismo da política.[27] Os negócios são globais, mas toda política é local: a democracia está enraizada no local, e assim atada às particularidades de ambientação e identidades. Essa contradição tem que ser conciliada, "domesticando" a índole da economia, reembutindo atividades econômicas em territórios e em suas redes de responsabilidade comum.

A retomada do patriotismo e o compromisso com a comunidade manifestados concretamente em projetos de desenvolvimento regional para áreas desfavorecidas pode ajudar muito a lidar com a rebelião das periferias que até o momento tem favorecido a direita. Como já vimos ao discutir a relação entre estrutura de classe e política contemporânea, a esquerda é fortemente dependente do eleitorado da classe média urbana que tende a ver a globalização de modo positivo e ver a raiva dos eleitores não urbanos como algo retrógrado. Esse é um problema de longa data da esquerda, que, como já defendeu o sociólogo Teodor Shanin, tem problema em entender e mobilizar eleitorados fora de áreas urbanas.[28] Ainda assim, se os progressistas quiserem ficar no governo e não na oposição, eles precisam fazer as pazes com os rancores dos que ficam nas periferias rurais, em vez de simplesmente rotular todos os eleitores provincianos de chauvinistas e paroquiais. A mera promessa da "nação" como igualdade e comunidade entre todos os cidadãos, independentemente de suas circunstâncias e localização, serve de ponto de entrada para desenvolver uma proposta política que atraia não apenas cidades grandes, mas também as de pequeno e médio porte. O patriotismo municipal que buscam muitos prefeitos esquerdistas recentes na Europa, tais como Ada Colau em Barcelona e Luigi De Magistris em Nápoles, é aceito com mais facilidade nas classes urbanas do que o patriotismo nacional. Mas uma nação socialmente dividida entre metrópoles e sertões não é nem viável nem desejável. Aliás, a "guetização" da esquerda em centros urbanos já precipitou tendências para a reação. O municipalismo, ou o socialismo municipal, precisa vir acompanhado de um socialismo provinciano que atenda às necessidades dos sertões e molde o desenvolvimento de políticas aptas a reduzir a sensação de desamparo frente aos efeitos da concorrência descontrolada no mercado global. Isso vai acarretar cumprir o desafio de construir organizações em áreas não urbanas que a esquerda viu por muito tempo como locais impossíveis de conquistar, mas que serão decisivas para superar a polarização prejudicial entre cidade e interior.

A nação como estrutura protetora

O contraste entre o caráter voltado para a proteção, do novo socialismo atual, e a natureza agressiva, do nacionalismo, é crucial. O patriotismo que a esquerda socialista advoga vê o mérito da nação e sua natureza protetora — nas formas de comunidade e solidariedade nela embutidas e na sua capacidade de fornecer escudo contra os delírios das potências imperiais e o capital global. O papel protetor é particularmente importante para Estados-nação mais fracos que se veem sob pressão de hegemonias regionais e globais. A defesa do papel protetor da nação é encontrada em pontos improváveis dentro do pensamento liberal e marxista. Por exemplo: Hannah Arendt e Franz Neumann, dois judeus alemães que foram os primeiros acadêmicos a produzir uma análise política da ideologia e organização do nazismo, não subscreviam ao cosmopolitismo liberal. Muitos provavelmente esperariam que Arendt e Neumann, que tiveram que fugir dos seus países por causa da perseguição nazista, fossem críticos fervoroso da nação. Mas o argumento deles vai exatamente na direção contrária. Arendt e Neumann viam o nazismo não como fenômeno nacionalista, mas como movimento supranacional e imperialista que, longe de conceber a nação como valor supremo, a via como grilhão inaceitável para sua sede insaciável de violência e expansão.

O *Nationalsozialismus*, é claro, adotava a propaganda nacionalista; mas, como Arendt explica, seu racismo e imperialismo, em vez de reforçar, mirava "destr[uir] o padrão do Estado-nação".[29] Como ela colocou de maneira célebre na página de abertura de *As origens do totalitarismo*,

> os nazistas sentiam genuíno desprezo, jamais abolido, pela estreiteza do nacionalismo e pelo provincianismo do Estado-nação. Repetiram muitas vezes que seu movimento, de âmbito internacional (como, aliás, é o movimento bolchevista), era mais importante para eles do que o Estado, o qual necessariamente estaria limitado a um território específico.[30]

Enquanto os nazistas se entregavam ao "supranacionalismo", ainda assim "preparava[m] a destruição do corpo político de sua própria nação, baseava[m]-se no nacionalismo tribal, com um desmedido desejo de conquista, que constituiria uma das forças principais com que se poderiam aniquilar as fronteiras do Estado-nação e de sua soberania".[31]

O antissemitismo, componente-chave do nazismo, não era nacionalista, mas sim "supranacionalista", curiosamente espelhando a "Judiaria" supranacional que antagonizava. Nesse contexto, o "supranacionalismo dos antissemitas" fomentava a meta de construir uma "superestrutura estatal que destruísse as estruturas nacionais".[32] Esse caráter supranacional do antissemitismo reverbera em culturas extremistas contemporâneas, tais como a dita direita alternativa. O supremacismo branco que a direita alternativa abraça é racista, não nacionalista. O objetivo de figuras como o neonazista norte-americano Richard Spencer é a fundação de um "etnoestado branco", do qual as minorias sejam expulsas para os bantustões. No mais, algumas figuras da direita alternativa veem os estados confederados secessionistas, e não os Estados Unidos que os derrotaram, como pátria-mãe. Os desordeiros que atacaram o Capitólio em 6 de janeiro de 2021 carregavam bandeiras confederadas e derrubaram a bandeira dos Estados Unidos na entrada do Senado para substituí-la por uma bandeira de Trump. Apesar de seus pretextos, eles não são "patriotas" de verdade; são apenas racistas.

A defesa do Estado-nação em Arendt derivou do entendimento que ela tinha de como os horrores da Segunda Guerra, e particularmente o genocídio dos judeus do Leste Europeu, foram facilitados pela desintegração dos Estados-nação. Milhões de judeus foram transformados em cidadãos apátridas privados de qualquer proteção consagrada nas leis nacionais, tornando-se, assim, vítimas fáceis da máquina assassina nazista. A perda dos direitos nacionais representou a perda dos direitos humanos. Alinhada com o argumento de Mazzini, para Arendt os direitos universais dos humanos não eram incompatíveis com os direitos nacionais dos cidadãos; os últimos, aliás, constituíam a linha de defesa pragmática para os princípios encarnados nos primeiros.

Assim como Arendt, Neumann — o primeiro e influente historiador do nazismo no livro *Behemoth* — estava convencido de que o nazismo não era nacionalismo, mas um imperialismo racial baseado na afirmação da raça superior e seu direito de determinar vida e morte. Como Neumann colocou, o foco da ideologia nazista era "a soberania da raça germânica".[33] Essa soberania racial era bem diferente da soberania da nação, pois, diferente da nação, a raça não tem limites territoriais, e assim não conhece barreiras a seu poder. O projeto do *Grossdeutsches Reich* que Hitler buscou centrava-se numa comunidade de descendência racial e seu direito à conquista, prefigurado pelas invasões germânicas e os cavaleiros teutônicos que colonizaram o Leste, e não na nação delimitada historicamente. Essa ambição sem limites é o elemento que tornou a ideologia nazista tão agressiva.

Neumann foi tão inflexível quanto à dissociação entre nazismo e Estado-nação que, em um trecho central de *Behemoth*, insistiu na "defesa da soberania do Estado".[34] Ele defendeu que a ideia de soberania no presente era "progressista" por dois motivos. Primeiro, porque consagrava a "igualdade jurídica de todos os Estados e a racionalidade consequente das relações internacionais [...]. Se todo Estado é soberano, todos os Estados são iguais". A soberania, assim, criou "racionalidade em um mundo anárquico" e "uma delineação exata das esferas de poder, [sujeitando] ao poder do Estado apenas aqueles que vivem dentro de seu território e alguns poucos seletos (cidadãos) do lado de fora".[35] A nação é entendida como parte de uma comunidade de nações, de forma muito similar ao modo como o indivíduo é entendido como parte da comunidade da sociedade, protegendo assim sua autonomia e independência em assuntos domésticos. A doutrina da soberania nacional entende a interferência e a usurpação dos poderes estrangeiros como elemento contrário aos princípios de autodeterminação e democracia.

O segundo motivo para a soberania merecer louvor era que a delimitação do Estado-nação "cria uma barreira" que "ao mesmo tempo limita a amplitude do poder estatal".[36] Fronteiras são estruturas que não só protegem o Estado de inimigos e perigos externos, reais ou percebidos, mas também "contêm" o Estado, impedindo-o de ultrapassar seu poder. Em outras palavras, a vantagem do Estado-nação se encontra exatamente em sua fraqueza: o caráter delimitado do Estado, sua territorialidade contida, representa limite para uma potência no mais irrestrita. Todos os democratas sinceros deveriam, assim, defender a soberania nacional como mecanismo protetor contra os ataques de Estados expansionistas e suas grandes empresas. É nesse sentido protetor ou defensivo que o patriotismo deveria ser reivindicado. Mas a reconstrução das democracias nacionais também acarreta um repensar da ordem internacional, de modo que a soberania de cada nação possa conciliar-se de maneira efetiva com a de outras.

O governo mundial e o caos europeu

Longe de serem territórios hermeticamente fechados, as nações sempre existem dentro de um sistema internacional, uma "comunidade de nações". Relações diplomáticas, embaixadas, tratados bi- e multilaterais, guerras, alianças militares e econômicas, cartéis comerciais, relações migratórias, religiosas e culturais são alguns exemplos de fenômenos que, por definição, cruzam e transcendem fronteiras nacionais. Só o soberanista mais obtuso vai fingir que qualquer questão é resolvida recorrendo-se diretamente ao princípio pétreo da soberania nacional. Para os socialistas atenciosos, a questão deveria ser qual nova ordenação das relações internacionais é desejável e realista como meio de alcançar a recuperação de um maior escopo da soberania popular sem gerar conflito entre nações.

O problema clássico das relações internacionais está em como os interesses divergentes de diferentes Estados-nação podem ser gerenciados e resolvidos de forma pacífica. De argumentos sobre recursos primários e direitos de pesca à concorrência industrial, disputas territoriais e lutas religiosas e étnicas, os motivos para conflitos entre as nações são muitos. No mais, o protecionismo econômico foi amplamente criticado como um exercício de "empobrecer o vizinho" que costuma levar a retaliações e, por fim, a guerras comerciais. Esses assuntos levantam a questão de como alcançar um sistema que case a paz internacional e a democracia nacional. Já propuseram diversas soluções a esse dilema, e instituições supranacionais, como a Organização Mundial do Comércio e o Fundo Monetário Internacional, da mesma maneira que federações regionais como a União Europeia, incluem na sua missão o apaziguamento dos conflitos e o abrir das portas para um mundo unificado. Contudo, a governança supranacional muitas vezes contribuiu para o aprofundamento de rivalidades nacionais. O que se exige, portanto, é uma nova abordagem das relações internacionais que possa de fato resolver conflitos, e não exacerbá-los.

O problema do conflito internacional foi o célebre tópico do ensaio de Kant "A paz perpétua".[37] Poucos ensaios costumam ser tão citados por cosmopolitas liberais; aliás, Kant é considerado o pai espiritual da União Europeia. No ensaio, ele propôs um diagrama da federação internacional dos Estados — que veio a inspirar federalistas europeus como Altiero Spinelli.[38] Kant lançou um alerta contra o poder aniquilador da guerra internacional, sublinhando a necessidade de diálogo entre as nações. Mas ele estava longe de ser um cosmopolita radical e não considerava a ideia de que as nações podiam desaparecer. Kant propôs cautela contra os riscos do que descreveu como "governo mundial" — uma forma de poder executivo que suplanta os governos nacionais. O governo mundial acabaria rendendo resultados em oposição direta aos que se pretendia: em vez de entregar a paz perpétua, resultaria em guerra perpétua.

Kant propôs dois argumentos a respeito dos motivos pelos quais o governo mundial representava ameaça. Primeiro, por força de suas dimensões, sua ameaça à paz seria significativamente maior do que a do Estado-nação. Se não tivesse freios, ele atingiria o tamanho de um Leviatã imbatível com mais acesso a finanças, a um aparato repressor maior e a um poder militar maior do que o de um Estado convencional. Em segundo, a fundação de um governo mundial, longe de garantir estabilidade e paz, inevitavelmente fomentaria conflitos na periferia. Povos de nações marginalizadas em regiões de fronteira seriam naturalmente dados à rebeldia. Assim, o empuxo integrador do governo mundial seria equiparado ao impulso contrário às margens, o que resultaria em conflito sanguinário. Tal como Mazzini, Kant não via a autodeterminação de comunidades nacionais como elemento que ia contra o universalismo e a razão. Em vez disso, ele propôs um sistema por meio do qual interesses divergentes pudessem ser negociados e conciliados.

Essas considerações podem nos ajudar a entender melhor os dilemas que a integração europeia levanta e que nos últimos anos tornaram-se um barril de pólvora para confrontos entre nacionalistas e globalistas. Em vez de uma federação kantiana, o modelo "neofuncionalista" de Jean Monnet, um dos arquitetos-chefe da unidade europeia, lembra o projeto esclarecido no ensaio de 1939 de Friedrich Hayek, "As condições econômicas do federalismo interestatal", no qual este defendeu que uma federação entre Estados como a que propunha teria que impor restrições que seriam "maiores do que as que concebemos até hoje e que seu poder de ação independente teria que ser limitado ainda mais".[39] Embora a influência prática e direta desse texto na fundação da Comunidade Europeia tenha sido mínima, sua ideia de "integração negativa" articula-se de perto com a lógica da integração europeia após o Tratado de Maastricht, com a criação do mercado único e, depois, da moeda única.[40]

A União Europeia tornou-se uma espécie de não Estado, cujo poder é sobretudo negativo, consistindo na regulamentação e coerção administrativa dos Estados-nação. Embora suprima boa parte do poder e soberania dos países participantes, a União Europeia não passou à construção de uma soberania de ordem mais elevada. Ela criou um "vácuo de soberania" que é incapaz de preencher ou que se indispõe a preencher. Como Adam Tooze observou, a Comissão Europeia continua sendo uma instituição fraca com pouquíssimo contingente e, assim, é incapaz de compensar a perda de poder dos Estados-membros.[41] Em outras palavras, a integração europeia parou no *pars destruens*, dilacerando as estruturas soberanas de proteção e controle com que os Estados-membros operavam até então. As quatro liberdades articuladas no Tratado de Maastricht de 1992 — movimentação livre de bens, capitais, serviços e mão de obra — privaram os Estados-nação da capacidade de restringir fluxos de capital e proteger suas indústrias da concorrência internacional feroz; assim, em vez de motivar a "convergência" econômica, o efeito foi o de polarizar ainda mais as economias continentais. De modo similar, as regras orçamentárias sacramentadas no Tratado de Maastricht, e seus rigorosos limites de gasto (reforçados pela "regra da despesa" [*expenditure benchmark*, em inglês] apresentada em 2001), forçaram países, especialmente no Sul da Europa, à recessão prolongada.

Uma lógica parecida se aplica à proibição do apoio estatal a indústrias estratégicas nos Estados-membros da União Europeia, que privou governos de controle da política industrial com base na ideia de que isso ofenderia o princípio sagrado da concorrência capitalista. Nem é preciso dizer que essa medida não foi acompanhada por nenhuma política industrial efetiva no nível continental. Enquanto os países perderam o poder de manejar sua estratégia industrial, a União Europeia não teve progresso significativo em compensar o resultante vácuo político. Esse fato ajuda a explicar por que a Europa está tão atrasada em termos de desenvolvimento de tecnologia estratégica se comparada a países como Estados Unidos, China e Coreia do Sul. O Banco Central Europeu, que controla a moeda usada por 340 milhões de europeus, é guiado apenas pelo imperativo de limitar a inflação, enquanto outras metas — tais como a redução do desemprego — continuam sendo "discricionárias". Ao mesmo tempo, paraísos fiscais como Holanda, Luxemburgo e Irlanda coagem empresas e as receitas fiscais de outros Estados-membros ao oferecer programas de domicílio fiscal corporativo. Assim, em vez de levar à maior civilidade entre as nações do continente europeu, a União Europeia intensificou inimizades nacionais, reacendendo desconfianças e rivalidades de estirpe que não se observava havia décadas.

O Fundo de Recuperação Econômica europeu aprovado em julho de 2020, contudo, demonstra que a União Europeia não é totalmente impermeável às transformações políticas que estão ocorrendo. Embora o fundo seja visto por muitos como insuficiente frente à escala da crise, principalmente se comparado às reações de outros países (750 bilhões de euros na União Europeia contra 2 trilhões de dólares no primeiro pacote de estímulos nos Estados Unidos), ele ressalta um repúdio parcial à lógica da austeridade, como também se vê na suspensão do Pacto de Estabilidade e Crescimento no princípio da pandemia. É significativo que se, depois de 2008, a União Europeia reagiu exigindo austeridade, agora ela esteja reagindo com um estímulo, por mais que de maneira inadequada. Esses avanços também sugerem que a União Europeia pode estar tomando distância do modelo federalista e rumando para um modelo mais confederativo ou intergovernamental, no qual países mantêm poder executivo maior e têm que encarar menos restrições; uma União Europeia mais próxima do pensamento de Charles de Gaulle do que de Jean Monnet. Dadas as controvérsias contínuas quanto à identidade nacional e autoridade estatal que este capítulo explorou, esse parece um rumo mais realista a ser adotado pelos gerentes da integração europeia. Ainda assim, os dogmas neoliberais cristalizados no Tratado de Maastricht e o Pacto de Estabilidade e Crescimento pendem como uma espada de Dâmocles sobre qualquer prospecto de longo prazo de uma reorientação da política econômica dentro da União Europeia. Devido à ação das ditas Quatro Frugais (Áustria, Dinamarca, Holanda e Suécia) na busca pela austeridade, e à pressão dos falcões do Bundesbank e do governo alemão — que em breve planeja reintroduzir o "freio de dívida" que limita seus próprios gastos —, o relaxamento monetário nas regras orçamentárias em breve pode dar lugar à volta da ortodoxia da austeridade. Corre-se o risco de lançar a Europa mais uma vez no caos que se viu durante a crise da dívida soberana do início dos anos 2010, obrigando Estados-membros a passar por "reformas" que consistem em novas privatizações e cortes em gastos públicos que devastariam a trama econômica e social das sociedades europeias e poderiam provocar novas revoltas populistas.

Integracionistas e abandonistas

Viram-se duas respostas elementares à crise da globalização e o ressurgir da questão da nacionalidade. Por um lado, há os globalistas, que propõem que o sistema global seja mantido e ampliado; por outro, há os "abandonistas", que defendem que sair do sistema de acordos internacionais é o único caminho a tomar. Para os defensores da integração europeia, e da integração global de modo mais geral, os problemas políticos de hoje derivam do fato de que a integração não andou o bastante. Eles desprezam o nacionalismo como obstáculo para a "integração mais intensa", no jargão que costuma ser usado pela Comissão Europeia. No mais, eles defendem que a escala dos problemas globais — tais como a mudança climática ou o empenho exitoso de empresas digitais para evitar impostos — tornam a construção de instituições que operam numa escala global particularmente urgente.

Os abandonistas têm estado na vanguarda da batalha contra a integração da União Europeia. Além do Brexit, alguns outros "exits" foram discutidos de modo mais amplo em anos recentes — o Grexit, especialmente durante a crise de 2015, e mais recentemente o Frexit e o Italexit. O sociólogo Albert Hirschman discutiu a voz, o protesto e o abandono como maneiras de os eleitores e consumidores expressarem sua opinião.[42] Sua teoria referia-se sobretudo à relação entre consumidores e empresas. Segundo essa teoria, se pessoas não encontram um jeito de ter "voz" — em outras palavras, um canal por meio do qual expressar sua discordância —, elas tendem a "abandonar", a deixar um sistema ou organização por completo.[43] Os termos "abandono" ou "exit" denotam um momento de retirada — um movimento retrógrado para fugir de dada situação, muito parecido com o Grande Recuo. Mas também aludem à volta para casa ou o retorno a si. Isso ficou aparente no nacionalismo nostálgico ventilado durante as mobilizações pró-Brexit que transmitia a promessa de recuperação da "excepcionalidade britânica" que se perdera no cenário mundial.

O abandono sempre deveria ser opção — tanto em uma ligação romântica quanto em um grupo político ou tratado internacional; mas é evidente que existe um elemento simplório no imaginário político associado à ideia. O termo pressupõe uma linha divisória clara entre a nação e o espaço supranacional do qual faz parte, sugerindo que a solução é que o primeiro deixe o último, mas sem especificar o destino. No fim, o abandono nunca é um evento que se fecha em si, mas que representa movimento: abandonar um esquema acarreta entrar em outro. Não há "lado de fora" no sistema internacional das nações; cada saída é apenas um reposicionamento. No caso do Brexit, isso se provou claro no modo como, a ponto de sair da União Europeia, o Reino Unido buscou uma relação mais forte com os Estados Unidos, reforçando um pacto anglo-americano de longo prazo. Deve-se ter em mente que, para qualquer país que não seja Estados Unidos, China e, em breve, quem sabe, Índia, o abandono não garante liberdade e independência, mas costuma levar a novas formas de subordinação no lugar do que se tinha antes.

Independentemente dos problemas com o imaginário do abandono, fica claro que o impulso por trás desses movimentos reflete o fracasso das formas vigentes de integração supranacional, que muitas vezes são vistas como uma diminuição da democracia. Uma abordagem nova e progressista das relações internacionais não deveria condicionar a resolução de disputas internacionais ao silenciamento da soberania popular. Não há concórdia internacional genuína, não há participação benévola em identidades maiores, que possam ser criadas ao apenas negar identidades e interesses nacionais. Uma grande medida da autonomia nacional — em si uma função da autossuficiência material — é condição necessária para uma ordem internacional pacífica e para a colaboração transnacional frutífera, em vez de ser obstáculo às duas coisas. No passado, muitas vezes a usurpação da soberania nacional — mais obviamente nas muitas guerras recentes no Oriente Médio — provou-se desastrosa, por mais que ela supostamente tenha sido fomentada pela intenção benigna de exportar democracia e garantir paz internacional. Isso não significa que a cooperação internacional não seja necessária. Há muitos exemplos de colaborações transnacionais de sucesso que possibilitam aos países coordenar seus esforços e mediar seus conflitos. Considerem-se as iniciativas internacionais conjuntas como a Agência Espacial Europeia e o Cern, entre outros corpos científicos coletivos, que permitem que as nações unam recursos para alcançar o que não conseguiriam fazer de maneira isolada. Desafios futuros exigirão novos empenhos de cooperação bilateral e multilateral, a resolução de disputas gigantes e o investimento em infraestruturas transnacionais. Mas também exigirão a ampliação da democracia em todos os níveis.

A condição básica para qualquer tratado internacional deveria ser que ele seja democrático em sentido duplo. Primeiro, todos os tratados deveriam ter apoio de uma maioria do eleitorado em cada país-membro, e entrar neles deveria ser validado por discussão ampla e, quando necessário, referendos populares. Os cidadãos já tiveram uma boa dose de acordos internacionais que passaram à revelia do eleitorado, sem a devida consulta. Tratados internacionais nunca deviam ser usados como pé de cabra político para limitar o controle democrático dos cidadãos na economia, nas proteções ambientais e nos direitos trabalhistas. Esses problemas afligiram muitos tratados internacionais assinados durante o neoliberalismo, que visavam afocinhar a soberania popular e proteger grandes empresas juridicamente contra governos nacionais. Esses mecanismos são hostis ao controle democrático e à proteção social; eles são emblemas deploráveis de uma globalização neoliberal fracassada.

O tipo de patriotismo que proponho é, portanto, fortemente internacionalista na sua postura. Enquanto afirma a primazia da nação como espaço de intervenção democrática, ele reconhece a necessidade de cooperação internacional mais íntima, tolerância mútua e abertura autêntica fundada na autonomia. Há muitos sinais de que estamos no rumo de uma globalização balcanizada — ou, para dizer de forma mais positiva, para uma situação na qual a hegemonia norte-americana inigualável dará lugar a maior protagonismo da China e mais autonomia para outros países e regiões do mundo. As tensões internacionais provavelmente vão crescer, como já se viu na retórica agravada de Donald Trump contra a China, assim como no conflito que se arma entre Índia e China. No mais, as potências imperiais, a começar por Estados Unidos e China, provavelmente se digladiarão para garantir suas esferas de influência às custas da autonomia dos Estados-nação. Em meio ao rearranjo das relações internacionais, a esquerda deveria lutar contra formas antidemocráticas de integração internacional e interferência imperial, enquanto advoga por formas de cooperação internacionais que sejam justas e operacionais — reconhecendo o fato de que é apenas ao satisfazer os desejos legítimos de comunidades nacionais de reaver algum grau de autodeterminação que se pode efetivar um internacionalismo autêntico e realista.

Conclusão

O Grande Recuo aparentemente oferece uma perspectiva temível para a política progressista. Mas este momento de "voltar-se para si" da política tem seu próprio raio de luz. A era atual oferece oportunidades preciosas para a introspecção da sociedade a respeito dos perigos do capitalismo descontrolado. Ao mesmo tempo, a pandemia deixou evidente que todos dependemos das atitudes de outros e da estrutura coletiva de cuidados para nossa sobrevivência individual e coletiva. No mais, seguindo a visão de Hegel quanto à *Erinnerung*, o Grande Recuo não é apenas o desfecho de uma era moribunda, mas também o prelúdio de um momento de *Aufhebung*, ou *suprassunção* — a superação da ordem presente das coisas e o surgimento de um novo mundo.[1] Ao recapitular as falácias de trinta anos de neoliberalismo desenfreado e as queixas daqueles que foram deixados para trás pelo impulso sempre à frente da inovação capitalista, nos foi apresentado um momento de recuo necessário antes de seguir adiante, como se coloca na expressão francesa *"reculer pour mieux sauter"* ("recuar para melhor saltar"). Este é o momento em que se pode acertar contas e eventualmente se pode chegar à justiça; mas também é finalmente o momento em que se pode imaginar um projeto de transformação com vistas a uma sociedade futura que supere as falhas do neoliberalismo.

Ao longo deste livro, vimos como a crise crônica dos anos 2010 chegou em seu estágio terminal, conforme as mentiras neoliberais foram expostas e revelaram os contornos de um novo mundo com formas marcadamente distintas de regulamentação social e governança econômica. O declínio do neoliberalismo e seu confronto virulento com o populismo, agravado pela virada no senso comum decorrente do choque da pandemia, provocaram a emergência de um neoestatismo protetor que parece decidido a tomar o lugar do neoliberalismo como ordenamento ideológico dominante. Lockdowns, quarentenas, controles pandêmicos, campanhas de vacinação em massa, programas de *furlough* e planos de investimento público gigantescos refletem, no conjunto, a volta do Estado ativista. Enquanto isso, o público passou a aceitar melhor a necessidade de maior intervencionismo do governo, além do que já se considerava necessário à luz da emergência climática vindoura. Em meio a mudanças radicais nas perspectivas, as ideias fundacionais do neoliberalismo — individualismo, livre mercado, desregulamentação, capitalismo dos acionistas —, que foram amplamente hegemônicas ao longo de uma geração, tornaram-se cada vez mais indefensáveis, levando a uma reorganização radical do horizonte ideológico.

O novo normal político

A ideologia contemporânea não é só definida negativamente em oposição ao neoliberalismo. Ela também carrega seu próprio e distinto conteúdo, manifestado pela emergência de novas palavras-chave políticas que suscitam um imaginário radicalmente distinto daquele dos pujantes anos 1990 e início dos 2000. O que há de mais representativo nessa mudança no léxico político é a trindade neoestatista: soberania-proteção-controle. Esses significantes portentosos, que ocupam o centro do "novo normal" político da era pós-pandemia, conjuram uma visão dos desafios políticos contemporâneos como algo que se dá em torno da cura do corpo político — o restauro da coesão social e da capacidade do Estado diante da ruptura aberta pela globalização econômica, e a cura para a sensação de deslocamento e desamparo que engendrou. Eles expressam um desejo de estabilidade, garantias e segurança que está em desacordo com o impulso modernizador e tumultuador dominante na era neoliberal. Aliás, em muitos aspectos, eles projetam uma inversão do discurso neoliberal e de sua tríade abertura-oportunidade-empreendedorismo que insistia na necessidade de desatar as travas de todos os sistemas, instituições e organizações sociais de modo a liberar toda a potência da criatividade individual e da iniciativa privada.

Se agora esses termos neoliberais sedutores dão lugar a suas alternativas neoestatistas é porque o projeto político do qual eles têm sido porta-estandartes rendeu resultados desastrosos. A abertura transformou-se em desamparo; a oportunidade, em mobilidade social descendente; e o empreendedorismo, em sinônimo de ganância. Nesse sentido, o léxico político neoestatista é uma tentativa racional de achar sentido nas condições sociais radicalmente alteradas e de retificar as preocupações sociais que não se pode mais ignorar, independentemente da convicção política de cada um. Se, durante os anos de pujança neoliberais, os sonhos de crescimento e enriquecimento seduziram muitos eleitores, particularmente na classe média, parece que eles não têm sustento na realidade contemporânea, em circunstâncias de retrocesso econômico. A discussão política de hoje enfoca metas restauradoras de restabelecimento de condições essenciais, mínimas para a existência da sociedade — em questões de sustentabilidade, reconstrução e reforma, em vez de crescimento.

As promessas de proteção, estabilidade, segurança e soberania que ocupam o palco central na endopolítica do neoestatismo pós-neoliberal estão mais afinadas com as realidades amargas do início do século XXI. No momento atual de involução econômica e social, representações ideológicas habitam aspectos viscerais da política que têm a ver com sobrevivência, estabilidade e reprodução, com o desejo de reestabelecer uma sensação de ordem em um mundo tomado pelo nervosismo quanto ao futuro. A soberania, a proteção e o controle são o marco zero da política após uma década de crise econômica e instabilidade política. Elas sublinham o grau de incerteza que foi engendrado por quarenta anos de domínio neoliberal e a necessidade de encontrar outro ponto de equilíbrio para a sociedade, para a relação entre política e economia e para o sistema de relações internacionais.

O fato de que a esquerda e a direta pós-neoliberais compartilham um jargão não significa que o momento atual do neoestatismo seja uma fase de cumplicidade entre a direita radical e a esquerda radical — como alguns neoliberais, incluindo Tony Blair, sugeriram. No mínimo, como vimos ao longo deste livro, o momento populista dos anos 2010 e a virada estatista do início dos anos 2020 apontam exatamente para o oposto de uma ferradura, no qual os extremos ideológicos se encontram. São anos de polarização profunda nos quais geram-se soluções radicalmente alternativas ao impasse neoliberal e formam-se coligações sociais antagonistas. O momento populista levou à retomada de identidades fortes na esquerda e na direita, à revitalização do nacionalismo por um lado e do socialismo por outro. Embora tanto a direita nacionalista quanto a esquerda socialista atraiam contingentes contra as elites, elas têm elites distintas em mente; e embora ambas vejam a necessidade de um Estado mais forte, suas visões do Estado estão em desacordo.

Assim, termos como "soberania", "proteção", "segurança" e "estabilidade" — que organizam o discurso político contemporâneo — são mais bem entendidos como *demandas sociais* flexíveis às quais pode-se dar várias *respostas políticas*. A resposta da direita está focada no protecionismo do proprietariado que casa o comunitarismo nacionalista com o hiperindividualismo. Sua afirmação agressiva de soberania (*"America First!"* [América em primeiro lugar]) se dá em torno da afirmação da supremacia dos "cidadãos plenos" em relação aos meros residentes, ou "habitantes", e de "donos" em relação a "trabalhadores", combinando a defesa da propriedade a um supremacismo darwiniano dos fortes sobre os fracos. Na esquerda, o discurso neoestatista toma a forma do protetivismo social, no qual a demanda de proteção é tratada através da promessa de mais proteção da sociedade, da saúde e do meio ambiente; através de uma política do cuidado, que fortalece os sistemas de apoio à sociedade para reagirem à sensação de vulnerabilidade do povo ao mesmo tempo que reforça a reciprocidade e a solidariedade social.

A história vai decidir se a esquerda, a direita ou o centro vão reivindicar a ideologia nessa nova paisagem ideológica. Aliás, enquanto da direita nacionalista até recentemente se esperava a vitória na guerra pela hegemonia pós-neoliberal, as dificuldades pelas quais ela passou ao longo da pandemia, ao adotar o ceticismo anticiência, mostram que a disputa continua sem decisão e que a transição ideológica ainda está em fluxo. A debandada temporária da direita nacionalista pode abrir as portas para a volta temporária do centro neoliberal; mas este é o momento para a esquerda socialista ficar a postos e agarrar a oportunidade.

Um socialismo que protege

A virada neoestatista do Grande Recuo pede uma revitalização das ideias sociais-democratas abandonadas há muito tempo. A ampliação da saúde pública e da cobertura da assistência social, o dinheiro fácil keynesiano e a gestão de demandas, até o nacionalismo e o planejamento, todos tabus durante os anos 1990, quando o neoliberalismo conseguiu entrar nas democracias sociais europeias, voltam à mesa conforme o povo tenta elaborar alternativas para um sistema econômico debilitado. A revitalização do socialismo democrático, associado a Bernie Sanders e Jeremy Corbyn, e a ascendência do "socialismo *millennial*" sintetizado por Alexandria Ocasio-Cortez, certamente são focos de alto interesse, e potenciais pesadelos para a oligarquia comercial.[2] Mas o risco em ressuscitar o socialismo é o de que pareça uma medida nostálgica sem sustento na realidade contemporânea. Como discuti ao longo do livro, a revitalização do socialismo nas circunstâncias correntes deveria se desenvolver nas linhas do protetivismo social — "socialismo que protege", que carrega questões de proteção social e controle democrático no peito.

O protetivismo social acarreta o casamento entre o tradicional compromisso socialista com a igualdade e a busca por seguridade social e ambiental, numa era em que os cidadãos sentem-se ameaçados por riscos existenciais que põem seu sustento, quando não sua sobrevivência, em risco. Significa reagir ao medo, racional até demais, que é alimentado por grandes parcelas da população quanto ao caos do presente, e imaginar novas instituições e aprovisionamentos públicos para lidar com estes tempos de profunda incerteza. Como vimos, atualmente há muitas queixas sociais que pedem a revitalização da função protetora da política já levantada pela filosofia clássica. Confrontar o desemprego fragoroso que lança milhões à privação exige o conserto das redes de segurança social e a fundação de aprovisionamentos universalistas e de uma garantia empregatícia para os desempregados. De modo similar, a globalização desenfreada criou a necessidade de medidas de proteção para recuperar o controle nacional de indústrias estratégicas, que precisavam de salvaguardas contra oligopólios digitais tumultuadores, e também para salvaguardar economias locais contra a devastação do mercado financeiro global. Por fim, os desastres ambientais provocados pela mudança climática e a perda das biodiversidades exigem medidas abrangentes de mitigação e adaptação climática, aumento das garantias e proteção da terra.

O foco na proteção sugere um recompor radical das prioridades da esquerda, fugindo das vaidades da era neoliberal. O fato de que hoje a proteção soa como ideia pouco familiar na esquerda se deve ao fato de que, por muito tempo, as políticas das democracias capitalistas foram informadas por outras noções — pela política neoliberal da aspiração social, mais preocupada com a ascensão social, a concorrência e a inovação. Como vimos, ao adotar o evangelho neoliberal nos anos 1990, líderes de centro-esquerda como Bill Clinton, Tony Blair e Gerhard Schröder foram cúmplices no enfraquecimento dos aprovisionamentos de seguridade e trabalho, e adotaram um ordenamento possessivo, individualista. Eles contemplavam as redes de segurança social e as organizações trabalhistas como grilhões que atrapalhavam a iniciativa privada e a liberdade individual, e ficavam desconfiados da proteção governamental, vista como paternalista e antiempreendedora. No imaginário dos apoiadores da Terceira Via, a proteção passou a ser equiparada a uma postura retrógrada, em desacordo com compromissos de livre-comércio, com a abertura e com o espírito empreendedor dos "Novos Tempos".

Dada a decadência atual do neoliberalismo, faz-se necessário recuperar parte do espírito da democracia social do pós-guerra, o que no Reino Unido é chamado de "espírito de 1945" — o espírito que, no início do período pós-guerra, levou à criação do NHS e do Estado de bem-estar. Precisamos partir dessa tradição de proteção social no presente, ampliando-a para servir às demandas igualitárias de causas emergentes que vão do ambientalismo ao feminismo. Ao longo de sua história, a esquerda buscou suas próprias noções de proteção. Ela lutou por solidariedade de classe e por amparos sociais, bem como pela defesa do sustento nos setores mais desprivilegiados da sociedade. Promoveu medidas para garantir que os ganhos a partir das melhorias tecnológicas fossem divididos de forma igualitária, em vez de resultar em perda de emprego e desarticulação econômica. Na era do oligopólio digital, a esquerda precisa lutar pela tributação igualitária e impulsionar o poder da mão de obra organizada, de modo que os ganhos de produtividade finalmente se traduzam em ganhos salariais e progresso nos padrões de vida.

A adoção desse ordenamento de um "socialismo que protege" implica o repensar da postura da esquerda para a modernização e a transformação tecnológica. Nos últimos anos, diversas vozes na esquerda defenderam que o ritmo vertiginoso de inovação tecnológica pode acelerar o fim do capitalismo e o início de uma ordem mais justa. Essa é a posição associada com os proponentes do "acelerismo" pós-capitalista articulado por autores como Nick Srnicek, Paul Mason e Aaron Bastani.[3] A volta da ênfase no desenvolvimento de forças produtivas que se encontra em Marx e Lênin, nos quais o progresso técnico era visto como precondição da revolução comunista, trai um otimismo prometeico em desacordo com a emergência histórica atual. Se o acelerismo de meados dos anos 2010 representou antídoto bem-vindo ao fracasso da imaginação da esquerda em décadas recentes, e sua consequente incapacidade de enxergar além da paisagem empobrecida do presente, hoje o risco é que ele tenha pouco a oferecer àqueles que se veem alijados pela tecnologia ou pela crise ambiental.

A conjuntura histórica atual exige um imaginário político diferente — o que pede a reafirmação da primazia da "habitação" em relação ao "aprimoramento", nos termos de Karl

Polanyi. Do ponto de vista estrutural, a paisagem atual é definida pela desaceleração e pela reterritorialização da acumulação capitalista, que por sua vez põe em questão a ideia de que o capitalismo está chegando a uma espécie de velocidade de escape. Essa condição não traz necessariamente maus augúrios para a esquerda. Em muitas circunstâncias, possibilidades socialistas emergiram exatamente nas condições da crise e depressão capitalistas, em momentos de inércia e de rebeldia contra a modernização forçada. Revoluções não são necessariamente produtos da aceleração das forças produtivas do capitalismo, como Gramsci comentou em sua famosa descrição da Revolução Russa como "revolução contra o *Capital*".[4] Walter Benjamin ficou célebre em tomar essa linha e seguir ainda mais longe, dizendo que, enquanto Marx via as revoluções como a "locomotiva da história mundial", muitas vezes elas lembravam outra coisa: "o ato pelo qual a humanidade que viaja nesse trem puxa o freio de emergência".[5] Essa perspectiva torna-se particularmente relevante diante da natureza do capitalismo "externalizado" contemporâneo, a resistência ao qual envolve criar atritos para deter a velocidade dos fluxos globais.

Hoje, não é apenas a tecnologia e a ameaça da automação que são vistas como perigos que pedem resistência e proteção social da parte de um novo Leviatã estatal, mas também as forças globais do comércio, do mercado financeiro e do turismo internacionais. Novas tecnologias criaram riscos sem produzir melhorias sociais significativas, nem crescimento da produtividade.[6] O socialismo protetor devia distanciar-se da ideia da modernização só pela modernização pela qual os neoliberais têm tanto apreço. A transformação tecnológica e a modernização devem ser "domesticadas" e podem ser benéficas apenas enquanto estiverem embutidas nas instituições sociais e acompanhadas por mecanismos de proteção que possam deixar as sociedades aptas a absorver a mudança.

A primazia da proteção na política contemporânea não barra a possibilidade de uma sociedade aberta, no sentido geral de uma sociedade que estima a diversidade, a tolerância e o diálogo internacional. Aliás, é só ao garantir a proteção social — ao fomentar uma sensação mínima de segurança e construir um escudo contra a grande variedade de ameaças que ficaram ainda mais aparentes — que se fomentará a abertura autêntica. Se o povo ficar totalmente desamparado frente aos perigos, sem defesa contra o caráter invasivo dos mercados livres, e não receber os meios necessários para lidar com as condições de uma sociedade cada vez mais complexa, é óbvio que uma de suas reações estará na forma da retração que a direita nacionalista oferece. É certo que vivemos numa era de medo; mas, na luta contra ameaças em comum, também poderemos encontrar a raiz de uma nova sensação de unidade, de uma esperança confiável fundada no realismo resoluto.

Construindo a República socialista

A reafirmação da primazia da política em relação à economia pede a construção de uma capacidade estatal e a ampliação conjugada do controle democrático. Como este livro mostrou, o batismo de fogo da era neoliberal consistiu na demolição do consenso social-democrata e das instituições keynesianas que exigiam controle sobre movimentos e flutuações de capital em taxas de câmbio e salários que estabilizaram o capitalismo depois da Segunda Guerra Mundial, reduzindo autoridades públicas a meros facilitadores e guardiões da economia de mercado. Da perspectiva das crises atuais da saúde e do clima, essas posições, em retrospecto, foram absurdamente precipitadas. O neoliberalismo mostrou-se ineficiente durante a pandemia — o mercado global manifestamente incapaz de fornecer respiradores e máscaras ao povo quando esse aprovisionamento era questão de vida ou morte —, e governos tiveram que intervir para resolver problemas coletivos que a iniciativa privada não conseguia tratar. Os desafios pela frente solicitam a renovação da capacidade estatal de mobilizar vastos recursos para lidar com desafios e ameaças sociais; investimento em moradia pública, assistência social, instituições pedagógicas e iniciativas de bairro que estimulem a coesão social e reduzam a desigualdade.

Isso é particularmente verdade no caso das políticas de mudança climática, no qual a convulsão geracional combinou-se aos incêndios catastróficos na Austrália e na Califórnia em 2020 para dar nova urgência à prioridade da proteção ambiental. As grandes defesas costeiras, os grandes projetos para descarbonizar a produção de energia, a reestruturação dos sistemas de transporte e alimentação, bem como o desenvolvimento e a distribuição de vacinas são todos pontos que nos anos por vir provavelmente exigirão níveis de mobilização coletiva e intervenção governamental sem precedentes.

A emergência do estatismo protetor pós-neoliberal está fadada a levantar novos dilemas e antagonismos políticos. Sempre se deve lembrar que a volta do intervencionismo e do desenvolvimentismo estatal não é necessariamente a rota do progresso. As forças elitistas sem dúvida vão tentar usá-lo apenas para dar esteio a um sistema social desigual. Como víamos, muitos governos injetaram bilhões de dólares em empresas capitalistas durante a crise da Covid, em uma recapitulação farsesca do "socialismo para banqueiros" que emergiu em 2008. Mesmo que governos tenham que resgatar empresas em queda, críticos liberais insistem que o Estado deveria manter-se afastado de comitês de diretoria, de modo a permitir que os processos místicos do mercado desenrolem-se com sossego. Os anos 2020 podem testemunhar o surgimento de um tipo de capitalismo monopólico com apoio estatal no qual o poder do governo é usado como colete salva-vidas que possibilita que grandes corporações e interesses privados fujam do imperativo da redistribuição. O que é certo é que a pandemia aumentou a estabilidade de governos autoritários que tiveram sucesso em atender às necessidades de seu povo. No mais, seria um erro pensar que o neoliberalismo vai desaparecer de qualquer forma que seja. Aliás, é provável que vejamos resistência cada vez maior de neoliberais ao estatismo crescente e pressão para implementar medidas de austeridade assim que o pior da pandemia passar, o que teria consequências desastrosas para trabalhadores e cidadãos.

Para evitar o risco de um estatismo regressivo e autoritário, assim como o retorno cíclico da demanda neoliberal de austeridade, a esquerda deveria dirigir um Estado ativista à meta da reconstrução de uma economia mista de fato, na qual um setor governamental forte e o planejamento indicativo possibilitem um Estado de bem-estar robusto que atenda às necessidades dos setores desfavorecidos na sociedade — incluindo pessoas que moram em áreas não urbanas desfavorecidas, os que se veem em desigualdade salarial e qualquer um que lute contra a precariedade e o desemprego (em especial mulheres, minorias e jovens). O realinhamento neoliberal que se vê agora nos Estados Unidos, e em menor medida na União Europeia (exemplificado pela "boa dívida" de Mario Draghi no contexto do plano de recuperação europeia), pede um repensar da estratégia da esquerda. As *Bidenomics* reconhecem a magnitude das ameaças sociais e ambientais presentes. Mas, assim como Franklin Roosevelt e Keynes um século antes, Biden mira fundamentalmente reparar o sistema capitalista e restaurar sua credibilidade. O desafio pela frente está em superar a crítica da esquerda à austeridade neoliberal para criar um novo foco em demandas socialistas de propriedade pública, democracia no ambiente de trabalho e redistribuição das fortunas privadas.

O dispêndio de vastos recursos públicos deveria ser acompanhado pelo controle real de decisões sobre os gastos. Um Estado ativista não pode ser meramente salvador do empreendimento privado, compensando mais uma falha do mercado, colocando mais dívidas no lombo do público sem dar poder algum em troca. O novo Estado protetor deve retomar o controle de bens estratégicos de tal maneira que cumpra os requisitos da transição ecológica. Grandes empresas, cujo poder atualmente supera o das próprias nações-Estado, precisam ser decompostas e, quando for factível, nacionalizadas, e grandes fortunas precisam voltar a ficar sujeitas à tributação punitiva. Nenhuma economia e nenhuma sociedade deveria voltar a ficar indefesas frente aos caprichos do proprietarismo ideológico e suas instituições que perduram.

Um dos fenômenos mais marcantes da nossa era é o retorno do planejamento estatal, há muito desacreditado. Como vimos, o planejamento em qualquer forma era visto pelos neoliberais como heresia, já que lutava para impor uma direção ao mercado livre, que axiomaticamente supunha-se incorporar sapiência mais elevada na alocação de recursos. Mas a crítica justa ao planejamento compulsório numa economia de comando também acabou dando descrédito a formas mais moderadas de planejamento indicativo, que envolvem a definição de alvos e regulamentações rigorosas, e até os anos 1980 costumavam ser usadas em economias mistas. O planejamento estatal é de importância soberana na transição ecológica, na qual mecanismos de mercado, tais como o comércio de emissões de carbono, não conseguiram limitar essas emissões, e a maioria das corporações industriais provou-se incapaz de pensamento estratégico ou de longo prazo. A crise do coronavírus deixou claro o papel indispensável do Estado em organizar recursos em tempos emergenciais. O que se provou necessário durante essa crise será permanente — no caso, a intervenção veloz do governo para proteger a sociedade do risco generalizado. Ao fim, não há democracia digna deste nome que exista sem a recuperação do Estado para traçar uma rota econômica.

Os progressistas também deveriam proteger-se do novo vigor do poder estatal que leve a uma sociedade tecnocrática com mais força. A virada burocrática do socialismo e a evolução concomitante da social-democracia ocidental rumo à tecnocracia acabaram conspirando para desacreditar as duas tendências ideológicas, em particular entre a classe operária. É preciso implementar novas instituições e procedimentos democráticos para evitar a armadilha que representam os especialistas e tecnocratas comandando uma população conservada na ignorância; todas as decisões econômicas importantes precisam voltar a ser produto de deliberação coletiva e do debate democrático. Instrumentos que podem auxiliar a reafirmar a soberania tanto estatal quanto popular vão de legislações favoráveis a sindicatos — cujo declínio levou à estagnação salarial e à retração na parcela de produto econômico da mão de obra — à participação dos funcionários em comitês diretoriais e ao fomento a cooperativas para empresas de pequeno e médio porte. Apenas uma medida que supere a visão neoliberal da economia e da sociedade como abertas, de que a história é mero produto do acaso e da mão invisível do mercado, e de que o Estado é impermeável à vontade popular, poderá garantir a fundação de um socialismo democrático que traga proteção aos cidadãos ao mesmo tempo que lhes confere grau significativo de controle.

A política do *re-shoring*

Um dos temas centrais deste livro foi a necessidade de fazer as pazes com a natureza geográfica e territorial das comunidades políticas, e considerar a noção de deslocamento gerada pela globalização neoliberal. Uma percepção que tem acompanhado o Grande Recuo é a de que a geografia faz diferença e de que a identidade política só pode ser ignorada com risco. Faz muito tempo que liberais cosmopolitas e esquerdistas radicais mexeram com fantasias de uma democracia global desterritorializada — um mundo sem fronteiras. É essencial aceitar que existe aquilo que chamamos de poder no local, e aceitar o direito conjugado das comunidades, as definidas por seus territórios, de exercer o controle sobre seu destino. A externalização neoliberal levou a que o poder dos níveis de identificação social imediata fosse arrancado à força, a começar pelas escalas local e nacional. O distanciamento físico das decisões políticas com relação à experiência direta dos cidadãos e também a dominação tecnocrática são fonte da percepção disseminada da falta de controle democrático. Essa realocação constitui uma ferida na qual a direita nacionalista supura, propondo narrativas de traição e ressentimento, em geral informadas por teorias da conspiração nas quais uma nova ordem global trabalha incansavelmente contra os direitos e desejos das nações.

Ao enquadrar-se como a força que está do lado da nação, a direita muitas vezes conseguiu manobrar a esquerda à armadilha de parecer que esta estava a favor da globalização — uma proposta cada vez mais derrotada e absurda, dado que foi a esquerda que, em primeiro lugar, desenvolveu a crítica da globalização. Qualquer oposição ao nacionalismo que tenha a intenção de ser competitiva no âmbito eleitoral precisa aceitar a existência da identidade nacional e seu papel em definir a pertença a uma sociedade organizada. Esse é o espírito do patriotismo democrático que defendo. Em contraste com o patriotismo constitucional de Habermas, o que isto significa não é a deferência abstrata a uma estrutura institucional comum, mas o reconhecimento de que a democracia está sempre fundada em locais de identificação específicos — a nação, uma das inovações mais importantes da modernidade, ainda constitui seu local proeminente. Concordando com as perspectivas de Giuseppe Mazzini, o patriotismo democrático significa o ancorar de metas socialistas de igualdade e liberdade em lugares, costumes e idiomas específicos, reconhecendo que só se alcança o universalismo autêntico através de uma jornada pelo particularismo.

Essa abordagem também fornece um ordenamento para repensar a estratégia eleitoral da esquerda e a batalha pelo consenso. Nos últimos anos, socialistas foram fortemente solapados pela superidentificação com centros metropolitanos e a classe média urbana progressista. A incapacidade de ir além dos eleitores urbanos progressistas e das bolhas da classe média tem sido fator majoritário em derrotas recentes da esquerda. Algumas narrativas de *embourgeoisement* da esquerda são exageradas e, como vimos, a coligação social da esquerda também engloba o precariado dos serviços, que se depara com algumas das condições de trabalho mais intoleráveis e com remuneração particularmente baixa. Todavia, fica evidente que os progressistas têm dificuldade significativa em levar a sério as queixas dos eleitores não urbanos — particularmente as de operários industriais em regiões provincianas. É essencial que a esquerda socialista crie políticas que tratem das preocupações de comunidades periurbanas e exurbanas que se viram sujeitas de modo mais agudo aos efeitos destruidores da globalização. Mas atingir essa meta vai acarretar atrativos mais do que retóricos. Exigirá grandes investimentos no desenvolvimento regional em áreas desfavorecidas, assim como esforços organizacionais vigorosos em áreas periféricas, há muito tempo consideradas inconquistáveis pela esquerda.

Enquanto a retomada progressista do patriotismo é necessária para lidar com a crise da globalização, ela nunca deve ser usada como meio para justificar uma virada conservadora, tal como aconteceu com o Trabalhismo sob o comando de Keir Starmer. Como já defendi, a muito discutida "revolta cultural" mobilizada pela direita nacionalista e a onda de racismo, fanatismo e fascismo escancarado que infecta a esfera pública só pode ser lida pelo prisma da retração econômica global.[7] Foi a perda da soberania, da proteção e do controle, o encurtamento das oportunidades empregatícias e os cortes nos serviços públicos sofridos depois da Grande Recessão que tornaram as cidades e as comunidades em decadência mais receptivas às mensagens do populismo nacional, que estimula uma cultura de nativismo branco agressivo que trata os imigrantes como bodes expiatórios da crise da identidade ocidental. A única maneira de ganhar esse eleitorado é atacando o cerne do problema: a vulnerabilidade e a precariedade que foram engendradas pela globalização veloz e descontrolada, assim como a mudança tecnológica. Isso significa restaurar empregos e a dignidade, investir em moradia e educação públicas, e redirecionar o gasto governamental de modo a impulsionar a recuperação de comunidades destituídas.

O patriotismo democrático e o socialismo provinciano são a tradução no campo da estratégia política do que Karl Polanyi descreveu como o processo de reinternalização que buscam as sociedades atacadas pela brutalidade capitalista. Nas circunstâncias atuais, a reinternalização significa o *re-shoring* da política e a recuperação do poder democrático, devolvendo ao controle público uma gama de atividades econômicas que hoje fica aos caprichos do mercado global. Pode parecer um sonho voluntarista — ou pior, um anseio nostálgico pela sensação de autenticidade que advém de ideias como "o local" ou "o nacional". Mas é justificada pela dinâmica da identidade social e tem potencial para alavancar tendências econômicas e políticas vigorosas que emergem em meio à crise da globalização. A transição energética exigirá a relocalização de muitas atividades, da produção alimentar ao fornecimento de energia, cuja operação atual planeta afora é o grande fator que contribui para a insustentabilidade. O capitalismo em si cada vez mais se volta para a relocalização em nome da "resiliência". Muitos entre a classe capitalista estão cientes de que o modelo da externalização neoliberal representa riscos sérios para suas operações e que as cadeias logísticas compridas e complexas estão vulneráveis a ruptura. Essa percepção fica refletida na conversa atual e sofisticada em circuitos de negócios quanto a *re-shoring*, *on-shoring* e *farm-shoring*. A tendência para a relocalização e para a integração regional em vez de global constitui uma oportunidade histórica para reafirmar o controle político de processos econômicos em prol da maioria social.

A República social pela qual devíamos trabalhar não devia ser imaginada como ilha autárquica. Não devíamos nos meter em fantasias isolacionistas, que muitas vezes se traduzem ou em um novo imperialismo ou em subserviência a hegemonias globais, como ilustra claramente o caso do Reino Unido pós-Brexit, que daqui em diante será mais dependente da boa vontade intermitente dos Estados Unidos. A restauração da primazia da soberania e da democracia populares não implica o abandono imaginário das relações internacionais. Não há "populismo de um país só" que dure muito tempo e não há nação que possa se pôr sozinha contra o poder de corporações multinacionais ou contra o poder das grandes potências entre nações modernas. No mais, sempre se deve ter em mente que a recuperação da soberania popular significa em primeiríssimo lugar uma recuperação interna e uma redistribuição do poder, que desafie as elites capitalistas nacionais que constituem o principal obstáculo à democracia real e aos retransmissores regionais do mercado global. É frequente que conflitos internacionais e o chauvinismo sejam usados como meio de neutralizar conflitos de classe internos. "Voltando-se para si", em concordância com o sentido da marcha do Grande Recuo, a sociedade é forçada a se olhar no espelho, aceitando a responsabilidade pelos problemas que tem, em vez de procurar um Outro externo a quem culpar.

Nos anos por vir, é provável que estes temas reverberem em debates na política. Já estamos cientes de que não há possibilidade real de retorno à normalidade pré-Covid-19 e que deveríamos abandonar a esperança equivocada no crescimento infinito da globalização neoliberal. Os riscos que podem estar pela frente incluem uma Grandessíssima Depressão que pode engolir toda a economia mundial e render desesperança em massa; uma catástrofe ambiental como o degelo veloz do permafrost siberiano; um conflito social sério que se agrava e vira violência política; talvez até confrontos geopolíticos que se agravem até virar uma nova Guerra Fria entre Estados Unidos e China. Temores de colapso ecológico agravados pela realidade do declínio econômico, caos geopolítico e incerteza social provavelmente devem exacerbar ainda mais conflitos sociais, gerando confrontação ideológica e geopolítica. Dada a magnitude dos perigos iminentes — alguns dos quais têm implicações genuinamente catastróficas —, é provável que as demandas por segurança e garantias, e o imperativo de devolver poder ao Estado em nome do povo, perdurem. Apenas uma esquerda pós-pandemia moldada por uma política progressista de proteção social e ambiental — um socialismo protetor que defenda a soberania popular e o controle democrático — pode ter esperança de neutralizar a narrativa da direita nacionalista e canalizar o temor social e o nervosismo político do Grande Recuo com vistas à construção de um futuro mais seguro e mais igualitário.

Notas

Introdução [pp. 21-41]

1. Antonio Gramsci, *Selections from the Prison Notebooks*. Org. e trad. de Quintin Hoare e Geoffrey Nowell Smith. Londres: Lawrence & Wishart, 1971, p. 276.
2. Jeremy Gilbert, *Twenty-first Century Socialism*. Medford: Polity, 2020.
3. "Diagnóstico do presente" é um termo utilizado pela Escola de Frankfurt para expressar a necessidade de se entender a relação entre circunstâncias históricas e ação política.
4. Os termos "endopolítica" e "exopolítica" não têm pedigree célebre, mas foram usados por acadêmicos clássicos para discutir Platão. Ver: Paris Arnopoulos, *Exopolitics: Polis, Ethnos, Cosmos: Classical Theories and Praxis of Foreign Affairs*. Commack: Nova Science, 1999.
5. Slavoj Žižek discute a noção de *Gegenstoß* como o momento de "negar a negatividade" central à dialética de Hegel. No uso que faço do termo, o que importa é o momento de "voltar-se para si", que a ideia de recuo compartilha com o conceito hegeliano de *Erinnerung*. Slavoj Žižek, *Absolute Recoil: Towards a New Foundation of Dialectical Materialism*. Londres: Verso, 2015.
6. O termo *Erinnerung* é discutido em *Ciência da lógica* e em *Fenomenologia do espírito*, de Hegel. G. W. F. Hegel, *Hegel's Science of Logic*. Amherst: Humanity Books, 2004, pp. 337-8. [Ed. bras.: *Ciência da lógica*. Trad. de Christian G. Iber, Federico Orsini et al. Petrópolis: Vozes, 2016-8. 3 v.]; G. W. F. Hegel, *Phenomenology of Spirit*. Trad. de A. V. Miller. Oxford: Oxford University Press, 1977, p. 492. [Ed. bras.: *Fenomenologia do espírito*. Trad. de Paulo Meneses et al. Petrópolis: Vozes, 1992.]
7. Herbert Marcuse, *Hegel's Ontology and the Theory of Historicity*. Cambridge: MIT Press, 1987.
8. "Reinternalização" — possível referência à discussão que Hegel faz de interiorização — é o termo que o economista austro-húngaro Karl Polanyi emprega em *A grande transformação* para descrever a reação social ao desengate entre economia e sociedade. Karl Polanyi, *The Great Transformation: The Political and Economic Origins of Our Time*. Boston: Beacon,

2014. [Ed. bras.: *A grande transformação: As origens políticas e econômicas de nossa época*. Trad. de Vera Ribeiro. Rio de Janeiro: Contraponto, 2021.]
9. G. W. F. Hegel, *Phenomenology of Spirit*, op. cit., p. 8. [Ed. bras.: p. 26.]
10. Karl Polanyi, *The Great Transformation*, op. cit.
11. Assar Lindbeck; Dennis J. Snower, *The Insider-Outsider Theory of Employment and Unemployment*. Cambridge: MIT Press, 1989, p. 1.
12. David Runciman, "Coronavirus Has Not Suspended Politics — It Has Revealed the Nature of Power". *The Guardian*, 27 mar. 2020.
13. Ulrich Beck; Mark Ritter, *Risk Society: Towards a New Modernity*. Trad. de Mark Ritter. Londres: Sage, 2013. [Ed. bras.: Ulrich Beck, *Sociedade de risco: Rumo a uma outra modernidade*. Trad. de Sebastião Nascimento. São Paulo: Editora 34, 2011.]
14. "Campeãs nacionais" é a expressão utilizada para descrever empresas fortes, geralmente na vanguarda internacional de determinada indústria, que os governos tendem a proteger da concorrência internacional.
15. "Extrativismo" é o termo utilizado para descrever a semelhança entre a extração de recursos naturais na mineração e no agronegócio, bem como o modo de acumulação de novas indústrias, em particular de empresas digitais, que gira em torno de extrair valor de interações sociais e dados privados. Ver: Sandro Mezzadra; Brett Neilson, "On the Multiple Frontiers of Extraction: Excavating Contemporary Capitalism". *Cultural Studies*, v. 31, nº 2-3, 2017, pp. 185-204.

1. O horizonte pós-neoliberalismo [pp. 43-72]

1. Antonio Gramsci, *Selections from the Prison Notebooks*. Org. e trad. de Quintin Hoare e Geoffrey Nowell Smith. Londres: Lawrence & Wishart, 1971, pp. 326-30.
2. Em relação a essas duas perspectivas, ver respectivamente Ian Bluff, "The Rise of Authoritarian Neoliberalism". *Rethinking Marxism*, v. 26, nº 1, 2014, pp. 113-29; e Will Davies, "The New Neoliberalism". *New Left Review*, v. 101, set./out. 2016.
3. Cas Mudde, "The Populist Zeitgeist". *Government and Opposition*, v. 39, nº 4, 2004, pp. 542-63; Chantal Mouffe, *For a Left Populism*. Londres: Verso, 2019. [Ed. bras.: *Por um populismo de esquerda*. Trad. de Daniel de Mendonça. São Paulo: Autonomia Literária, 2020.]
4. Ben Stanley, "The Thin Ideology of Populism". *Journal of Political Ideologies*, v. 13, nº 1, 2008, pp. 95-110.
5. Ernesto Laclau, *On Populist Reason*. Londres: Verso, 2005. [Ed. bras.: *A razão populista*. Trad. de Carlos Eugênio M. de Moura. São Paulo: Três Estrelas, 2013.]

6. Michael Kazin, *The Populist Persuasion: An American History*. Ithaca: Cornell University Press, 2017.
7. Yannis Stavrakakis, "Antinomies of Formalism: Laclau's Theory of Populism and the Lessons from Religious Populism in Greece". *Journal of Political Ideologies*, v. 9, nº 3, 2004, pp. 253-67.
8. Pankaj Mishra, *Age of Anger: A History of the Present*. Londres: Macmillan, 2017.
9. Chantal Mouffe, *For a Left Populism*, op. cit.
10. Grace Blakeley, *Stolen: How to Save the World from Financialisation*. Londres: Repeater, 2019.
11. Thomas Frank, *Listen, Liberal: Or, What Ever Happened to the Party of the People?*. Londres: Macmillan, 2016.
12. Dani, Rodrik, "Populism and the Economics of Globalization". *Journal of International Business Policy*, v. 1, nº 1-2, 2018.
13. Yannis Stavrakakis; Giorgos Katsambekis, "Left-Wing Populism in the European Periphery: The Case of SYRIZA". *Journal of Political Ideologies*, v. 19, nº 2, 2014.
14. Bannon fez essa declaração durante os Debates Munk, realizados em Toronto em novembro de 2018 com o jornalista da revista *Atlantic* David Frum. *Munk Debate: The Rise of Populism*, disponível no YouTube.
15. Ernesto Laclau, *On Populist Reason*, op. cit.
16. Madeleine Albright, *Fascism: A Warning*. Londres: HarperCollins, 2019. [Ed. bras.: *Fascismo: Um alerta*. Trad. de Jaime Biaggio. São Paulo: Crítica, 2018.]
17. Jason Stanley, *How Fascism Works: The Politics of Us and Them*. Nova York: Random House, 2020. [Ed. bras.: *Como funciona o fascismo: A política de "nós" e "eles"*. Trad. de Bruno Alexander. Porto Alegre: L&PM, 2018.]
18. QAnon é uma teoria da conspiração que afirma que a política dos Estados Unidos é dominada por um Estado oculto e corrupto aliado aos democratas e envolvidos com pedofilia e satanismo.
19. Nicos Poulantzas, *Fascism and Dictatorship: The Third International and the Problem of Fascism*. Londres: Verso, 2019, pp. 254-6. [Ed. bras.: *Fascismo e ditadura: A Terceira Internacional face ao fascismo*. Trad. de Bethânia Negreiros Barroso e Danilo Enrico Martuscelli. Florianópolis: Enunciado Publicações, 2021.]
20. Discurso de Viktor Orbán sobre o iliberalismo. In: Timothy Snyder, *The Road to Unfreedom: Russia, Europe, America*. Londres: Tim Duggan, 2018. [Ed. bras.: *Na contramão da liberdade: A guinada autoritária nas democracias contemporâneas*. Trad. de Berilo Vargas. São Paulo: Companhia das Letras, 2019.]

21. Lionel Barber; Henry Foy, "Vladimir Putin: Liberalism Has 'Outlived Its Purpose'". *Financial Times*, 27 jun. 2020.
22. Timothy Snyder, op. cit.
23. Takis S. Pappas, "Populist Democracies: Post-Authoritarian Greece and Post-Communist Hungary". *Government and Opposition*, v. 49, nº 1, 2014.
24. Jan-Werner Müller, *What Is Populism?* Londres: Penguin, 2017, p. 58.
25. "Troika" é o termo coloquial usado para descrever o grupo de decisão formado pelo Banco Central Europeu (BCE), o Fundo Monetário Internacional (FMI) e a Comissão Europeia (CE), que esteve envolvido nas negociações de resgate financeiro da Grécia, do Chipre, da Irlanda e de Portugal, impondo medidas punitivas de austeridade nos gastos.
26. Edward Luce, *The Retreat of Western Liberalism*. Londres: Abacus, 2018. [Ed. bras.: *O liberalismo em retirada*. Trad. de Diogo Rosas. Belo Horizonte: Âyiné, 2020]; William A. Galston, *Anti-Pluralism: The Populist Threat to Liberal Democracy*. New Haven: Yale University Press, 2018; Patrick J. Deneen, *Why Liberalism Failed*. New Haven: Yale University Press, 2019. [Ed. bras.: *Por que o liberalismo fracassou?*. Trad. de Rogerio W. Galindo. Belo Horizonte: Âyiné, 2020.]
27. A Teoria Monetária Moderna é uma teoria heterodoxa pós-keynesiana que vira de cabeça para baixo boa parte do senso comum em relação à teoria quantitativa do dinheiro, defendendo grandes déficits financiados pela expansão monetária.
28. Michael Lind, *The New Class War: Saving Democracy from the Managerial Elite*. Londres: Penguin, 2020.
29. Nancy Fraser, "Progressive Neoliberalism versus Reactionary Populism: A Choice that Feminists Should Refuse." *NORA-Nordic Journal of Feminist and Gender Research*, v. 24, nº 4, 2016, pp. 281-4.
30. Nikolai Kondratieff, "The Long Waves in Economic Life". *The Review of Economics and Statistics*, v. 17, nº 6, 1925, pp. 105-15.
31. Immanuel Wallerstein, *The Modern World-System IV: Centrist Liberalism Triumphant, 1789-1914*. Berkeley: University of California Press, 2011.
32. Ernesto Laclau, *On Populist Reason*, op. cit., p. 177.
33. Ibid.
34. Ferdinand de Saussure, *Course in General Linguistics*. Nova York: Columbia University Press, 2011. [Ed. bras.: *Curso de linguística geral*. Trad. de Marcos Bagno. São Paulo: Parábola, 2021]; Jacques Lacan, *Écrits: A Selection*. Londres: Routledge, 2001. [Ed. bras.: *Escritos*. Trad. de Vera Ribeiro. Rio de Janeiro: Zahar, 1998.]
35. Ernesto Laclau, *On Populist Reason*, op. cit., p. 28.

2. Ricochete global [pp. 73-102]

1. Katherine Hill, "The Great Uncoupling: One Supply Chain for China, One for Everywhere Else". *Financial Times*, 6 out. 2020.
2. Theodore Levitt, "The Globalization of Markets". In: Robert Z. Aliber; Reid W. Click (Orgs.), *Readings in International Business: A Decision Approach*. Cambridge: MIT Press, 1993.
3. Fernand Braudel, *Civilization and Capitalism, 15th-18th Century, vol. III: The Perspective of the World*. Berkeley: University of California Press, 1992. [Ed. bras.: *Civilização material, economia e capitalismo: Séculos XV-XVIII, vol. 3: O tempo do mundo*. Trad. de Telmo Costa. São Paulo: WMF Martins Fontes, 1996]; Immanuel Wallerstein, "Globalization or the Age of Transition? A Long-Term View of the Trajectory of the World-System". *International Sociology*, v. 15, nº 2, 2000; Giovanni Arrighi, *Chaos and Governance in the Modern World System*. Minneapolis: University of Minnesota Press, 1999. [Ed. bras.: *Caos e governabilidade no moderno sistema mundial*. Trad. de Vera Ribeiro. Rio de Janeiro: Contraponto, 2001.]
4. Alfred D. Chandler; Bruce Mazlish (Orgs.), *Leviathans: Multinational Corporations and the New Global History*. Cambridge: Cambridge University Press, 2005.
5. Joshua Barkan, *Corporate Sovereignty: Law and Government under Capitalism*. Minneapolis: University of Minnesota Press, 2013.
6. Unctad, Conferência das Nações Unidas para o Comércio e o Desenvolvimento, "80% of Trade Takes Place in 'Value Chains' Linked to Transnational Corporations", 27 fev. 2013. Disponível em: <unctad.org>.
7. Dani Rodrik, *Straight Talk on Trade: Ideas for a Sane World Economy*. Princeton: Princeton University Press, 2017.
8. Unctad, *World Investment Report 2019 — Chapter IV: Special Economic Zones*, 2019. Disponível em: <unctad.org>.
9. Álvaro García Linera, "La globalización ha muerto". *Educere*, v. 21, nº 68, 2017. [Ed. bras.: "A globalização morreu". *OperaMundi*, 2 jan. 2017.]
10. Ibid.
11. Francis Fukuyama, *The End of History and the Last Man*. Londres: Simon & Schuster, 2006. [Ed. bras.: *O fim da história e o último homem*. Trad. de Aulyde S. Rodrigues. Rio de Janeiro: Rocco, 2015.]
12. David Harvey, *The Condition of Postmodernity*. Oxford: Blackwell, 1989. [Ed. bras.: *Condição pós-moderna*. Trad. de Adail Ubirajara Sobral e Maria Stela Gonçalves. São Paulo: Edições Loyola, 1992.]
13. Manuel Castells, "The Space of Flows". In: *The Rise of the Network Society: The Information Age: Economy, Society and Culture*. Cambridge: Blackwell, 1996, v. 1. [Ed. bras.: *A era da informação: Economia, sociedade*

       e cultura, vol. 1: *A sociedade em rede*. Trad. de Roneide Venancio Majer. Rio de Janeiro: Paz e Terra, 2002.]
14. Ibid.
15. Thomas L. Friedman, *The World Is Flat: A Brief History of the Twenty-First Century*. Londres: Macmillan, 2006. [Ed. bras.: *O mundo é plano: Uma breve história do século XXI*. Trad. de Sergio Duarte e Bruno Casotti. Rio de Janeiro: Objetiva, 2005.]
16. Marshall McLuhan; Bruce R. Powers. *The Global Village: Transformations in World Life and Media in the 21st Century*. Oxford: Oxford University Press, 1989.
17. Thomas Piketty, *Capital in the Twenty-First Century*. Cambridge: Harvard University Press, 2018. [Ed. bras.: *O capital no século XXI*. Trad. de Monica Baumgarten de Bolle. Rio de Janeiro: Intrínseca, 2014.]
18. Nouriel Roubini. "Ten Reasons Why a 'Greater Depression' for the 2020s Is Inevitable". *The Guardian*, 29 abr. 2020.
19. Henry Farrel; Abraham Newman, "Will the Coronavirus End Globalization as We Know It?". *Foreign Affairs*, v. 16, 2020; John Allen; Nicholas Burns; Laurie Garret et al., "How the World Will Look After the Coronavirus Pandemic". *Foreign Policy*, 20 mar. 2020.
20. Unctad, "Impact of the Pandemic on Trade and Development", 19 nov. 2020. Disponível em: <unctad.org>.
21. Stephen Roach, "The End of the Dollar's Exorbitant Privilege". *Financial Times*, 5 out. 2020.
22. Iftikhar Ahmad; Giovanni Arrighi; Beverly J. Silver. *Chaos and Governance in the Modern World System*. Minneapolis: University of Minnesota Press, 2008.
23. Patrick Wintour, "US v. China: Is This the Start of a New Cold War?". *The Guardian*, 22 jun. 2020. A ideia da armadilha de Tucídides foi cunhada por Graham Allison em: Graham Allison, *Destined for War: Can America and China Escape Thucydides's Trap?* Boston: Houghton Mifflin Harcourt, 2017. [Ed. bras.: *A caminho da guerra: Os Estados Unidos e a China conseguirão escapar da armadilha de Tucídides?* Trad. de Cássio de Arantes Leite. Rio de Janeiro: Intrínseca, 2020.]
24. Luc Boltanski; Ève Chiapello, *The New Spirit of Capitalism*. Londres: Verso, 2018, pp. 73-4. [Ed. bras.: *O novo espírito do capitalismo*. Trad. de Ivone C. Benedetti. São Paulo: WMF Martins Fontes, 2020, pp. 102-3.] Ênfase do original.
25. William S. Milberg; Deborah Winkler, *Outsourcing Economics: Global Value Chains in Capitalist Development*. Cambridge: Cambridge University Press, 2013.
26. Ibid., p. 292.

27. Ibid.
28. A noção de alocação ideal é utilizada para expressar o modo como o capital tem que ser investido nas atividades mais rentáveis.
29. Nicholas Shaxson, *Treasure Islands: Uncovering the Damage of Offshore Banking and Tax Havens*. Nova York: St Martin's, 2011.
30. John Urry, *Offshoring*. Hoboken: John Wiley, 2014.
31. Fiona Harvey, "Food Security Plan After Brexit: Biggest Shake-Up to Farming in 40 Years". *The Guardian*, 16 jan. 2020.
32. Kevin Grove, *Resilience*. Londres: Routledge, 2018.
33. Roger L. Martin, "The High Price of Efficiency". *Harvard Business Review*, jan.-fev. 2019. Disponível em: <hbr.org/2019/01/the-high-price-of-efficiency>.
34. John Urry, op. cit., p. 89.
35. Michael Lind, op. cit.
36. Saskia Sassen, *Global City*. Nova York: Princeton University Press, 1994. [Ed. bras.: *As cidades na economia mundial*. Trad. de Carlos Eugênio Marcondes de Moura. São Paulo: Studio Nobel, 1998.]
37. A expressão "a vingança da geografia" foi cunhada por Robert Kaplan para discutir o papel que a geografia física e a geopolítica desempenham nas relações internacionais. Robert D. Kaplan, "The Revenge of Geography". *Foreign Policy*, v. 172, 2009, pp. 96-105. Aqui o termo é utilizado de maneira mais ampla para falar da importância que os fatores geográficos voltam a ter na sociedade contemporânea.
38. Thomas Frank, *What's the Matter with Kansas?: How Conservatives Won the Heart of America*. Nova York: Picador, 2007; J. D. Vance, *Hillbilly Elegy*. Nova York: HarperCollins, 2016. [Ed. bras.: *Hillbilly: Era uma vez um sonho*. Trad. de Léa Viveiros de Castro e Rita Süssekind. São Paulo: Leya, 2017.]
39. Phil A. Neel, *Hinterland: America's New Landscape of Class and Conflict*. Londres: Reaktion, 2018, p. 17.
40. Ibid., p. 18.
41. William A. Galston, *Anti-Pluralism: The Populist Threat to Liberal Democracy*, op. cit., p. 68.
42. Jonathan A. Rodden, *Why Cities Lose: The Deep Roots of the Urban-Rural Political Divide*. Londres: Hachette UK, 2019.
43. Christophe Guilluy, *La France périphérique. Comment on a sacrifié les classes populaires*. Paris: Flammarion, 2016.
44. Pippa Norris; Ronald Inglehart, *Cultural Backlash: Trump, Brexit, and Authoritarian Populism*. Cambridge: Cambridge University Press, 2019.
45. Thomas Frank, *Listen, Liberal*, op. cit.
46. David Goodhart, *The Road to Somewhere: The Populist Revolt and the Future of Politics*. Oxford: Oxford University Press, 2017.

47. Ibid., pp. 5-7.
48. Thomas Frank, *What's the Matter with Kansas?: How Conservatives Won the Heart of America*. Nova York: Henry Holt, 2005.
49. Karl Polanyi, *The Great Transformation*, op. cit.
50. Joe Guinan; Thomas M. Hanna, "Polanyi Against the Whirlwind". *Renewal: A Journal of Social Democracy*, v. 25, nº 1, 2017.
51. Borwin Bandelow; Sophie Michaelis, "Epidemiology of Anxiety Disorders in the 21st Century". *Dialogues in Clinical Neuroscience*, v. 17, nº 3, 2015, p. 327.
52. G. W. F. Hegel, *Phenomenology of Spirit*. Trad. de A. V. Miller. Oxford: Oxford University Press, 1977, p. 318. [Ed. bras.: *Fenomenologia do espírito — parte II*. Trad. de Paulo Meneses et al. Petrópolis: Vozes, 1992, p. 216.]
53. Hamja Ahsan, *Shy Radicals: The Antisystemic Politics of the Militant Introvert*. Londres: Book Works, 2019.

3. Soberania [pp. 103-134]

1. Philip Stephens, "Boris Johnson Is Wrong. Parliament Has the Ultimate Authority". *Financial Times*, 25 fev. 2016.
2. Sam Lowe, "Why Boris Johnson Is Considering a No-Deal Brexit for a Bruised Economy". *Financial Times*, 8 set. 2020.
3. "Remarks by President Trump to the 72nd Session of the United Nations General Assembly", 19 set. 2017. Disponível em: <www.whitehouse.gov>.
4. Por exemplo: em setembro de 2018, em entrevista na BFMTV a Jean-Jacques Bourdin, ela tachou o globalismo de "doutrina que defende a circulação de bens, de pessoas e de fluxos financeiros, e leva ao desaparecimento de nações, que nisso são destituídas de sua soberania". Ela complementou que "soberanistas pensam que as nações precisam preservar a soberania, porque a democracia está em questão". "Marine Le Pen face à Jean-Jacques Bourdin en direct — 17/09", 17 set. 2019. Disponível em: <www.bfmtv.com>.
5. Alessandro Di Battista, *A testa in su: Investire in felicità per non essere sudditi*. Nova York: Rizzoli, 2016.
6. Aitor Riviero, "Pablo Iglesias pone en duda 'la historia de éxito de la UE' y apuesta por más soberanía para superar la crisis". *El Diario*, 15 mar. 2017.
7. O tweet de Mélenchon diz: "*Le mot 'souveraineté' vient de la famille politique à laquelle j'appartiens. La notion de 'souveraineté du peuple' est née face à Louis XVI.* #EnTouteFranchise". Jean-Luc Mélenchon, Twitter, 17 maio 2020.
8. Raj Patel, "Food Sovereignty". *Journal of Peasant Studies*, v. 36, nº 3, 2009; Hug March; Ramon Ribera-Fumaz, "Barcelona: From Corporate

Smart City to Technological Sovereignty". In: Andrew Karvonen; Federico Cugurullo; Federico Caprotti, *Inside Smart Cities*. Londres: Routledge, 2019, pp. 227-42.
9. Jacques Lacan, *The Seminar of Jacques Lacan: The Psychoses, 1955-56*. Org. de Jacques-Alain Miller, trad. de Russell Grigg. Londres: Routledge, 1993, pp. 268-70.
10. Platão, *Republic*. Org. e trad. de Chris Emlyn-Jones e William Preddy. Cambridge: Harvard University Press, 2013. 2 v. [Ed. bras.: *A República*. Trad. de Leonel Vallandro. Rio de Janeiro: Nova Fronteira, 2018]; Aristóteles, *Politics*. Trad. de H. Rackham. Cambridge: Harvard University Press, 1977. [Ed. bras.: *A política*. Trad. de Nestor Silveira Chaves. Rio de Janeiro: Nova Fronteira, 2011]; Marco Túlio Cícero, *On the Commonwealth and on the Laws*. Org. e trad. de James E. G. Zetzel. Cambridge: Cambridge University Press, 1999.
11. Diversos autores analisaram a transição do Sacro Império Romano aos Estados-nação. Da minha parte, considero o trabalho de Schulze sobre a construção do Estado e a análise de Perry Anderson sobre a ascensão do Estado absolutista as contribuições mais importantes à discussão: Hagen Schulze; William E. Yuill, *States, Nations and Nationalism: From the Middle Ages to the Present*. Oxford: Blackwell, 1996; Perry Anderson, *Lineages of the Absolutist State*. Londres: Verso, 2013 [1974]. [Ed. bras.: *Linhagens do Estado absolutista*. Trad. de João Roberto Martins Filho. São Paulo: Brasiliense, 2004.]
12. Jean Bodin; Julian H. Franklin, *On Sovereignty: Four Chapters from the Six Books of the Commonwealth*. Cambridge: Cambridge University Press, 2010.
13. Perry Anderson, op. cit.
14. Jean Bodin; Julian H. Franklin, *On Sovereignty*, op. cit. Perry Anderson observa que uma das características do Estado absolutista é a maneira como se assenta na ideia de um território homogêneo e mutuamente excludente. Ver: Perry Anderson, op. cit., pp. 15-7. [Ed. bras.: pp. 15-8.]
15. Stuart Elden, *The Birth of Territory*. Chicago: University of Chicago Press, 2013.
16. Thomas Hobbes. *Leviathan*. Org. de J. C. A. Gaskin. Oxford: Oxford University Press, 2008, p. 221. [Ed. bras.: *Leviatã*. Trad. de João Paulo Monteiro e Maria Beatriz Nizza da Silva. São Paulo: Martins Fontes, 2003, p. 11.]
17. Carl Schmitt, *Political Theology: Four Chapters on the Concept of Sovereignty*. Chicago: University of Chicago Press, 2005. [Ed. bras.: *Teologia política: Quatro capítulos sobre a doutrina da sabedoria*. Trad. de Elisete Antoniuk. Belo Horizonte: Del Rey, 2006.]

18. Giorgio Agamben, *Homo Sacer: Sovereign Power and Bare Life*. Redwood City: Stanford University Press, 1998. [Ed. bras.: *Homo sacer: O poder soberano e a vida nua*. Trad. de Henrique Burigo. Belo Horizonte: Editora da UFMG, 2007.]
19. Carl Schmitt; G. L. Ulmen, *The Nomos of the Earth in the International Law of the Jus Publicum Europaeum*. Nova York: Telos, 2006. [Ed. bras.: *O nomos da Terra no direito das gentes do Jus Publicum Europaeum*. Trad. de Alexandre Guilherme Barroso de Matos Franco de Sá. Rio de Janeiro: Contraponto/ Ed. PUC-Rio, 2014.]
20. Ibid., p. 42. [Ed. bras.: pp. 37-8.]
21. Giambattista Vico, *The New Science of Giambattista Vico*. Trad. de Thomas Goddard Bergin e Max Harold Fisch. Ithaca: Cornell University Press, 1984; Immanuel Kant, *The Philosophy of Law: An Exposition of the Fundamental Principles of Jurisprudence as the Science of Right*. Clark: The Lawbook Exchange, 2001, p. 183. [Ed. bras.: *Metafísica dos costumes*. Trad. de Clélia Aparecida Martins. Petrópolis: Vozes; Bragança Paulista: Editora Universitária São Francisco, 2013, p. 324.] "De um senhor das terras pode-se dizer: *ele nada possui (de próprio)* além de si mesmo. Pois se no Estado ele tivesse algo de próprio, ao lado de um outro, então seria possível estar em um conflito com este e não haveria nenhum juiz para arbitrá-lo. Mas se pode também dizer que *ele possui tudo*, porque ele tem o direito de comando sobre o povo (o de atribuir a cada um o seu), ao qual pertencem todas as coisas exteriores (*divisim*)."
22. Ibid., pp. 80-108. [Ed. bras.: p. 42.]
23. Jean-Jacques Rousseau, *The Social Contract and Other Later Political Writings*. Trad. de Victor Gourevitch. Cambridge: Cambridge University Press, 2019. [Ed. bras.: *Do contrato social ou princípios do direito político*. Trad. de Eduardo Brandão. São Paulo: Companhia das Letras, 2011.]
24. Ibid.
25. Lucia Rubinelli, *Constituent Power: A History*. Cambridge: Cambridge University Press, 2020.
26. Karl Marx, "The Constitution of the French Republic Adopted November 4, 1848". In: Karl Marx; Friedrich Engels, *Collected Works, Volume 10: Marx and Engels, 1849-1851*. Londres: Lawrence & Wishart, 1975. [Ed. bras.: "A Constituição da República Francesa aprovada em 4 de novembro de 1848". Trad. de Angélica Lovatto e Paulo Barsotti. *Novos Rumos*, v. 49, nº 2, pp. 31-40, jul.-dez. 2012. Disponível em: <revistas.marilia.unesp.br/index.php/novosrumos/article/view/2707/2130>. Acesso em: 28 ago. 2022.]
27. *The French Constitution of 1958*. Nova York: French Embassy, Press and Information Division, 1958. [Ed. bras.: *Constituição*. Disponível em:

<www.conseil-constitutionnel.fr/sites/default/files/as/root/bank_mm/portugais/constitution_portugais.pdf>. Acesso em: 28 ago. 2022.]

28. Quinn Slobodian, *Globalists: The End of Empire and the Birth of Neoliberalism*. Cambridge: Harvard University Press, 2020, p. 9.
29. F. A. Hayek, *The Road to Serfdom: Text and Documents: The Definitive Edition*. Londres: Routledge, 2014. [Ed. bras.: *O caminho da servidão*. Trad. de Anna Maria Capovilla, José Ítalo Stelle e Liane de Morais Ribeiro. Rio de Janeiro: Instituto Liberal, 1990.]
30. Ibid., p. 238. [Ed. bras.: p. 104.]
31. F. A. Hayek, *The Constitution of Liberty: The Definitive Edition*. Londres: Routledge, 2011. [Ed. bras.: *Os fundamentos da liberdade*. Trad. de Anna Maria Capovilla e José Ítalo Stelle. São Paulo: Visão, 1983.]
32. Ibid., p. 106.
33. Ibid., p. 107.
34. Ibid., pp. 199-202.
35. Friedrich A. Hayek, *Law, Legislation and Liberty, Volume 1: Rules and Order*. Chicago: University of Chicago Press, 1973, pp. 43-6. [Ed. bras.: *Direito, legislação e liberdade, volume 1: Normas e ordem*. Trad. de Henry Maksoud. São Paulo: Visão, 1985, pp. 35-7.]
36. Ibid., p. 48. [Ed. bras.: p. 71.]
37. Ibid., p. 133. [Ed. bras.: p. 151.]
38. Ibid. [Ed. bras.: p. 151.]
39. Ibid., p. 223. [Ed. bras.: p. 230.]
40. Friedrich A. Hayek, *Constitution of Liberty*, op. cit., p. 293.
41. Ibid., p. 196.
42. Milton Friedman, *Capitalism and Freedom*. Chicago: University of Chicago Press, 2009. [Ed. bras.: *Capitalismo e liberdade*. Trad. de Luciana Carli. São Paulo: Abril Cultural, 1984.]
43. Amartya Sen analisou a centralidade da escolha no paradigma neoliberal neste ensaio: Amartya Sen, "Freedom of Choice: Concept and Content". *European Economic Review*, v. 32, nº 2-3, 1988.
44. Jim McGuigan, "The Neoliberal Self". *Culture Unbound*, v. 6, nº 1, 2014.
45. Ludwig von Mises; Bettina Bien Greaves, *Bureaucracy*. New Haven: Yale University Press, 1944. [Ed. bras.: *Burocracia*. Trad. de Raul Martins. Campinas: Vide Editorial, 2017.] A ideia de soberania do consumidor aproxima-se da ideia de "indivíduo soberano" aventada em: James Dale Davidson; William Rees-Mogg, *The The Sovereign Individual: The Coming Economic Revolution: How to Survive and Prosper in It*. Londres: Pan, 1998.
46. Ludwig von Mises; Bettina Bien Greaves, op. cit., p. 10.

47. Nicolau Maquiavel, *Discourses on Livy*. Chicago: University of Chicago Press, 2009. [Ed. bras.: *Discursos sobre a primeira década de Tito Lívio*. São Paulo: Martins Fontes, 2007.]
48. Jean-Jacques Rousseau, *The Social Contract*, op. cit.
49. Philip Pettit, *Republicanism: A Theory of Freedom and Government*. Oxford: Oxford University Press, 2010.
50. Eric Hobsbawm, "The Future of the State". *Development and Change*, v. 27, nº 2, 1996, pp. 267-78.
51. Michael J. New, "Starve the Beast: A Further Examination". *Cato Journal*, v. 29, 2009, p. 487.
52. Robert Nozick, *Anarchy, State, and Utopia*. Nova York: Basic, 1974. [Ed. bras.: *Anarquia, estado e utopia*. Trad. de Ruy Jungman. Rio de Janeiro: Jorge Zahar, 1991.]
53. Quinn Slobodian, op. cit., p. 6.
54. Walter Eucken e Franz Böhm são os dois teóricos mais conhecidos do ordoliberalismo. Suas obras definitivas em alemão são, respectivamente: Walter Eucken, *Grundsätze der Wirtschaftspolitik*. Tübingen: Mohr, 1955; Franz Böhm, *Die Ordnung der Wirtschaft als geschichtliche Aufgabe und rechtsschöpferische Leistung*. Stuttgart: W. Kohlhammer, 1937.
55. Michel Foucault; Arnold I. Davidson; Graham Burchell, *The Birth of Biopolitics: Lectures at the Collège de France, 1978-1979*. Berlim/ Heidelberg: Springer, 2008. [Ed. bras.: *Nascimento da biopolítica*. Trad. de Eduardo Brandão. São Paulo: Martins Fontes, 2008.]
56. Quinn Slobodian, op. cit., p. 95.
57. Ayn Rand, *Atlas Shrugged*. Nova York: Spark, 2014 [1957]. [Ed. bras.: *A revolta de Atlas*. Trad. de Paulo Henriques Britto. São Paulo: Arqueiro, 2017.]
58. Karl Popper, *The Open Society and Its Enemies*. Londres: Routledge, 2012. [Ed. bras.: *A sociedade aberta e seus inimigos*. Trad. de Milton Amado. Belo Horizonte: Itatiaia; São Paulo: Ed. da USP, 1974. 2 v.]
59. Platão, *A República*; Platão, *Euthyphro/ Apology/ Crito/ Phaedo/ Phaedrus*. Trad. de Harold North Fowler. Cambridge: Harvard University Press, 1990 [1904]. [Ed. bras.: *Diálogos III — Fedro (ou Do Belo), Eutífron (ou Da Religiosidade), Apologia de Sócrates, Críton (ou Do Dever), Fédon (ou Da Alma)*. São Paulo: Edipro, 2019.]
60. Karl Popper. *The Open Society and Its Enemies*, op. cit., pp. 368-77. [Ed. bras.: *A sociedade aberta* (v. 2), pp. 199-205.]
61. Ibid., pp. 244-9.
62. Ibid., p. 338. [Ed. bras.: p. 137.]
63. Ibid., p. 174.
64. Nancy Fraser, "The End of Progressive Neoliberalism". *Dissent*, 2 jan. 2017.
65. Ibid.

66. James Madison, "Suffrage and Majority Rule". In: *Selected Writings of James Madison*. Org. de Ralph Louis Ketcham. Indianapolis: Hackett Publishing, 2006.
67. Friedrich A. Hayek, *Constitution of Liberty*, op. cit., p. 107.
68. Philip Mirowski, *Never Let a Serious Crisis Go to Waste: How Neoliberalism Survived the Financial Meltdown*. Londres: Verso, 2013.
69. David Harvey, *A Brief History of Neoliberalism*. Nova York: Oxford University Press, 2007. [Ed. bras.: *O Neoliberalismo: História e implicações*. Trad. de Adail Sobral e Maria Stela Gonçalves. São Paulo: Loyola, 2008.]
70. Grace Blakeley, *Slen*, op. cit.
71. Anthony Giddens, *The Third Way: The Renewal of Social Democracy*. Hoboken: John Wiley, 2013. [Ed. bras.: *A terceira via*. Trad. de Maria Luiza X. de Borges. Rio de Janeiro: Record, 1999.]
72. Daniel Singer, *Is Socialism Doomed? The Meaning of Mitterrand*. Nova York: Oxford University Press, 1988.
73. Branko Milanović, *Global Inequality: A New Approach for the Age of Globalization*. Cambridge: Harvard University Press, 2016.
74. Saskia Sassen, *Losing Control?: Sovereignty in the Age of Globalization*. Nova York: Columbia University Press, 1996, p. 22.
75. Wolfgang Streeck, "The Politics of Public Debt: Neoliberalism, Capitalist Development and the Restructuring of the State". *German Economic Review*, v. 15, nº 1, 2014.
76. Colin Crouch, *Post-Democracy*. Cambridge: Polity, 2004.
77. Entrevista com Alan Greenspan (19 set. 2007), citada em: Adam Tooze, *Crashed: How a Decade of Financial Crises Changed the World*. Londres: Penguin, 2018, p. 443.
78. Colin Crouch, *Post-Democracy*, op. cit., p. 23.
79. Banco Mundial. *GDP per capita (current US$)*. Dados de 2019.
80. Albena Azmanova, *Capitalism on Edge: How Fighting Precarity Can Achieve Radical Change without Crisis or Utopia*. Nova York: Columbia University Press, 2020.
81. Boris Johnson deu essa declaração em 30 de março de 2020 para sublinhar a importância do empenho coletivo contra o vírus. Alguns a viram como seu afastamento do thatcherismo. Robert Saunders, "'There Is Such a Thing as Society'. Has Boris Johnson Repudiated Thatcherism?". *New Statesman*, 31 mar. 2020.
82. Joseph E. Stiglitz, "The End of Neoliberalism and the Rebirth of History". *Project Syndicate*, 4 nov. 2019. Disponível em: <www.project-syndicate.org>. [Ed. bras.: "O fim do neoliberalismo e o renascimento da história". Trad. de Cepat. Disponível em: <www.ihu.unisinos.br/78-noticias/594104-o-fim-do-neoliberalismo-e-o-renascimento-da-historia-artigo-de-joseph-stiglitz>. Acesso em: 28 ago. 2022.]

83. Wendy Brown, *Undoing the Demos: Neoliberalism's Stealth Revolution*. Boston: MIT Press, 2015.
84. James Dale Davidson; William Rees-Mogg, *The Sovereign Individual*, op. cit.

4. Proteção [pp. 135-64]

1. Pablo Iglesias, *Discurso sobre a crise do coronavírus em Moncloa*, 19 mar. 2020, disponível no twitter.com. Baseado em tradução do autor.
2. Associated Press, "Read the Full Text of Donald Trump's 2020 State of the Union", 6 fev. 2020. Disponível em: <www.pbs.org>.
3. Scotty Hendricks, "Bernie Sanders: The US Already Has a Kind of Socialism — for the Rich". *Big Think*, 12 jun. 2019. Disponível em: <bigthink.com>.
4. Comissão Europeia, "Security Union — A Europe that Protects", 30 out. 2019. Disponível em: <ec.europa.eu>.
5. Karl Polanyi, *The Great Transformation*, op. cit., p. 167.
6. Ibid., p. 154.
7. Platão, *Republic*, op. cit., p. 109.
8. Marco Túlio Cícero, *On the Commonwealth and on the Laws*. Org. e trad. de James E. G. Zetzel. Cambridge: Cambridge University Press, 2017.
9. Ibid., p. 227.
10. Ibid.
11. Thomas Hobbes, *Leviathan*, op. cit., p. 84. [Ed. bras.: p. 109.]
12. Nicolau Maquiavel, *The Prince*. Org. e trad. de Peter Bondanella. Oxford: Oxford University Press, 2005, p. 38. [Ed. bras.: *O príncipe*. Trad. de Maurício Santana Dias. São Paulo: Companhia das Letras, 2010.]
13. Ibid., p. 127.
14. Ibid.
15. Molly Ball, "Donald Trump and the Politics of Fear". *Atlantic*, 2 set. 2016.
16. Thomas Hobbes, *The Life of Mr. Thomas Hobbes of Malmesbury*. Exeter: The Rota at the University of Exeter, 1979.
17. Thomas Hobbes, *Leviathan*, op. cit., p. 72. [Ed. bras.: p. 94.]
18. Lars Svendsen, *A Philosophy of Fear*. Londres: Reaktion, 2008.
19. Thomas Hobbes, *Leviathan*, op. cit., p. 83. [Ed. bras.: p. 112.]
20. Ibid., p. 91. [Ed. bras.: p. 119.]
21. Giambattista Vico, op. cit., p. 78.
22. Mateus 12:22-28.
23. Immanuel Kant, *Perpetual Peace: A Philosophical Sketch*. Trad. de Lewis White Beck. Cambridge: Cambridge University Press, 1970. [Ed. bras.:

A paz perpétua: Um projeto filosófico. Trad. de Bruno Cunha. Petrópolis: Vozes, 2020.]

24. The Care Collective, *The Care Manifesto.* Londres: Verso, 2020.
25. Chelsea Harvey, "Worrisome Signs Emerge for 1.5 — Degree-C Climate Target". *Scientific American*, 10 jul. 2020.
26. David Wallace-Wells, *The Uninhabitable Earth: A Story of the Future.* Londres: Penguin, 2019. [Ed. bras.: *A terra inabitável: Uma história do futuro.* Trad. de Cássio de Arantes Leite. São Paulo: Companhia das Letras, 2019.]
27. Damian Carrington, "Climate Change to Cause Humid Heatwaves That Will Kill Even Healthy People". *The Guardian*, 2 ago. 2017.
28. David Wallace-Wells, *The Uninhabitable Earth*, op. cit., pp. 44, 48.
29. Jonathan Watts, "Sea Levels Could Rise More than a Metre by 2100, Experts Say". *The Guardian*, 8 maio 2020.
30. David Wallace-Wells, *The Uninhabitable Earth,* op. cit., p. 89.
31. Robin McKie, "Biologists Think 50% of Species Will Be Facing Extinction by the End of the Century". *The Guardian*, 25 fev. 2017.
32. Robin McKie, "Rampant Destruction of Forests 'Will Unleash More Pandemics'". *The Guardian*, 30 ago. 2020.
33. David Wallace-Wells, *The Uninhabitable Earth,* op. cit., pp. 49-50.
34. Ann Pettifor, *The Case for the Green New Deal.* Londres: Verso, 2020.
35. Protecionismo solidário consiste na ideia de que elevar normais sociais e ambientais no comércio pode fomentar a solidariedade entre trabalhadores de países diversos. Jean-Luc Mélenchon, *L'Avenir en commun: Le programme de la France insoumise et son candidat Jean-Luc Mélenchon.* Paris: Seuil, 2016, p. 91. Baseado em tradução do autor.
36. Paolo Gerbaudo, "Le Nouveau Protectionnisme". *Le Grand Continent*, 7 dez. 2020.
37. Ver capítulo 2.
38. Karl Polanyi, *The Great Transformation*, op. cit., p. 36.
39. Ibid., p. 68.
40. Ibid., p. 139.
41. Ibid., p. 251. Ênfase do autor.
42. Ibid., p. 138.
43. Karl Polanyi, "The Fascist Virus". In: *Economy and Society: Selected Writings.* Org. de M. Cangiani e C. Thomasberger. Cambridge: Polity Press, 2018, pp. 108-22.
44. Ibid., p. 109.
45. Thomas Hobbes, *Leviathan*, op. cit., p. 194. [Ed. bras.: p. 189.]
46. Ibid., p. 147. [Ed. bras.: p. 188.]
47. Ibid., p. 194. [Ed. bras.: p. 248.]

48. Ibid.
49. Pedro Sanchez, "Speech on the Coronavirus Emergency". 14 mar. 2020. Baseado em tradução do autor.
50. Karl Polanyi, *The Great Transformation*, op. cit., p. 211.

5. Controle [pp. 165-94]

1. Lucia Annunziata, "Mezz'ora in più". *Rai 3*, 24 mar. 2017.
2. Julia Rampen, "Momentum's The World Transformed to Launch 'Take Back Control' Brexit Events". *New Statesman*, 25 nov. 2016.
3. Jean-Luc Mélenchon, "A Future in Common". *Jacobin*, 27 ago. 2018.
4. Ellen J. Langer; Robert P. Abelson, *The Psychology of Control*. Los Angeles: Sage, 1983.
5. Michael W. Eysenck; Nazanin Derakshan; Rita Santos; Manuel G. Calvo. "Anxiety and Cognitive Performance: Attentional Control Theory". *Emotion*, v. 7, nº 2, 2007, p. 336.
6. "Inglês Médio Tardio (como verbo no sentido de 'conferir ou verificar contas', sobretudo em referência a registros em duplicata): do francês anglo-normando *contreroller*, 'manter cópia de rolo de contas', do latim medieval *contrarotulare*, de *contrarotulus*, 'cópia de um rolo', de *contra* + *rotulus*, 'rolo'. O substantivo possivelmente vem do francês *contrôle*. *Contrarotulare*." G. W. S. Friedrichsen; R. W. Burchfield; C. T Onions, *The Oxford Dictionary of English Etymology*. Wotton-under-Edge: Clarendon, 1966.
7. Perry Anderson, *Lineages of the Absolutist State*, op. cit.
8. Michel Foucault, *Security, Territory, Population: Lectures at the Collège de France, 1977-1978*. Nova York: Picador, 2007. [Ed. bras.: *Segurança, território, população: Curso dado no Collège de France (1977-1978)*. Trad. de Eduardo Brandão. São Paulo: Martins Fontes, 2008.]
9. Aristóteles, *Politics*. Trad. de H. Rackham. Cambridge: Harvard University Press, 1977. [Ed. bras.: *A política*. Trad. de Nestor Silveira Chaves. Rio de Janeiro: Nova Fronteira, 2011.]
10. Ibid., p. 205.
11. Ibid., p. 577.
12. Nicolau Maquiavel, *The Prince*, op. cit., p. 84, ênfase do autor.
13. Ibid., p. 61. [Ed. bras.: p. 13.]
14. G. W. F. Hegel, *Hegel's Philosophy of Right*. Trad. de T. M. Know. Oxford: Oxford University Press, 2015, p. 147, ênfase do autor.
15. James C. Scott, *Seeing Like a State: How Certain Schemes to Improve the Human Condition Have Failed*. New Haven: Yale University Press, 2008.

16. Max Weber, *Economy and Society: An Outline of Interpretive Sociology*. Berkeley: University of California Press, 1978, p. 54. v. 1. [Ed. bras.: *Economia e sociedade: Fundamentos da sociologia compreensiva*. Trad. de Regis Barbosa e Karen Elsabe Barbosa. Brasília: Editora da UnB, 2000.]
17. George Orwell, *Nineteen Eighty-Four*. Londres: Penguin, 2019, p. 34. [Ed. bras.: *1984*. Trad. de Alexandre Hubner e Heloisa Jahn. São Paulo: Companhia das Letras, 2009, p. 47.]
18. Jürgen Habermas, *The Theory of Communicative Action: Lifeworld and Systems, A Critique of Functionalist Reason, Volume 2*. Hoboken: John Wiley, 1989. [Ed. bras.: *Teoria do agir comunicativo, vol. 2: Sobre a crítica da razão funcionalista*. Trad. de Flávio B. Siebeneichler. São Paulo: WMF Martins Fontes, 2012.]
19. Giorgio Agamben, "L'invenzione di un'epidemia". *Quodlibet*, 26 fev. 2020. Disponível em: <www.quodlibet.it>.
20. John Holloway, *Change the World Without Taking Power: The Meaning of Revolution Today*. Londres: Pluto, 2019.
21. Platão, *Republic*, op. cit., pp. 19-27.
22. Ibid., p. 19.
23. Dante Alighieri, *The Divine Comedy, Vol. 2: Purgatory*. Trad. de Mark Musa. Londres: Penguin, 1987, p. 59. [Ed. bras.: *Inferno*. Trad. de José Pedro Xavier Pinheiro. Jandira: Principis, p. 249.]
24. Thomas Hobbes, *Leviathan*, op. cit., p. 114. [Ed. bras.: p. 147.]
25. Michel Foucault, *Security, Territory, Population*, op. cit.
26. Henri Fayol, *General and Industrial Management*. Mansfield Center: Martino, 2013.
27. G. W. F. Hegel, *Phenomenology of Spirit*, op. cit.
28. Colin Crouch, *Post-Democracy*, op. cit.
29. Michael Dunlop Young, *The Rise of the Meritocracy*. Piscataway: Transaction, 1994.
30. Grace Blakeley, *The Corona Crash: How the Pandemic Will Change Capitalism*. Londres: Verso, 2020, p. 77.
31. Philip Pettit, *Republicanism: A Theory of Freedom and Government*. Wotton-under-Edge: Clarendon, 1997.
32. Aristóteles, *Politics*, op. cit., p. 573. [Ed. bras.: p. 127.]
33. Ibid., p. 9. [Ed. bras.: p. 16.]
34. Ibid., p. 219. [Ed. bras.: p. 91.]
35. Ibid., p. 559.
36. Ibid., p. 563. [Ed. bras.: pp. 127-8.]
37. J. M. Keynes, *Studies: An Irish Quarterly Review*, pp. 177-93.
38. Ibid., p. 181.
39. Ibid., p. 185.

40. Stafford Beer, *Decision and Control: The Meaning of Operational Research and Management Cybernetics*. Chichester: John Wiley, 1995.
41. Régis Debray, *Éloge des frontières*. Paris: Editions Gallimard, 2013; Angela Nagle, "The Left Case against Open Borders". *American Affairs*, v. 11, n. 4, inverno de 2018.

6. As novas coligações sociais [pp. 195-222]

1. Jytte Klausen, "The Breakdown of Class Politics: A Debate on Post-Industrial Stratification". *American Political Science Review*, v. 96, nº 4, 2002, p. 846.
2. Peter Mair, "Populist Democracy vs Party Democracy". In: Yves Mény; Y. Surel (Orgs.), *Democracies and the Populist Challenge*. Londres: Palgrave Macmillan, 2002.
3. Keir Milburn, *Generation Left*. Oxford: John Wiley, 2019.
4. Pippa Norris e Ronald Inglehart, op. cit.; Arlie Russell Hochschild, *Strangers in Their Own Land: Anger and Mourning on the American Right*. Nova York: New Press, 2018.
5. Christine Burn-Murdoch; John Burn-Murdoch, "By Numbers: How the US Voted in 2020". *Financial Times*, 7 nov. 2020.
6. O conceito de "fração de classe" foi desenvolvido por Nicos Poulantzas para encontrar sentido no complexo comportamento interno das classes. Ver: Nicos Poulantzas, *Political Power and Social Classes*. Trad. de Timothy O'Hagan. Londres: New Left Books, 1973. [Ed. bras.: *Poder político e classes sociais*. Trad. de Mario Leonor F. R. Loureiro. Campinas: Editora da Unicamp, 2019.]
7. Daniel Oesch; Line Rennwald, "Electoral Competition in Europe's New Tripolar Political Space: Class Voting for the Left, Centre-Right and Radical Right". *European Journal of Political Research*, v. 57, nº 4, 2018, pp. 783-807.
8. Stefano Bartolini, *The Political Mobilization of the European Left, 1860--1980: The Class Cleavage*. Cambridge: Cambridge University Press, 2007.
9. Daniel Oesch, "Explaining Workers' Support for Right-wing Populist Parties in Western Europe: Evidence from Austria, Belgium, France, Norway, and Switzerland". *International Political Science Review*, v. 29, nº 3, 2008, pp. 349-73.
10. Roger Eatwell; Matthew Goodwin, *National Populism: The Revolt against Liberal Democracy*. Londres: Penguin, 2018. [Ed. bras.: *Nacional-populismo: A revolta contra a democracia liberal*. Trad. de Alessandra Bonrruquer. Rio de Janeiro: Record, 2020.]

11. Gianni Santamaria, "Studio Ipsos. Gli operai hanno lasciato la sinistra". *Avvenire*, 8 mar. 2018; Caterina Spinelli, "Sondaggio Swg, ribaltone leghista: 'Il 53 per cento degli operai vota Lega.' Schiaffo a Pd e M5s". *Libero*, 24 nov. 2019.
12. European Social Survey, "ESS Round 9 Data". Norwegian Centre for Research Data, Noruega, 2018. Disponível em: <www.europeansocialsurvey.org>.
13. Philip Bump, "Donald Trump Got Reagan-Like Support from Union Households". *The Washington Post*, 10 nov. 2016.
14. Richard Florida, "Why Is Your State Red or Blue? Look to the Dominant Occupational Class". Bloomberg City Lab, 28 nov. 2018. Disponível em: <www.bloomberg.com>.
15. Jocelyn Evans; Gilles Ivaldi, "Présidentielle 2017: forces et faiblesses du Front national". *Revue Parlamentaire*, 2017.
16. Thomas Piketty, *Capital and Ideology*. Cambridge: Harvard University Press, 2020. [Ed. bras.: *Capital e ideologia*. Trad. de Maria de Fátima Oliva do Coutto. Rio de Janeiro: Intrínseca, 2020.]
17. Ibid., pp. 887-8.
18. Kiminori Matsuyama, "Structural Change in an Interdependent World: A Global View of Manufacturing Decline". *Journal of the European Economic Association*, v. 7, nº 2-3, 2009.
19. A Whole Foods foi comprada pela Amazon em 2017.
20. Jane Gingrich, "A New Progressive Coalition? The European Left in a Time of Change". *Political Quarterly*, v. 88, nº 1, 2017, pp. 39-51.
21. Jonathan Mellon; Geoffrey Evans; Edward Fieldhouse et al. "British Election Survey, 2019: Internet Panel Survey", jul. 2019.
22. European Social Survey, "ESS Round 9 Data", op. cit.
23. Jonathan A. Rodden, op. cit.
24. Ibid.
25. Steven Bognar; Julia Reichert (Dirs.), *American Factory*. Higher Ground Production/ Participant Media, 2019. [Tít. bras.: *Indústria americana*.]
26. Jonathan A. Rodden, op. cit., p. 89.
27. Nonna Mayer, "The Radical Right in France". In: Jens Rydgren (Org.), *The Oxford Handbook of the Radical Right*. Oxford: Oxford University Press, 2018.
28. William J. Baumol, *The Cost Disease: Why Computers Get Cheaper and Health Care Doesn't*. New Haven: Yale University Press, 2012.
29. European Social Survey, "ESS Round 9 Data", op. cit.
30. OECD, *Under Pressure: The Squeezed Middle Class*. Paris: OECD Publishing, 2019, p. 18.

31. Richard V. Reeves, *Dream Hoarders: How the American Upper Middle Class Is Leaving Everyone Else in the Dust, Why That Is a Problem, and What to Do about It*. Washington: Brookings Institution, 2018.
32. Teresa A. Sullivan; Elizabeth Warren; Jay Lawrence Westbrook, *The Fragile Middle Class: Americans in Debt*. New Haven: Yale University Press, 2020.
33. Ibid., p. 26.
34. Nicos Poulantzas, *Political Power and Social Classes*, op. cit.
35. Joseph A. Schumpeter, *Capitalism, Socialism and Democracy*. Londres: Routledge, 2013 [1942]. [Ed. bras.: *Capitalismo, socialismo e democracia*. Trad. de Ruy Jungmann. Rio de Janeiro: Fundo de Cultura, 1961.]
36. Ibid.
37. Hanspeter Kriesi, "New Social Movements and the New Class in the Netherlands". *American Journal of Sociology*, v. 94, nº 5, 1989, pp. 1078--116. Ver também Anthony Giddens, "The Growth of the New Middle Class". In: *The Class Structure of the Advanced Societies*. Londres: Hutchinson, 1973.
38. Silja Häusermann; Hanspeter Kriesi, "What Do Voters Want? Dimensions and Configurations in Individual-Level Preferences and Party Choice". In: *The Politics of Advanced Capitalism*, 2015, pp. 202-30.
39. Daniel Oesch; Line Rennwald, "Electoral Competition in Europe's New Tripolar Political Space: Class Voting for the Left, Centre-Right and Radical Right". *European Journal of Political Research*, v. 57, nº 4, 2018, pp. 783-807.
40. Thomas Piketty, *Capital and Ideology*, op. cit., p. 766. [Ed. bras.: p. 846.]
41. Hannah Arendt, *The Origins of Totalitarianism*. Boston: Houghton Mifflin Harcourt, 1973, pp. 36-7. [Ed. bras.: *As origens do totalitarismo*. Trad. de Roberto Raposo. São Paulo: Companhia das Letras, 1989, p. 58.]
42. Como observa Poulantzas, movimentos fascistas tinham uma base de apoio forte na pequena burguesia. Nicos Poulantzas, *Fascism and Dictatorship*, op. cit.
43. Hanspeter Kriesi, op. cit.
44. Daniel Oesch; Line Rennwald. "The Class Basis of Switzerland's Cleavage Between the New Left and the Populist Right". *Swiss Political Science Review*, v. 16, nº 3, 2010; Richard Florida, *The Rise of the Creative Class*. Nova York: Basic, 2019. [Ed. bras.: *A ascensão da classe criativa*. Trad. de Ana Luiza Lopes. Porto Alegre: L&PM, 2011.]
45. Richard Florida, "Why Is Your State Red or Blue? Look to the Dominant Occupational Class", op. cit.
46. European Social Survey, "ESS Round 9 Data", op. cit.
47. Luc Rouban, "Le peuple qui vote Mélenchon est-il le peuple?". *The Conversation*, 1º out. 2017. Disponível em: <theconversation.com>; Paul Mason, *Why It's Still Kicking Off Everywhere: The New Global Revolutions*. Londres: Verso, 2013, p. 72.

48. Paolo Gerbaudo, *The Digital Party: Political Organisation and Online Democracy*. Londres: Pluto Press, 2019, pp. 52-4.
49. Ibid., pp. 45-8.
50. Robert Michels, *Political Parties: A Sociological Study of the Oligarchical Tendencies of Modern Democracy*. Trad. de Eden Paul e Cedar Paul. Nova York: Hearst's International Library Company, 1915; Georges Sorel, *Reflections on Violence*. Org. de Jeremy Jennings. Cambridge: Cambridge University Press, 1999. [Ed. bras.: *Reflexões sobre a violência*. Trad. de Paulo Neves. São Paulo: Martins Fontes, 1992.]
51. George Orwell, *The Road to Wigan Pier*. Londres: Penguin, 2001 [1937]. [Ed. bras.: *O caminho para Wigan Pier*. Trad. de Isa Mara Lando. São Paulo: Companhia das Letras, 2010.]
52. Stefano Bartolini, op. cit.
53. Antonio Gramsci, *Selections from the Prison Notebooks*. Org. e trad. de Quintin Hoare e Geoffrey Nowell Smith. Londres: Lawrence & Wishart, 1971, pp. 3-6.
54. Thomas Piketty, *Capital and Ideology*, op. cit., pp. 887-8.

7. Inimigos do povo [pp. 223-52]

1. Carl Schmitt, *The Concept of the Political: Expanded Edition*. Chicago: University of Chicago Press, 2007, p. 26.
2. Mao Tsé-tung, *Problems of Strategy in China's Revolutionary War*. Beijing: Foreign Language Press, 1965, p. 180; Carl von Clausewitz, *On War*. Londres: Penguin, 1982. [Ed. bras.: *Da guerra*. Trad. de Maria Tereza Ramos. São Paulo: WMF Martins Fontes, 2018.]
3. Chantal Mouffe, *The Democratic Paradox*. Londres: Verso, 2000, p. 12.
4. Time, "Here's Donald Trump's Presidential Announcement Speech". *Time*, 16 jun. 2015.
5. Gavin Evans, "The Unwelcome Revival of 'Race Science'". *The Guardian*, 2 mar. 2018.
6. Angelique Chrisafis, "Marine Le Pen Rails against Rampant Globalisation after Election Success". *The Guardian*, 24 abr. 2017.
7. Telegraph, "'I will protect you!' Marine Le Pen Vows to End all Immigration to France". *Telegraph*, 18 abr. 2017.
8. Rachel Donadio, "Salvini Puts Italy on a Collision Course with Europe". *Atlantic*, 9 ago. 2019.
9. Silvia Sciorilli Borrelli, "Matteo Salvini: Italy's Ports Are Closed to Migrant Vessels". *Politico*, 16 jun. 2018.
10. Nick Squires, "Italy's Hardline Deputy PM Matteo Salvini Says 'Little Ethnic Shops' Must Close by 9 pm". *Telegraph*, 12 out. 2019.

11. Rowena Mason, "Nigel Farage: Immigration Has Left Britain Almost Unrecognisable". *The Guardian*, 31 mar. 2015.
12. Michael Denis Biddiss, *Father of Racist Ideology: The Social and Political Thought of Count Gobineau*. Nova York: Weybright and Talley, 1970.
13. Catherine Fieschi, *Populocracy: The Tyranny of Authenticity and the Rise of Populism*. Newcastle upon Tyne: Agenda Publishing, 2019.
14. Ibid.
15. Aurelien Mondon; Aaron Winter, *Reactionary Democracy: How Racism and the Populist Far Right Became Mainstream*. Londres: Verso Books, 2020.
16. Daniel Stockemer; Arne Niemann; Doris Unger; Johanna Speyer. "The 'Refugee Crisis', Immigration Attitudes, and Euroscepticism". *International Migration Review*, v. 54, nº 3, 2020, pp. 883-912.
17. Phillip Connor; Jens Manuel Krogstad, "Many Worldwide Oppose more Migration—Both into and out of their Countries". *Pew Research*, 2018.
18. OECD, *International Migration Outlook*. OECD Publishing, 2020.
19. Shaun Walker, "Orbán Deploys Christianity with a Twist to Tighten Grip in Hungary". *The Guardian*, 14 jul. 2019.
20. Ruud Koopmans; Jasper Muis, "The Rise of Right-wing Populist Pim Fortuyn in the Netherlands: A Discursive Opportunity Approach". *European Journal of Political Research*, v. 48, nº 5, 2009, pp. 642-64.
21. Daniel K. Pryce, "US Citizens' Current Attitudes Toward Immigrants and Immigration: A Study from the General Social Survey". *Social Science Quarterly*, vol. 99, nº 4, 2018, pp. 1467-83.
22. Nicholas De Genova, "Rebordering 'the People' Notes on Theorizing Populism". *South Atlantic Quarterly*, vol. 117, nº 2, 2018, pp. 357-74.
23. Cas Mudde; Cristóbal Rovira Kaltwasser, "Exclusionary vs. Inclusionary Populism: Comparing Contemporary Europe and Latin America". *Government and Opposition*, v. 48, nº 2, 2013, pp. 147-74.
24. Marcello Maneri, "'Vengono per delinquere': Logiche e cicli di criminalizzazione dell'immigrazione". *La rivista delle politiche sociali*, v. 2, 2019, pp. 63-84.
25. Johannès Franck, "Marine Le Pen met l'immigration au coeur de sa campagne des municipales". *Le Monde*, 7 mar. 2020.
26. Viktor Orbán tachou refugiados da guerra civil na Síria de terroristas em potencial, tendo defendido em 2015 que "todos os terroristas são, basicamente, migrantes". Matthew Kaminski, "All the Terrorists Are Migrants". *Politico*, 23 nov. 2015.
27. Alain de Benoist, "Immigration: The Reserve Army of Capital". Trad. de Tomislav Sunic. *Occidental Observer*, v. 23, 2011; Diego Fisaro, *Storia e coscienza del precariato: servi e signori della globalizzazione*. Milão: Bompiani, 2018.
28. Henry Zeffman, "Brexit: Boris Johnson Takes Bid for Top Job to the Workers". *The Times*, 18 jan. 2019.

29. Martin Ruhs; Carlos Vargas-Silva, "The Labour Market Effects of Immigration". *Migration Observatory*, 2015.
30. Dorte Sindbjerg Martinsen; Gabriel Pons Rotger, "The Fiscal Impact of EU Immigration on the Tax-Financed Welfare State: Testing the 'Welfare Burden' Thesis". *European Union Politics*, v. 18, nº 4, 2017, pp. 620-39.
31. Eric Kaufmann, *Whiteshift: Populism, Immigration and the Future of White Majorities*. Londres: Penguin, 2018.
32. Ansa, "Salvini, fuorilegge Ong pagate da Soros". 2 maio 2017.
33. Renaud Camus, *Le grand remplacement*. Paris: David Reinhar, 2015.
34. Wendy Brown, *Walled States, Waning Sovereignty*. Princeton: Princeton University Press, 2010.
35. Eric Levitz, "Poll: Majority Backs AOC's 70 Percent Top Marginal Tax Rate". *New York Magazine*, 15 jan. 2019.
36. Dylan Matthews, "AOC's Policy Adviser Makes the Case for Abolishing Billionaires". *Vox*, 9 jul. 2019.
37. Jean-Luc Melénchon, "Le president de riches". 9 nov. 2017. Disponível em: <melenchon.fr>. Baseado em tradução do autor.
38. Jean-Luc Melénchon, "Les riches coutent trop cher". Disponível em: <melenchon.fr>.
39. <fiscalkombat.eu>. Baseado em tradução do autor.
40. Inés Santaeulalia, "Iglesias dice que las grandes fortunas están 'deseando' hacer un ejercicio de 'patriotismo fiscal'". *El País*, 14 maio 2020. Baseado em tradução do autor.
41. Madison Marriage, "Why the UK's Uber-wealthy Voters Fear a Corbyn-Led Government". *Financial Times*, 6 out. 2018.
42. Grace Blakeley, *Stolen*, op. cit., p. 231.
43. Ben Stein, "In Class Warfare, Guess Which Class Is Winning". *New York Times*, 26 nov. 2006.
44. Roxanne Roberts, "Why Does Everybody Suddenly Hate Billionaires? Because They've Made It Easy". *The Washington Post*, 13 mar. 2019.
45. Adam Tooze, *Crashed*, op. cit.
46. Emmanuel Saez, "Striking It Richer: The Evolution of Top Incomes in the United States (Updated with 2012 Preliminary Estimates)". Berkeley: University of California, Department of Economics, 2013.
47. Lawrence Mishel; Jori Kandra, "CEO Compensation Surged 14% in 2019 to $21.3 million". Economic Policy Institute, 18 ago. 2020: "A remuneração de CEOs cresceu 105,1% de 2009 a 2019, o período que engloba a recuperação da Grande Recessão; nesse período, a remuneração registrada de CEOs cresceu 35,7%. Em comparação, trabalhadores típicos em grandes empresas viram sua remuneração anual média crescer apenas 7,6% nos últimos dez anos".

48. Kate Ng. "It Takes Eight Weeks for an Amazon Warehouse Worker to Earn What Jeff Bezos Makes in a Second, Says Union". *Independent*, 21 dez. 2020.
49. Joseph E. Stiglitz, *The Price of Inequality: How Today's Divided Society Endangers Our Future*. Nova York: W. W. Norton, 2012; Paul Krugman, *Arguing with Zombies: Economics, Politics, and the Fight for a Better Future*. Nova York: W. W. Norton, 2020.
50. Georgina Littlejohn, "Ed Sheeran Paid More in Tax Last Year Than Both Starbucks and Amazon". *Inews*, 10 out. 2018.
51. Toby Sterling, "Mr. No, No, No — Why Dutch PM Rutte Plays Role of EU Bogeyman". *Reuters*, 19 jul. 2020.
52. "Majority Say Wealthy Americans, Corporations Taxed Too Little". Gallup, 19 abr. 2017. Disponível em: <news.gallup.com>.
53. Karl Marx, *Capital: Volume III*. Londres: Penguin, 1992, p. 558. [Ed. bras.: *O capital: Crítica da economia política. Livro I: O processo de produção do capital*. Trad. de Rubens Enderle. São Paulo: Boitempo, 2017, p. 222.]
54. Bernie Sanders, "Stop Wall Street Loan-Sharking". *The Hill*, 16 mar. 2009.
55. Nicos Poulantzas, *Fascism and Dictatorship*, op. cit.
56. Michela Tindera, "Here Are the Billionaires Backing Donald Trump's Campaign". *Forbes*, 17 abr. 2020.
57. Martin Wolf, "Trump's Pluto-Populism Laid Bare". *Financial Times*, 2 maio 2017.
58. John Foot, "Beppe Grillo: A Comedian to Be Taken Seriously". *The Guardian*, 30 out. 2012.
59. Éric Bélanger, "Political Trust and Voting Behaviour". In: Sonja Zmerli; Tom W. G. van der Meer, *Handbook on Political Trust*. Cheltenham: Edward Elgar, 2017.
60. Owen Jones, *The Establishment: And How They Get Away with It*. Nova York: Melville House, 2015.
61. George Parker; Laura Hughes, "Boris Johnson Lays Ground for 'People Vs Parliament', Election". *Financial Times*, 26 set. 2019.
62. David Graeber, *Revolutions in Reverse*. Londres: Minor Compositions, 2011, p. 8.
63. Eric Kaufmann, *Whiteshift*, op. cit., p. 21.
64. Roger Eatwell; Matthew Goodwin, op. cit., pp. 162-3.

8. O Estado pós-pandemia [pp. 253-86]

1. James Crabtree; Robert D. Kaplan; Robert Muggah et al. "The Future of the State". *Foreign Policy*, 16 maio 2020.

2. Janan Ganesh, "Coronavirus and the Comeback of the Administrative State". *Financial Times*, 11 mar. 2020.
3. Grace Blakeley, *The Corona Crash*, op. cit., p. 33.
4. Ibid., p. 35.
5. Nicos Poulantzas, *State, Power, Socialism*. Londres: Verso, 2000.
6. "Migranti, Salvini: 'Finita la pacchia. Non saranno ONG straniere a decidere chi sbarca in Italia'". Disponível em: YouTube.
7. Mariana Mazzucato, *The Entrepreneurial State: Debunking Public vs. Private Sector Myths*. Londres: Anthem, 2013. [Ed. bras.: *O estado empreendedor: Desmascarando o mito do setor público vs. setor privado*. Trad. de Elvira Serapicos. São Paulo: Portfolio Penguin, 2014.]
8. Adam Tooze, *Crashed*, op. cit. Ver também capítulo 2.
9. Julian Borger, "The State We're In: Will the Pandemic Revolutionize Government". *The Guardian*, 26 abr. 2020.
10. Grace Blakeley, *The Corona Crash*, op. cit., pp. 16-7.
11. Joel Wainwright; Geoff Mann, *Climate Leviathan: A Political Theory of Our Planetary Future*. Londres: Verso, 2018.
12. Karl Marx; Friedrich Engels, *The Communist Manifesto*. Londres: Penguin, 2002, p. 37. [Ed. bras.: *O manifesto comunista*. Trad. de Álvaro Pina e Ivana Jinkins. São Paulo: Boitempo, 1998, p. 12.]
13. Vladimir Lênin, *State and Revolution*. Introdução e comentários de Todd Chretien. Chicago: Haymarket, 2015, p. 73. [Ed. bras.: *O Estado e a revolução*. Trad. de Paula Vaz de Almeida. São Paulo: Boitempo, 2017.]
14. Karl Marx, "The Civil War in France". In: Bruno Leipold, "Marx's Social Republic". In: Bruno Leipold; Karma Nabulsi; Stuart White (Orgs.), *Radical Republicanism: Recovering the Tradition's Popular Heritage*. Oxford: Oxford University Press, 2020, p. 174.
15. Karl Marx, "Critique of the Gotha Programme". In: Karl Marx, *The First International and After*. Org. de D. Fernbach. Londres: Verso, 2010. v. 3. [Ed. bras.: *Crítica do programa de Gotha*. Trad. de Rubens Enderle. São Paulo: Boitempo, 2012.]
16. G. W. F. Hegel, *Hegel's Philosophy of Right*, op. cit.
17. Antonio Gramsci, *Selection from the Prison Notebooks*. Org. de Quintin Hoare e Geoffrey Nowell-Smith. Nova York: International Publishers, 2008, pp. 262-6.
18. Ibid., p. 170.
19. Nicos Poulantzas, "The Problem of the Capitalist State". *New Left Review*, v. 58, nº 1, 1969, pp. 67-78.
20. Hyman Minsky, *Stabilizing an Unstable Economy*. Nova York: McGraw-Hill, 2008. 3 v. [Ed. bras.: *Estabilizando uma economia instável*. Trad. de José Maria Alves da Silva. São Paulo: Novo Século, 2013.]

21. Confúcio, *The Analects of Confucius*. Org. e trad. de Simon Leys. Nova York: W. W. Norton, 1997. [Ed. bras.: *Os analectos*. Trad. de Caroline Chang. Porto Alegre: L&PM, 2006.]
22. Nicos Poulantzas, *State, Power, Socialism*, op. cit., p. 192.
23. Ibid., p. 205.
24. Thomas Frank, "Bill Clinton's Crime Bill Destroyed Lives, and There's No Point Denying It". *The Guardian*, 15 abr. 2016.
25. Ryan Hass; Abraham Denmark, "More Pain than Gain: How the US-China Trade War Hurt America". *Brookings Institution*, 7 ago. 2020.
26. Peter Walker; Rowena Mason, "Jeremy Corbyn on the Offensive over Donald Trump's Plans for NHS". *The Guardian*, 3 dez. 2019.
27. Kim Moody, "Protectionism or Solidarity? (Part I)". *Against the Current*, v. 87, nº 3, 2000.
28. Ibid.
29. Shaun Walker, "Hungary Passes 'Slave Law' Prompting Fury among Opposition MPs. Hungary President Signs Controversial 'Slave Law'". *The Guardian*, 12 dez. 2018.
30. Emmanuel Saez; Gabriel Zucman, *The Triumph of Injustice: How the Rich Dodge Taxes and How to Make Them Pay*. Nova York: W. W. Norton, 2019.
31. Rosa DeLauro, "Rep. Rosa DeLauro: We Must Repeal Trump's $135 Billion Hidden Tax Giveaway for Wealthy Real Estate Investors". *Fortune*, 3 maio 2020.
32. Celine McNicholas; Margaret Poydock; Lynn Rhinehart. "Unprecedented: The Trump NLRB's Attack on Workers' Rights". Economic Policy Institute, 16 out. 2019. Disponível em: <www.epi.org>.
33. Ver, por exemplo: Jacques Généreux, "Entretien pour un 'protectionnisme solidaire'". *Alternatives Economiques*, 21 abr. 2017. Disponível em: <www.alternatives-economiques.fr>.
34. Jim Pickard; Robert Shrimsley, "Jeremy Corbyn's Plan to Rewrite the Rules of the UK Economy". *Financial Times*, 1º set. 2019. Disponível em: <ft.com>.
35. "Bernie Sanders' Fair Trade Policy". Disponível em: <berniesanders.com>.
36. Walden Bello, *Deglobalization: Ideas for a New World Economy*. Londres: Zed, 2008. [Ed. bras.: *Desglobalização: Ideias para uma nova economia mundial*. Trad. de Reinaldo Endlich Orch. Petrópolis: Vozes, 2003.]
37. Karl Marx; Friedrich Engels, *Collected Works, Volume 6: Marx and Engels, 1845-1848*. Londres: Lawrence & Wishart, 1976, p. 450.
38. H. J. Chang, *Kicking Away the Ladder: Development Strategy in Historical Perspective*. Londres: Anthem, 2002. [Ed. bras.: *Chutando a escada: A estratégia do desenvolvimento em perspectiva histórica*. Trad. de Luiz Antonio Oliveira de Araujo. São Paulo: Editora Unesp, 2004.]

39. Organização Internacional do Trabalho e Banco Asiático de Desenvolvimento. "Core Labour Standards Handbook". ILO/ADB: Manila, 2006.
40. Martin O'Neill, "The Road to Socialism is the A59: The Preston Model". *Renewal: A Journal of Labour Politics*, v. 24, nº 2, jun. 2016, p. 69.
41. Henrik Selin; Rebecca Cowing, "Cargo Ships Are Emitting Boatloads of Carbon, and Nobody Wants to Take the Blame". *The Conversation*, 18 dez. 2018.
42. Michael A. McCarthy, "How a President Bernie Sanders Could Take on Wall Street". *Jacobin*, 8 ago. 2019.
43. Joseph Stiglitz, *The Euro: And Its Threat to the Future of Europe*. Londres: Penguin, 2016; Costas Lapavitsas, *The Left Case Against the EU*. Oxford: John Wiley, 2018.
44. Thomas I. Palley, "Money, Fiscal Policy, and Interest Rates: A Critique of Modern Monetary Theory". *Review of Political Economy*, v. 27, nº 1, 2015.
45. Stephanie Kelton, *The Deficit Myth: Modern Monetary Theory and How to Build a Better Economy*. Londres: John Murray, 2020.
46. Grace Blakeley, *Stolen*, op. cit., p. 252.
47. Milton Friedman, "Monetary Policy: Theory and Practice". *Journal of Money, Credit and Banking*, v. 14, nº 1, 1982.
48. Megan Brenan, "New High 54% Want Government to Solve More Problems in US". Gallup, 28 set. 2020. Disponível em: <gallup.com>.
49. Annie Lowrey, "A Promise So Big, Democrats Aren't Sure How to Keep It". *Atlantic*, 11 maio 2018.
50. Mariana Mazzucato, op. cit.
51. Kate Aronoff; Alyssa Battistoni; Daniel Aldana Cohen; Thea Riofrancos, *A Planet to Win: Why We Need a Green New Deal*. Nova York: Verso Books, 2019. [Ed. bras.: *Um planeta a conquistar: A urgência do Green New Deal*. Trad. de Aline Scátola. São Paulo: Autonomia Literária, 2021.]
52. Friedrich Engels, *Socialism: Utopian and Scientific*. Amsterdã: Resistance, 1999. [Ed. bras.: *Do socialismo utópico ao socialismo científico*. Trad. de Rubens Eduardo Frias. São Paulo: Centauro, 2005.]
53. Ver capítulo 5.
54. Henry Veltmeyer; James F. Petras, *The New Extractivism: A Post-neoliberal Development Model or Imperialism of the Twenty-First Century?* Londres: Zed Books, 2014.

9. Patriotismo democrático [pp. 287-316]

1. Mark Summer, "Rep. Ilhan Omar Explains True Patriotism in the Face of Trump's Racist Nationalism". *Daily Kos*, 18 jul. 2019. Disponível em: <www.dailykos.com>.

2. Owen Hatherley, *Red Metropolis: Socialism and the Government of London*. Londres: Watkins Media Limited, 2020.
3. Ulf Hannerz, "Notes on the Global Ecumene". *Public Culture*, v. 1, nº 2, 1989, pp. 66-75.
4. Michael Hardt; Antonio Negri, *Empire*. Cambridge: Harvard University Press, 2016. [Ed. bras.: *Império*. Trad. de Berilo Vargas. Rio de Janeiro: Record, 2001.]
5. Craig J. Calhoun, *Nations Matter: Culture, History, and the Cosmopolitan Dream*. Londres: Routledge, 2011, pp. 7-8.
6. Otto Bauer, *The Question of Nationalities and Social Democracy*. Minneapolis: University of Minnesota Press, 2000.
7. Isaiah Berlin, *Concepts and Categories: Philosophical Essays*. Princeton: Princeton University Press, 2013.
8. Michael Mann, "A Political Theory of Nationalism and Its Excesses". In: Sukumar Periwal (Org.), *Notions of Nationalism*. Budapeste: Central European University Press, 1995, p. 44.
9. Ernest Gellner, *Nations and Nationalism*. Malden: Blackwell, 2013.
10. Anna Bramwell, *Blood and Soil: Richard Walther Darré and Hitler's Green Party*. Bourne End: Kensal Press, 1985.
11. Emmanuel-Joseph Sieyès, "What Is the Third Estate?". In: *Sieyès, Political Writings: Including the Debate between Sieyès and Tom Paine in 1791*. Org. e trad. de Michael Sonenscher. Indianapolis: Hackett, 2003, p. 134.
12. G. W. F. Hegel, *Hegel's Philosophy of Right*, op. cit.
13. Charles de Montesquieu, *Montesquieu: The Spirit of the Laws*. Org. e trad. de Anne M. Cohler, Basia Carolyn Miller e Harold Samuel Stone. Cambridge: Cambridge University Press, 1989, p. 243. [Ed. bras.: *O espírito das leis*. Trad. de Cristina Murachco. São Paulo: Martins Fontes, 2000.]
14. Carl Schmitt, *The Concept of the Political*. Chicago: University of Chicago Press, 2008, pp. 53-4.
15. Giuseppe Mazzini, *A Cosmopolitanism of Nations: Giuseppe Mazzini's Writings on Democracy, Nation Building, and International Relations*. Org. de Stefano Recchia e Nadia Urbinati, Princeton: Princeton University Press, 2009, p. 56.
16. Ibid.
17. Ibid., p. 55.
18. Ibid.
19. Jürgen Habermas, *Inclusion of the Other: Studies in Political Theory*. Org. de Ciaran Cronin e Pablo de Greiff. Hoboken: John Wiley, 2015, p. 117. [Ed. bras.: *A inclusão do outro: Estudos de teoria política*. Trad. de Denilson Luís Werle. São Paulo: Editora Unesp, 2018.]

20. Vladimir Lênin, "Dead Chauvinism and Living Socialism". In: Vladimir Lênin, *Collected Works Volume 21*. Nova York: International Publishers, 1932, pp. 94-8.
21. Id., *The Right of Nations to Self Determination*. Westport: Greenwood Press, 1977.
22. Erica Benner, *Really Existing Nationalisms*. Londres: Verso, 2018.
23. George OrwelL, *Notes on Nationalism*. Londres: Penguin, 2018, p. 21. [Ed. bras.: "Notas sobre o nacionalismo". Trad. de Aluízio Couto. Disponível em: <criticanarede.com/nacionalismo.html>. Acesso em: 28 ago. 2022.]
24. Ibid.
25. Robert D. Kaplan, *The Revenge of Geography: What the Map Tells Us About Coming Conflicts and the Battle against Fate*. Nova York: Random House Trade Paperbacks, 2013. [Ed. bras.: *A vingança da geografia: A construção do mundo geopolítico a partir da perspectiva geográfica*. Trad. de Cristiana de Assis Serra. Rio de Janeiro: Campus Elsevier, 2013.]
26. Benedict Anderson, *Imagined Communities: Reflections on the Origin and Spread of Nationalism*. Londres: Verso, 2006. [Ed. bras.: *Comunidades imaginadas: Reflexões sobre a origem e a difusão do nacionalismo*. Trad. de Denise Bottman. São Paulo: Companhia das Letras, 2008.]
27. Antonio Gramsci, *Further Selections from the Prison Notebooks*. Org. e trad. de Derek Boothman. Mineapolis: University of Minnesota Press, 1995, p. 353.
28. Teodor Shanin, *The Awkward Class: Political Sociology of Peasantry in a Developing Society: Russia 1910-1925*. Oxford: Clarendon Press, 1972.
29. Hannah Arendt, op. cit., p. 39.
30. Ibid.
31. Ibid., p. 41.
32. Ibid.
33. Franz Leopold Neumann, *Behemoth: The Structure and Practice of National Socialism, 1933-1944*. Lanham: Rowman & Littlefield, 2009, p. 168.
34. Ibid.
35. Ibid.
36. Ibid., pp. 167-8.
37. Immanuel Kant, op. cit.
38. Thilo Zimmermann, *European Republicanism: Combining Political Theory with Economic Rationale*. Londres: Palgrave Macmillan, 2019, pp. 25-53.
39. Friedrich Hayek, "The Economic Conditions of Interstate Federalism". *New Commonwealth Quarterly*, v. 5, nº 2, 1939, pp. 131-49.
40. Fritz Scharf, "Negative Integration: States and the Loss of Boundary Control". In: Christopher Pierson, Francis G. Castles e Ingela K. Naumann (Orgs.), *The Welfare State Reader*. 2ª ed. Cambridge: Polity, 2006, pp. 223-5.

41. Adam Tooze, *Crashed*, op. cit.
42. Albert O. Hirschman, "Exit, Voice, and the State". *World Politics*, v. 31, nº 1, 1978.
43. Segundo Nick Couldry, uma das características do neoliberalismo tem sido limitar a possibilidade de voz, devido à virada pós-democrática dos sistemas políticos. Pode-se dizer que, nessa situação, é como se não houvesse outra opção aos cidadãos, caso queiram expressar sua discordância, a não ser ir embora. Nick Couldry, *Why Voice Matters: Culture and Politics After Neoliberalism*. Londres: Sage, 2010.

Conclusão [pp. 317-35]

1. G. W. F. Hegel, *Phenomenology of Spirit*, op. cit.
2. Jeremy Gilbert, op. cit.
3. Paul Mason, *Postcapitalism: A Guide to Our Future*. Londres: Macmillan, 2016. [Ed. bras.: *Pós-capitalismo*. Trad. de José Geraldo Couto. São Paulo: Companhia das Letras, 2017]; Nick Srnicek; Alex Williams, *Inventing the Future: Postcapitalism and a World without Work*. Londres: Verso, 2015; Aaron Bastani, *Fully Automated Luxury Communism*. Londres: Verso, 2019.
4. Antonio Gramsci, *Gramsci: Pre-Prison Writings*. Org. de Richard Bellamy, trad. de Virginia Cox. Cambridge: Cambridge University Press, 1994, p. 41.
5. Walter Benjamin, *Walter Benjamin: Selected Writings*. Org. de Michael W. Jennings. Cambridge: Belknap/Harvard University Press, 2003, v. 4, p. 402. 4 v. Sobre essa questão, é válido ler a obra crítica de Benjamin Noys sobre o acelerismo. Benjamin Noys, *Malign Velocities: Accelerationism and Capitalism*. Winchester: Zero Books, 2014.
6. Aaron Benanav, *Automation and the Future of Work*. Londres: Verso, 2020.
7. P. Norris; R. Inglehart, *Cultural Backlash: Trump, Brexit, and Authoritarian Populism*. Cambridge: Cambridge University Press, 2019.

Referências bibliográficas

AGAMBEN, Giorgio. *Homo Sacer: Sovereign Power and Bare Life*. Redwood City: Stanford University Press, 1998. [Ed. bras.: *Homo sacer: O poder soberano e a vida nua*. Trad. de Henrique Burigo. Belo Horizonte: Editora da UFMG, 2007.]

_____. "L'invenzione di un'epidemia". *Quodlibet*, 26 fev. 2020. Disponível em: <www.quodlibet.it>.

AHMAD, Iftikhar; ARRIGHI, Giovanni; SILVER, Beverly J. *Chaos and Governance in the Modern World System*. Minneapolis: University of Minnesota Press, 2008.

AHSAN, Hamja. *Shy Radicals: The Antisystemic Politics of the Militant Introvert*. Londres: Book Works, 2019.

ALBRIGHT, Madeleine. *Fascism: A Warning*. Londres: HarperCollins, 2019. [Ed. bras.: *Fascismo: Um alerta*. Trad. de Jaime Biaggio. São Paulo: Crítica, 2018.]

ALIGHIERI, Dante. *The Divine Comedy, Vol. 2: Purgatory*. Trad. de Mark Musa, Londres: Penguin, 1987. [Ed. bras.: *Inferno*. Trad. de José Pedro Xavier Pinheiro. Jandira: Principis.]

ALLEN, John; BURNS, Nicholas; GARRET, Laurie et al., "How the World Will Look After the Coronavirus Pandemic". *Foreign Policy*, 20 mar. 2020.

ALLISON, Graham. *Destined for War: Can America and China Escape Thucydides's Trap?* Boston: Houghton Mifflin Harcourt, 2017. [Ed. bras.: *A caminho da guerra: Os Estados Unidos e a China conseguirão escapar da armadilha de Tucídides?* Trad. de Cássio de Arantes Leite. Rio de Janeiro: Intrínseca, 2020.]

ANDERSON, Benedict. *Imagined Communities: Reflections on the Origin and Spread of Nationalism*. Londres: Verso, 2006. [Ed. bras.: *Comunidades imaginadas: Reflexões sobre a origem e a difusão do nacionalismo*. Trad. de Denise Bottman. São Paulo: Companhia das Letras, 2008.]

ANDERSON, Perry. *Lineages of the Absolutist State*. Londres: Verso, 2013 [1974]. [Ed. bras.: *Linhagens do Estado absolutista*. Trad. de João Roberto Martins Filho. São Paulo: Brasiliense, 2004.]

ANNUNZIATA, Lucia. "Mezz'ora in più". *Rai 3*, 24 mar. 2017.

ANSA. "Salvini, fuorilegge Ong pagate da Soros". 2 maio 2017.

ARENDT, Hannah. *The Origins of Totalitarianism*. Boston: Houghton Mifflin Harcourt, 1973. [Ed. bras.: *As origens do totalitarismo*. Trad. de Roberto Raposo. São Paulo: Companhia das Letras, 1989.]

ARISTÓTELES, *Politics*. Trad. de H. Rackham. Cambridge: Harvard University Press, 1977. [Ed. bras.: *A política*. Trad. de Nestor Silveira Chaves. Rio de Janeiro: Nova Fronteira, 2011.]

ARNOPOULOS, Paris. *Exopolitics: Polis, Ethnos, Cosmos: Classical Theories and Praxis of Foreign Affairs*. Commack: Nova Science, 1999.

ARONOFF, Kate; BATTISTONI, Alyssa; COHEN, Daniel Aldana; RIOFRANCOS, Thea. *A Planet to Win: Why We Need a Green New Deal*. Nova York: Verso Books, 2019. [Ed. bras.: *Um planeta a conquistar: A urgência do Green New Deal*. Trad. de Aline Scátola. São Paulo: Autonomia Literária, 2021.]

ARRIGHI, Giovanni. *Chaos and Governance in the Modern World System*. Minneapolis: University of Minnesota Press, 1999. [Ed. bras.: *Caos e governabilidade no moderno sistema mundial*. Trad. de Vera Ribeiro. Rio de Janeiro: Contraponto, 2001.]

ASSOCIATED PRESS. "Read the Full Text of Donald Trump's 2020 State of the Union", 6 fev. 2020. Disponível em: <www.pbs.org>.

AZMANOVA, Albena. *Capitalism on Edge: How Fighting Precarity Can Achieve Radical Change without Crisis or Utopia*. Nova York: Columbia University Press, 2020.

BALL, Molly. "Donald Trump and the Politics of Fear". *Atlantic*, 2 set. 2016.

BANDELOW, Borwin; MICHAELIS, Sophie. "Epidemiology of Anxiety Disorders in the 21st Century". *Dialogues in Clinical Neuroscience*, v. 17, nº 3, 2015.

BARBER, Lionel; FOY, Henry. "Vladimir Putin: Liberalism Has 'Outlived Its Purpose'". *Financial Times*, 27 jun. 2020.

BARKAN, Joshua. *Corporate Sovereignty: Law and Government under Capitalism*. Minneapolis: University of Minnesota Press, 2013.

BARTOLINI, Stefano. *The Political Mobilization of the European Left, 1860-1980: The Class Cleavage*. Cambridge: Cambridge University Press, 2007.

BASTANI, Aaron. *Fully Automated Luxury Communism*. Londres: Verso, 2019.

BATTISTA, Alessandro Di. *A testa in su: Investire in felicità per non essere sudditi*. Nova York: Rizzoli, 2016.

BAUER, Otto. *The Question of Nationalities and Social Democracy*. Minneapolis: University of Minnesota Press, 2000.

BAUMOL, William J. *The Cost Disease: Why Computers Get Cheaper and Health Care Doesn't*. New Haven: Yale University Press, 2012.

BECK, Ulrich; RITTER, Mark. *Risk Society: Towards a New Modernity*. Trad. de Mark Ritter. Londres: Sage, 2013. [Ed. bras.: Ulrich Beck, *Sociedade de risco: Rumo a uma outra modernidade*. Trad. de Sebastião Nascimento. São Paulo: Editora 34, 2011.]

BEER, Stafford. *Decision and Control: The Meaning of Operational Research and Management Cybernetics*. Chichester: John Wiley, 1995.

BÉLANGER, Éric. "Political Trust and Voting Behaviour". In: ZMERLI, Sonja; MEER, Tom W. G. van der. *Handbook on Political Trust*. Cheltenham: Edward Elgar, 2017.

BELLO, Walden. *Deglobalization: Ideas for a New World Economy*. Londres: Zed, 2008. [Ed. bras.: *Desglobalização: Ideias para uma nova economia mundial*. Trad. de Reinaldo Endlich Orch. Petrópolis: Vozes, 2003.]

BENANAV, Aaron. *Automation and the Future of Work*. Londres: Verso, 2020.

BENJAMIN, Walter. *Walter Benjamin: Selected Writings*. Org. de Michael W. Jennings. Cambridge: Belknap/Harvard University Press, 2003, v. 4. 4 v.

BENNER, Erica. *Really Existing Nationalisms*. Londres: Verso, 2018.
BENOIST, Alain de. "Immigration: The Reserve Army of Capital". Trad. de Tomislav Sunic. *Occidental Observer*, v. 23, 2011.
BERLIN, Isaiah. *Concepts and Categories: Philosophical Essays*. Princeton: Princeton University Press, 2013.
BIDDISS, Michael Denis. *Father of Racist Ideology: The Social and Political Thought of Count Gobineau*. Nova York: Weybright and Talley, 1970.
BLAKELEY, Grace. *Stolen: How to Save the World from Financialisation*. Londres: Repeater, 2019.
_____. *The Corona Crash: How the Pandemic Will Change Capitalism*. Londres: Verso, 2020.
BLUFF, Ian. "The Rise of Authoritarian Neoliberalism". *Rethinking Marxism*, v. 26, n⁰ 1, 2014.
BODIN, Jean; FRANKLIN, Julian H. *On Sovereignty: Four Chapters from the Six Books of the Commonwealth*. Cambridge: Cambridge University Press, 2010.
BOGNAR, Steven; REICHERT, Julia (Dirs.). *American Factory*. Higher Ground Production/ Participant Media, 2019. [Tít. bras.: *Indústria americana*.]
BÖHM, Franz. *Die Ordnung der Wirtschaft als geschichtliche Aufgabe und rechtsschöpferische Leistung*. Stuttgart: W. Kohlhammer, 1937.
BOLTANSKI, Luc; CHIAPELLO, Ève. *The New Spirit of Capitalism*. Londres: Verso, 2018. [Ed. bras.: *O novo espírito do capitalismo*. Trad. de Ivone C. Benedetti. São Paulo: WMF Martins Fontes, 2020.]
BORGER, Julian. "The State We're In: Will the Pandemic Revolutionize Government". *The Guardian*, 26 abr. 2020.
BORRELLI, Silvia Sciorilli. "Matteo Salvini: Italy's Ports Are Closed to Migrant Vessels". *Politico*, 16 jun. 2018.
BRAMWELL, Anna. *Blood and Soil: Richard Walther Darré and Hitler's Green Party*. Bourne End: Kensal Press, 1985.
BRAUDEL, Fernand. *Civilization and Capitalism, 15th-18th Century, vol. III: The Perspective of the World*. Berkeley: University of California Press, 1992. [Ed. bras.: *Civilização material, economia e capitalismo: séculos XV-XVIII, vol. 3: O tempo do mundo*. Trad. de Telmo Costa. São Paulo: WMF Martins Fontes, 1996.]
BRENAN, Megan. "New High 54% Want Government to Solve More Problems in US". Gallup, 28 set. 2020. Disponível em: <gallup.com>.
BROWN, Wendy. *Walled States, Waning Sovereignty*. Princeton: Princeton University Press, 2010.
_____. *Undoing the Demos: Neoliberalism's Stealth Revolution*. Boston: MIT Press, 2015.
BUMP, Philip. "Donald Trump Got Reagan-Like Support from Union Households". *The Washington Post*, 10 nov. 2016.
BURN-MURDOCH, Christine; BURN-MURDOCH, John. "By Numbers: How the US Voted in 2020". *Financial Times*, 7 nov. 2020.
CALHOUN, Craig J. *Nations Matter: Culture, History, and the Cosmopolitan Dream*. Londres: Routledge, 2011.
CAMUS, Renaud. *Le grand remplacement*. Paris: David Reinhar, 2015.

CARRINGTON, Damian. "Climate Change to Cause Humid Heatwaves That Will Kill Even Healthy People". *The Guardian*, 2 ago. 2017.

CASTELLS, Manuel. "The Space of Flows". In: *The Rise of the Network Society: The Information Age: Economy, Society and Culture*. Cambridge: Blackwell, 1996. v. 1. [Ed. bras.: *A era da informação: Economia, sociedade e cultura vol. 1: A sociedade em rede*. Trad. de Roneide Venancio Majer. Rio de Janeiro: Paz e Terra, 2002.]

CHANDLER, Alfred D.; MAZLISH, Bruce (Orgs.), *Leviathans: Multinational Corporations and the New Global History*. Cambridge: Cambridge University Press, 2005.

CHANG, H. J. *Kicking Away the Ladder: Development Strategy in Historical Perspective*. Londres: Anthem, 2002. [Ed. bras.: *Chutando a escada: A estratégia do desenvolvimento em perspectiva histórica*. Trad. de Luiz Antonio Oliveira de Araujo. São Paulo: Editora Unesp, 2004.]

CHRISAFIS, Angelique. "Marine Le Pen Rails against Rampant Globalisation after Election Success". *The Guardian*, 24 abr. 2017.

CÍCERO, Marco Túlio. *On the Commonwealth and on the Laws*. Org. e trad. de James E. G. Zetzel. Cambridge: Cambridge University Press, 2017.

CLAUSEWITZ, Carl von. *On War*. Londres: Penguin, 1982. [Ed. bras.: *Da guerra*. Trad. de Maria Tereza Ramos. São Paulo: WMF Martins Fontes, 2018.]

COMISSÃO EUROPEIA. "Security Union — A Europe that Protects", 30 out. 2019. Disponível em: <ec.europa.eu>.

CONFÚCIO. *The Analects of Confucius*. Org. e trad. de Simon Leys. Nova York: W. W. Norton, 1997. [Ed. bras.: *Os analectos*. Trad. de Caroline Chang. Porto Alegre: L&PM, 2006.]

CONNOR, Phillip; KROGSTAD, Jens Manuel. "Many Worldwide Oppose more Migration — Both into and out of their Countries". *Pew Research*, 2018.

COULDRY, Nick. *Why Voice Matters: Culture and Politics After Neoliberalism*. Londres: Sage, 2010.

CRABTREE, James; KAPLAN, Robert D.; MUGGAH, Robert et al. "The Future of the State". *Foreign Policy*, 16 maio 2020.

CROUCH, Colin. *Post-Democracy*. Cambridge: Polity, 2004.

DAVIDSON, James Dale; REES-MOGG, William. *The The Sovereign Individual: The Coming Economic Revolution: How to Survive and Prosper in It*. Londres: Pan, 1998.

DAVIES, Will. "The New Neoliberalism". *New Left Review*, v. 101, set./out. 2016.

DEBRAY, Régis. *Éloge des frontières*. Paris: Editions Gallimard, 2013.

DELAURO, Rosa. "Rep. Rosa DeLauro: We Must Repeal Trump's $135 Billion Hidden Tax Giveaway for Wealthy Real Estate Investors". *Fortune*, 3 maio 2020.

DENEEN, Patrick J. *Why Liberalism Failed*. New Haven: Yale University Press, 2019. [Ed. bras.: *Por que o liberalismo fracassou?* Trad. de Rogerio W. Galindo. Belo Horizonte: Âyiné, 2020.]

DONADIO, Rachel. "Salvini Puts Italy on a Collision Course with Europe". *Atlantic*, 9 ago. 2019.

EATWELL, Roger; GOODWIN, Matthew. *National Populism: The Revolt against Liberal Democracy*. Londres: Penguin, 2018. [Ed. bras.: *Nacional-populismo: A revolta contra a democracia liberal*. Trad. de Alessandra Bonrruquer. Rio de Janeiro: Record, 2020.]

ELDEN, Stuart. *The Birth of Territory*. Chicago: University of Chicago Press, 2013.
ENGELS, Friedrich. *Socialism: Utopian and Scientific*. Amsterdã: Resistance, 1999. [Ed. bras.: *Do socialismo utópico ao socialismo científico*. Trad. de Rubens Eduardo Frias. São Paulo: Centauro, 2005.]
EUCKEN, Walter. *Grundsätze der Wirtschaftspolitik*. Tübingen: Mohr, 1955.
EUROPEAN SOCIAL SURVEY. "ESS Round 9 Data". Norwegian Centre for Research Data, Noruega, 2018. Disponível em: <www.europeansocialsurvey.org>.
EVANS, Gavin. "The Unwelcome Revival of 'Race Science'". *The Guardian*, 2 mar. 2018.
EVANS, Jocelyn; IVALDI, Gilles. "Présidentielle 2017: forces et faiblesses du Front national". *Revue Parlamentaire*, 2017.
EYSENCK, Michael W.; DERAKSHAN, Nazanin; SANTOS, Rita; CALVO, Manuel G. "Anxiety and Cognitive Performance: Attentional Control Theory". *Emotion*, v. 7, n° 2, 2007.
FARREL, Henry; NEWMAN, Abraham. "Will the Coronavirus End Globalization as We Know It?". *Foreign Affairs*, v. 16, 2020.
FAYOL, Henri. *General and Industrial Management*. Mansfield Center: Martino, 2013.
FIESCHI, Catherine. *Populocracy: The Tyranny of Authenticity and the Rise of Populism*. Newcastle upon Tyne: Agenda Publishing, 2019.
FISARO, Diego. *Storia e coscienza del precariato: Servi e signori della globalizzazione*. Milão: Bompiani, 2018.
FLORIDA, Richard. *The Rise of the Creative Class*. Nova York: Basic, 2019. [Ed. bras.: *A ascensão da classe criativa*. Trad. de Ana Luiza Lopes. Porto Alegre: L&PM, 2011.]
_____. "Why Is Your State Red or Blue? Look to the Dominant Occupational Class". Bloomberg City Lab, 28 nov. 2018. Disponível em: <www.bloomberg.com>.
FOOT, John. "Beppe Grillo: A Comedian to Be Taken Seriously". *The Guardian*, 30 out. 2012.
FOUCAULT, Michel. *Security, Territory, Population: Lectures at the Collège de France, 1977-1978*. Nova York: Picador, 2007. [Ed. bras.: *Segurança, território, população: Curso dado no Collège de France (1977-1978)*. Trad. de Eduardo Brandão. São Paulo: Martins Fontes, 2008.]
_____; DAVIDSON, Arnold I.; BURCHELL, Graham. *The Birth of Biopolitics: Lectures at the Collège de France, 1978-1979*. Berlim/ Heidelberg: Springer, 2008. [Ed. bras.: *Nascimento da biopolítica*. Trad. de Eduardo Brandão. São Paulo: Martins Fontes, 2008.]
FRANCK, Johannès. "Marine Le Pen met l'immigration au coeur de sa campagne des municipales". *Le Monde*, 7 mar. 2020.
FRANK, Thomas. *What's the Matter with Kansas?: How Conservatives Won the Heart of America*. Nova York: Henry Holt, 2005.
_____. *What's the Matter with Kansas?: How Conservatives Won the Heart of America*. Nova York: Picador, 2007.
_____. "Bill Clinton's Crime Bill Destroyed Lives, and There's No Point Denying It". *The Guardian*, 15 abr. 2016.
_____. *Listen, Liberal: Or, What Ever Happened to the Party of the People?* Londres: Macmillan, 2016.

FRASER, Nancy. "Progressive Neoliberalism versus Reactionary Populism: A Choice that Feminists Should Refuse". *Nora-Nordic Journal of Feminist and Gender Research*, v. 24, nº 4, 2016.

_____. "The End of Progressive Neoliberalism". *Dissent*, 2 jan. 2017.

FRIEDMAN, Milton. "Monetary Policy: Theory and Practice". *Journal of Money, Credit and Banking*, v. 14, nº 1, 1982.

_____. *Capitalism and Freedom*. Chicago: University of Chicago Press, 2009. [Ed. bras.: *Capitalismo e liberdade*. Trad. de Luciana Carli. São Paulo: Abril Cultural, 1984.]

FRIEDMAN, Thomas L. *The World Is Flat: A Brief History of the Twenty-First Century*. Londres: Macmillan, 2006. [Ed. bras.: *O mundo é plano: Uma breve história do século XXI*. Trad. de Sergio Duarte e Bruno Casotti. Rio de Janeiro: Objetiva, 2005.]

FUKUYAMA, Francis. *The End of History and the Last Man*. Londres: Simon & Schuster, 2006. [Ed. bras.: *O fim da história e o último homem*. Trad. de Aulyde S. Rodrigues. Rio de Janeiro: Rocco, 2015.]

GALSTON, William A. *Anti-Pluralism: The Populist Threat to Liberal Democracy*. New Haven: Yale University Press, 2018.

GANESH, Janan. "Coronavirus and the Comeback of the Administrative State". *Financial Times*, 11 mar. 2020.

GELLNER, Ernest. *Nations and Nationalism*. Malden: Blackwell, 2013.

GÉNÉREUX, Jacques. "Entretien pour un 'protectionnisme solidaire'". *Alternatives Economiques*, 21 abr. 2017. Disponível em: <www.alternatives-economiques.fr>.

GENOVA, Nicholas De. "Rebordering 'the People' Notes on Theorizing Populism". *South Atlantic Quarterly*, v. 117, nº 2, 2018.

GERBAUDO, Paolo. *The Digital Party: Political Organisation and Online Democracy*. Londres: Pluto Press, 2019.

_____. "Le Nouveau Protectionnisme". *Le Grand Continent*, 7 dez. 2020.

GIDDENS, Anthony. "The Growth of the New Middle Class". In: *The Class Structure of the Advanced Societies*. Londres: Hutchinson, 1973.

_____. *The Third Way: The Renewal of Social Democracy*. Hoboken: John Wiley, 2013. [Ed. bras.: *A terceira via*. Trad. de Maria Luiza X. de Borges. Rio de Janeiro: Record, 1999.]

GILBERT, Jeremy. *Twenty-first Century Socialism*. Medford: Polity, 2020.

GINGRICH, Jane. "A New Progressive Coalition? The European Left in a Time of Change". *Political Quarterly*, v. 88, nº 1, 2017.

GOODHART, David. *The Road to Somewhere: The Populist Revolt and the Future of Politics*. Oxford: Oxford University Press, 2017.

GRAEBER, David. *Revolutions in Reverse*. Londres: Minor Compositions, 2011.

GRAMSCI, Antonio. *Selections from the Prison Notebooks*. Org. e trad. de Quintin Hoare e Geoffrey Nowell Smith. Londres: Lawrence & Wishart, 1971.

_____. *Gramsci: Pre-Prison Writings*. Org. de Richard Bellamy, trad. de Virginia Cox. Cambridge: Cambridge University Press, 1994.

_____. *Further Selections from the Prison Notebooks*. Org. e trad. de Derek Boothman. Mineapolis: University of Minnesota Press, 1995.

_____. Org. Quintin Hoare e Geoffrey Nowell-Smith. Nova York: International Publishers, 2008.

GROVE, Kevin. *Resilience*. Londres: Routledge, 2018.

GUILLUY, Christophe. *La France périphérique. Comment on a sacrifié les classes populaires*. Paris: Flammarion, 2016.

GUINAN, Joe; HANNA, Thomas M. "Polanyi Against the Whirlwind". *Renewal: A Journal of Social Democracy*, v. 25, nº 1, 2017.

HABERMAS, Jürgen. *The Theory of Communicative Action: Lifeworld and Systems, A Critique of Functionalist Reason, Volume 2*. Hoboken: John Wiley, 1989. [Ed. bras.: *Teoria do agir comunicativo, vol. 2: Sobre a crítica da razão funcionalista*. Trad. de Flávio B. Siebeneichler. São Paulo: WMF Martins Fontes, 2012.]

_____. *Inclusion of the Other: Studies in Political Theory*. Org. Ciaran Cronin e Pablo de Greiff. Hoboken: John Wiley, 2015. [Ed. bras.: *A inclusão do outro: Estudos de teoria política*. Trad. de Denilson Luís Werle. São Paulo: Editora Unesp, 2018.]

HANNERZ, Ulf. "Notes on the Global Ecumene". *Public Culture*, v. 1, nº 2, 1989.

HARDT, Michael; NEGRI, Antonio. *Empire*. Cambridge: Harvard University Press, 2016. [Ed. bras.: *Império*. Trad. de Berilo Vargas. Rio de Janeiro: Record, 2001.]

HARVEY, Chelsea. "Worrisome Signs Emerge for 1.5—Degree-C Climate Target". *Scientific American*, 10 jul. 2020.

HARVEY, David. *The Condition of Postmodernity*. Oxford: Blackwell, 1989. [Ed. bras.: *A condição pós-moderna*. Trad. de Adail Ubirajara Sobral e Maria Stela Gonçalves. São Paulo: Edições Loyola, 1992.]

_____. *A Brief History of Neoliberalism*. Nova York: Oxford University Press, 2007. [Ed. bras.: *O Neoliberalismo: História e implicações*. Trad. de Adail Sobral e Maria Stela Gonçalves. São Paulo: Loyola, 2008.]

HARVEY, Fiona. "Food Security Plan After Brexit: Biggest Shake-Up to Farming in 40 Years". *The Guardian*, 16 jan. 2020.

HASS, Ryan; DENMARK, Abraham. "More Pain than Gain: How the US-China Trade War Hurt America". *Brookings Institution*, 7 ago. 2020.

HATHERLEY, Owen. *Red Metropolis: Socialism and the Government of London*. Londres: Watkins Media Limited, 2020.

HÄUSERMANN, Silja; KRIESI, Hanspeter. "What Do Voters Want? Dimensions and Configurations in Individual-Level Preferences and Party Choice". In: *The Politics of Advanced Capitalism*, 2015.

HAYEK, Friedrich A. "The Economic Conditions of Interstate Federalism". *New Commonwealth Quarterly*, v. 5, nº 2, 1939.

_____. *Law, Legislation and Liberty, Volume 1: Rules and Order*. Chicago: University of Chicago Press, 1973. [Ed. bras.: *Direito, legislação e liberdade, volume 1: Normas e ordem*. Trad. de Henry Maksoud. São Paulo: Visão, 1985.]

_____. *The Constitution of Liberty: The Definitive Edition*. Londres: Routledge, 2011. [Ed. bras.: *Os fundamentos da liberdade*. Trad. de Anna Maria Capovilla, José Ítalo Stelle. São Paulo: Visão, 1983.]

HAYEK, Friedrich A. *The Road to Serfdom: Text and Documents: The Definitive Edition*. Londres: Routledge, 2014. [Ed. bras.: *O caminho da servidão*. Trad. de Anna Maria Capovilla, José Ítalo Stelle, Liane de Morais Ribeiro. Rio de Janeiro: Instituto Liberal, 1990.]

HEGEL, G. W. F. *Phenomenology of Spirit*. Trad. de A. V. Miller. Oxford: Oxford University Press, 1977. [Ed. bras.: *Fenomenologia do espírito*. Trad. de Paulo Meneses et al. Petrópolis: Vozes, 1992.]

_____. *Hegel's Philosophy of Right*. Trad. de S. W. Dyde. Londres: Dover, 2005. [Ed. bras.: *Princípios da filosofia do direito*. Trad. de Orlando Vitorino. São Paulo: Martins Fontes, 1997.]

_____. *Hegel's Science of Logic*. Amherst: Humanity Books, 2004. [Ed. bras.: *Ciência da lógica*. Trad. de Christian G. Iber, Federico Orsini et al. Petrópolis: Vozes, 2016-8. 3 v.]

HENDRICKS, Scotty. "Bernie Sanders: The US Already Has a Kind of Socialism — for the Rich". *Big Think*, 12 jun. 2019. Disponível em: <bigthink.com>.

HILL, Katherine. "The Great Uncoupling: One Supply Chain for China, One for Everywhere Else". *Financial Times*, 6 out. 2020.

HIRSCHMAN, Albert O. "Exit, Voice, and the State". *World Politics*, v. 31, nº 1, 1978.

HOBBES, Thomas. *The Life of Mr. Thomas Hobbes of Malmesbury*. Exeter: The Rota at the University of Exeter, 1979.

_____. *Leviathan*. Org. de J. C. A. Gaskin. Oxford: Oxford University Press, 2008. [Ed. bras.: *Leviatã*. Trad. de João Paulo Monteiro e Maria Beatriz Nizza da Silva. São Paulo: Martins Fontes, 2003.]

HOBSBAWM, Eric. "The Future of the State". *Development and Change*, v. 27, nº 2, 1996.

HOCHSCHILD, Arlie Russell. *Strangers in Their Own Land: Anger and Mourning on the American Right*. Nova York: New Press, 2018.

HOLLOWAY, John. *Change the World Without Taking Power: The Meaning of Revolution Today*. Londres: Pluto, 2019.

IGLESIAS, Pablo. *Discurso sobre a crise do coronavírus em Moncloa*, 19 mar. 2020, disponível no twitter.com. Baseado em tradução do autor.

JONES, Owen. *The Establishment: And How They Get Away with It*. Nova York: Melville House, 2015.

KAMINSKI, Matthew. "All the Terrorists Are Migrants". *Politico*, 23 nov. 2015.

KANT, Immanuel. *Perpetual Peace: A Philosophical Sketch*. Trad. de Lewis White Beck. Cambridge: Cambridge University Press, 1970. [Ed. bras.: *A paz perpétua: Um projeto filosófico*. Trad. de Bruno Cunha. Petrópolis: Vozes, 2020.]

_____. *The Philosophy of Law: An Exposition of the Fundamental Principles of Jurisprudence as the Science of Right*. Clark: The Lawbook Exchange, 2001. [Ed. bras.: *Metafísica dos costumes*. Trad. de Clélia Aparecida Martins. Petrópolis: Vozes; Bragança Paulista: Editora Universitária São Francisco, 2013.]

KAPLAN, Robert D. *The Revenge of Geography: What the Map Tells Us About Coming Conflicts and the Battle against Fate*. Nova York: Random House Trade Paperbacks, 2013. [Ed. bras.: *A vingança da geografia: A construção do mundo geopolítico a partir da perspectiva geográfica*. Trad. de Cristiana de Assis Serra. Rio de Janeiro: Campus Elsevier, 2013.]

KAUFMANN, Eric. *Whiteshift: Populism, Immigration and the Future of White Majorities*. Londres: Penguin, 2018.

KAZIN, Michael. *The Populist Persuasion: An American History*. Ithaca: Cornell University Press, 2017.

KELTON, Stephanie. *The Deficit Myth: Modern Monetary Theory and How to Build a Better Economy*. Londres: John Murrary, 2020.

KEYNES, J. M. *Studies: An Irish Quarterly Review*.

KLAUSEN, Jytte. "The Breakdown of Class Politics: A Debate on Post-Industrial Stratification". *American Political Science Review*, v. 96, nº 4, 2002.

KONDRATIEFF, Nikolai. "The Long Waves in Economic Life". *The Review of Economics and Statistics*, v. 17, nº 6, 1925.

KOOPMANS, Ruud; MUIS, Jasper. "The Rise of Right-wing Populist Pim Fortuyn in the Netherlands: A Discursive Opportunity Approach". *European Journal of Political Research*, v. 48, nº 5, 2009.

KRIESI, Hanspeter. "New Social Movements and the New Class in the Netherlands". *American Journal of Sociology*, v. 94, nº 5, 1989.

KRUGMAN, Paul. *Arguing with Zombies: Economics, Politics, and the Fight for a Better Future*. Nova York: W. W. Norton, 2020.

LACAN, Jacques. *The Seminar of Jacques Lacan: The Psychoses, 1955-56*. Org. de Jacques-Alain Miller, trad. de Russell Grigg. Londres: Routledge, 1993.

_____. *Écrits: A Selection*. Londres: Routledge, 2001. [Ed. bras.: *Escritos*. Trad. de Vera Ribeiro. Rio de Janeiro: Zahar, 1998.]

LACLAU, Ernesto. *On Populist Reason*. Londres: Verso, 2005. [Ed. bras.: *A razão populista*. Trad. de Carlos Eugênio M. de Moura. São Paulo: Três Estrelas, 2013.]

LANGER, Ellen J.; ABELSON, Robert P. *The Psychology of Control*. Los Angeles: Sage, 1983.

LAPAVITSAS, Costas. *The Left Case Against the EU*. Oxford: John Wiley, 2018.

LÊNIN, Vladímir. "Dead Chauvinism and Living Socialism". In: LÊNIN, Vladímir. *Collected Works Volume 21*. Nova York: International Publishers, 1932.

_____. *The Right of Nations to Self Determination*. Westport: Greenwood Press, 1977.

_____. *State and Revolution*. Introdução e comentários de Todd Chretien. Chicago: Haymarket, 2015. [Ed. bras.: *O estado e a revolução*. Trad. de Paula Vaz de Almeida. São Paulo: Boitempo, 2017.]

LEVITT, Theodore. "The Globalization of Markets". In: ALIBER, Robert Z.; CLICK, Reid W. (Orgs.). *Readings in International Business: A Decision Approach*. Cambridge: MIT Press, 1993.

LEVITZ, Eric. "Poll: Majority Backs AOC's 70 Percent Top Marginal Tax Rate". *New York Magazine*, 15 jan. 2019.

LIND, Michael. *The New Class War: Saving Democracy from the Managerial Elite*. Londres: Penguin, 2020.

LINDBECK, Assar; SNOWER, Dennis J. *The Insider-Outsider Theory of Employment and Unemployment*. Cambridge: MIT Press, 1989.

LINERA, Álvaro García. "La globalización ha muerto". *Educere*, v. 21, nº 68, 2017. [Ed. bras.: "A globalização morreu". *OperaMundi*, 2 jan. 2017.]

LITTLEJOHN, Georgina. "Ed Sheeran Paid More in Tax Last Year Than Both Starbucks and Amazon". *Inews*, 10 out. 2018.

LOWE, Sam. "Why Boris Johnson Is Considering a No-Deal Brexit for a Bruised Economy". *Financial Times*, 8 set. 2020.

LOWREY, Annie. "A Promise So Big, Democrats Aren't Sure How to Keep It". *Atlantic*, 11 maio 2018.

LUCE, Edward. *The Retreat of Western Liberalism*. Londres: Abacus, 2018. [Ed. bras.: *O liberalismo em retirada*. Trad. de Diogo Rosas. Belo Horizonte: Âyiné, 2020.]

MADISON, James. "Suffrage and Majority Rule". In: *Selected Writings of James Madison*. Org. de Ralph Louis Ketcham. Indianapolis: Hackett Publishing, 2006.

MAIR, Peter. "Populist Democracy vs Party Democracy". In: MÉNY, Yves; SUREL, Y. (Orgs.). *Democracies and the Populist Challenge*. Londres: Palgrave Macmillan, 2002.

MANERI, Marcello. "'Vengono per delinquere': Logiche e cicli di criminalizzazione dell'immigrazione". *La rivista delle politiche sociali*, v. 2, 2019.

MANN, Michael. "A Political Theory of Nationalism and Its Excesses". In: PERIWAL, Sukumar (Org.). *Notions of Nationalism*. Budapeste: Central European University Press, 1995.

MAQUIAVEL, Nicolau. *The Prince*. Org. e trad. de Peter Bondanella. Oxford: Oxford University Press, 2005. [Ed. bras.: *O príncipe*. Trad. de Maurício Santana Dias. São Paulo: Companhia das Letras, 2010.]

_____. *Discourses on Livy*. Chicago: University of Chicago Press, 2009. [Ed. bras.: *Discursos sobre a primeira década de Tito Lívio*. São Paulo: Martins Fontes, 2007.]

MARCH, Hug; RIBERA-FUMAZ, Ramon. "Barcelona: From Corporate Smart City to Technological Sovereignty". In: KARVONEN, Andrew; CUGURULLO, Federico; CAPROTTI, Federico. *Inside Smart Cities*. Londres: Routledge, 2019.

MARCUSE, Herbert. *Hegel's Ontology and the Theory of Historicity*. Cambridge: MIT Press, 1987.

MARRIAGE, Madison. "Why the UK's Uber-wealthy Voters Fear a Corbyn-Led Government". *Financial Times*, 6 out. 2018.

MARTIN, Roger L. "The High Price of Efficiency". *Harvard Business Review*, jan.-fev. 2019. Disponível em: <hbr.org/2019/01/the-high-price-of-efficiency>.

MARTINSEN, Dorte Sindbjerg; ROTGER, Gabriel Pons. "The Fiscal Impact of EU Immigration on the Tax-Financed Welfare State: Testing the 'Welfare Burden' Thesis". *European Union Politics*, v. 18, nº 4, 2017.

MARX, Karl. "The Constitution of the French Republic Adopted November 4, 1848". In: MARX, Karl; ENGELS, Friedrich. *Collected Works, Volume 10: Marx and Engels, 1849-1851*. Londres: Lawrence & Wishart, 1975. [Ed. bras.: "A Constituição da República Francesa aprovada em 4 de novembro de 1848". Trad. de Angélica Lovatto e Paulo Barsotti. *Novos Rumos*, v. 49, nº 2, pp. 31-40, jul.-dez. 2012. Disponível em: <revistas.marilia.unesp.br/index.php/novosrumos/article/view/2707/2130>. Acesso em: 28 ago. 2022.]

_____. *Capital: Volume III*. Londres: Penguin, 1992. [Ed. bras.: *O capital: Crítica da economia política. Livro I: O processo de produção do capital*. Trad. de Rubens Enderle. São Paulo: Boitempo, 2017.]

_____. "Critique of the Gotha Programme". In: MARX, Karl. *The First International and After*. Org. de D. Fernbach. Londres: Verso, 2010. v. 3. [Ed. bras.: *Crítica do programa de Gotha*. Trad. de Rubens Enderle. São Paulo: Boitempo, 2012.]

_____. "The Civil War in France". In: LEIPOLD, Bruno. "Marx's Social Republic". In: LEIPOLD, Bruno; NABULSI, Karma; WHITE, Stuart (Orgs.). *Radical Republicanism: Recovering the Tradition's Popular Heritage*. Oxford: Oxford University Press, 2020.

_____; ENGELS, Friedrich. *Collected Works, Volume 6: Marx and Engels, 1845-1848*. Londres: Lawrence & Wishart, 1976.

_____. *The Communist Manifesto*. Londres: Penguin, 2002. [Ed. bras.: *O manifesto comunista*. Trad. de Álvaro Pina e Ivana Jinkins. São Paulo: Boitempo, 1998.]

MASON, Paul. *Why It's Still Kicking Off Everywhere: The New Global Revolutions*. Londres: Verso, 2013.

_____. *Postcapitalism: A Guide to Our Future*. Londres: Macmillan, 2016. [Ed. bras.: *Pós-capitalismo*. Trad. de José Geraldo Couto. São Paulo: Companhia das Letras, 2017.]

MASON, Rowena. "Nigel Farage: Immigration Has Left Britain Almost Unrecognisable". *The Guardian*, 31 mar. 2015.

MATSUYAMA, Kiminori. "Structural Change in an Interdependent World: A Global View of Manufacturing Decline". *Journal of the European Economic Association*, v. 7, nº 2-3, 2009.

MATTHEWS, Dylan. "AOC's Policy Adviser Makes the Case for Abolishing Billionaires". *Vox*, 9 jul. 2019.

MAYER, Nonna. "The Radical Right in France". In: RYDGREN, Jens (Org.). *The Oxford Handbook of the Radical Right*. Oxford: Oxford University Press, 2018.

MAZZINI, Giuseppe. *A Cosmopolitanism of Nations: Giuseppe Mazzini's Writings on Democracy, Nation Building, and International Relations*. Orgs. Stefano Recchia e Nadia Urbinati, Princeton: Princeton University Press, 2009.

MAZZUCATO, Mariana. *The Entrepreneurial State: Debunking Public vs. Private Sector Myths*. Londres: Anthem, 2013. [Ed. bras.: *O estado empreendedor: Desmascarando o mito do setor público vs. setor privado*. Trad. de Elvira Serapicos. São Paulo: Portfolio Penguin, 2014.]

MCCARTHY, Michael A. "How a President Bernie Sanders Could Take on Wall Street". *Jacobin*, 8 ago. 2019.

MCGUIGAN, Jim. "The Neoliberal Self". *Culture Unbound*, v. 6, nº 1, 2014.

MCKIE, Robin. "Biologists Think 50% of Species Will Be Facing Extinction by the End of the Century". *The Guardian*, 25 fev. 2017.

_____. "Rampant Destruction of Forests 'Will Unleash More Pandemics'". *The Guardian*, 30 ago. 2020.

MCLUHAN, Marshall; POWERS, Bruce R. *The Global Village: Transformations in World Life and Media in the 21st Century*. Oxford: Oxford University Press, 1989.

MCNICHOLAS, Celine; POYDOCK, Margaret; RHINEHART, Lynn. "Unprecedented: The Trump NLRB's Attack on Workers' Rights". Economic Policy Institute, 16 out. 2019. Disponível em: <www.epi.org>.

MÉLENCHON, Jean-Luc. *L'Avenir en commun: Le programme de la France insoumise et son candidat Jean-Luc Mélenchon*. Paris: Seuil, 2016.

_____. "Le president de riches". 9 nov. 2017. Disponível em: <melenchon.fr>. Baseado em tradução do autor.

_____. "A Future in Common". *Jacobin*, 27 ago. 2018.

_____. "Les riches coutent trop cher". Disponível em: <melenchon.fr>.

MELLON, Jonathan; EVANS, Geoffrey; FIELDHOUSE, Edward et al. "British Election Survey, 2019: Internet Panel Survey", jul. 2019.

MICHELS, Robert. *Political Parties: A Sociological Study of the Oligarchical Tendencies of Modern Democracy*. Trad. de Eden Paul e Cedar Paul. Nova York: Hearst's International Library Company, 1915.

MILANOVIĆ, Branko. *Global Inequality: A New Approach for the Age of Globalization*. Cambridge: Harvard University Press, 2016.

MILBERG, William S.; WINKLER, Deborah. *Outsourcing Economics: Global Value Chains in Capitalist Development*. Cambridge: Cambridge University Press, 2013.

MILBURN, Keir. *Generation Left*. Oxford: John Wiley, 2019.

MINSKY, Hyman; *Stabilizing an Unstable Economy*. Nova York: McGraw-Hill, 2008. 3 v. [Ed. bras.: *Estabilizando uma economia instável*. Trad. de José Maria Alves da Silva. São Paulo: Novo Século, 2013.]

MIROWSKI, Philip. *Never Let a Serious Crisis Go to Waste: How Neoliberalism Survived the Financial Meltdown*. Londres: Verso, 2013.

MISES, Ludwig von. GREAVES; Bettina Bien. *Bureaucracy*. New Haven: Yale University Press, 1944. [Ed. bras.: *Burocracia*. Trad. de Raul Martins. Campinas: Vide Editorial, 2017.]

MISHEL, Lawrence; KANDRA, Jori. "CEO Compensation Surged 14% in 2019 to $21.3 million". Economic Policy Institute, 18 ago. 2020.

MISHRA, Pankaj. *Age of Anger: A History of the Present*. Londres: Macmillan, 2017.

MONDON, Aurelien; WINTER, Aaron. *Reactionary Democracy: How Racism and the Populist Far Right Became Mainstream*. Londres: Verso Books, 2020.

MONTESQUIEU, Charles de. *Montesquieu: The Spirit of the Laws*. Org. e trad. de Anne M. Cohler, Basia Carolyn Miller e Harold Samuel Stone. Cambridge: Cambridge University Press, 1989. [Ed. bras.: *O espírito das leis*. Trad. de Cristina Murachco. São Paulo: Martins Fontes, 2000.]

MOODY, Kim. "Protectionism or Solidarity? (Part I)". *Against the Current*, v. 87, nº 3, 2000.

MOUFFE, Chantal. *For a Left Populism*. Londres: Verso, 2019. [Ed. bras.: *Por um populismo de esquerda*. Trad. de Daniel de Mendonça. São Paulo: Autonomia Literária, 2020.]

_____. *The Democratic Paradox*. Londres: Verso, 2000.

MUDDE, Cas. "The Populist Zeitgeist". *Government and Opposition*, v. 39, nº 4, 2004.

_____; KALTWASSER; Cristóbal Rovira. "Exclusionary vs. Inclusionary Populism: Comparing Contemporary Europe and Latin America". *Government and Opposition*, v. 48, nº 2, 2013.

MÜLLER, Jan-Werner. *What Is Populism?* Londres: Penguin, 2017.

NAGLE, Angela. "The Left Case against Open Borders". *American Affairs*, v. 11, nº 4, inverno de 2018.

NEEL, Phil A. *Hinterland: America's New Landscape of Class and Conflict.* Londres: Reaktion, 2018.

NEUMANN, Franz Leopold. *Behemoth: The Structure and Practice of National Socialism, 1933-1944.* Lanham: Rowman & Littlefield, 2009.

NEW, Michael J. "Starve the Beast: A Further Examination". *Cato Journal*, v. 29, 2009.

NG, Kate. "It Takes Eight Weeks for an Amazon Warehouse Worker to Earn What Jeff Bezos Makes in a Second, Says Union". *Independent*, 21 dez. 2020.

NORRIS, Pippa; INGLEHART, Ronald. *Cultural Backlash: Trump, Brexit, and Authoritarian Populism.* Cambridge: Cambridge University Press, 2019.

NOYS, Benjamin. *Malign Velocities: Accelerationism and Capitalism.* Winchester: Zero Books, 2014.

NOZICK, Robert. *Anarchy, State, and Utopia.* Nova York: Basic, 1974. [Ed. bras.: *Anarquia, estado e utopia.* Trad. de Ruy Jungman. Rio de Janeiro: Jorge Zahar, 1991.]

O'NEILL, Martin. "The Road to Socialism is the A59: The Preston Model". *Renewal: A Journal of Labour Politics*, v. 24, nº 2, jun. 2016.

OECD. *Under Pressure: The Squeezed Middle Class.* Paris: OECD Publishing, 2019.

_____. *International Migration Outlook.* OECD Publishing, 2020.

OESCH, Daniel. "Explaining Workers' Support for Right-wing Populist Parties in Western Europe: Evidence from Austria, Belgium, France, Norway, and Switzerland". *International Political Science Review*, v. 29, nº 3, 2008.

_____; Line Rennwald. "The Class Basis of Switzerland's Cleavage Between the New Left and the Populist Right". *Swiss Political Science Review*, v. 16, nº 3, 2010.

_____. "Electoral Competition in Europe's New Tripolar Political Space: Class Voting for the Left, Centre-Right and Radical Right". *European Journal of Political Research*, v. 57, nº 4, 2018.

ORGANIZAÇÃO INTERNACIONAL DO TRABALHO e BANCO ASIÁTICO DE DESENVOLVIMENTO. "Core Labour Standards Handbook". ILO/ADB: Manila, 2006.

ORWELL, George. *The Road to Wigan Pier.* Londres: Penguin, 2001 [1937]. [Ed. bras.: *O caminho para Wigan Pier.* Trad. de Isa Mara Lando. São Paulo: Companhia das Letras, 2010.]

_____. *Notes on Nationalism.* Londres: Penguin, 2018. [Ed. bras.: "Notas sobre o nacionalismo". Trad. de Aluízio Couto. Disponível em: <criticanarede.com/nacionalismo.html>. Acesso em: 28 ago. 2022.]

_____. *Nineteen Eighty-Four.* Londres: Penguin, 2019. [Ed. bras.: *1984.* Trad. de Alexandre Hubner e Heloisa Jahn. São Paulo: Companhia das Letras, 2009.]

PALLEY, Thomas I. "Money, Fiscal Policy, and Interest Rates: A Critique of Modern Monetary Theory". *Review of Political Economy*, v. 27, nº 1, 2015.

PAPPAS, Takis S. "Populist Democracies: Post-Authoritarian Greece and Post-Communist Hungary". *Government and Opposition*, v. 49, no 1, 2014.

PARKER, George; HUGHES, Laura. "Boris Johnson Lays Ground for 'People Vs Parliament', Election". *Financial Times*, 26 set. 2019.

PATEL, Raj. "Food Sovereignty". *Journal of Peasant Studies*, v. 36, nº 3, 2009.

PETTIFOR, Ann. *The Case for the Green New Deal*. Londres: Verso, 2020.

PETTIT, Philip. *Republicanism: A Theory of Freedom and Government*. Wotton-under-Edge: Clarendon, 1997.

_____. *Republicanism: A Theory of Freedom and Government*. Oxford: Oxford University Press, 2010.

PICKARD, Jim; SHRIMSLEY, Robert. "Jeremy Corbyn's Plan to Rewrite the Rules of the UK Economy". *Financial Times*, 1º set. 2019. Disponível em: <ft.com>.

PIKETTY, Thomas. *Capital in the Twenty-First Century*. Cambridge: Harvard University Press, 2018. [Ed. bras.: *O capital no século XXI*. Trad. de Monica Baumgarten de Bolle. Rio de Janeiro: Intrínseca, 2014.]

_____. *Capital and Ideology*. Cambridge: Harvard University Press, 2020. [Ed. bras.: *Capital e ideologia*. Trad. de Maria de Fátima Oliva do Coutto. Rio de Janeiro: Intrínseca, 2020.]

PLATÃO. *Euthyphro/ Apology/ Crito/ Phaedo/ Phaedrus*. Trad. de Harold North Fowler. Cambridge: Harvard University Press, 1990 [1904]. [Ed. bras.: *Diálogos III — Fedro (ou Do Belo), Eutífron (ou Da Religiosidade), Apologia de Sócrates, Críton (ou Do Dever), Fédon (ou Da Alma)*. São Paulo: Edipro, 2019.]

_____. *Republic*. Org. e trad. de Chris Emlyn-Jones e William Preddy. Cambridge: Harvard University Press, 2013. 2 v. [Ed. bras.: *A República*. Trad. de Leonel Vallandro. Rio de Janeiro: Nova Fronteira, 2018.]

POLANYI, Karl. *The Great Transformation: The Political and Economic Origins of Our Time*. Boston: Beacon, 2014. [Ed. bras.: *A grande transformação: As origens políticas e econômicas de nossa época*. Trad. de Vera Ribeiro. Rio de Janeiro: Contraponto, 2021.]

_____. "The Fascist Virus". In: *Economy and Society: Selected Writings*. Org. de M. Cangiani e C. Thomasberger. Cambridge: Polity Press, 2018.

POPPER, Karl. *The Open Society and Its Enemies*. Londres: Routledge, 2012. [Ed. bras.: *A sociedade aberta e os seus inimigos*. Trad. de Milton Amado. Belo Horizonte: Itatiaia; São Paulo: Ed. da USP, 1974. 2 v.]

POULANTZAS, Nicos. "The Problem of the Capitalist State". *New Left Review*, v. 58, nº 1, 1969.

_____. *Political Power and Social Classes*. Londres: New Left Books, 1975. [Ed. bras.: *Poder político e classes sociais*. Trad. de Mario Leonor F. R. Loureiro. Campinas: Editora da Unicamp, 2019.]

_____. *State, Power, Socialism*. Londres: Verso, 2000.

_____. *Fascism and Dictatorship: The Third International and the Problem of Fascism*. Londres: Verso, 2019. [Ed. bras.: *Fascismo e ditadura: A Terceira Internacional face ao fascismo*. Trad. de Bethânia Negreiros Barroso. Florianópolis: Enunciado Publicações, 2021.]

PRYCE, Daniel K. "US Citizens' Current Attitudes Toward Immigrants and Immigration: A Study from the General Social Survey". *Social Science Quarterly*, v. 99, nº 4, 2018.

RAMPEN, Julia. "Momentum's The World Transformed to Launch 'Take Back Control' Brexit Events". *New Statesman*, 25 nov. 2016.

RAND, Ayn. *Atlas Shrugged*. Nova York: Spark, 2014 [1957]. [Ed. bras.: *A revolta de Atlas*. Trad. de Paulo Henriques Britto. São Paulo: Arqueiro, 2017.]

REEVES, Richard V. *Dream Hoarders: How the American Upper Middle Class Is Leaving Everyone Else in the Dust, Why That Is a Problem, and What to Do about It*. Washington: Brookings Institution, 2018.

RIVIERO, Aitor. "Pablo Iglesias pone en duda 'la historia de éxito de la UE' y apuesta por más soberanía para superar la crisis". *El Diario*, 15 mar. 2017.

ROACH, Stephen. "The End of the Dollar's Exorbitant Privilege". *Financial Times*, 5 out. 2020.

ROBERTS, Roxanne. "Why Does Everybody Suddenly Hate Billionaires? Because They've Made It Easy". *The Washington Post*, 13 mar. 2019.

RODDEN, Jonathan A. *Why Cities Lose: The Deep Roots of the Urban-Rural Political Divide*. Londres: Hachette, 2019.

RODRIK, Dani. *Straight Talk on Trade: Ideas for a Sane World Economy*. Princeton: Princeton University Press, 2017.

_____. "Populism and the Economics of Globalization". *Journal of International Business Policy*, v. 1, nº 1-2, 2018.

ROUBAN, Luc. "Le peuple qui vote Mélenchon est-il le peuple?". *The Conversation*, 1º out. 2017. Disponível em: <theconversation.com>.

ROUBINI, Nouriel. "Ten Reasons Why a 'Greater Depression' for the 2020s Is Inevitable". *The Guardian*, 29 abr. 2020.

ROUSSEAU, Jean-Jacques. *The Social Contract and Other Later Political Writings*. Trad. de Victor Gourevitch. Cambridge: Cambridge University Press, 2019. [Ed. bras.: *Do contrato social ou princípios do direito político*. Trad. de Eduardo Brandão. São Paulo: Companhia das Letras, 2011.]

RUBINELLI, Lucia. *Constituent Power: A History*. Cambridge: Cambridge University Press, 2020.

RUHS, Martin; VARGAS-SILVA, Carlos. "The Labour Market Effects of Immigration". *Migration Observatory*, 2015.

RUNCIMAN, David. "Coronavirus Has Not Suspended Politics — It Has Revealed the Nature of Power". *The Guardian*, 27 mar. 2020.

SAEZ, Emmanuel. "Striking It Richer: The Evolution of Top Incomes in the United States (Updated with 2012 Preliminary Estimates)". Berkeley: University of California, Department of Economics, 2013.

_____; ZUCMAN, Gabriel. *The Triumph of Injustice: How the Rich Dodge Taxes and How to Make Them Pay*. Nova York: W. W. Norton, 2019.

SANCHEZ, Pedro. "Speech on the Coronavirus Emergency". 14 mar. 2020. Baseado em tradução do autor.

SANDERS, Bernie. "Stop Wall Street Loan-Sharking". *The Hill*, 16 mar. 2009.

SANTAEULALIA, Inés. "Iglesias dice que las grandes fortunas están 'deseando' hacer un ejercicio de 'patriotismo fiscal'". *El País*, 14 maio 2020. Baseado em tradução do autor.

SANTAMARIA, Gianni. "Studio Ipsos. Gli operai hanno lasciato la sinistra". *Avvenire*, 8 mar. 2018.

SASSEN, Saskia. *Global City*. Nova York: Princeton University Press, 1994. [Ed. bras.: *As cidades na economia mundial*. Trad. de Carlos Eugênio Marcondes de Moura. São Paulo: Studio Nobel, 1998.]

_____. *Losing Control?: Sovereignty in the Age of Globalization*. Nova York: Columbia University Press, 1996.

SAUNDERS, Robert. "'There Is Such a Thing as Society'. Has Boris Johnson Repudiated Thatcherism?". *New Statesman*, 31 mar. 2020.

SAUSSURE, Ferdinand de. *Course in General Linguistics*. Nova York: Columbia University Press, 2011. [Ed. bras.: *Curso de linguística geral*. Trad. de Marcos Bagno. São Paulo: Parábola, 2021.]

SCHARF, Fritz. "Negative Integration: States and the Loss of Boundary Control". In: PIERSON, Christopher; CASTLES, Francis G.; NAUMANN, Ingela K. (Orgs.). *The Welfare State Reader*. 2ª ed. Cambridge: Polity, 2006.

SCHMITT, Carl. *Political Theology: Four Chapters on the Concept of Sovereignty*. Chicago: University of Chicago Press, 2005. [Ed. bras.: *Teologia política: Quatro capítulos sobre a doutrina da sabedoria*. Trad. de Elisete Antoniuk. Belo Horizonte: Del Rey, 2006.]

_____. *The Concept of the Political: Expanded Edition*. Chicago: University of Chicago Press, 2007.

_____. *The Concept of the Political*. Chicago: University of Chicago Press, 2008.

_____; ULMEN, G. L. *The Nomos of the Earth in the International Law of the Jus Publicum Europaeum*. Nova York: Telos, 2006. [Ed. bras.: *O nomos da Terra no direito das gentes do Jus Publicum Europaeum*. Trad. de Alexandre Guilherme Barroso de Matos Franco de Sá. Rio de Janeiro: Contraponto/ Ed. PUC-Rio, 2014.]

SCHULZE, Hagen; YUILL, William E. *States, Nations and Nationalism: From the Middle Ages to the Present*. Oxford: Blackwell, 1996.

SCHUMPETER, Joseph A. *Capitalism, Socialism and Democracy*. Londres: Routledge, 2013 [1942]. [Ed. bras.: *Capitalismo, socialismo e democracia*. Trad. de Ruy Jungmann. Rio de Janeiro: Fundo de Cultura, 1961.]

SCOTT, James C. *Seeing Like a State: How Certain Schemes to Improve the Human Condition Have Failed*. New Haven: Yale University Press, 2008.

SELIN, Henrik; COWING, Rebecca. "Cargo Ships Are Emitting Boatloads of Carbon, and Nobody Wants to Take the Blame". *The Conversation*, 18 dez. 2018.

SEN, Amartya. "Freedom of Choice: Concept and Content". *European Economic Review*, v. 32, nº 2-3, 1988.

SHANIN, Teodor. *The Awkward Class: Political Sociology of Peasantry in a Developing Society: Russia 1910-1925*. Oxford: Clarendon Press, 1972.

SHAXSON, Nicholas. *Treasure Islands: Uncovering the Damage of Offshore Banking and Tax Havens*. Nova York: St Martin's, 2011.

SIEYÈS, Emmanuel-Joseph. "What Is the Third Estate?". In: *Sieyès, Political Writings: Including the Debate between Sieyès and Tom Paine in 1791*. Org. e trad. de Michael Sonenscher. Indianapolis: Hackett, 2003.

SINGER, Daniel. *Is Socialism Doomed? The Meaning of Mitterrand*. Nova York: Oxford University Press, 1988.

SLOBODIAN, Quinn. *Globalists: The End of Empire and the Birth of Neoliberalism*. Cambridge: Harvard University Press, 2020.

SNYDER, Timothy. *The Road to Unfreedom: Russia, Europe, America*. Londres: Tim Duggan, 2018. [Ed. bras.: *Na contramão da liberdade: A guinada autoritária nas democracias contemporâneas*. Trad. de Berilo Vargas. São Paulo: Companhia das Letras, 2019.]

SOREL, Georges. *Reflections on Violence*. Org. de Jeremy Jennings. Cambridge: Cambridge University Press, 1999. [Ed. bras.: *Reflexões sobre a violência*. Trad. de Paulo Neves. São Paulo: Martins Fontes, 1992.]

SPINELLI, Caterina. "Sondaggio Swg, ribaltone leghista: 'Il 53 per cento degli operai vota Lega.' Schiaffo a Pd e M5s". *Libero*, 24 nov. 2019.

SQUIRES, Nick. "Italy's Hardline Deputy PM Matteo Salvini Says 'Little Ethnic Shops' Must Close by 9 pm". *Telegraph*, 12 out. 2019.

SRNICEK, Nick; WILLIAMS, Alex. *Inventing the Future: Postcapitalism and a World without Work*. Londres: Verso, 2015.

STANLEY, Ben. "The Thin Ideology of Populism". *Journal of Political Ideologies*, v. 13, nº 1, 2008.

STANLEY, Jason. *How Fascism Works: The Politics of Us and Them*. Nova York: Random House, 2020. [Ed. bras.: *Como funciona o fascismo: A política de "nós" e "eles"*. Trad. de Bruno Alexander. Porto Alegre: L&PM, 2018.]

STAVRAKAKIS, Yannis. "Antinomies of Formalism: Laclau's Theory of Populism and the Lessons from Religious Populism in Greece". *Journal of Political Ideologies*, v. 9, nº 3, 2004.

_____; KATSAMBEKIS, Giorgos, "Left-Wing Populism in the European Periphery: The Case of SYRIZA". *Journal of Political Ideologies*, v. 19, nº 2, 2014.

STEIN, Ben. "In Class Warfare, Guess Which Class Is Winning". *New York Times*, 26 nov. 2006.

STEPHENS, Philip. "Boris Johnson Is Wrong. Parliament Has the Ultimate Authority". *Financial Times*, 25 fev. 2016.

STERLING, Toby. "Mr. No, No, No — Why Dutch PM Rutte Plays Role of EU Bogeyman". *Reuters*, 19 jul. 2020.

STIGLITZ, Joseph E. *The Euro: And Its Threat to the Future of Europe*. Londres: Penguin, 2016.

_____. "The End of Neoliberalism and the Rebirth of History". *Project Syndicate*, 4 nov. 2019. Disponível em: <www.project-syndicate.org>. [Ed. bras.: "O fim do neoliberalismo e o renascimento da história". Trad. de Cepat. Disponível em: <www.ihu.unisinos.br/78-noticias/594104-o-fim-do-neoliberalismo-e-o-renascimento-da-historia-artigo-de-joseph-stiglitz>. Acesso em: 28 ago. 2022.]

_____. *The Price of Inequality: How Today's Divided Society Endangers Our Future*. Nova York: W. W. Norton, 2012.

STOCKEMER, Daniel; NIEMANN, Arne; UNGER, Doris; SPEYER, Johanna. "The 'Refugee Crisis', Immigration Attitudes, and Euroscepticism". *International Migration Review*, v. 54, nº 3, 2020.

STREECK, Wolfgang. "The Politics of Public Debt: Neoliberalism, Capitalist Development and the Restructuring of the State". *German Economic Review*, v. 15, nº 1, 2014.

SULLIVAN, Teresa A.; WARREN, Elizabeth; WESTBROOK, Jay Lawrence. *The Fragile Middle Class: Americans in Debt*. New Haven: Yale University Press, 2020.

SUMMER, Mark. "Rep. Ilhan Omar Explains True Patriotism in the Face of Trump's Racist Nationalism". *Daily Kos*, 18 jul. 2019. Disponível em: <www.dailykos.com>.

SVENDSEN, Lars. *A Philosophy of Fear*. Londres: Reaktion, 2008.

TELEGRAPH, "'I will protect you!' Marine Le Pen Vows to End all Immigration to France". *Telegraph*, 18 abr. 2017.

THE CARE COLLECTIVE, *The Care Manifesto*. Londres: Verso, 2020.

THE FRENCH CONSTITUTION of 1958. Nova York: French Embassy, Press and Information Division, 1958. [Ed. bras.: *Constituição*. Disponível em: <www.conseil-constitutionnel.fr/sites/default/files/as/root/bank_mm/portugais/constitution_portugais.pdf>. Acesso em: 28 ago. 2022.]

TIME, "Here's Donald Trump's Presidential Announcement Speech". *Time*, 16 jun. 2015.

TINDERA, Michela. "Here Are the Billionaires Backing Donald Trump's Campaign". *Forbes*, 17 abr. 2020.

TOOZE, Adam. *Crashed: How a Decade of Financial Crises Changed the World*. Londres: Penguin, 2018.

TSÉ-TUNG, Mao. *Problems of Strategy in China's Revolutionary War*. Beijing: Foreign Language Press, 1965.

UNCTAD. Conferência das Nações Unidas para o Comércio e o Desenvolvimento, "80% of Trade Takes Place in 'Value Chains' Linked to Transnational Corporations", 27 fev. 2013. Disponível em: <unctad.org>.

_____. *World Investment Report 2019 — Chapter IV: Special Economic Zones*, 2019. Disponível em: <unctad.org>.

_____. "Impact of the Pandemic on Trade and Development". Unctad, 19 nov. 2020. Disponível em: <unctad.org>.

URRY, John. *Offshoring*. Hoboken: John Wiley, 2014.

VANCE, J. D. *Hillbilly Elegy*. Nova York: HarperCollins, 2016. [Ed. bras.: *Hillbilly: Era uma vez um sonho*. Trad. de Léa Viveiros de Castro e Rita Süssekind. São Paulo: Leya, 2017.]

VELTMEYER, Henry; PETRAS, James F. *The New Extractivism: A Post-neoliberal Development Model or Imperialism of the Twenty-First Century?* Londres: Zed Books, 2014.

VICO, Giambattista. *The New Science of Giambattista Vico*. Trad. de Thomas Goddard Bergin e Max Harold Fisch. Ithaca: Cornell University Press, 1984.

WAINWRIGHT, Joel; MANN, Geoff. *Climate Leviathan: A Political Theory of Our Planetary Future*. Londres: Verso, 2018.

WALKER, Peter; MASON, Rowena. "Jeremy Corbyn on the Offensive over Donald Trump's Plans for NHS". *The Guardian*, 3 dez. 2019.

WALKER, Shaun. "Hungary Passes 'Slave Law' Prompting Fury among Opposition MPs. Hungary President Signs Controversial 'Slave Law'". *The Guardian*, 12 dez. 2018.

_____. "Orbán Deploys Christianity with a Twist to Tighten Grip in Hungary". *The Guardian*, 14 jul. 2019.

WALLACE-WELLS, David, *The Uninhabitable Earth: A Story of the Future*. Londres: Penguin, 2019. [Ed. bras.: *A terra inabitável: Uma história do futuro*. Trad. de Cássio de Arantes Leite. São Paulo: Companhia das Letras, 2019.]

WALLERSTEIN, Immanuel. "Globalization or the Age of Transition? A Long-Term View of the Trajectory of the World-System". *International Sociology*, v. 15, nº 2, 2000.

_____. *The Modern World-System* IV: *Centrist Liberalism Triumphant, 1789-1914*. Berkeley: University of California Press, 2011.

WATTS, Jonathan. "Sea Levels Could Rise More than a Metre by 2100, Experts Say". *The Guardian*, 8 maio 2020.

WEBER, Max. *Economy and Society: An Outline of Interpretive Sociology*. Berkeley: University of California Press, 1978. v. 1. [Ed. bras.: *Economia e sociedade: Fundamentos da sociologia compreensiva*. Trad. de Regis Barbosa, Karen Elsabe Barbosa. Brasília: Editora da UnB, 2000.]

WINTOUR, Patrick. "US v. China: Is This the Start of a New Cold War?". *The Guardian*, 22 jun. 2020.

WOLF, Martin. "Trump's Pluto-Populism Laid Bare". *Financial Times*, 2 maio 2017.

YOUNG, Michael Dunlop. *The Rise of the Meritocracy*. Piscataway: Transaction, 1994.

ZEFFMAN, Henry. "Brexit: Boris Johnson Takes Bid for Top Job to the Workers". *The Times*, 18 jan. 2019.

ZIMMERMANN, Thilo. *European Republicanism: Combining Political Theory with Economic Rationale*. Londres: Palgrave Macmillan, 2019.

ŽIŽEK, Slavoj. *Absolute Recoil: Towards a New Foundation of Dialectical Materialism*. Londres: Verso, 2015.

Índice remissivo

A

abade Sieyès, 295
abandono (como estratégia política), 313-4, 334
abertura, 36-7, 65, 85, 120, 122-3, 188-9, 316, 319, 323, 326; *ver também* externalização
acelerismo, 324, 366
Acemoglu, Daron, 15
Acordo de Bretton Woods (1944), 76, 78, 90
Acordo de Parceria Transatlântica de Comércio e Investimento (TTIP, na sigla em inglês), 273
África, 77, 86, 98, 101, 226, 228, 230, 262
África do Sul, 227
Afta (Acordo de Livre-Comércio da Asean, na sigla em inglês), 77
Agamben, Giorgio, 110, 176, 346, 353
agorafobia, 12, 26, 29, 37, 75, 100, 131-2, 134, 150, 156, 192, 199, 225, 287; *ver também* desamparo; globalização
Albright, Madeleine, 54, 339
Alemanha, 118, 126, 130, 207, 267, 293, 300
Al-Qaeda, 233
Amazon, 76, 90, 101, 205, 212, 218, 241-2, 245, 285, 355, 360; e evasão fiscal, 242; e sindicatos, 205, 218; efeito em economias locais, 90, 285; funcionários da, 203, 205, 241, 245; Turk, 101
América do Sul, 77
América Latina, 49, 52, 77, 230, 262, 280
Andic, Isak, 239
anti-intelectualidade, 148, 182
antissemitismo, 305
Apple, 76, 87, 90
aquecimento global *ver* mudança climática
Ardern, Jacinda, 63
Arendt, Hannah, 214, 304-6, 356, 365
Argentina, 49, 92, 293
Aristóteles, 11, 24, 107, 172-3, 185-8, 352-3
"Armadilha de Tucídides", 86
Arnault, Bernard, 238
Arrighi, Giovanni, 76, 341-2
Ásia, 93, 262; crise financeira asiática (1997), 92; Sudeste Asiático, 29, 77, 88
austeridade, 12, 13, 17, 22, 34, 83, 212, 249, 259, 279, 311-2, 328, 340
Áustria, 228, 312
autarquia, 155, 185-6
autonomia, 21, 30, 33, 101, 131, 168, 172, 185, 192, 194, 292, 306, 316; "autonomia do político", 260; individual, 263; monetária, 278; nacional, 61, 105, 131, 191, 292, 306, 314-6
autoritarismo, 9-10, 121, 143, 158

B

Bahamas, 90, 244
Banco Central Europeu (BCE), 49, 61, 128, 188, 278, 280, 311, 340
Bannon, Steve, 50, 148, 246, 339
Bastani, Aaron, 324, 366
Bauer, Otto, 294, 364
Bauman, Zygmunt, 19, 191
Bebel, August, 218, 220
Beck, Ulrich, 31, 338, 350
Beer, Stafford, 189, 354
Bello, Walden, 274, 362
bem-estar, Estado de, 44, 58, 113, 255, 262, 323, 328
Benetton, família, 238, 285
Benjamin, Walter, 325, 366
Berlin, Isaiah, 294, 364
Berlinguer, Enrico, 197
Bezos, Jeff, 17, 82, 238-9, 241-2, 360
Biden, Joe, 13, 16, 19, 23, 28, 62, 86, 102, 144, 149, 200, 218, 273, 282, 328
Bidenomics, 17, 62, 254, 328
Black Lives Matter (movimento), 144-5, 227, 254
Blair, Tony, 12, 44, 50, 57, 125-6, 320, 323
Blakeley, Grace, 49, 184, 239, 253, 258, 280, 339, 349, 353, 359, 361, 363
Blum, Léon, 67
Bodin, Jean, 107-9, 345
Böhm, Franz, 118, 348
bolchevismo, 260
Bolívia, 81, 293
Bolsonaro, Jair, 9, 36, 48, 53, 132, 145, 288-9
Boltanski, Luc, 87, 342
Bono (cantor), 240
Borger, Julian, 257, 361
Boric, Gabriel, 15
Bourdieu, Pierre, 217
Branson, Richard, 238
Brasil, 15, 48, 53, 130, 145, 148, 289, 293

Braudel, Fernard, 76, 341
Bregman, Rutger, 240
Breitbart (site), 152
Brexit, 22, 31-2, 48, 53, 71, 91, 94, 97, 103-4, 165-7, 179, 188, 200, 207-8, 227, 229, 234, 248, 255, 292, 313-4, 334, 343-4, 352, 358, 366
Brown, Gordon, 125-6
Brown, Wendy, 237, 350, 359
Buffett, Warren, 240
burocracia, 116, 118, 166, 168, 170, 184; *ver também* tecnocracia
Bush, Jeb, 248

C

Calhoun, Craig, 291, 364
Camus, Renaud, 236, 359
Canadá, 63, 267
Canal de Suez, obstrução do (março de 2021), 91
capitalismo, 10, 16-7, 19, 21, 26, 29, 32, 34, 37, 58, 67, 81, 84, 87, 90, 92-3, 100-1, 125, 138, 155-6, 164, 191, 212, 222, 229, 245, 253, 270, 272, 275, 284-5, 317, 318, 324-7, 334, 341-2, 366; anticapitalismo, 243, 246-7; descontrolado, 161, 303, 317; digital, 32, 34, 245; e escapismo, 19, 191; estatal, 284; extrativista, 138, 285; global, 26, 81, 90, 92, 101, 222; monopolista estatal, 253, 272; *ver também* neoliberalismo
Capitólio, tumulto no (EUA, 6 de janeiro de 2021), 52, 55, 305
CasaPound (partido italiano), 55
"casta" (elite política), 224, 247-8
Cayman, Ilhas, 90, 244
centro: centro-direita, 12, 62; centro-esquerda, 12, 15, 57-8, 61-2, 65, 126, 201, 216, 274, 323; neoliberal, 33, 39, 46, 51, 53, 62, 166, 198, 211, 215, 246, 248, 257, 263, 321; progressista, 12

Chang, Ha-Joon, 275, 362
chauvinismo, 54, 146, 234, 288, 300, 334
Chávez, Hugo, 49
Chiapello, Ève, 87, 342
"Chicago Boys" (economistas), 129
Chile, 15, 129, 160
China, 17, 29, 56, 76, 78, 82, 85-6, 88, 104, 130, 141, 146, 148, 154, 160, 168, 190, 209, 222, 253, 255-6, 267-8, 273, 276, 287-8, 292, 311, 314, 316, 335, 341-2, 357, 362
cibernética, 169, 178, 191
Cícero, Marco Túlio, 107, 139, 141, 261, 345, 350
ciência, depreciação da, 41, 56, 148, 182
classe média, 39, 51, 54, 69, 82, 155, 197-9, 203, 210-22, 240, 244, 246, 288, 302, 319, 332; aliança com a classe operária, 218-20; antiga classe média, 214; classes médias urbanas, 40, 202, 219; fragilidade da, 210; global, 155, 288; nova classe média, 197, 210, 212-3, 215-8, 221, 245; profissionais socioculturais, 39, 218
classe operária, 39, 49-51, 67, 69, 88, 94, 190, 196-205, 207-10, 212-4, 218-22, 233, 235, 251, 282, 330
classes, 24, 35, 38-9, 67, 195, 197-8, 204, 211, 220-1, 224, 245, 259, 263, 303; coligações sociais, 39, 195-7, 199, 217, 223, 320, 354; conflito/lutas de, 196, 240, 264, 293, 334; *déclassement*, 211; fragmentação social, 58, 218, 295
Clausewitz, Carl von, 223, 357
Clinton, Bill, 44, 125, 323, 362
Clinton, Hillary, 59, 197, 216
Colau, Ada, 105, 303
Colômbia, 15
Confúcio, 262, 362
"consenso de Washington", 44
conservadorismo, 27, 43-4, 53, 60, 66-7, 69, 96-7, 118, 158, 196, 201, 218, 221, 229, 253, 255, 258, 332; cultural, 96; fiscal, 255, 258
Conte, Giuseppe, 49, 60
contrato social, 24, 109, 116-7, 159-60, 346
controle, 12, 32, 70, 71, 165-8, 170, 173-5, 177-8, 180-1, 187, 192, 263, 334; como autonomia, 168, 185; como direção, 168, 172, 178; como domínio, 171-4, 178; democrático, 36, 46, 91, 133, 165, 167, 169, 191, 193, 224-5, 247, 250, 252, 255, 280, 285, 315-6, 322, 326, 331, 335; dimensão tecnológica do, 180-1; etimologia de, 173-4; falta de, 92, 169, 180, 217, 331; mania de, 193; proteção e, 19, 34, 40, 68, 70-1, 102, 131, 134, 195, 199, 224, 227, 263, 310; soberania e, 174-5, 195, 263; tríade soberania-proteção-controle, 20, 36, 70-2, 195, 318
Corbyn, Jeremy, 22, 27, 36, 46, 50, 57, 59, 137, 196, 216, 238-9, 248, 277, 289, 322, 359, 362
Coreia do Norte, 190
Coreia do Sul, 311
Coringa (filme), 240
corrupção, 16, 225, 237, 240, 249-50
Covid-19, pandemia de, 14, 16, 20-3, 25, 28, 30-1, 33, 41, 51, 53, 56, 63, 68, 71, 73-5, 83, 91-2, 117, 121, 130, 132, 135-6, 144, 147-9, 154, 155, 160, 162, 167-8, 172, 176, 179, 182-3, 205, 212, 229, 231, 239, 249, 253, 256-7, 268, 272, 280-1, 284, 286-7, 291, 327, 329, 335, 350; lockdowns, 21, 33, 83, 161, 168, 172, 176, 296; máscaras para proteção, 27, 31, 33, 73, 117, 147-8, 326; vacinas, 33, 148, 172, 255-6, 286, 291, 318
crise financeira asiática (1997), 92
crise financeira global (2008), 13, 44, 57, 62, 66, 74, 79, 100, 105, 130, 136, 182, 196, 238, 240, 243, 256, 278, 284

Crítica do programa de Gotha (Marx), 260, 361
Crouch, Colin, 13, 129, 349, 353
cuidado, 146, 149, 163, 204, 317, 321; à infância, 149, 281; política do, 146-9, 321; saúde pública, 58, 61, 147, 176, 264, 291, 321; sistemas de saúde, 22, 34, 38, 41, 47, 63, 73, 139, 147, 168, 180, 269; trabalhadores do, 203-4; *ver também* serviços de utilidade pública
Cummings, Dominic, 103
curva de Laffer, 241

D

Dante Alighieri, 180, 353
Darré, Richard Walther, 295, 364
De Benoist, Alain, 234, 358
De Magistris, Luigi, 303
Debray, Régis, 189, 354
Declaração de Great Barrington (EUA, 2020), 176
Deleuze, Gilles, 143, 171
Deliveroo, 205
democracia, 10, 19-20, 31, 33, 55-6, 61, 70-1, 79, 92, 109, 111-2, 122-3, 125-6, 128-9, 132, 165-7, 170, 172-3, 181, 183-4, 192, 217, 223, 243, 259, 265, 273, 290-1, 294, 299-300, 302, 307-8, 314-5, 323, 328, 330-1, 334; controle democrático, 36, 46, 91, 133, 165, 167, 169, 191, 193, 224-5, 247, 250, 252, 255, 280, 285, 315-6, 322, 326, 331, 335; iliberal, 56; liberal, 10, 354; participativa, 217; "pós-democracia", 129; territorial, 31; *ver também* social-democracia
Deneen, Patrick, 63, 340
desamparo, 12, 35-7, 75, 91, 100-1, 130, 138, 140, 156, 158, 199, 209, 221, 270, 292, 303, 319

desemprego, 23, 33, 83-4, 124, 128, 133, 136, 157, 230-1, 257, 262, 271, 277, 281, 311, 322, 328
desenvolvimentismo, 327
desenvolvimento: econômico, 35, 47, 52; regional, 302, 332
desregulamentação, 28, 44, 63, 78, 80, 119, 130, 166, 221, 318
Di Battista, Alessandro, 104, 344
direita: alternativa, 176, 226, 236, 246, 305; nacionalista, 12, 15, 18, 23, 35-6, 39, 45-8, 53, 56-9, 62-3, 72, 103, 120, 132, 137, 142, 144, 146, 148, 162-3, 166, 196-202, 208, 214, 217, 221, 224, 235, 246, 250, 254, 259, 263, 266, 268, 272, 286, 320-1, 331, 333, 335; nova direita, 13, 15, 18, 46, 51, 53, 59, 234; populista, 38, 41, 48, 51, 53-4, 63, 196, 199-201, 234, 250; *ver também* nacionalismo; patriotismo; populismo
Donne, John, 188
Draghi, Mario, 49, 328

E

Eatwell, Roger, 200, 251, 354, 360
ecofascismo, 152
economia digital, 95, 215; oligopólios digitais, 31, 322-3
"economia dos bicos" (*gig economy*), 205, 218, 245
economia planificada, 15, 28
economia pública, 167, 280, 285; *ver também* Estado; propriedade estatal
elite: antielitismo, 56, 60, 68, 215, 248; cultural, 39, 237, 249; econômica, 39, 58, 61, 184, 222, 224, 237-47, 249, 251, 257, 272; metropolitana, 97; política, 224, 237, 247-8, 250

endopolítica, 25, 29, 101-3, 131, 168, 195, 319, 337; *ver também* reinternalização
Engels, Friedrich, 260, 274, 284, 293, 300, 346, 361-3
Erinnerung (conceito hegeliano), 26-7, 102, 317, 337; *ver também* reinternalização
Espanha, 15, 53, 57, 60, 62, 99, 130, 135, 148, 216, 238, 278, 282, 287, 289
especialistas, 56, 92, 179-82, 215, 217, 237, 248, 330
esquerda: nova, 15, 22, 46, 51, 57, 59-61; socialista, 12, 36, 39, 45-6, 53, 57-8, 60, 62, 64-5, 133, 148, 166, 196, 198-9, 216, 217, 224, 238, 243-4, 250, 254, 263-4, 274, 303, 320-1, 332
Estado, 11, 13, 17, 20, 31, 38, 103, 112, 121, 143-4, 159, 171, 173, 253, 256-7, 260, 264, 269, 277, 279, 304, 306-7, 310, 329; corporatista, 99, 259, 272; e estabilidade, 309; Estado de bem-estar, 44, 58, 113, 255, 262, 323, 328; estadolatria, 259; Estado-nação, 70, 108, 290-1, 298, 304-9; estatofobia, 175, 177; função protetora do, 141; na teoria marxista, 24, 26; "navio do Estado" (metáfora platônica), 178, 179, 191, 256; neoliberal, 256, 265; propriedade estatal, 28, 177, 284; União Europeia como não-Estado, 310
Estado Islâmico, 136, 233
Estados Unidos, 16, 19, 23, 26, 29, 44, 48-9, 53-5, 61, 67, 76, 78-80, 82-3, 85-6, 88, 93-4, 99, 104, 123, 125, 129-30, 145-6, 166, 168, 196, 199-200, 205, 207-9, 227, 229-30, 235-6, 238, 240, 254, 257, 265-9, 271, 273, 277, 279, 282, 305, 311, 314, 316, 328, 334-5, 342
estagflação, 44, 124
estagnação, 29, 44-5, 52, 239, 262, 282, 330

estatismo, 29-30, 40, 254, 320; autoritário, 254; emergencial, 257; protetor, 46, 264, 327
Eucken, Walter, 118, 348
Europa, 23, 26, 50, 53, 56, 67, 76, 79-80, 82-3, 93, 101, 103, 109, 125, 138, 146, 171, 199, 205, 207-8, 227-30, 246, 286, 288, 297, 303, 310-2; *ver também* União Europeia
Evola, Julius, 111
exopolítica, 29, 86, 337
externalização, 26, 29, 36, 75, 87-8, 90-3, 96-7, 100-1, 131, 156, 192, 252, 331; *offshoring*, 19, 29, 36, 86-8, 93, 95, 207, 224; terceirização, 87-8, 91
Extinction Rebellion (grupo de justiça climática), 151
extrativismo capitalista, 34, 138, 285, 338

F

fábricas, 74-5, 84, 88, 95, 98, 115, 137, 200, 206-7, 220; ruralização das, 206-8
Facebook, 76, 90, 285
Farage, Nigel, 137, 208, 226, 288, 358
fascismo, 11, 43, 54-6, 99, 152, 214; 227, 236, 259-60, 293, 333, 339, 356; ecofascismo, 152; populismo de direita como, 56-7
Federal Reserve (Banco Central dos EUA), 129, 280
Fidesz (partido húngaro), 225, 228
Floyd, George, 145
fordismo, 90
Fórum Econômico Mundial, 25, 240
Forza Nuova (partido italiano), 55
Foucault, Michel, 110, 119, 171, 181, 348, 352-3
França, 53, 67, 95, 99, 103-5, 108, 126, 130, 160, 167, 183, 200, 208, 226, 233, 238-9, 260, 288-9

France Insoumise, La (partido), 27, 50, 57, 154
Francisco, papa, 144-5
Frank, Thomas, 49, 97, 339, 343-4, 362
Fraser, Nancy, 65, 123, 340, 348
Frente Popular (partido francês), 67
Friedman, Milton, 43, 67, 106, 115, 118, 120, 124, 126, 129, 183, 347, 363
Friedman, Thomas L., 82, 342
Front National (partido francês), 200, 227, 234; *ver também* Le Pen, Marine
fronteiras, 13, 23, 28, 32, 38, 61, 71, 73, 79, 82, 90, 107, 109, 111, 132, 136-7, 158, 165, 167, 171, 189-90, 226, 236-7, 262, 291, 294-5, 305, 307, 331
Fukuyama, Francis, 10, 81, 341
funcionários públicos, 40, 214, 219
Fundo de Recuperação Econômica (União Europeia), 242, 291, 311
Fundo Monetário Internacional (FMI), 61, 188, 340
Fusaro, Diego, 234

G

Galston, William A., 63, 95, 340, 343
Ganesh, Janan, 253, 361
García Linera, Álvaro, 81, 341
Garibaldi, Giuseppe, 298
Gates, Bill, 239
Gellner, Ernest, 364
Giddens, Anthony, 125, 349, 356
Gilets Jaunes (movimento dos coletes amarelos, França, 2018), 27, 46, 50, 95, 105, 160, 289
globalismo, 132, 190-1, 290, 298-9, 344
globalização, 9, 12-5, 18, 21, 24, 26-7, 29-31, 35-7, 40, 44, 51, 63, 64, 72-6, 80-6, 90-3, 96-100, 103, 105-6, 112, 125, 127, 129, 131-2, 136, 156, 165-6, 185, 187, 189, 191-2, 226, 266, 270, 272, 277-8, 287-8, 290, 291-2, 302, 313, 316, 319, 322, 331-3,

335; cadeias logísticas globais, 75, 84, 209, 334; comércio global, 65, 75, 77-8, 91, 101-2, 122, 128, 154, 166, 189, 274-7, 287; desglobalização, 84, 274; *ver também* neoliberalismo
Goodhart, David, 97, 343
Goodwin, Matthew, 200, 251, 354, 360
Google, 90, 285
Gramsci, Antonio, 23-4, 43, 219, 260-1, 300, 302, 325, 337-8, 357, 361, 365-6
Grande Depressão (anos 1930), 44, 78, 83, 219, 257
Grande Recessão (2008-11), 22, 44, 212, 230, 333, 359; crise financeira de 2008, 13, 44, 57, 62, 66, 74, 79, 100, 105, 130, 136, 182, 196, 238, 240, 243, 256, 278, 284
Grécia, 15, 57, 59, 130, 146, 188, 278, 293, 340
Green New Deal, 282, 351, 363
Green, Philip, 238
Greenspan, Alan, 129, 349
Grillo, Beppe, 60, 250, 360
gubernatio, 178
Guerra Fria, 43, 86, 146, 335
Guilluy, Christophe, 95, 343

H

Habermas, Jürgen, 175, 299, 331, 353, 364
Haider, Jörg, 228
Harberger, Arnold, 129
Hartz IV (reformas trabalhistas alemãs), 79-80
Harvey, David, 81, 341, 343, 349, 351
Hayek, Friedrich, 37, 43, 67, 106, 112-6, 120, 123-4, 126, 128, 183, 309, 347, 349, 365
Hegel, Georg Wilhelm Friedrich, 10, 22, 25-8, 81, 101-2, 121, 174, 181, 260, 295-6, 299, 317, 337-8, 344, 352-3, 361, 364, 366

Herder, Johann Gottfried, 295
Hitler, Adolf, 113, 227, 259, 306
Hobbes, Thomas, 11, 24, 31, 38, 108, 116, 131, 138-40, 142-4, 153, 159-61, 180, 278, 345, 350-1, 353
Hobsbawm, Eric, 117, 348
Holanda, 77, 228, 232, 242, 311-2
Holloway, John, 20, 353
Huawei, 268
Hungria, 48, 55, 77, 225, 293

I

Icke, David, 193
Idade Média, 38, 107-8, 170, 261
ideologia, 9-10, 20, 36, 38, 43-4, 46-7, 52, 60, 66-9, 73, 117, 132, 213, 295, 304, 306, 318, 321, 355; eras ideológicas, 11-2
Iglesias, Pablo, 22, 105, 135, 137, 238-9, 289, 301, 344, 350, 359
iliberalismo, 56, 63, 339
imigração, 15, 32, 39, 48, 61, 104, 145, 204, 222, 224-6, 230-6, 243-4, 249, 251, 301, 333; como ameaça unificadora, 152, 229-30, 233, 235, 301; oposição à, 39, 227, 229-31, 233, 236, 263
Imposto Tobin, 191, 277
impostos *ver* tributação
Índia, 29, 130, 314, 316
Indignados (movimento espanhol), 60, 105
Inditex (empresa espanhola), 239
individualismo, 19, 32, 34, 66, 116-7, 120, 132, 155, 211, 251, 287, 318
inflação, 14, 18, 28, 44, 124, 128, 279-80, 311
Inglaterra, 69, 94-5, 142-3, 170, 215
Inglehart, Ronald, 96, 343, 354, 366
Instacart, 205
intelectuais orgânicos, 217, 219
Irlanda, 242, 311, 340

Itália, 48, 53, 55, 60, 94, 103-4, 126, 130, 137, 148, 166, 178, 180, 183, 197, 200-1, 206-8, 226, 228, 232, 238, 248, 254, 278, 287, 293, 298

J

Japão, 80, 92, 183
Jaurés, Jean, 218
João de Salisbury, 108
Jobbik (partido húngaro), 55
Johnson, Boris, 28, 48, 53-4, 57, 103, 130, 165, 234, 248, 255, 268, 270, 344, 349, 358, 360; *ver também* Partido Conservador; Brexit
Jones, Owen, 247, 360

K

Kaczyński, Jaroslaw, 228
Kaczyński, Lech, 228
Kant, Immanuel, 110, 146, 308-9, 346, 350
Kaufmann, Eric, 235, 250-1, 359-60
Kelton, Stephanie, 279, 363
Keynes, John Maynard, 11, 78, 90, 187-9, 328, 353
keynesianismo, 11, 14, 23, 27-8, 44, 54, 58, 63-4, 78-9, 113, 124, 133, 254-5, 262, 278-9, 321, 326, 340
Koch, Charles, 238
Koch, David, 238
Kondratieff, Nikolai, 66, 340
Kriesi, Hanspeter, 213, 356
Kuper, Simon, 215
kybernetes, 178

L

Lacan, Jacques, 69, 106, 340, 345
Laclau, Ernesto, 69, 195, 338-40

Lapavitsas, Costas, 278, 363
Le Pen, Jean-Marie, 227-8
Le Pen, Marine, 104, 167, 200-1, 208, 210, 222, 226, 231, 233, 268, 288-9, 357-8; *ver também* Front National (partido francês)
Lega Nord (partido italiano), 48, 60, 197, 200, 226, 228, 236, 289
Lei e Justiça (partido polonês), 228
Lei Glass-Steagall (EUA, 1993), 78
Lênin, Vladimir, 219, 253, 260, 300, 324, 361, 365
"leninismo ecológico", 152
Leviatã (Hobbes), 31, 108, 143, 278
Levitt, Theodore, 76, 341
libertarismo, 51, 70, 84, 117-8, 132
Lincoln, Abraham, 229
Lind, Michael, 93, 340, 343
Lista Pim Fortuyn (artido holandês), 228
livre-comércio, 54, 65, 77-8, 119, 130, 154, 255, 266, 268-9, 273-6, 291, 323; *ver também* globalização; mercado financeiro
Loach, Ken, 204, 245
Luce, Edward, 63, 340
Luhmann, Niklas, 189
Lula da Silva, Luiz Inácio, 15, 49
Luxemburgo (Grão-Ducado), 242, 311
Luxemburgo, Rosa, 300
Lyotard, François, 143

M

Macron, Emmanuel, 50, 138, 154, 201
Madison, James, 123, 349, 359
Mair, Peter, 195, 354
Manifesto comunista (Marx e Engels), 259, 300
Mann, Michael, 294, 364
Mao Tsé-tung, 85, 178, 223, 357
Maquiavel, Nicolau, 11, 38, 117, 140, 153, 161, 173-4, 193, 261, 348, 350, 352
Marcuse, Herbert, 26, 337

Marx, Karl, 10-1, 24, 26, 43, 121, 259-60, 274, 293, 300, 324-5, 346, 360-2
marxismo, 11
"marxismo cultural", 132, 249
Mason, Paul, 216, 324, 358, 362, 366
Mazzini, Giuseppe, 296-8, 305, 309, 332, 364
Mazzucato, Mariana, 14, 255, 282, 361, 363
McDonnell, John, 273
McInnes, Gavin, 54
McLuhan, Marshall, 82, 342
medo, 143-4, 146-8, 152-3, 163, 250; comum, 143-4; de declínio econômico e social, 217, 227; de migrantes, 152; mútuo, 143-5
Mélenchon, Jean-Luc, 15, 27, 57, 105, 133, 154, 167, 216, 238-9, 248, 273-4, 344, 351-2, 356
Meloni, Giorgia, 9
Menênio Agripa (cônsul romano), 262
mercado financeiro, 9, 12, 18, 31, 81, 87, 90, 93, 127, 153, 162, 174, 249, 278, 323, 325
mercantilismo, 269-70, 272, 275
Mercosul, 77
meritocracia, 182, 185
Merkel, Angela, 63
México, 88, 166, 189, 237, 267
Michels, Robert, 218, 357
Milburn, Keir, 196, 354
Minsky, Hyman, 262, 361
Mirowski, Philip, 124, 349
Mises, Ludwig von, 37, 43, 106, 113, 116, 124, 128, 347
Mitterrand, François, 126, 349
"Modelo Preston" (modelo econômico britânico), 276-7
Molyneux, Stefan, 226
Momentum (organização britânica), 167, 352
monetarismo, 14, 45, 53, 64, 79, 279
Monnet, Jean, 309, 312
Montesquieu, 296, 364
Moody, Kim, 270, 362

moradia, 115, 125, 161, 231, 272, 327, 333
Mosler, Warren, 279
Mouffe, Chantal, 47, 49, 195, 223, 338-9, 357
Mounk, Yascha, 50
Movimento Cinco Estrelas (Itália), 48, 52, 60, 104, 206, 224, 247-8, 250
mudança climática, 9, 14, 21, 32, 74, 84, 99, 136, 144, 149-51, 183, 253, 258, 277, 282, 313, 323, 327
Mudde, Cas, 47, 338, 358
multinacionais, 19, 58, 76-8, 89, 123, 126-7, 133, 154, 265, 269, 273, 275, 285
Muro de Berlim, queda do (1989), 29, 44, 76
Musk, Elon, 17, 85, 238
Mussolini, Benito, 259

N

nação, 113, 119, 122, 187, 288, 291, 294, 301, 303, 308-9, 311, 315, 344; como estrutura protetora, 303-7; Estado-nação, 70, 108, 290-1, 298, 304-9; e função protetora do Estado, 141; libertação nacional, 292-3, 297; *ver também* Estado
nacionalismo, 40, 50, 55, 57, 67, 119, 146, 221, 288-91, 293-5, 298-304, 306, 313-4, 320, 322, 331, 365; direita nacionalista, 12, 15, 18, 23, 35-6, 39, 45-8, 53, 56-9, 62-3, 72, 103, 120, 132, 137, 142, 144, 146, 148, 162-3, 166, 196-202, 208, 214, 217, 221, 224, 235, 246, 250, 254, 259, 263, 266, 268, 272, 286, 320-1, 331, 333, 335
nacionalização, 23, 34, 40, 61, 177, 283, 284, 286
Nafta (Acordo de Livre-Comércio da América do Norte, na sigla em inglês), 77
Nagle, Angela, 190, 354

nazismo, 113, 214, 227, 293, 295, 304-6
Neel, Phil A., 95, 343
Negri, Antonio, 143, 364
neoestatismo, 12-7, 20, 23-5, 30, 33-4, 36-7, 45-7, 65, 68, 70-1, 102, 169, 254, 266, 318-21; *ver também* Estado; estatismo
neoliberalismo, 9, 11, 13, 16-7, 22-3, 25, 27, 33, 36, 38, 43-7, 50, 52, 58, 64-5, 67-8, 74, 78, 82, 95, 97, 106, 117-8, 120, 123, 128-31, 143, 166, 181, 192, 196, 207, 221, 242, 251, 265-6, 278, 287, 288, 315, 317-8, 322, 323, 326, 328, 349, 366; pós-neoliberalismo, 22-4, 43, 45; progressista, 65, 123; *ver também* capitalismo; globalização; mercado financeiro
Neumann, Franz, 304, 306, 365
New Deal, 66, 99, 206, 282, 363
Nixon, Richard, 85
Norquist, Grover, 118
Norris, Pippa, 96, 343, 354
Nova Rota da Seda (China), 86
Nova Zelândia, 63
Nozick, Robert, 118, 348

O

Obama, Barack, 62, 271
Ocasio-Cortez, Alexandria, 46, 137, 145, 226, 238, 279, 282, 289, 322
Occupy Wall Street (movimento norte-americano), 46, 105, 211, 244
OCDE (Organização para Cooperação e Desenvolvimento Econômico), 78, 83, 210-1, 229
Oesch, Daniel, 213, 354, 356
Omar, Ilhan, 226, 289, 363
Orbán, Viktor, 9, 15, 48, 55-6, 111, 225, 228, 232, 269, 271-2, 339, 358
ordoliberalismo, 118-9, 348
Organização Internacional do Trabalho (OIT), 276

Organização Mundial da Saúde (OMS), 132
Organização Mundial do Comércio (OMC), 61, 77, 128, 270, 308
Oriente Médio, 98, 146, 315
Ortega, Amancio, 238-9
Orwell, George, 175, 219, 300-1, 353, 357

P

Pacto de Estabilidade (União Europeia), 311
padrão-ouro, 78, 124
Pappas, Takis, 56, 340
paraísos fiscais, 32, 62, 75, 90, 128, 241-2, 311
Parasita (filme coreano), 240, 245
Parceria Transpacífica (TPP, na sigla em inglês), 105, 154
Partido Comunista Italiano, 197
Partido Conservador (Inglaterra), 113, 114, 229
Partido Democrata (EUA), 49-50, 60, 62, 125, 137, 145, 196, 201, 218
Partido Democrático (Itália), 49, 248
Partido do Brexit (Reino Unido), 137
Partido pela Liberdade (Holanda), 228
Partido Popular (EUA), 49
Partido Republicano (EUA), 196, 229, 238, 246, 248
Partido Trabalhista (Inglaterra), 18, 46, 50, 57, 59, 125, 206, 216
patriotismo, 40, 239, 287, 289-90, 293, 298-303, 307, 316, 332-3, 359; constitucional, 299; democrático, 40, 287, 299, 332-3
Paz de Westfália (1648), 109
periferias, 37, 93, 207, 302-3; *ver também* sertões
Peterson, Jordan, 162
Petro, Gustavo, 15
Piketty, Thomas, 201, 213-4, 218, 222, 342, 355-7

Pinochet, Augusto, 129
planejamento, 34, 121, 183-4, 285, 322, 328-9; compulsório, 329; democrático, 181-2; economia planificada, 15, 28; indicativo, 34, 183-4, 328-9
Platão, 11, 24, 38, 107, 120, 122, 138-40, 146, 158, 161, 179-80, 182, 337, 345, 348, 350, 353; "navio do Estado" (metáfora platônica), 178-9, 191, 256
Poço, O (filme espanhol), 240, 251
Podemos (partido espanhol), 15, 36, 50, 52, 57-60, 66, 70, 133, 135, 216, 244, 248, 301
Polanyi, Karl, 11, 24, 26, 29, 99-100, 102, 155-8, 161-2, 325, 333, 337-8, 344, 350-2
Política (Aristóteles), 185, 186
política industrial, 14, 40, 255, 259, 270, 280, 282, 311
Polônia, 228, 293, 300
Popper, Karl, 67, 113, 120-2, 124, 348
populismo, 10, 36, 45, 48, 50, 53, 69-70, 195, 200, 318; cultural, 50, 251; de direita, 15, 38, 41, 48, 50-1, 53-6, 63-4, 96, 130, 196, 199-201, 228-30, 234, 246, 250; de esquerda, 49-52, 58, 64, 70, 301, 338; econômico, 50, 250; "plutopopulismo", 246
pós-neoliberalismo, 22-4, 43, 45
Poujade, Pierre, 214
Poulantzas, Nicos, 24, 55, 213-4, 246, 254, 261, 264-5, 339, 354, 356, 360-2
"precariado dos serviços", 197, 202-5, 210, 212, 233, 245, 332
Pressley, Ayanna, 226
Primeira Guerra Mundial, 294
Prodi, Romano, 44, 126
profissionais socioculturais, 39, 218
proletariado *ver* classe operária
propriedade estatal, 28, 177, 284
propriedade privada, 15, 40, 266
proteção, 32-3, 138, 146, 158, 161, 213; ambiental, 71, 149, 151, 327;

controle e, 19, 34, 40, 68, 70-1, 102, 131, 134, 195, 199, 224, 227, 263, 310; da saúde, 34, 139; e fronteiras, 305-7; e obediência, 158, 159; econômica, 139, 153, 155, 157-8, 252, 272, 280; nação como estrutura protetora, 303-7; social, 32, 36, 40, 91, 99, 114, 133, 139, 149, 157, 159, 222, 264, 272, 316, 322, 323, 326, 335; tríade soberania-proteção-controle, 20, 36, 70-2, 195, 318
protecionismo: comercial, 37, 40, 115, 139, 154-5, 266, 272-3, 276; do proprietariado, 15, 45, 163, 254, 266, 271, 321; e reregionalização, 40, 301; e substituição de importações, 155, 283; protetivismo social, 15, 34, 45, 61, 163, 255, 321-2
PSOE (Partido Socialista Obrero Español), 60, 62
Putin, Vladimir, 56, 288, 340

Q

QAnon (teoria conspiratória norte-americana), 54, 137, 193, 248, 339

R

racismo, 55, 227-8, 230, 289, 292-3, 295, 304-5, 333; e "chauvinismo com o assistencialismo", 234; islamofobia e, 104, 225, 231-3; *ver também* xenofobia
Rand, Ayn, 118, 120, 348
Reagan, Ronald, 12, 43, 54, 67, 79, 124, 201, 257, 355
Reeves, Richard, 211, 356
Reino Unido, 43, 49, 57, 67, 91, 94, 104, 125, 126, 130, 137, 165, 168, 201, 203, 207, 226, 234, 238, 239, 242, 248, 255, 257, 269, 270, 281, 284, 314, 323, 334
reinternalização, 26, 28, 30, 37, 99, 102, 194, 301, 333; *ver também Erinnerung* (conceito hegeliano)
republicanismo, 11, 116, 250
re-regionalização, 40, 301
re-shoring, 92, 267, 330, 333, 334
Revolução Francesa (1789), 107, 111, 288, 295
Revolução Industrial (Inglaterra, séc. XVIII), 207
Revolução Russa (1917), 325
Riffle, Dan, 238
Rodden, Jonathan A., 207, 343, 355
Rodrik, Dani, 50, 339, 341
Romney, Mitt, 200
Roosevelt, Franklin Delano, 66, 99, 206, 328
Rouban, Luc, 216, 356
Rousseau, Jean-Jacques, 24, 109, 111, 113, 116, 117, 142, 243, 302, 346, 348
Rússia, 66, 92, 141, 293; *ver também* União Soviética

S

Saez, Emmanuel, 271, 359, 362
Salvini, Matteo, 15, 32, 36, 48, 53, 55, 60, 132, 137, 166, 178, 197, 208, 210, 226, 229, 232, 233, 235, 236, 248, 254, 265, 268, 269, 272, 289, 357, 359, 361
Sánchez, Pedro, 161
Sanders, Bernie, 22, 36, 46, 50, 57, 59, 105, 133, 137, 154, 196, 206, 216, 238, 243, 248, 273-4, 279, 322, 350, 360, 362-3
Sassen, Saskia, 127, 343, 349
Saussure, Ferdinand de, 69, 340
Scaramucci, Anthony, 197
Schmitt, Carl, 110, 112, 223, 296, 345-6, 357, 364
Schröder, Gerhard, 44, 57, 126, 323

Schumpeter, Joseph Alois, 212, 356
Segunda Guerra Mundial, 28, 37, 67, 76, 78, 80, 83, 227, 256, 294, 305, 326
segurança e seguridade, 31, 34, 70, 72, 80, 118, 135, 138-9, 149, 158, 224, 229, 261, 263-5, 319, 322, 323, 326, 335; nacional, 268; social, 31, 80, 158, 263-5, 322
sertões, 93, 95, 303; *ver também* periferias; "vingança da geografia"
serviços de utilidade pública, 32, 74, 128, 133, 212, 221, 224, 230-1, 241, 249, 258, 264, 281, 294; *ver também* cuidado
Sheeran, Ed, 242, 360
Sieyès, Emmanuel-Joseph, 295
sindicatos, 35, 61, 79, 88, 208, 218, 220, 247, 264, 272, 273, 330
Síria, 145, 229, 358
Slobodian, Quinn, 113, 118-9, 347, 348
Smith, Adam, 117
Snyder, Timothy, 56, 339-40
soberania, 20, 30, 34, 70, 102-3, 106, 110-1, 114, 116, 132-3, 159, 171, 175, 195, 306, 320, 333, 344; alimentar, 70, 133; antissoberanismo neoliberal, 112-8; controle e, 174-5, 195, 263; energética, 70; monetária, 128; nacional, 15, 31, 46, 90, 93, 104, 106, 112-3, 232, 237, 273, 306-7, 315; popular, 20, 36, 70, 106, 109, 111-4, 131-3, 308, 314-5, 334, 335; tecnológica, 70, 105, 268; territorial, 61, 106, 109-10, 132; tríade soberania-proteção-controle, 20, 36, 70-2, 195, 318
soberanismo, 103, 105, 132-4, 191-2, 298-9
social-democracia, 16, 22, 44, 57, 60, 66-7, 79, 91, 125-6, 188, 215, 255, 259, 284-5, 323, 326, 330
socialismo, 19, 24, 35-6, 39, 41, 46, 58-61, 158, 177, 199, 218-20, 251, 273, 275-6, 281, 284, 287, 290, 307, 325, 328, 332; "conservador", 35; esquerda socialista, 12, 36, 39, 45-6, 53, 57, 58, 60, 62, 64-5, 133, 148, 166, 196, 198-9, 216, 217, 224, 238, 243-4, 250, 254, 263-4, 274, 303, 320-1, 332; protetor, 325, 335; "provinciano", 40, 303, 333
Sociedade Mont Pèlerin (organização internacional), 124
Sócrates, 120, 348
Sorel, Georges, 218, 357
Soros, George, 122, 235, 246, 359
Spencer, Richard, 54, 226, 305
Spinelli, Altiero, 308, 355
Srnicek, Nick, 324, 366
Starmer, Keir, 18, 289, 333
Stephens, Philip, 103, 344
Stiglitz, Joseph, 211, 241, 278, 349, 360, 363
Stirbois, Jean-Pierre, 234
Streeck, Wolfgang, 127, 349
Sudeste Asiático, 29, 77, 88
Syriza (partido grego), 15, 50, 57, 59

T

Tawney, R. H., 156
tecnocracia, 61, 181, 184-5, 285, 330; *ver também* meritocracia; especialistas
"teoria de gênero", 132
teoria dos sistemas complexos, 190
Teoria Monetária Moderna (TMM), 64, 278-80, 282, 340
teorias da conspiração, 54, 56, 137, 148, 166, 179, 193, 236, 248, 331
Terceira Via, 12, 44, 57, 125, 323
terceirização, 87-8, 91
Thatcher, Margaret, 12, 43-4, 54, 67, 113, 124-5, 130
Thiel, Peter, 85, 244
Thompson, E. P., 156
TikTok, 268
Tlaib, Rashida, 226

Tomás de Aquino, São, 108
Tooze, Adam, 310, 349, 359, 361, 366
totalitarismo, 113, 116, 120, 175, 177, 304, 356
tributação, 40, 54, 58, 61-2, 65, 90, 128, 147, 183, 190-1, 214, 230, 240-1, 244, 249, 266, 272, 279, 280, 324, 329; imposto único, 210; paraísos fiscais, 32, 62, 75, 90, 128, 241-2, 311
Trudeau, Justin, 63
Trump, Donald, 9, 15, 22, 32, 36, 38, 48, 50, 52-6, 70, 86, 94, 104, 111, 130, 132, 136, 144-5, 148, 154, 166, 197, 200, 208-10, 222, 225, 227, 229, 231, 237, 246-8, 255, 266-8, 271-3, 275-6, 288-9, 292-3, 305, 316, 343-4, 350, 355, 357, 360, 362-3, 366
Tsípras, Aléxis, 59

U

Uber, 205, 245, 285, 359
Ucrânia, guerra na (2022), 9, 14
UK Uncut (movimento britânico), 241
Ukip (partido britânico), 137, 228-9
União Europeia, 78, 83, 86, 94, 104-5, 128, 165, 179, 182, 207, 222, 242, 248, 258, 267, 269, 273, 277-8, 291-2, 308, 310-4, 328; *ver também* Europa
União Soviética, 66-7, 76, 85, 146, 183, 259, 293; *ver também* Rússia
Urry, John, 93, 343

V

Venezuela, 293
Vico, Giambattista, 110, 144, 147, 346, 350
"vingança da geografia", 94, 302, 343
Você não estava aqui (filme), 204, 245
Von der Leyen, Ursula, 138

W

Wallerstein, Immanuel, 76, 340-1
Weber, Max, 175, 353
Wilders, Geert, 228
Wray, L. Randall, 279

X

xenofobia, 50, 54, 225, 227-8, 230, 244, 251; *ver também* racismo
Xiaoping, Deng, 85

Y

Young, Michael, 182, 353

Z

Žižek, Slavoj, 62, 337
Zuckerberg, Mark, 238
Zucman, Gabriel, 271, 362

The Great Recoil: Politics after Populism and Pandemic © Paolo Gerbaudo, 2021

Todos os direitos desta edição reservados à Todavia.

Grafia atualizada segundo o Acordo Ortográfico da Língua Portuguesa de 1990, que entrou em vigor no Brasil em 2009.

capa
Eduardo Foresti | Foresti Design
composição
Jussara Fino
preparação
Nina Schipper
índice remissivo
Luciano Marchiori
revisão
Ana Maria Barbosa
Gabriela Rocha

Dados Internacionais de Catalogação na Publicação (CIP)

Gerbaudo, Paolo (1979-)
  O Grande Recuo : A política pós-populismo e pós-pandemia / Paolo Gerbaudo ; tradução Érico Assis. — 1. ed. — São Paulo : Todavia, 2023.

  Título original: The Great Recoil : Politics after Populism and Pandemic
  ISBN 978-65-5692-380-2

  1. Ciências sociais. 2. Economia. 3. Teoria econômica. 4. Covid-19. 5. Pandemia. 6. Populismo. 7. Poder. 8. Política. I. Assis, Érico. II. Título.

CDD 330.15

Índice para catálogo sistemático:
1. Economia : Escolas, teorias 330.15

Bruna Heller — Bibliotecária — CRB 10/2348

todavia
Rua Luís Anhaia, 44
05433.020 São Paulo SP
T. 55 11 3094 0500
www.todavialivros.com.br

fonte
Register*
papel
Pólen natural 80 g/m²
impressão
Geográfica